KB189716

성경과 함께 읽는

성경 1장 칼럼

김명제 지음

1권

| 창세기 ~ 룻기 |

서 문

강원도 태백에 있는 석탄박물관에 간 적이 있습니다. 아주 오래 전이어서 세세한 기억은 사라졌지만 절대 잊혀 지지 않은 것이 있습니다. 땅 속에 있는 광물이 너무나 많고 아름답다는 것입니다. 한국에서 캐낸 것만 해도 이 정도이니 지구, 나아가 우주에는 내가 알고 있는 광물의 만만배가 있다고 해도 과언이 아닐 것입니다. 우리는 이미 땅 위와 바다 속과 우주가 놀랍고 아름다운 것을 알고 있습니다. 하나님의 창조의 손길이 보이지 않는 땅 아래까지 이렇게 아름다운 것으로 채워 놓은 것에 감동이 밀려옵니다. 현실적으로 우주에 갈 리 없고 바다 속도 여행할 것 같지는 않지만 매일 밟고 사는 땅은 마치 이웃과 같다는 생각이 듭니다. 손 내밀면 닿을 수 있는 곳에 천국의 보화를 놓아두신 원리를 소환합니다.

(마 13:44) "천국은 마치 밭에 감추인 보화와 같으니 사람이 이를 발견한 후 숨겨 두고 기뻐하며 돌아가서 자기의 소유를 다 팔아 그 밭을 사느니라"

석탄박물관에서는 광부가 캐낸 찬란한 광물을 보았지만 그리스도인은 성경에서 보화를 채광 할 수 있습니다. 성경은 영원한 최고의 베스트셀러이고 관련 서적은 홍수처럼 넘치고 있습니다. 한국의 그리스도인에 있어서 성경은 마치 내 몸과 같은 땅처럼 아주 가까이에 있습니다. 경건을 갈망하는 신실한 기독교인은 성경을 사모하며 열심히 읽습니다. 말씀 사역자는 설교와 교육을 위해 성경을 연구하고 교재를 만듭니다. 저 또한 결신 이후 46년을 성경과 씨름하며 진력하였습니다. 2020년 코비드 상황에서 10독을 작정하고 성경에 올 인한 적이 있었습니다. 목표를 달성하고자 TV도 편하게 보지 못하고 눈을 혹사해가며 성경을 읽었습니다. 그 결과 충격적인 결론을 내리게 되었습니다. 소위 성경을 수도 없이 읽은 전문가인 저도 성경이 이토록 어려운데 성도들은 어찌할까라는 질문입니다.

성경을 의무적으로 읽지만 이해하고 적용하기에는 그 벽이 너무 두껍고 높은 현실에 직면해 있습니다. 성경을 해석하는 전문적인 책을 참고하기도 하고 설교 서적을 이용하기도 하지만 지구력에 허점이 생깁니다. 영적 감각은 매일 성경 읽고 기도하고 교제하는 것에서 가다듬어 지는데 여기에 구멍이 생기게 되는 것입니다. 성경을 직면하고 정주행하는 시스템을 위한 긴박성이 요구되었습니다.

(히 3:13) "오직 오늘이라 일컫는 동안에 매일 피차 권면하여 너희 중에 누구든지 죄의 유혹으로 완고하게 되지 않도록 하라"

성경 통독을 위한 가이드와는 다른 성경의 각 장을 짧고 쉽게 해석하며 적용하는 콘텐츠에 눈을 뜨게 되었습니다. 책과 멀어진 디지털 영상시대에 성경 1장을 정독하고 5분 안으로 읽을 수 있는 칼럼이 떠올랐습니다. 도입부를 흥미 있게 시작하고 본문을 이해하며 신구약의 복음적 통찰을 중심으로 저술하였습니다. 나아가 영적인 은혜와 신앙의 활력을 얻는 결론을 내리도록 하였습니다. 본문 내용에 따라 역사신학과 시대성찰의 메시지가 들어간 것도 있습니다. 이 책을 저술하면서 뇌리를 맴돌고 입술에서 나온 말이 있었습니다. "하나님 죄송해요"입니다. 패역한 선민의 회개하지 않는 모습이 우리, 아니 나의 모습이라는 것을 깨달았기 때문입니다. 그럼에도 심판을 늦추시고 '남은 자(The remnant)'를 통한 회복을 섭리하시는 마음을 알아 챌 때 두려운 신앙을 가다듬게 되었습니다. 하나님을 향한 거룩한 긴장과 함께 경외의 사랑을 고백할 수 있었습니다. 유기적 영감설에 의한 성경저자들의 감동을 조금이나마 느낄 수 있었습니다.

신앙생활과 목회현장의 점철된 성패의 경험들이 겸손하게 글을 쓰게 한 것 같습니다. 영적으로 몸부림친 육필의 글이 독자의 성경 보화의 채광도구로 사용되면 참 좋겠습니다. 진리의 보물은 성령님을 모신 내가 손을 내밀면 바로 잡을 수 있는 곳에 도착되어 있습니다.

(신 30:13-14) "이것이 바다 밖에 있는 것이 아니니 네가 이르기를 누가 우리를 위하여 바다를 건너가서 그의 명령을 우리에게로 가지고 와서 우리에게 들려 행하게 하랴 할 것도 아니라 오직 그 말씀이 네게 매우 가까워서 네 입에 있으며 네 마음에 있은즉 네가 이를 행할 수 있느니라 보라 내가 오늘 생명과 복과 사망과 화를 네 앞에 두었나니"

2023년 12월

인천 연수구에서

김명제

일 러 두 기

1. 권별 안내

① 제 1권 : 창세기-룻기

② 제 2권 : 사무엘상-욥기

③ 제 3권 : 시편-이사야 1부(39장) *시편 119편은 4개입니다.

④ 제 4권 : 이사야 2부(40장)-마태복음

⑤ 제 5권 : 마가복음-요한계시록

2. 개인적인 적용

① 기도를 먼저 하고 성경의 각 장을 먼저 읽는 것이 좋습니다.

② 정독을 원칙으로 하고 사정이 되는대로 여러 번 읽으면 좋습니다.

③ 칼럼을 읽고 사정에 따라 참고 성구도 찾아 읽으면 됩니다.

④ 시간이 되면 성경 본문을 다시 정독할 때 본문을 이해하게 됩니다.

⑤ 말씀 사역자가 평생 설교할 수 있는 소스(source)가 담겨 있습니다.

3. 공동체의 적용

① 가족과 교회 공동체에서 함께 사용할 수 있습니다.

② 성경 내용을 주제로 대화와 토론을 하므로 영육간의 성숙을 이룹니다.

③ 기독교 가정의 자녀에게 성경을 읽도록 하는 기능을 줍니다.

④ 교인이었다가 떠난 분과 성경에 관심 있는 비신자에게 선물로 적당합니다.

4. 부록 사용법

책의 마지막에 있는 3가지(성숙, 기도, 전도) 경건의 도구를 사용법대로 성실하게 사용하면 능력 있는 사역자의 길을 갈 것입니다.

목차

창세기 · 18

출애굽기 · 112

레위기 · 191

민수기 · 242

신명기 · 311

여호수아 · 378

사사기 · 426

룻기 · 467

부록 · 476

창세기

♦ 창세기 1장 성경칼럼

1절 | 태초에 하나님이 천지를 창조하시니라
26절 | 하나님이 이르시되 우리의 형상을 따라 우리의 모양대로 우리가 사람을 만들고 그들로 바다의 물고기와 하늘의 새와 가축과 온 땅과 땅에 기는 모든 것을 다스리게 하자 하시고

"사람은 두 부류로 나누어진다"

이어지는 말은 '창세기 1장을 믿는 자와 안 믿는 자로'입니다. 창세기는 그 제목과 같이 기원에 대한 책입니다. 히브리어의 베레쉬트는 태초에 라는 뜻이며 70인 역 성경의 제목은 '게네시스'로서 기원, 생성이라는 의미입니다. 저자는 모세라는 것이 정설이며 기록연대는 출애굽 시점인 B.C.1446년에서 모세의 임종시기인 B.C.1406년 사이입니다. 창세기는 우주와 생명의 기원을 비롯하여 사람, 안식일, 결혼과 가정, 죄와 죽음, 문명과 문화, 희생과 구속 등의 모든 존재의 근원이 명쾌하게 밝히고 있습니다. 그러므로 창세기는 성경 전체 속에 담긴 계시(비밀)의 문을 여는 열쇠이고 뿌리가 됩니다.

나아가 창세기를 통해 하나님과 자연, 하나님과 사람, 사람과 자연, 사람과 사람의 관계가 선명하게 드러납니다. 창세기를 통하여 무신론과 다신론과 범신론이 분별되고 유일신인 하나님을 만날 수 있습니다. 창세기는 하나님께서 자기 백성과 언약을 맺으시고 구원하시기 위한 대속의 희생 제사

가 점진적인 형태로 계시되어 있습니다. 그리스도는 창세기에서 여자의 후손, 셋의 계열, 셈의 후손, 아브라함의 씨, 이삭의 후손, 야곱의 후손, 유다 지파의 후손으로 태어나실 것이라고 예언되어 있습니다. 창세기의 인물과 사건 중에 그리스도의 표상으로 계시된 것은 너무나 많은데 이후 섭렵해 나갈 것입니다.

창세기 1장은 천지창조에 대한 선포로 시작됩니다(1절). 이 1절을 통과하지(믿지) 아니하면 기독교신앙은 한 걸음도 나아가지 못 합니다. 이어지는 삼위일체 하나님의 창조기사의 명쾌함과 숭고함은 이교의 각종 신화와 현대의 진화론이 얼마나 천박하고 모순된 것인지를 보여줍니다. 특별히 현대를 지배하고 있는 진화론의 거대한 물결은 창조론의 각 종별로서의 창조 선포(11-12, 20-25절)가 아니고는 이기지 못합니다. 진화론을 따르는 순간 인간은 동물적 수준으로 몰락하고 윤리는 사라져서 내세를 잃고 허무의 구렁텅이로 빠져 버립니다.

1장의 인간 창조의 과정과 목적은 너무 확실해서 감히 진화론이 시비를 걸지 못합니다. 하나님의 형상으로 창조된 인간의 존귀함과 다스리는 권세는 너무나 정확해서 이를 믿는 자의 담대함은 무적입니다(26-27절). 다스리는 하나님의 형상을 가진 인간에게 문화명령을 내리신 것(26-30절)은 신약성도인 우리에게 청지기 사명을 주신 것과 같은 맥락입니다(딛 1:7).

1장의 창조를 믿는 것이 작은 것처럼 보이지만 신앙의 출발과 근원이기에 유신론적 구원과 기쁨의 천국으로 연결 됩니다. 반대로 하나님의 창조를 거부하는 자는 무신론적인 저주의 길이기에 결국 허무한 삶과 지옥으로 가게 됩니다. 6일 동안의 창조 순서와 그 내용은 하나님의 영역을 들여다 볼 수 있는 신비한 은혜에 속합니다. 창세기는 천지만물을 말씀으로 창조하셨다고 하며(하나님이 이르시되) 하나님의 전능성을 선포합니다. 욥기는 하나님의 지혜가 창조에 담겨 있음을 자상하게 설명하며 하나님의 사랑을 알게 합니다(욥 38-41장). 하나님의 창조가 의심 없이 믿어지는 우리는 참된 그리스도인입니다.

♦ 창세기 2장 성경칼럼

7절 | 여호와 하나님이 땅의 흙으로 사람을 지으시고 생기를 그 코에 불어넣으시니 사람이 생령이 되니라

17절 | 선악을 알게 하는 나무의 열매는 먹지 말라 네가 먹는 날에는 반드시 죽으리라 하시니라

"아아, 인간!"

인간이란 말을 들을 때 천양지차의 느낌이 있습니다. 성선설과 성악설의 논쟁을 굳이 안하더라도 주변 사람과의 경험에서 금방 갈라집니다. 존귀하고 고상한 인간상과 추하고 악독한 인간의 모습은 격차가 너무 커서 현기증이 날 지경입니다. 이 복잡한 인간이 과연 어떤 존재인지는 어떤 학문도 결론을 낼 수 없지만 성경은 명확하게 말씀합니다.

1장의 천지창조에 이어지는 2장은 창조 사역의 초점인 인간 창조를 자세히 설명하고 있습니다. 타락 전의 인간은 하나님의 형상으로서 모든 창조의 핵심이요 꽃이요 면류관임이 틀림없습니다. 여섯째 날에 인간 창조를 하신 하나님께서 심히 좋았더라고 말씀하신 것으로 알 수 있습니다(1:31). 만족하신 하나님께서 일곱째 날에 안식하시고 인간에게는 첫날을 안식일로 허락하신 사실은 큰 은혜입니다. 신약 시대에 주일로 변화된 안식일의 축복은 근본적으로 회복의 의미를 뛰어넘는 창조주이시며 구원자이신 하

나님을 기뻐하는 의미가 있습니다.

성경에서 인간의 정의는 하나님의 형상으로 선포되어 있습니다(1:26~27). 인간이 하나님의 형상으로 창조되었다는 사실은 몇 가지 중요한 의미가 있습니다. 첫째, 인간은 지적이고 인격적이며 자유의지를 가진 영적 존재입니다. 둘째, 인간은 도덕적 진실성(양심)과 종교적 성결성(종교의 씨)에 대한 의식을 가지고 있습니다. 셋째, 인간은 다른 피조물에 대한 지배권을 위임받은 존엄한 존재입니다(1:26). 이는 아담이 동물의 이름을 짓는 주권자로서의 모습으로 증명됩니다(19-20절). 넷째, 인간은 모든 피조물 가운데 유일하게 하나님과 대화와 교제를 할 수 있는 존재입니다.

이 위대한 하나님의 걸작품인 인간창조의 재료와 방법을 상술한 것이 2장입니다. 인간은 단호하게 진화론을 배격한 하나님의 사랑과 주권적인 의지로 창조되었습니다(행 17:25). '스스로'나 '물질 형질 변화'와 같은 진화로 조성된 것이 결코 아닙니다. 이처럼 인간창조의 근원이 하나님께로 부터라는 사실은 인간 생존의 원동력이 바로 하나님께 있음을 보여줍니다. 여기에서 인간의 본질로서의 유약성을 알 수 있는데 그 증거가 흙으로 빚어진 질그릇 같은 존재라는 사실입니다(7절, 욥 10:9).

인간의 육신은 그 모양 상 가장 우아하고 품위 있게 만들어졌지만 빛나는 물질이나 보석이 아닌 짓밟히는 흙으로 만들어졌습니다. 인간의 근원이 보잘 것 없는 티끌이며 먼지임을 알고 겸손 하라는 교훈입니다. 오직 하나님의 생기를 받아 생령이 된 은총으로만 육신 이상의 인간으로 살 수 있음을 잊지 말아야 합니다(7절). 모든 피조물이 자기 삶의 터전을 떠나면 죽듯이 하나님의 품과 명령을 떠난 인간은 동물화 되고 마는 것입니다(17절). '아, 인간…' 이 외침에 응답하는 우리의 고백은 무엇일까요?

♦ 창세기 3장 성경칼럼

5절 | 너희가 그것을 먹는 날에는 너희 눈이 밝아져 하나님과 같이 되어 선악을 알 줄 하나님이 아심이니라

15절 | 내가 너로 여자와 원수가 되게 하고 네 후손도 여자의 후손과 원수가 되게 하리니 여자의 후손은 네 머리를 상하게 할 것이요 너는 그의 발꿈치를 상하게 할 것이니라 하시고

"시험(probation)인가? 유혹(temptation)인가?"

아주 유치한 가정이지만 성경에 '창세기 3장의 내용이 달랐다면 어떻게 되었을까?'를 생각해 보았습니다. 불신자와 초신자 시절의 제가 가지고 있던 의문과 불만이 다 해결될 수 있기 때문입니다. 하나님께서 선악을 알게 하는 나무를 안 만드셨다면? 사단과 동일시되는 뱀을 허용하지 않으셨다면? 뱀이 하와를 꾈 때 하나님께서 현장에 개입하셨다면? 사람을 에덴동산에서 쫓아내지 아니하시고 그 안에서 해결하셨더라면?

꼬리에 꼬리를 묻는 질문은 결국 하나님에게 무언가 혐의점이 있는 것으로 귀결됩니다. 정말 놀라지 않을 수 없습니다. 3장의 죄를 지은 공범자들(아담, 하와, 뱀)이 서로에게 책임을 전가하는 모습과 너무나 흡사하기 때문입니다(6-13절). 타락장으로 유명한 3장은 이렇게 논란도 많고 묵상할 주제도 많은 화제의 장입니다. 타락한 인간의 수준으로는 도저히 이해할 수 없는 원죄 교리와 원시 복음이 함께 쓰여 있는 신비한 장이기도 합니다.

그러면 역으로 창세기 3장의 가장 바람직한 스토리를 구성해 보면 어떨까요? 원래의 선악과는 인간에게 하나님을 진정으로 사랑하고 신뢰하고 있음을 증거 하는 목적으로 주어졌습니다(2:17). 인간을 로봇이나 애완동물

로 만든 것이 아니라 자유의지를 가진 책임 있고 성숙한 존재로 창조하셨기 때문입니다. 이 시험은 하나님의 선한 의지가 자리 잡고 있었습니다. 인간이 뱀이 유혹했을 때 한번만 하나님의 뜻을 확인하고 물리쳤다면 모든 인류 역사는 달라졌을 것입니다. 인간이 순종과 신뢰의 기회를 저버리고 불순종으로 범죄한데에는 하나님의 명령을 무시하고 자신의 욕망을 채우려는 교만이 원인이었습니다. 하나님의 시험에는 성숙의 선한 의도가 있으나 사단의 유혹에는 타락시키려는 악의가 도사리고 있었습니다.

하나님과 같이 될 수 있다는 유혹에 산산이 부서지는 원시 인간의 모습을 봅니다. 타락한 인간이 자기중심적 사고로 악착같이 온 힘을 다하여 하나님을 대적하는 모습은 필연적입니다. 하나님의 명령을 왜곡하고 조작해서 유혹하는 사단과 이에 편승하여 죄를 합리화하는 인간과의 교집합이 아주 비극적입니다(1-6절).

이 공모자들에게 임한 저주들(14-19절)은 아찔하지만 하나님의 구원 사역은 바로 시작되고 있습니다. 여자의 후손(예수님, 15절)과 가죽옷(희생제물, 21절)의 비밀과 실체를 알고 있는 우리는 참 복된 신자입니다. 선악과의 유혹과 생명나무의 초대는 지금도 계속되고 있습니다(2:9).

♦ 창세기 4장 성경칼럼

4절 | 아벨은 자기도 양의 첫 새끼와 그 기름으로 드렸더니 여호와께서 아벨과 그의 제물은 받으셨으나

25절 | 아담이 다시 자기 아내와 동침하매 그가 아들을 낳아 그의 이름을 셋이라 하였으니 이는 하나님이 내게 가인이 죽인 아벨 대신에 다른 씨를 주셨다 함이며

"무서운 이야기, 거룩한 이야기"

세상에는 무서운 이야기가 널려 있습니다. 무섭다는 표현이 모자라 잔혹, 살벌, 섬뜩한 이야기가 매순간 현실에서 벌어집니다. 또한 예전에는 만화로만 가능했던 무서운 장면들이 지금은 CGI(컴퓨터 그래픽 이미지)를 통해 생생하게 코앞에서 목격할 수 있습니다. 이 무서운 이야기를 추적해 올라가면 원조가 나옵니다. 바로 4장에 나오는 형제간의 살인 사건입니다.

맏아들인 가인이 동생 아벨을 들에서 쳐 죽이는 인간 최초의 살인이 일어납니다(8절). 그 원인은 아담이 지은 원죄를 물려받은 가인이 시기를 키워 살인하게 되는 것입니다. 시기의 원인이 종교적인 제사의 문제였다는 것은 깊이 새겨 볼 사안입니다. 우리도 교인간의 시기와 질투 문제에서 자유롭지 못하기 때문입니다. 제사에서 '행위(가인, 농산물)'와 '대속(아벨, 양)'의 의미인 제물 차이에서 열납의 유무를 결정하셨다는 해석은 무리가 있습니다(2-5절). 히브리서 기자가 하나님께서 아벨의 제사를 열납하신 이유는 제물이 아니라 믿음(마음)이라고 결론을 내렸기 때문입니다(히 11:4).

무서운 이야기는 여기서 끝나는 것이 아니라 여러 모양으로 퍼져 나갑니다. 가장 친한 형제간의 살인으로 가인은 하나님께 버려지지만 그 육체적 생명은 이어지고 파괴적 문화의 원조가 됩니다. 여호와 앞을 떠난(16절) 가인의 후손들에 의한 인간이 주역이 되는 문명과 문화는 지금의 세상 문화와 판박이입니다. 인간의 힘과 지혜와 감정을 바탕으로 한 세속적 물신주의는 죄인들이 사모하는 아름다운 이상향이기도 합니다.

가인 후손들의 이름에 담겨진(라멕:힘센 자, 아다:꾸민 자, 씰라:딸랑거리는 자) 불신 세계의 삶의 탐닉은 편리와 행복에서 탁월한 것처럼 보입니다. 예수님께서도 이 부분을 인정하신 것을 유의해 보아야 합니다.

(눅 16:8) "...이 세대의 아들들이 자기 시대에 있어서는 빛의 아들들보다 더 지혜로움이니라"

세상에서 주는 메리트가 만만치 않다는 것은 사도 요한의 편지에서도 직시하고 있습니다.

(요일 2:16) "이는 세상에 있는 모든 것이 육신의 정욕과 안목의 정욕과 이생의 자랑이니.."

라멕의 노래를 통하여 보는 무신론 세계의 폭력과 교만과 타락상은 무서운 이야기가 점점 증폭되어 감을 목격할 수 있습니다(23-24절). 그러면 이 무서운 이야기를 역전시킬 거룩한 이야기는 무엇일까요? 아벨과 가인을 잃은 아담에게 거룩한 씨인 셋 계열이 주어진 것입니다(25절). 하나님께서는 타락한 자들에게 세상을 전임한 것이 아니라 여호와의 이름을 부르는 경건의 무리를 역사의 주체로 삼으셨습니다(26절). 면면히 이어져 온 '남은 자(사 4:3)', '그루터기(시 6:13)', '알곡(마 13:30)'의 무리에 우리가 있다는 것은 최고의 영광이 아닐 수 없습니다. 거룩한 이야기의 출연자가 되기를 소원합니다.

♦ 창세기 5장 성경칼럼

3절 | 아담은 백삼십 세에 자기의 모양 곧 자기의 형상과 같은 아들을 낳아 이름을 셋이라 하였고

24절 | 에녹이 하나님과 동행하더니 하나님이 그를 데려가시므로 세상에 있지 아니하였더라

"천년만년 살고지고"

인간의 갈망 중의 하나는 무병장수입니다. 천년만년 살라는 말은 오래 살라는 덕담이지만 병이 걸려 오래 사는 것은 악몽이기에 무병이 들어갑니다. 천년만년 살 수 없다는 것을 누구나 알기에 살고 다음에 지고가 따라옵니다. 누구나 죽는다는 것을 아는 인간이기에 오래 사는 것의 대명사인 천년 살라는 말이 나온 것입니다. 실제적으로 근대 기록이 적시한 최장수인은 인도네시아 사람으로 146세입니다.

창세기를 읽으면서 놀라는 기사 중의 하나가 아담 시대의 인간 수명입니다. 아담은 930세에 죽었고 최장수자는 므두셀라로 969세까지 살았습니다. 인간이 타락하지 않았다면 천년만년이 아니라 영생할 수 있는 존재로 지어졌음을 알 수 있습니다. 나무 중에 천년 이상 생존하는 것이 있음을 알 때 죄의 영향력이 얼마나 처참한지 확인됩니다. 인간의 죽음은 이미 선악을 알게 하는 열매를 먹은 불순종의 저주로 결정되었습니다(창 3:19).

아담은 하나님의 형상으로 창조되었지만(1-2절) 아담의 아들 셋은 '아담의 형상'으로 낳았다고 기록됩니다(3절). 이것은 죄로 타락한 아담의 모양으로 태어난 원죄사상을 암시합니다. 그러므로 모든 인류는 이 원죄에서 벗어날 수 없기에 죽음을 피할 수 없는 것입니다. 5장의 분위기가 죽었더라 라는 마침표 때문에 암울한 것 같지만 숨겨진 희망의 단어가 있습니다. 바로 '낳았고'입니다. 죽음의 행진 틈틈이 낳았다는 글귀를 20번 삽입하므로 죽음을 극복하는 생명의 계승을 선명하게 부각합니다. 아담부터 노아까지 이어지는 계보는 후에 신약에서 영육의 죽음을 해결하신 예수님에게로 연결되어 있습니다(마 1:1-16).

성경읽기의 지루한 코스인 족보 이야기는 역설적으로 성경을 하나님의 말씀으로 증명하는 핵심증거가 됩니다. 에녹을 승천시킨 하나님의 의도는 예수님의 초월적 승천과 성도의 휴거를 예언합니다(24절). 특별히 에녹 승천 당시에 죽은 사람은 살해된 아벨 외에 아담밖에 없도록 하심으로 사망의 정복이 하나님께 있음을 계시합니다.

노아의 등장은 타락한 세대 가운데 구속사를 이끌 인물을 미리 보여 줍니다. 노아의 이름에 담겨진 안식과 위로라는 뜻은 노아가 진정한 위안자이신 예수님을 예표 하는 사역을 할 것을 알게 합니다(29절). 첫 사람 아담으로부터 온 죽음의 저주는 마지막 아담인 예수님의 살려주는 영으로 해결됩니다. 예수님의 영(성령)을 받아 하나님과 동행하는 우리는 죽음을 이긴 거룩한 무리입니다.

(고전 15:45) "기록 된 바 첫 사람 아담은 생령이 되었다 함과 같이 마지막 아담은 살려 주는 영이 되었나니"

♦ 창세기 6장 성경칼럼

5절 | 여호와께서 사람의 죄악이 세상에 가득함과 그의 마음으로 생각하는 모든 계획이 항상 악할 뿐임을 보시고

22절 | 노아가 그와 같이 하여 하나님이 자기에게 명하신 대로 다 준행하였더라

"세상에서 제일 빠른 것은?"

이 질문에 바로 나오는 답은 빛입니다. 빛의 속도는 1초에 30만km이니 지구 둘레(4만 km)를 똑딱하는 순간에 7바퀴 반을 도는 셈입니다. 물리적으로 빛보다 빠른 것은 없지만 사람의 생각의 속도는 잴 수 없을 정도로 빠릅니다. 인간이 타락함으로 사람의 생각에 죄가 들어 왔습니다. 인간 세상에 죄가 전염병처럼 퍼져 나가기 시작하는데 그 속도가 빛의 속도보다 빨랐다는 뜻입니다. 죄를 감추고 다가오는 찰나적 쾌락과 강성함과 세속의

영광 앞에 산산이 부서지는 인간 군상을 보게 됩니다.

6장은 악인인 가인의 계열과 의인인 셋의 계열간의 대결에서 악이 승리하게 된 것을 기술합니다. 사람의 마음과 생각과 계획이 항상 악해서 되돌릴 수 없는 상태가 되었습니다(5절). 성경은 선과 악이 섞일 때 악이 지배하는 것을 수도 없이 증거합니다.

(고후 6:14-16) "너희는 믿지 않는 자와 멍에를 함께 메지 말라 의와 불법이 어찌 함께 하며 빛과 어둠이 어찌 사귀며..."

신자들이 외롭다고 나쁜 친구를 가까이 하면 함께 타락의 길로 가게 됨을 명심해야 합니다. 죄의 능력도 엄청나고 그 침투력도 최고 속도이니 당할 재간이 없습니다. 인간이 악에 전염되어 허덕이는 모습을 보고 하나님께서는 한탄과 근심과 후회를 하셨습니다(6-7절). 이 구절을 오석하는 사람들은 인간의 창조를 하나님의 실수로 보는데 전혀 그렇지 않습니다. 오히려 인간 구원을 위한 하나님의 거룩한 감정과 의지의 표현입니다. 칠흑같은 죄악이 가득한 세상에 노아가 발견됩니다. 그는 신앙적으로 의인이고 인격적으로는 완전한 자이며 그 생애는 하나님과 동행한 자이었습니다(9절). 그렇다고 그가 죄인이 아니라는 것은 아니고 '여호와께 은혜를 입은 자'로서 하나님과 교제하게 된 것입니다(8절).

하나님께서 명령하시고 노아가 순종하여 지은 노아의 방주는 신약교회의 그림자입니다. 첫째, 하나님께서 지시하시고 설계하신 신적 기원과 구원의 본질적 사명이 함께 있습니다. 둘째, 오랜 기간의 건조 기간(120년)과 회개를 촉구하며 구원의 초대에 개방성을 가지고 있는 점에서 같습니다. 셋째, 노아의 방주는 자체의 추진력이 없어 하나님이 운전자이듯이 교회도 주님의 몸으로 주인은 주님입니다. 넷째, 거친 홍수가 방주를 어찌할 수 없듯이 주님의 몸 된 교회에 있는 성도는 사망의 권세를 이길 수 있습니다(벧전 3:20-22).

노아의 홍수 심판에서 수억 명의 인류 중에 오직 노아의 가족 8명만이 구원받은 의미는 깊이 묵상해야 할 주제입니다. 예수님을 믿고 교회에 다닌다는 것이 얼마나 희귀하고 존귀한 일인지를 깊이 새기게 됩니다.

♦ 창세기 7장 성경칼럼

1절 | 여호와께서 노아에게 이르시되 너와 네 온 집은 방주로 들어가라 이 세대에서 네가 내 앞에 의로움을 내가 보았음이니라

16절 | 들어간 것들은 모든 것의 암수라 하나님이 그에게 명하신 대로 들어가매 여호와께서 그를 들여보내고 문을 닫으시니라

"가장 엄격한 경계선"

중국 단동과 북한 신의주는 압록강을 경계로 하여 국경이 나누어집니다. 상류로 올라가면 호산산성이 있는데 강폭이 줄어들어 건너가기 쉬운 곳입니다. 그곳에서 작은 배를 타고 북한 군인과 이야기를 나눈 적이 있습니다. 지금도 인상에 남는 것은 한걸음(일보)만 내디디면 북한 땅이라는 경계비입니다. 한 걸음 차이로 국경을 침범하는 순간 생명이 어찌 될지 모릅니다.

인류 역사상에서 가장 엄격한 경계에 있는 문이 있다면 단연코 노아의 방주 문입니다. 이 문을 들어간 자와 못 들어간 자의 차이가 구원과 멸망으로 갈라지기 때문입니다. 120년의 건조 기간을 거쳐 완성된 노아의 방주는 홍수의 심판을 경고하는 하나님의 메시지이었습니다. 마지막 7일간의 구원의 유예기간이 지나고 노아의 식구 8명과 뭇 생물들이 방주에 들어갔습

니다. 그리고 방주의 문이 닫혀야만 되는 순간이 왔습니다. 구원과 멸망이 결정되는 순간입니다. 악인과 구별되고 홍수의 심판에 제외되는 의인의 보호가 시작됩니다.

이 순간을 묘사한 16절의 표현은 우리가 깊이 묵상할 문장입니다. '여호와께서 그를 들여보내고 문을 닫으시니라' 방주의 문을 열고 닫는 권한과 구원의 결정권이 하나님께 있다는 선포입니다. 방주 안과 밖을 확실하게 구분하는 것은 방주의 문이었습니다. 굳게 닫혀져서 물이 침범 못하고 쏜살같이 닫혀서 누구도 훼손할 수 없었습니다. 어디서 본 듯한 익숙한 장면이 아닙니까? 예수님께서 바로 구원의 문이 되심을 말씀하신 것이 떠오릅니다.

(요 10:9) "내가 문이니 누구든지 나로 말미암아 들어가면 구원을 받고 또는 들어가며 나오며 꼴을 얻으리라"

성도는 심판의 날에 완벽하고 확실하게 보호를 받고 영원한 방주인 예수님과 연합되어 천국에 들어갑니다(롬 6:4-5). 반면에 방주에 들어오지 못한 죄인들에게는 절대 죽음이 주어졌습니다(20-23절). 그토록 오래 참으신 하나님의 은총을 거부한 자들은 더 이상 방주의 문을 두드릴 수도 없고 두드려도 소용이 없습니다(눅 13:25).

오직 노아의 방주에 들어간 자만 구원받듯이 예수님 외에는 하나님께 갈 수 있는 방법은 절대 없다는 것이 확인되었습니다.

(요 14:6) "예수께서 이르시되 내가 곧 길이요 진리요 생명이니 나로 말미암지 않고는 아버지께로 올 자가 없느니라"

♦ 창세기 8장 성경칼럼

11절 | 저녁때에 비둘기가 그에게로 돌아왔는데 그 입에 감람나무 새 잎사귀가 있는지라 이에 노아가 땅에 물이 줄어든 줄을 알았으며

22절 | 땅이 있을 동안에는 심음과 거둠과 추위와 더위와 여름과 겨울과 낮과 밤이 쉬지 아니하리라

"고고학, 화석, 그랜드 캐넌, 원유"

신앙생활에는 수많은 난제와 장애물이 있습니다. 특별히 학습 시기에 있는 기독 어린이와 청소년들에게 있어 성경과 세상 학문과의 대립은 딜레마(진퇴양난)입니다. 성경을 믿자니 시험의 오답을 써야 하고 세상 지식을 따르자니 성경을 부인해야 하기 때문입니다. 성경에서 인간 출현의 연대는 6천여 년(성경학자인 어셔의 견해) 내지 7천년(생략된 연대 포함)밖에 안 되는데 고고학에서는 7백만 년이라고 하니 그 차이가 엄청납니다. 이를 좁히고자 '진화적 창조론(유신진화론)을 주장하기도 하지만 역시 증명이 안 되는 가설입니다.

지구의 시작을 46억 년 전이라 하는 것도 인간의 추측한 것입니다. 진화론이 화석을 근거로 종의 변이를 주장하지만 원숭이와 사람 사이의 중간 과정을 증명한 것은 없습니다. 지질학을 통해 지층의 축적이 오랜 세월에 걸쳐 이루어진 것으로 보나 맞지 않습니다. 이 모든 것의 문제를 풀 수 있는 열쇠가 바로 노아의 홍수사건입니다. 성경은 갑자기 터진 궁창에서 쏟아진 비로 말미암아 지구는 완전히 물에 잠겼음을 분명히 기록하였습니다(7:10-12,17-20절). 방주를 뺀 나머지의 모든 광물과 식물과 동물과 사람은 한방에 다 수장되고 죽었습니다. 비가 내린 기간은 40일이었지만(7:17) 창일한 기간은 150일이었고(7:24) 홍수의 전 과정은 약 370일이었습니다

(13-14절). 홍수 심판이 일어난 때는 아담으로부터 세면 대략 B.C.2350년 경입니다.

홍수의 급작성과 크기와 과정에 의하여 일어난 표식이 지구에 남겨졌습니다. 광물로서는 그랜드캐넌과 같은 지질층이 생겼고 숲과 나무는 한방에 매몰되어 석탄이 되었습니다. 대부분의 동물의 화석도 홍수에 의하지 않고는 설명하기 어렵고 동물들이 단체로 매몰된 시체는 후에 원유(석유)가 됩니다. 노아의 홍수는 인간의 죄악에 대한 엄중한 심판이었지만 하나님께서는 홍수후의 인간이 살아갈 수 있도록 준비를 하셨던 것입니다.

8장의 비둘기가 감람나무 새 잎사귀를 물어온 것은 지구의 새로운 환경이 조성된 것을 의미합니다(11절.) 노아가 방주를 나오자마자 먹고 살 준비보다 제단에서 제사를 드린 것은 방주에서의 뼈저린 체험에서 나왔습니다. 수백일 동안 죽음의 물에 넘실거렸던 방주에서 오직 하나님만이 인간의 주권자가 되심을 절실히 깨달은 것입니다(20절).

홍수후의 지구는 심음과 거둠, 추위와 더위, 여름과 겨울, 낮과 밤의 일정한 법칙안의 순환이 약속되었습니다. 자칫 열악한 환경을 주신 것이 아닌가 하고 생각 할 수 있지만 그 앞의 '땅이 있을 동안에'에 감사의 힌트가 있습니다(22절). 이는 이 땅에 반드시 종말이 있을 것이라는 전제와 하루의 일상과 계절 변화가 하나님의 사랑의 증표라는 의미도 있습니다. 코끝을 스치는 찬바람에도 하나님이 나를 사랑한다는 메시지가 담겨 있습니다.

♦ 창세기 9장 성경칼럼

13절 | 내가 내 무지개를 구름 속에 두었나니 이것이 나와 세상 사이의 언약의 증거

니라
21절 | 포도주를 마시고 취하여 그 장막 안에서 벌거벗은지라)

"방심하다간 큰 코 다친다"

방심이란 마음을 풀고 편히 있는 상태를 말합니다. 저는 목회자가 되기 전에 직장과 상업과 사업의 영역을 경험해 보았습니다. 나온 결론은 돈을 벌고 지위를 얻는다는 것이 매우 어렵다는 것입니다. 특별히 큰 이익이 걸린 분야일수록 위험도가 높아져 잠시라도 방심하면 안 된다는 것을 실감하였습니다. 사방에 경쟁자가 포진해 있고 불가항력적인 외부의 변수가 언제 들이닥칠지 모릅니다. 이는 이상한 일이 아니라 죄악 된 세상에 주어진 저주(가시와 엉겅퀴, 수고의 땀)에 열쇠가 있습니다(창 3:17-19).

방심은 영적 세계에서 더욱 주의해야 합니다. 성경의 수많은 인물들이 대적자의 유혹에 넘어간 이유는 영적인 방심에 있습니다. 영적인 방심은 위기 때에 오기보다는 안정적이고 편안할 때 소리 없이 들어온다는 것을 다윗을 통해 알 수 있습니다(삼하 11:2). 노아의 홍수 심판 후에 하나님과 인간은 새로운 관계에 들어섭니다. 새로운 환경에서 노아의 가족에게 주어진 축복은 대단한 것이었습니다(7절). 모든 짐승에 대한 권위를 주심으로 동물들이 사람을 두려워하고 해치지 못하게 합니다(2절). 홍수전과는 다르게 육식을 허용하심으로 피조세계의 희생을 통해서라도 인류의 보존과 안녕의 의지를 보여 줍니다(3절).

새 세계의 질서에 맞는 주의사항을 주신 하나님께서 증표로 무지개 언약을 체결하십니다(11-17절). 언약이란 약속과는 다르게 어떤 조건이 선행되지 않은 하나님의 일방적이고 주도권적인 의미(은혜와 사랑)가 있는 것을 말합니다. 무지개 언약은 홍수의 공포에 불안한 인생들에게 과거의 기억을 떨치고 희망의 미래를 제시하는 복음의 상징이기도 합니다. 은혜 언약까지 주어진 노아는 새로운 삶의 터전에서 편안함을 누리게 됩니다.

당대의 의인이며 하나님과 동행한 노아였지만 타락한 인간의 본성을 제거하지는 못했습니다. 그 방심의 매개체가 된 것이 포도주입니다. 성경은 포도주를 선하게 사용할 수 있음을 말씀합니다(딤전 5:23, 요 2:9-10, 전 10:19). 문제는 술을 선용하기보다 술에 취해 버릴 확률이 높다는데 있습니다. 이 위험성 때문에 술에 취하는 자는 하나님의 나라를 유업으로 받지 못한다고 경고합니다.

(고전 6:10) "도적이나 탐욕을 부리는 자나 술 취하는 자나 모욕하는 자나 속여 빼앗는 자들은 하나님의 나라를 유업으로 받지 못하리라"

방심에서 시작된 노아의 음주는 반복되고 취함에 따라 벌거벗게 되었으며 자녀인 '함'의 저주로 이어집니다(21-22절). 함은 권위자의 허물을 덮지 못한 죄 때문에 후손들이 노예의 길을 가게 되었고 이는 후세에 경계가 됩니다(22, 24-25절). 셈과 야벳을 통해 남의 허물을 덮어주는 수준(23절)에까지 이른 신자는 축복의 그릇이 됨을 배우게 됩니다(마 7:3). 주님 안에서 누리는 평안은 마음껏 누려야 하지만 슬며시 들어오는 영적 방심은 긴장해야 합니다.

♦ 창세기 10장 성경칼럼

1절	노아의 아들 셈과 함과 야벳의 족보는 이러하니라 홍수 후에 그들이 아들들을 낳았으니
8절	구스가 또 니므롯을 낳았으니 그는 세상에 첫 용사라

"갑자기 부자가 되었다"

로또에 맞은 것도 아니고 조상의 숨겨진 어마어마한 유산을 받은 것도 아니었습니다. 초신자 시절 창세기를 읽다가 세상에서는 도저히 얻지 못할 지혜와 지식을 알았을 때 느낀 감정입니다. 저는 그리스도인이 아니었을 때 세상에서 주입된 지식에 의하여 폭이 좁은 사람이었습니다. 한민족 특유의 국수주의가 있었고 지역감정도 알게 모르게 스며들어 있었고 인종차별의 관습도 은근히 있었습니다.

그런데 아담의 창조로 인간의 기원을 알게 되고 인류 제 2의 조상인 노아를 통해 모든 인간은 한 뿌리에서 비롯된 것임을 알게 되었습니다. 폐쇄성이 짙은 사고에서 땅과 민족과 언어와 문화의 조성과정을 알게 되니 지식의 부자가 되어버린 것입니다. 이 성경의 진리와 지혜와 지식은 일시적인 것이 아니었고 한계도 없었습니다. 이에 따라 기쁨도 끝없이 솟아나니 영적 부자의 기쁨에 놀라지 아니할 수가 없었습니다.

10장에 나오는 내용들은 언뜻 보면 이스라엘인의 역사서처럼 보입니다. 하지만 온 인류의 조상과 인종의 기원과 민족의 조성을 밝힘으로서 하나님의 언약의 성취를 보여줍니다. 이를 사도 바울은 이방인에게 하나님을 소개하는 내용으로 설교합니다.

(행 17:26) "인류의 모든 족속을 한 혈통으로 만드사 온 땅에 살게 하시고 그들의 연대를 정하시며 거주의 경계를 한정하셨으니"

이 열린 마음은 기독교인들이 선교를 할 때 인종에 대한 선입견을 깨고 이방인의 문화를 이해하는데 큰 작용을 합니다. 홍수 후에 생존했던 단 8명의 인간들에 의해 새로운 세계가 형성됩니다.

셈은 오늘날 근동 아시아의 문화권을 형성합니다. 함은 아프리카를 중심한 흑인들의 조상이 됩니다. 야벳은 아리안 족과 인도-게르만 족이라 부르는 유럽 중심 민족들의 조상이 됩니다. 10장에서 먼저 언급된 야벳과 후손들은 영토와 인구와 지적 우월성은 탁월했지만 여호와 신앙은 무관하였습니다. 함과 그 후손들은 일반은총에 따라 번영을 이루었지만 9장 25절의 허물에 의한 저주로 이후에 복속당하고 지배와 수모를 당하게 됩니다(수 9:23, 왕상 9:20-21). 함의 손자인 니므롯은 세속의 영웅이었지만 하나님을 대적하고 반역한 자의 대명사가 되고 맙니다(8-12절).

마지막으로 의미 있게 기록된 셈과 그 후손들은 세속적 영화보다 영적인 역사를 주도하는 계보가 됩니다. 이 셈족에서 히브리 민족이 이루어지고 이스라엘 국가를 만들고 메시야 계파인 유다의 계보가 생성됩니다. 신약 시대로 볼 때 셈족의 후예마저 예수님을 배격했지만 이를 통해 영적 이스라엘인 신약 성도를 낳게 하는 모태가 되었습니다(롬 10-11장). 아직 이루어지지 않았지만 구원받은 이방 그리스도인을 보며 육적 이스라엘 민족이 구원받는 신비가 펼쳐질 것입니다(롬 11:30-33). 엄청난 영적 비밀을 알아가며 넓은 안목을 가진 우리는 영육간의 부자입니다.

♦ 창세기 11장 성경칼럼

4절 | 또 말하되 자, 성읍과 탑을 건설하여 그 탑 꼭대기를 하늘에 닿게 하여 우리 이름을 내고 온 지면에 흩어짐을 면하자 하였더니

7절 | 자, 우리가 내려가서 거기서 그들의 언어를 혼잡하게 하여 그들이 서로 알아듣지 못하게 하자 하시고

"단결하면 안 되는 것?"

단결은 군대나 회사나 동아리의 구호로서 탁월합니다. 많은 사람이 마음과 힘을 합치면 능력이 나타나고 열매가 맺힙니다. 우리의 삶속에서 이토록 중요하게 강조되는 덕목도 드뭅니다. 영적인 공동체인 교회에서도 단결을 의미하는 한 마음과 한 뜻의 신앙생활을 놓치면 안 됩니다(행 2:42-47). 그러면 단결은 다 좋은 것일까요? 절대 그렇지 않다는 것이 역사의 증언입니다. 죄를 짓거나 악을 행하거나 남을 해치려는 목적의 단결이 수없이 일어납니다.

11장에는 단결의 저주를 받은 최악의 원조 모델이 등장합니다. 인간의 목적 달성을 위한 하나님께 대적하는 단결이 바벨탑 사건입니다. 노아의 홍수후의 인간은 각처에 퍼져 나름대로의 문화생활을 영위하였습니다. 시간이 지나면서 하나님의 심판을 의식하지 않는 교만한 자들이 일어나고 인간 왕국 건설의 영웅이 등장합니다. 니므롯이 대표적인 인물인데 그 이름의 뜻이 대적자(반역자)입니다(10:8-9절).

인간이 단결을 외칠 때는 조건과 명분이 있어야 합니다. 단결의 명분은 홍수와 심판의 공포를 인간 스스로 이겨내자는 것이었습니다(4절). 단결할 수 있는 절대 조건은 언어가 하나이어야 합니다(1절). 모든 사람이 다 통하는 말 때문에 단결이 일어날 수 있었습니다. 인간이 사는 환경 중에 가장 좋은 언어의 통일이 하나님을 대적하는 조건이 되었습니다. 하나님께서는 무지개 언약을 통해 다시는 물로 심판하지 않겠다고 하셨지만(9:11-17) 그들은 관심이 없었습니다.

하나님을 멀리 한 인간의 속셈은 지혜를 뽐내며 명예를 얻으려는 교만함입니다(11절). 하나님을 떠난 인간의 단결은 처참한 실패와 막대한 후유증을 낳게 됩니다. 바벨탑은 무너지고 단결의 조건이었던 언어는 혼잡하게 되었습니다(7절). 이제는 말이 안 통하게 되니 언어가 통하는 자들끼리 뭉치게 되고 널리 흩어질 수밖에 없었습니다.

지금 우리가 외국어를 배우는 것은 힘든 일이지만 한편으로는 하나님께 단결하여 대적하지 못하게 하는 역설적 은혜일 수도 있습니다. 그러하기에 후반에 나오는 영적 계보 이야기는 귀한 의미가 있습니다(10-32절). 하나님의 구원의 계획은 큰 단체가 아니라 한 가족과 한 사람(아브람)으로부터 시작됨을 보여줍니다. 교회는 하나님을 대적하는 악의 단결을 배척하고 하나님의 영광을 위한 단결을 하는 공동체입니다(빌 2:3-4).

♦ 창세기 12장 성경칼럼

1절 | 여호와께서 아브람에게 이르시되 너는 너의 고향과 친척과 아버지의 집을 떠나 내가 네게 보여 줄 땅으로 가라

2절 | 내가 너로 큰 민족을 이루고 네게 복을 주어 네 이름을 창대하게 하리니 너는 복이 될지라

"알고 나니 새로운 것이 보이더라"

지나쳐 보았던 땅위의 들풀이 하나님의 돌보심이었다는 것을 알 때 새롭습니다(마 6:30). 전혀 의식하지 않던 코끝에 스치는 바람이 하나님이 주시는 호흡임을 알 때 생명의 신비를 깨닫습니다(창 2:7). 그저 좋게 보기만 하던 하늘의 무지개가 심판을 참으시고 회개를 기다리시는 하나님의 도장임을 알게 되니 진정한 기쁨이 우러납니다(창 9:13). 일개의 자연도 영적 의미를 알고 나면 이렇게 새롭게 보이는데 믿음의 조상인 아브라함에게는 얼마나 오묘한 새로움이 있겠습니까?

12장에 등장하는 아브라함은 구속사에서 매우 중요한 위치를 차지합니다. 우선 구약을 총정리 하는 예수님의 족보는 그의 이름으로 시작합니다.

(마 1:1) "아브라함과 다윗의 자손 예수 그리스도의 계보라"

아브라함이란 이름의 뜻은 열국의 아버지인데 원래 이름인 아브람은 고귀한 아버지이었습니다. 한 가계의 아버지로 시작되었지만 믿는 모든 나라(열국)의 백성들에게 아버지가 된 것입니다. 그는 하나님의 초월적 섭리로 성경 전체에서 탁월하고 아름다운 이름을 얻게 됩니다. 열국의 아버지(창 17:5), 선지자(창 20:7), 하나님의 방백(창 23:6), 여호와의 종(시 105:6), 하나님의 벗(약 2:23), 메시아의 선조(롬 4:11-25)입니다.

우리 믿음의 조상이기도 한 아브라함의 첫 출발은 어떠했을까요? 하나님의 위대한 소명을 받은 아브람은 본래부터 뛰어난 사람이 아니었습니다. 아버지 데라는 우상 제조업자였고 살던 고향은 타락한 도시였습니다(수 24:2). 하나님께서 아브람이 본토와 친척과 아비를 떠나지 않으면 안 된다는 것을 알고 명령하십니다(1절). 인간적인 계산으로는 이 명령을 따를 수 없었지만 아브람은 과감히 말씀에 순종합니다(4절.) 과감히 란 표현을 쓴 것은 앞날이 불확실한 가운데 행동한 것을 의미합니다.

(히 11:8) "믿음으로 아브라함은 부르심을 받았을 때에 순종하여 장래의 유업으로 받을 땅에 나아갈새 갈 바를 알지 못하고 나아갔으며"

아브람으로서는 인간적으로 위험한 도전이었지만 하나님께서는 그가 포기한 것 대신에 엄청난 것을 주셨습니다. 바로 큰 민족과 창대한 이름과 복의 근원(원어:복덩어리)으로 주어지는 '축복권'입니다(2-3절). 하나님의 은총을 받은 자의 순종은 새로운 땅에서 제단을 쌓는 행동(예배)으로 나아갑니다(7-8절).

12장의 아브람은 영적으로는 의인이었지만 상태로는 죄인의 길을 가는 연약한 자입니다. 아내를 이방 왕의 후궁으로 보내지만 하나님의 간섭으로 '작은 출애굽'을 이루게 됩니다(10-20절). 여기서 안 보이던 신앙의 신비가 드러납니다. 법정적인 신앙의 영웅일지라도 고난과 시험은 꼭 주어진다는 것을 알 수 있습니다. 그러나 더 큰 비밀은 이 과정이 하나님의 벗이 되기 위한 코스와 훈련장이라는 사실을 깨닫는 것입니다. 아브라함과 우리의 신앙의 여정은 상황은 다를지라도 근본원리는 똑같습니다.

♦ 창세기 13장 성경칼럼

6절 | 그 땅이 그들이 동거하기에 넉넉하지 못하였으니 이는 그들의 소유가 많아서 동거할 수 없었음이니라

9절 | 네 앞에 온 땅이 있지 아니하냐 나를 떠나가라 네가 좌하면 나는 우하고 네가 우하면 나는 좌하리라

"추함의 바닥은 헤어질 때 들어난다"

인간은 어떤 모양으로든 관계를 맺고 사는 존재입니다. 근본적으로는 혈연과 지연과 학연을 통하여 인맥과 이익을 추구합니다. 나아가 행복의 추구를 위해 동아리 활동을 하고 쾌락의 쫓아 동류의 인간끼리 부대끼며 삽니다. 가치와 명분을 우선하는 사람들은 이상향을 향해 뭉치기도 하고 종교의 인연을 맺기도 합니다. 지금까지가 만남이 주제였다면 이별의 민낯은 들추기가 민망 합니다. 선하고 의미 있는 이별보다 슬프고 쓰리고 찌질한 헤어짐이 훨씬 많기 때문입니다. 함께 할 때는 서로가 나눌 파이(몫)가 있기에 배려가 있었지만 헤어지면 끝이라는 계산 아래 인성의 바닥이 드러나고 맙니다.

애굽에서 많은 재산을 모아(12:16, 20) 가나안에 귀환한 아브람 일가에게 현안이 등장합니다. 그동안 조카 롯과 함께 했는데 양쪽의 재산이 늘어나면서 상호간의 첨예한 이해관계가 생겼습니다(6절). 목축업에서 가장 중요한 목초지의 분배에서 다툼이 생기게 되었습니다. 인간사에서 재물이 늘어날 때 다툼이 생기는 것은 누구나 경험합니다. 이것은 무관심으로나 위장 평화로 해결될 일이 아닙니다.

13장에서 '관계의 정리'에 대한 아브람이 취한 선택의 원리와 행동의 실천은 그리스도인에게 모범이 됩니다. 첫째, 아브람은 긴장의 요인을 정확히 발견하고 대화를 시작합니다. 롯은 서열상으로 아랫사람이었기에 압박하거나 명령할 수도 있었지만 관대함으로 대화를 시도합니다. 만약 여기서 싸움이 붙는다면 하나님의 영광은 훼손되고 가족의 분란이 일어나고 원주민의 약탈도 예상됩니다.

둘째, 아브람은 롯과의 관계에서 적대관계가 아닌 상호협력의 가족임을 확인합니다(8절). 이를 크게 적용하면 그리스도인들이 하나님 안에서 어떤 사람이든 동포적인 시각을 가져야 함을 깨달을 수 있습니다. 셋째, 아브람은 자신의 이익을 희생하고 롯의 유익을 위함으로서 불화의 씨를 원천적으로 제거합니다(9절). 롯에게 좌 던 우 던 먼저 정하라고 한 것은 인간적 관대함과 함께 신앙적 담대함을 나타낸 것입니다.

아브람은 애굽에서의 인간적 실수를 통해 하나님의 보호를 체험했기에 (12장) 어느새 영안이 열린 것입니다. 비록 그는 비옥하지 못한 땅을 차지했지만 하나님의 약속이 있는 곳이었고 롯은 그 반대임이 이후에 증명 됩니다10-17절). 불신 세상에서는 먹이를 더 차지하려고 쫓고 달려가고 싸우는 것이 일상입니다. 하지만 하나님의 사람들이 여유를 가지고 양보할 수 있는 믿음을 구사할 수 있다면 그 축복이 반드시 예비 되어 있습니다. 소유와 존재 사이에서 '하나님과 함께 하는 존재'를 택한 아브람의 길은 우리가 가야 할 길입니다(18절). 이별을 잘 할 수 있는 실력을 키우는 과제가 주어졌습니다.

♦ 창세기 14장 성경칼럼

14절 | 아브람이 그의 조카가 사로잡혔음을 듣고 집에서 길리고 훈련된 자 삼백십팔 명을 거느리고 단까지 쫓아가서

20절 | 너희 대적을 네 손에 붙이신 지극히 높으신 하나님을 찬송할지로다 하매 아브람이 그 얻은 것에서 십분의 일을 멜기세덱에게 주었더라

"세속의 전쟁 읽기"

실로 어마어마한 질문입니다. 인류가 존재하는 한 전쟁은 그치지 않고 근원과 목적과 결과도 너무 다양하기 때문입니다. 성경에는 수많은 전쟁이 나오는데 14장에 나오는 가나안 남북전쟁이 첫 번째 기록입니다. 최후의 전쟁인 아마겟돈 전쟁(계 19:11-21)으로 이 세상은 마감되겠지만 인간 최대의 현안인 것은 분명합니다.

가나안 남북전쟁은 사해 동맹국 5개국이 엘람의 맹주 그돌라오멜에게 조공을 거부하고 반역한 데서 시작됩니다(1-4절). 메소포타미아 4강국이 사해 지역까지 원정하며 도중에 거치는 가나안 열국들을 초토화시킵니다(5-9절). 사해 동맹국은 참패하고 원정군들이 포로와 전리품들을 취하는 가운데 롯도 포로로 끌려가게 됩니다(10-12절). 이에 아브람이 가병 318명을 끌고 원정군을 뒤쫓아 약탈물을 환수하고 롯을 구출해 냅니다(13-16절). 이 전쟁의 승리로 아브람은 가나안에서 위상이 높아지고 역사의 전면

에 데뷔합니다(17절).

아브람이 접한 전쟁은 팔레스틴 지방의 국지전이었지만 그를 가나안의 실질적 주인으로 부각시키는 하나님의 의도가 있었습니다. 물론 아브람은 이 깊은 뜻을 모르고 친족에 대한 사랑과 포로에 대한 박애정신으로 참전했을 것입니다. 그러나 한 가지 확실한 것은 하나님을 섬기는 자로서 전력의 열세에도 승리를 확신하는 신앙의 용기가 있었습니다. 그 근거는 승전 후에 멜기세덱에게 전리품의 십분의 일을 헌사한 사실에서 찾을 수 있습니다(20절). 성경에서 최초의 십일조는 이렇게 시작됩니다. 십일조는 모세의 율법 수여 이전에 이미 은혜로서 실행되었습니다.

전쟁의 승리가 사람에게서 나온 것이 아니라는 은혜의 고백이 십일조이었습니다. 이는 성경 전체에서 모든 것이 주께로 왔다는 전적 주권을 인정하는 십일조 정신과 맥을 같이 합니다. 성경 속의 신비적 인물인 멜기세덱은 예수님과 비교하지 아니하면 해석할 수 없습니다. 제사장 지파인 레위와 아론보다 우위에 있는 멜기세덱은 율법의 위치가 아닌 은혜의 지위를 가지고 있습니다.

(히 7:10) “이는 멜기세덱이 아브라함을 만날 때에 레위는 이미 자기 조상의 허리에 있었음이라”

우리가 드리는 신약적인 십일조는 율법에 의한 강제성이 아닌 그리스도에 대한 사랑 고백으로 드려지는 것입니다(히 5:5-6). 십일조를 드린 아브람은 멜기세덱에게 위로와 안식과 축복을 받습니다(18-20절). 이것은 우리가 영적 승리를 하고 하나님께 온전한 영광을 돌릴 때 영원한 제사장이신 예수님께 은혜와 평강의 복을 받는 것의 그림자입니다. 전쟁 속에 숨겨진 하나님의 의도를 아는 자에게 사명과 능력과 축복이 주어집니다.

우리 민족의 역사에서 일제 강점기는 한방에 조선 왕정에게서 해방시킨 역설적 의미도 있습니다. 자국 백성의 반 이상을 노비로 삼는 왕정 체제는 역사상 없었습니다. 6.25 전쟁은 공산주의를 적대하는 민족성을 주고 한국 기독교를 세상에 드러내는 하나님의 뜻이 담겨져 있습니다. 지금도 일어나고 있는 우리의 다양한 전쟁이 의미하는 바를 기도하며 찾는 지혜를 받기를 원합니다.

♦ 창세기 15장 성경칼럼

6절 | 아브람이 여호와를 믿으니 여호와께서 이를 그의 의로 여기시고
17절 | 해가 져서 어두울 때에 연기 나는 화로가 보이며 타는 횃불이 쪼갠 고기 사이로 지나더라

"철저한 사람, 틀림없는 사람"

좋은 말로 표현하자면 남에게는 너그럽고 자신에게는 엄격한 사람이라고 정의할 수 있습니다. 듣기만 해도 훈훈함이 느껴지는 이상적인 이런 사람은 인간관계에서 가끔 나올 수 있습니다. 세속의 평판은 상대적이기에 특출하고 탁월한 말과 행동이 일치하는 사람이 있겠지만 영적인 세계는 전혀 다릅니다. 믿음의 세계에서 의인은 사람의 자생적 능력으로 만들어지는 것이 아니라 하나님께서 주시는 은혜로 이루어집니다. 15장에는 이 진리를 보여주는 하나님의 횃불 언약이 나옵니다. 늙어만 가는 자신을 바라보며 언약의 성취에 대한 회의와 침체에 싸여 있는 아브람을 보게 됩니다(1-2절). 후사가 없으므로 종인 엘리에셀이 혹시 상속자가 아니냐는 질문이 나옵니다(3절).

이에 하나님께서는 반드시 네 몸에서 날 자가 후사가 될 것을 확인하면

서 횃불 언약을 체결하십니다(6-11절). 횃불언약은 당시에 있었던 적과의 약속 의식을 배경으로 합니다. 약속을 체결하는 자들이 짐승을 잡아 둘로 쪼개 나누어 놓고 그 사이를 지나감으로서 언약이 성립되는 의식입니다. 이 특이한 의식이 의미하는 것은 쌍방 중 한 쪽에서 그 언약을 파기한다면 그 사람은 쪼개진 짐승처럼 처참히 죽게 된다는 것입니다. 변할 수 없는 언약을 상징하는 이 의식에 한 가지 주목해야 할 광경이 일어납니다. 분명히 쪼개진 제물 사이에 언약의 쌍방인 아브람과 하나님이 지나가야 하는데 횃불 곧 하나님만 지나갔다는 점입니다(17절).

이 횃불언약이 의미하는 것이 무엇일까요? 인간이 아무리 각오하고 모질게 행동한다고 할지라도 영적인 약속을 이행할 수 있는 능력은 없다는 뜻입니다. 이를 너무나 잘 아시는 하나님이 오직 당신의 성실과 사랑의 집념으로 언약을 성취하겠다는 선언이 횃불언약입니다. 불완전한 인간을 향하신 하나님의 열심을 보여주신 것입니다. 당시의 아브람에게는 언약의 당사자로서 약속 이행의 결정과 책임이 아닌 믿음으로 하나님의 약속을 받아들이는 것만 있었습니다. 바로 이 초월적 섭리에 대한 믿음만이 하나님과 인간 사이를 연결하는 고리가 됩니다.

초월적 섭리라는 것은 인간이 감히 상상할 수도 없는 언약의 내용입니다. 아이를 낳을 수 없는 무자한 아브람에게 셀 수 없는 자손은 상상할 수 없고(5절) 수백 년 후의 애굽 생활 400년과 출애굽은 꿈도 못 꿀 일입니다(13-14절). 이 사건으로 아브람은 행위로 의로움을 얻은 것이 아니라 하나님의 언약을 받아들이는 믿음으로 의인의 칭함을 받게 됩니다(6절).

(롬 4:3) “성경이 무엇을 말하느냐 아브라함이 하나님을 믿으매 그것이 그에게 의로 여겨진바 되었느니라”

이후에도 계속된 아브람의 인간적 실수는 자신을 의지할 것이 아니라 오직 믿음을 견고하게 해야 한다는 것을 보여 줍니다. 영적 아브라함의 후손인 우리는 행함의 교만을 버리고 '오직 믿음(sola fide)'의 길을 가도록 설정 되었습니다.

♦ 창세기 16장 성경칼럼

8절 | 이르되 사래의 여종 하갈아 네가 어디서 왔으며 어디로 가느냐 그가 이르되 나는 내 여주인 사래를 피하여 도망하나이다

13절 | 하갈이 자기에게 이르신 여호와의 이름을 나를 살피시는 하나님이라 하였으니 이는 내가 어떻게 여기서 나를 살피시는 하나님을 뵈었는고 함이라

"죄 같지는 않은데 중대한 죄?"

일반적으로 인간은 죄를 생각할 때 감옥에 갈만한 행위를 생각합니다. 또는 죄를 안 짓고 살 수는 없기에 안 걸리면 된다고 생각합니다. 이 일반적 생각을 깨뜨리는 성경의 선포는 단호하고 엄격합니다. 영적인 죄의 정의는 하나님의 뜻을 어기는 것입니다. 하나님의 뜻의 첫 번째는 예수님의 속죄를 믿는 자만이 구원을 받는 것입니다(요 16:9). 원죄를 가진 인간은 죄를 지어서 지옥에 가는 것이 아니라 대속의 주님을 믿지 않아서 죄 사함을 받을 수 없기에 지옥에 갑니다(사 53:6).

이제 그리스도인 안에 있는 소홀하기 쉽지만 중대한 죄를 살펴보겠습니다. 대표적인 것이 거짓말과 게으름입니다. 사기성이 없는 거짓말과 남에게 해를 끼치지 않는 종류의 게으름에는 대부분 너그럽습니다. 오히려 하얀 거짓말과 행복의 조건으로의 적당한 게으름은 미덕이라고 장려하기도 합니다. 그러나 이 두 가지의 죄는 영적인 경건생활에 치명적 해악을 끼치

므로 조심해야 합니다.

16장에 나타난 주제는 하나님의 약속을 기다리지 못하는 자들의 조급함입니다. 조급함이라고 할 때 죄와 연결시키는 인식이 별로 안 생기지만 이는 대단한 오해입니다. 하나님을 절대 신앙하는 자는 주변 환경이 어떠하든 하나님의 때를 기다리는 것이 마땅합니다. 본장의 아브람 부부는 이 같은 믿음의 결여로 환경에 핑계를 대고 여종 하갈을 통해 후손을 이으려고 합니다(1-3절). 하나님의 언약을 인간적인 수단과 잘못된 믿음의 적용으로 성취하고자 한 것입니다. 조급함은 얕은 생각을 하게 되고 서투른 행동으로 나아가며 결국 불신앙으로 결말을 맺게 됩니다.

우리는 구속사에서 이 불신앙의 비극적인 결과를 목격할 수 있습니다. 첩의 몸을 빌려 난 이스마엘이 아랍 민족의 시조가 됨으로서 오늘날 중동 전쟁의 뿌리 깊은 원인이 되었습니다(9-12절). 이 사건이 인간적 조급함의 비극적 열매였다면 하갈과 이스마엘을 향한 하나님의 배려는 죄인을 향한 신비한 은총입니다(13절). '브엘라해로이(하나님을 뵈온 후에도 살아있는 자의 우물)'의 은총을 받습니다(14절).

임신 후의 교만으로 쫓겨난 하갈을 만나주시고 은혜와 사랑을 베푸시는 하나님을 뵐 수 있습니다(7-8절). 이것은 우리 그리스도인이 얄미운 불신자들에게 일반은총을 주시는 하나님의 섭리를 깨닫게 하는 정답 같은 사건입니다. 잘못은 인간이 하고 은혜의 수습은 하나님이 해 주시는 이 경륜은 지금도 계속되고 있습니다(롬 8:28).

♦ 창세기 17장 성경칼럼

1절 | 아브람이 구십구 세 때에 여호와께서 아브람에게 나타나서 그에게 이르시되 나는 전능한 하나님이라 너는 내 앞에서 행하여 완전하라

5절 | 이제 후로는 네 이름을 아브람이라 하지 아니하고 아브라함이라 하리니 이는 내가 너를 여러 민족의 아버지가 되게 함이니라

"하나님의 때와 인간의 준비"

기독교 신론의 첫 번째 테마는 신의 불가해성입니다. 유한한 인간은 무한하신 하나님을 절대로 이해할 수 없다는 뜻입니다. 다만 하나님의 계시의 방편(일반, 특별은총)을 통해 하나님을 아는 지식은 가질 수 있다(신의 불가지성)로 이어 집니다. 만약 하나님을 온전히 이해할 수 있다고 하는 자가 있다면 교만한 것이며 조심해야 합니다. 이런 신의 불가해성을 전제로 할 때 하나님이 역사하시는 때를 인간이 안다고 하는 것은 더욱 어려운 일입니다. 다만 지나온 시간과 사건을 통해 하나님이 역사하신 때를 확인할 수는 있습니다.

이런 배경 속에 17장은 하나님의 때와 인간의 준비의 결이 맞닿는 장면을 기록하고 있습니다. 아브람이 99세가 되었으니 하란을 떠나 가나안에 정착한지도 25년째 되었고(1절) 이스마엘을 낳은 것도 13년이 지났습니다(25절). 이때의 인간적인 아브람은 후손에 대한 소망이 완전히 단절된 절망적인 상황이었습니다(17-18절).

이처럼 인간에게 절망적인 그 순간이 하나님에게 있어서는 역사하시는 시간입니다. 그 이유는 1절에 나와 있는 '너는 내 앞에서 행하여 완전 하라'라는 하나님의 말씀 때문입니다. 어떻게 인간이 하나님 앞에서 행하여 완

전할 수 있겠습니까? 그러므로 이 말씀을 하신 것은 아브람이 완전한 행함을 할 수 있다는 것이 아니라 완전을 지향하는 노력을 할 수 있는 준비가 되었음을 말합니다. 연단을 통해 아브람은 자신의 절대 무능을 깨닫고 하나님의 명령이라면 순종하겠다는 그 준비가 된 것입니다. 때가 된 아브람에게 역사적인 새 언약이 주어집니다.

첫째는 아브람이 아브라함이 되고 사래가 사라가 되는 개명입니다. '한 가문의 아버지'에서 '열국의 아버지'로 바뀌는 이 개명은 약속이 실제화 되는 것을 의미합니다. 영적으로는 장차 그리스도께서 오셔서 맺을 새 언약에의 동참을 상징합니다(고후 3:6, 11:25). 새 이름이 주어졌다는 것은 새 세계가 열린 것을 의미합니다(고후 5:17). 신약의 성도는 거듭난 자라면 누구나 영적으로 새 영과 새 이름을 받았습니다.

(겔 36:26) "또 새 영을 너희 속에 두고 새 마음을 너희에게 주되 너희 육신에서 굳은 마음을 제거하고 부드러운 마음을 줄 것이며"

둘째는 정결과 성별을 의미하는 할례를 번식 기관인 생식기에 행하는 순종입니다. 이 명령은 아브라함만 한 것이 아니라 이스마엘과 종족을 초월한 온 가족이 순종으로 동참했습니다(23-27절). 이스마엘은 이 할례에 참여함으로서 그의 후손이 번성하는 보장이 주어졌습니다(20절). 그리스도인의 일생은 우연으로 이루어지지 않고 하나님의 주권적인 섭리로 이루어집니다. 하나님의 때에 준비되고 명령에 순종하여 사역하는 공동체를 사모합니다.

♦ 창세기 18장 성경칼럼

2절 | 눈을 들어 본즉 사람 셋이 맞은편에 서 있는지라 그가 그들을 보자 곧 장막 문에서 달려나가 영접하며 몸을 땅에 굽혀

14절 | 여호와께 능하지 못한 일이 있겠느냐 기한이 이를 때에 내가 네게로 돌아오

리니 사라에게 아들이 있으리라

"나도 모르게 일어나는 일들"

세상에는 수많은 일과 사건이 일어납니다. 그 중에 내가 아는 가운데 일어나는 일이 1이라면 나도 모르게 일어나는 일은 억만 배도 넘을 것입니다. 그리스도인이 과거를 돌이켜 보면서 '그 때 그 순간 하나님께서 이렇게 해 주셨다'라고 간증하는 이유입니다.

18장에는 할례 언약을 체결한(17장) 하나님께서 친히 두 천사를 거느리고 아브라함의 집을 방문하신 사건이 기록되었습니다. 여기에서 하나님과 천사가 육신의 모습으로 인간에게 나타날 수 있는가의 문제가 생깁니다. 우리는 신약에서 삼위일체 하나님의 제 2위인 성자 예수님이 성육신하셔서 인간에게 보여주신 것을 잘 압니다(요 14:9). 18장 1절은 여호와 하나님이 나타나셨다고 하였고 2절 이하에서는 사람으로 표현함으로 하나님의 현현은 틀림없습니다. 문제는 아브라함이 사람의 모습으로 나타난 손님을 처음부터 하나님으로 알았는가 입니다. 문장과 호칭과 분위기로 볼 때 알았다는 해석을 할 수 있으나 실상은 그렇지 않음을 성경은 증거 합니다(히 13:2).

100세가 다 된 노인이고 부귀를 다 가진 족장이 무더운 낮에 여행자를 보고 달려 나가 영접하고 낮은 자세로 섬긴 것(2-8절)이 이해가 되지 않을 수 있습니다. 그러나 아브라함의 인격이 겸손의 연단에 이르렀고 섬김의 수준이 일상적 습관이 되어 있다면 충분히 가능합니다. 아브라함은 이제 예수님께서 이르신 대인관계에서 황금률을 지키는 수준에 이른 것입니다(눅 6:31).

(마 6:1) "사람에게 보이려고 그들 앞에서 너희 의를 행하지 않도록 주의하라 그리하지 아니하면 하늘에 계신 너희 아버지께 상을 받지 못하느니라"

이 해석이 가능한 것은 그 후에 나오는 하나님께로부터 받은 두 가지 예언에 대한 아브라함의 태도에서 증명됩니다. 첫째는 사라의 임신에 대한 확증적인 계시를 사라는 웃으며 확신하지 못했지만 아브라함은 믿음으로 받아들였습니다(9-15절). 둘째는 소돔과 고모라 성의 멸망에 관한 계시를 받고 아브라함이 반응한 태도입니다. 그는 하나님의 심판에 긍휼을 절실히 구하는 끈질긴 중보기도를 드립니다(22-32절).

이것은 하나님의 공의의 심판을 아는 성숙과 함께 이웃을 긍휼히 여기는 사랑에 진심이 없으면 할 수 없는 행동입니다. 본장은 하나님이 언제 나에게 어떤 모습으로 다가오실지 모르지만 일을 할 때와 사람을 대할 때 주님께 대하듯이 하라는 교훈의 예표입니다.

(골 3:23) "무슨 일을 하든지 마음을 다하여 주께 하듯 하고 사람에게 하듯 하지 말라"

사람으로 다가오신 하나님과 천사를 섬긴 아브라함은 하나님과 더욱 친밀한 비밀을 갖게 되었습니다(33절). 하나님과 함께 하는 신앙생활은 우리가 마주하는 일과 대하는 사람과의 관계에서 이루어집니다.

♦ 창세기 19장 성경칼럼

5절 | 롯을 부르고 그에게 이르되 오늘 밤에 네게 온 사람들이 어디 있느냐 이끌어 내라 우리가 그들을 상관하리라

24절 | 여호와께서 하늘 곧 여호와께로부터 유황과 불을 소돔과 고모라에 비같이 내리사

"차별금지법 시비"

주류 언론에서 보도하지 않지만 국회 앞에서 수만 명의 기독교인들이 모여 차별금지법 반대 집회를 한 적이 있었습니다. 이른바 평등법으로도 칭하는 차별금지법은 이름만 보면 착한 법처럼 느껴집니다. 차별당하는 대상은 당연히 소수이고 약자인데 그들의 권익을 보호하자는데 기독교가 반대한다니 의아해 할 수 있습니다. 문제는 차별을 금지하는 근본 취지는 동의하지만 그 법이 사용하려는 의도가 의심된다는 것입니다. 다시 말하면 그 법이 목표하는 것은 소수의 약자들을 보호하는 것이지만 국민을 통제하는 수단이 될 수 있다는 것입니다.

사람에게는 천부 인권이 있는데 이것을 자유라고 합니다. 양심과 표현과 종교의 자유는 어떤 법으로도 억압할 수 없습니다. 차별금지법이 통과하는 순간 사람의 마음과 말과 행동은 권력과 법에 의하여 간섭을 받게 됩니다. 독재 체제인 나라에서는 사람의 일거수일투족이 감시받으며 자유와 표현이 제한되는데 전문 용어로 '소비에트(구소련)법'이라고 합니다. 이 법이 극단적으로 적용되면 어떤 일이나 사람에 대하여 자기감정을 함부로 드러낼 수 없으며 동성애에 대한 혐오감을 표현하다가 고발될 수도 있습니다.

성경은 동성애를 죄라고 분명히 말씀했는데(롬 1:26-27, 고전 6:9, 레 20:13) 이를 표현하면 고발되어 재판을 받고 유죄가 될 수 있습니다. 나아가 오직 예수님만이 구원받는 길(행 4:12, 요 14:6)이라고 전하는 전도도 타종교를 차별하는 것이기에 안 된다는 새 척도가 생기게 됩니다. 크게는 진리 문제에서 작게는 감정 부분까지 누군가를 위한 법으로 사용되고 결국은 이 법이 독재사회를 지향하는 수단이 되기에 입법을 반대하는 것입니다. 싫어도 싫다고 표현 못하고 틀려도 틀리다고 주장 못하는 국가로 갈 수 있는 지점에 이 법이 위치하고 있습니다. 법률가의 견해는 지금의 법을 적용해도 소수자의 차별을 충분히 방지할 수 있다고 합니다.

19장에 소돔과 고모라 성의 멸망의 원인은 이들이 죄악의 끝판왕인 동성애에 이르렀기 때문입니다. 인간 역사에서 성적 타락의 모습은 입에 담기 어려울 정도로 처참합니다. 통간으로 시작되는 성적범죄는 강간, 수간, 시간, 근친상간을 거쳐 동성애로 갑니다. 동성애를 변호하는 자들은 그 이유를 선천적이라고 하여 합리화시키지만 대부분 쾌락의 골인지점이 동성애입니다.

소돔의 남자들이 남자의 형상을 가지고 나타난 천사에게 반해서 강압적으로 롯에게 상관을 요구하는 장면을 보면 성적 타락의 몰입성과 포악함을 읽을 수 있습니다(4-9절). 소돔성 중에서 롯만이 약간의 경건성을 보였지만 아내와 딸과 사위들은 영적 감각이 마비된 모습을 목격합니다(14, 26, 30-38절). 그만큼 인간이 사는 사회의 보편적 양심과 도덕률과 경건성은 매우 중요하다는 것을 알 수 있습니다.

멸망을 겨우 피한 롯과 두 딸의 근친상간은 호전적인 모압족과 암몬족을 만들어 내어 두고두고 이스라엘의 원수가 됩니다. 죄의 결과가 얼마나 처참한 것인지를 보여주는 것이 소돔과 고모라의 불 심판입니다. 타락한 이 시대를 향한 종말 심판의 예고편입니다(계 19:20).

♦ 창세기 20장 성경칼럼

11절 | 아브라함이 이르되 이곳에서는 하나님을 두려워함이 없으니 내 아내로 말미암아 사람들이 나를 죽일까 생각하였음이요

17절 | 아브라함이 하나님께 기도하매 하나님이 아비멜렉과 그의 아내와 여종을

치료하사 출산하게 하셨으니

"내 덕이다, 네 탓이다!"

위의 상반된 말은 노골적이지는 않지만 우리 언어의 뿌리에 깊이 자리 잡고 있음을 부인하기 어렵습니다. 자기를 알아달라는 의도와 남에게 책임을 돌리려는 속셈에서 나오기 때문입니다. 미숙한 사람일수록 이 마음을 가지고 말하며 성숙한 사람일수록 이 압박에서 자유롭습니다.

20장은 아브라함이 소돔성의 멸망 후에 정들었던 헤브론을 떠나 그랄 땅에 이주하면서 일어난 사건을 기록하고 있습니다(1절). 아내 사라를 아비멜렉 왕에게 후궁으로 내어주는 사건이 일어납니다(2절). 어디선가 보고 경험한 듯한 익숙한 장면(데자뷰)입니다. 이미 12장에서 애굽의 바로와의 관계에서도 똑같은 일이 생겼었기 때문입니다. 아브라함에게 죄의 속성 중에서 핵심인 관성의 법칙(습관성)이 여지없이 발동되었습니다.

인간 스스로는 죄를 이길 수 없고 특별히 생명 보존의 위기에 처할 때는 믿음을 지키기 어려운 것은 충분히 이해가 됩니다. 그러나 아브라함의 경우에는 애굽의 첫 번째 실수(12장)후에 24년이 흘렀고 새 이름과 새 언약이 주어진(18장) 성숙한 상태였음을 감안해야 합니다. 사라를 통해 주실 약속의 아들을 분명히 인지하고 있는 가운데 사라를 내어주었습니다. 그가 반복된 실수를 한 것은 인간적 계산의 처세와 믿음의 영역인 약속의 땅(가나안)을 저버린 것이 원인이었습니다. 하나님을 모르는 땅이라고 합리적인 남의 탓을 하고 사라가 누이인 과거 사실을 처세술로 사용했습니다(11-13절).

그리스도인은 신앙의 연륜과 지식이 많다고 시험과 유혹이 면제되지 않는다는 사실을 보여 주고 있습니다(고전 10:12). 그러면 이 연약한 인생들을 향한 하나님의 대처는 어떠했을까요? 호통을 치고 처벌을 해도 할 말이 없는 이 사건에 대한 하나님의 간섭은 우리의 상상을 초월합니다. 아브라함을 책망하기보다 오히려 아비멜렉에게 꿈을 통하여 강하게 압박하고 사라를 보호하십니다. 하나님의 소유인 아브라함과 사라의 태를 통해 구속사를 이루실 하나님의 섭리를 그르칠 수 없는 것입니다. 이는 지금의 주님의 몸인 교회와 성도가 허물투성이임에도 불구하고 철저히 보양하는 원리와 동일합니다(엡 5:29).

더 놀라운 사실은 아브라함을 아비멜렉의 죄를 사하고 그 가정의 문제인 태의 닫힘(불임)을 열게 하는 중보기도자로 사용하신 것입니다(14-17절). 실수한 아브라함이었지만 세상을 향한 중보기도자로 사용하시는 하나님을 만납니다. 연약한 우리를 세상을 향한 그리스도의 사신으로 쓰시는 하나님을 뵙게 됩니다(고전 5:20). 우리 인생은 온통 '하나님 덕분(오직 은혜, Sola gratia)'에 살며 쓰임 받습니다.

♦ 창세기 21장 성경칼럼

2절 | 사라가 임신하고 하나님이 말씀하신 시기가 되어 노년의 아브라함에게 아들을 낳으니

13절 | 그러나 여종의 아들도 네 씨니 내가 그로 한 민족을 이루게 하리라 하신지라

"어디 김 씨예요? 무슨 파에요?"

얼마 전에 외부 교인이 예배를 마친 후 대화하다가 저에게 질문한 것입니다. 경주 김 씨라고 했더니 자신과 같다며 무슨 파냐고 족보를 다시 물었습니다. 어린 시절 들은 것(태사공후 상촌공파)이 기억 안 나서 충청도 출신

경주 김 씨는 양반이라고 웃어 넘겼습니다. 사실 법적으로 계급 사회가 사라진 현대의 한국에서 양반의 족보가 무슨 상관이 있겠습니까? 그러나 영생과 관련 있는 성경에 기록된 영적 족보는 매우 중요합니다. 이 족보는 영적으로 면면히 지속되어 지금 우리에게로 이어지고 적용되기 때문입니다.

21장에는 믿음의 조상 아브라함의 언약의 후손인 이삭의 탄생이 기록되어 있습니다. 그 분위기가 어둠과 세찬 비바람으로 산란했던 밤이 지나고 충만한 빛줄기가 떠오르듯이 기쁨과 기대로 가득 차 있습니다. 이삭의 탄생은 하갈에게서 태어난 이스마엘과 16년의 간격을 가지고 있습니다(16:16). 신약에서는 이 두 아들에 대한 해석을 확실하게 선언하고 있습니다(갈 4:22-31).

(갈 4:23) "여종에게서는 육체를 따라 났고 자유 있는 여자에게서는 약속으로 말미암았느니라"

율법(육체)으로 난 자와 은혜(약속)로 난 자가 다르듯이 선택된 자와 선택받지 못한 자로 분명한 갈라지고 있습니다. 선택과 유기를 생각할 때마다 매정한 하나님이 연상되겠지만 이것이 하나님의 주권적 통치방식입니다. 이삭의 태어남은 여러 면에서 인류의 구원자이신 예수님의 탄생을 예표 합니다.

첫째, 오래전부터 선포된 신적기원으로 하나님의 계획입니다(17:19, 마 1:21). 둘째, 하나님의 경륜에 의하여 정하신 때에 출생하였습니다(2절, 갈 4:4). 셋째, 출생 전에 신분과 생애에 연관된 이름이 지어지므로 하나님의 다스림을 보여줍니다(17:19, 마 1:21). 넷째, 초자연적인 탄생 기사(석녀 사라, 동정녀 마리아)를 보여줌으로 부활의 능력을 예표 합니다(18:11-12, 마 1:23). 다섯째, 고난의 인간들에게 기쁨을 줌으로서 하나님의 사랑과 실존을 경험하게 해 줍니다(8절, 눅 2:14).

영적 가지치기를 당한 이스마엘을 돌보시는 하나님의 자비하심은 우리가 깊이 묵상해야 한 주제입니다(14-20절). 비록 약속의 후손이 아니더라도(현재로서는 타종교인과 불신자) 통치하시고 공급하시는 하나님을 만날 수 있습니다. 아비멜렉과의 화친은 브엘세바의 약속으로 이어져서 아브라함의 위상을 역사의 주도자로 자리매김하는 사건입니다(22-34절). 영적 장자의 계보가 지금 나에게 왔음을 알 때 그 벅참은 말로 표현할 수 없습니다.

♦ 창세기 22장 성경칼럼

2절 | 여호와께서 이르시되 네 아들 네 사랑하는 독자 이삭을 데리고 모리아 땅으로 가서 내가 네게 일러 준 한 산 거기서 그를 번제로 드리라

12절 | 사자가 이르시되 그 아이에게 네 손을 대지 말라 그에게 아무 일도 하지 말라 네가 네 아들 네 독자까지도 내게 아끼지 아니하였으니 내가 이제야 네가 하나님을 경외하는 줄을 아노라

"어느새 부쩍 자랐네"

오랜 만에 만난 아이의 키가 훌쩍 큰 것을 보고 흐뭇해서 하는 말입니다. 혹은 철부지같이 자기만 알았던 사람이 타인을 향해 성숙한 모습을 보일 때 칭찬으로 하는 말입니다. 영적으로 적용하면 우리 신앙의 키가 부쩍 부쩍 자라는 것을 보시고 하나님께서 기뻐하시며 하시는 말씀일 수도 있습니다. 성경에는 지상에서 땅의 것만 바라보고 살던 사람이 하늘의 원리를 깨달으며 차원이 다른 신앙으로 점프하는 스토리가 많이 나옵니다. 지상의 신앙에서 천상의 신앙으로 도약하는 인물 중의 대표가 아브라함입니다.

그 극적인 전환의 사건을 기록한 것이 22장입니다. 본 사건은 아브라함이 소명 받은 지 적어도 40년은 족히 넘은 시점에서 일어났습니다. 25년 만인 100세에 약속의 후손인 이삭을 낳았고 그가 청년이 되었기 때문입니다. 너무나 유명한 이 사건은 인간의 이성으로는 도저히 납득이 안 되는 요소를 가지고 있습니다. 이삭을 통해 셀 수 없는 믿음의 후손을 주시겠다고 약속하셨는데 그 이삭을 죽여 번제로 바치라는 것은 이해하기 힘든 것입니다. 성경은 신앙의 차원을 높이려는 곳에 '역설적(paradox) 논리'가 등장합니다. 가장 사랑하는 자에게 매우 혹독한 시련을 주시는 신앙의 역설적 논리를 깨닫지 못하면 시험에 듭니다(히 12:8). 세상의 연약한 자를 들어서 영광스런 도구로 사용하시는 것도 이에 해당됩니다(고전 1:27-28).

아브라함이 하나님께서 이삭을 번제로 바치라고 할 때 조용한 번민은 분명히 있었을 것입니다. 하지만 겉으로 불만 없이 솔선하여 순종한 것(3절)은 이성으로 이해할 수 없는 역설을 알기 때문입니다. 마음과 말로서 만의 믿음은 신앙의 어린아이 수준에서 하는 것입니다. 아브라함이 하나님께 신속하고 단호하게 순종을 한 것은 부활의 주가 되시는 하나님을 알고 신뢰했기 때문입니다(롬 5:17).

신앙의 면류관은 순종에 의하여 주어지는 것이 분명합니다. 이삭의 번제 사건은 영적으로 예수님의 십자가 사건의 모형이며 그 장소(모리아 산, 갈보리 산)가 같습니다. 흠 없고 자발적이고 준비된 제물이 있었습니다. 준비된 제물로 인해 구출된 이삭의 새 생명은 예수님의 대속으로 구속의 은총을 받은 성도의 새 생명을 예표 합니다. 성숙을 위한 연단과 독생자를 내어주신 하나님의 마음을 아는 시험의 결과는 아브라함으로 하여금 하나님의 벗이 되게 합니다(12절, 약 2:23). 이 사건 이후에 그의 생애는 고난은 사라지고 평탄함이 주어지며 약속된 창대한 자손의 축복으로 나아갑니다(15-18절).

20절부터 나오는 나홀의 족보는 리브가와 라반을 준비시키는 하나님의 깊은 사역을 슬며시 드러냅니다. 이삭의 아내가 되는 리브가와 라반의 딸(레아, 라헬)을 통한 이스라엘의 12지파가 떠오릅니다. 신앙의 철이 들고 하나님의 벗으로 교제하기를 소원합니다.

♦ 창세기 23장 성경칼럼

1절 | 사라가 백이십칠 세를 살았으니 이것이 곧 사라가 누린 햇수라
4절 | 나는 당신들 중에 나그네요 거류하는 자이니 당신들 중에서 내게 매장할 소유지를 주어 내가 나의 죽은 자를 내 앞에서 내어다가 장사하게 하시오

"저주의 형벌, 은혜의 선물"

이 상반된 두 시각은 인간의 죽음에 대한 것입니다. 인간의 머리에서 나온 추론으로는 죽음의 정의를 온전히 내릴 수 없습니다. 오직 성경만이 죽음에 대한 올바른 통찰을 하게 합니다. 죽음은 죄에 의하여 온 형벌임을 선포하고 있습니다.

(롬 6:23) "죄의 삯은 사망이요.."

원죄를 가진 인간은 어느 한 사람도 이 죽음을 피할 길이 없습니다.

(히 9:27) "한번 죽는 것은 사람에게 정해진 것이요 그 후에는 심판이 있으리니"

그러나 성경은 죽음이 있음으로 영생의 선물이 주어짐을 선언합니다.

(롬 6:23) "..하나님의 은사는 그리스도 예수 우리 주 안에 있는 영생이니라"

이 영생은 오직 예수님이 주시는 선물인 은혜로만 얻을 수 있습니다.

(엡 2:8) "너희는 그 은혜에 의하여 믿음으로 말미암아 구원을 받았으니

이것은 너희에게서 난 것이 아니요 하나님의 선물이라"

23장에는 믿음의 어머니인 사라의 죽음과 장례에 대한 내용이 나옵니다. 성경에서 여성으로서 향년(127세)과 죽은 곳(헤브론 곧 기럇아르바)를 기록한 경우는 사라가 유일합니다. 예수님의 육신의 어머니인 마리아도 기록이 없습니다. 그만큼 사라의 죽음은 언약의 성취라는 측면과 하나님께서 그녀의 역할과 인품을 인정하셨다는 표시입니다.

(벧전 3:6) "사라가 아브라함을 주라 칭하여 순종한 것 같이 너희는 선을 행하고 아무 두려운 일에도 놀라지 아니하면 그의 딸이 된 것이니라"

파란만장한 굴곡의 삶을 산 사라였지만 죽음과 장례절차를 통해 땅의 가나안과 하늘의 가나안(천국)을 소유한 모습을 보게 됩니다. 여기서 특별히 '나는 나그네'라는 아브라함의 고백을 주목해야 합니다(4절). 천국을 본향으로 둔 하나님의 사람들은 보이는 이 세상을 살 때 나그네 같은 자세로 살아야 함을 보여줍니다(히 11:13-16). 나그네는 이방 땅에서 다 드러나는 삶과 겸손이 몸에 밴 자세와 항상 떠날 준비를 해야 합니다. 그리스도인이 천국을 향해 가는 나그네 의식을 가질 때 단출하고 청렴하며 담대하게 살 수 있습니다.

아브라함이 장지와 무덤을 소유하는 장면은 기독교인들이 세상에서 어떤 인물이 되어야 하는지를 보여줍니다. 아브라함은 존경받는 인격(10-11절)과 너그러운 베풂(12-16절)과 사회적인 정당한 약속의 체결(17-20절)로 가나안의 영적 주인으로 나아갑니다. 막벨라 장굴은 후에 아브라함, 이삭, 리브가, 레아, 야곱의 무덤이 되고 이스라엘인의 안식처가 됩니다. 이 땅에서 주님의 종으로 살고 하늘의 부르심에 응답하는 부활의 소망은 더욱 깊어갑니다.

♦ 창세기 24장 성경칼럼

4절 | 내 고향 내 족속에게로 가서 내 아들 이삭을 위하여 아내를 택하라
16절 | 그 소녀는 보기에 심히 아리땁고 지금까지 남자가 가까이 하지 아니한 처녀더라 그가 우물로 내려가서 물을 그 물동이에 채워가지고 올라오는지라

"만남의 통곡, 만남의 찬가"

잘못된 만남 때문에 통곡하기도 하고 좋은 만남으로 행복의 찬가를 부르기도 합니다. 사람을 사회(정치)적 동물이라고 하는 것은 홀로 살기 힘들다는 것과 상호작용의 관계가 매우 중요하다는 것을 의미합니다. 일생을 태어남부터 죽음까지라고 할 때 이 두 가지는 본인이 어찌 개입할 수 없습니다. 그러나 이 둘 사이에 있는 수많은 만남들은 여러 변수에 의하여 이루어집니다. 부모와 국가와 문화와의 만남이 운명적이라면 친구와 배우자와의 만남은 인간의 선택의 비율이 분명히 들어가 있습니다.

이 중에 남여가 만나서 부부가 되고 가정을 이루고 후세를 이어가는 일은 최고의 대사임이 분명합니다. 이 만남은 인생 최대의 일이고 중요한 일인 만큼 수많은 어려움이 있고 함정도 도사리고 있습니다. 하나님께서 창설하신 두 기관이 바로 교회와 가정입니다. 그러하기에 하나님께서는 당연히 가정을 이루는 기원과 원리와 속성을 교회와 대조하여 알려 주셨습니다(엡 5:22-33). 아담과 하와 가정의 근원은 하나님의 주권적 주도와 한 몸의 원리로 이루어졌습니다(창 2:22-25). 그러나 타락한 인간에게 있어서 가정을 이루는 원리는 좀 더 복잡해졌습니다.

그 핵심 원리를 알려주는 사건이 바로 24장의 이삭과 리브가의 결혼이야기입니다. 이삭의 결혼에 있어서 아담의 가정 출발과 가장 구별되는 것

이 바로 기도의 등장입니다. 아담은 완벽한 신부를 찬가를 부르며(2:23) 맞아들이면 되었지만 이삭은 달랐습니다. 아버지인 아브라함의 믿음과 지시가 들어가 있고 엘리에셀의 충성된 순종이 나옵니다(2-9절). 당사자인 이삭과 리브가의 기도 준비와 순종이 어우러져 종합예술 같은 이야기가 펼쳐지고 있습니다(58, 63절). 하나님의 놀라운 경륜과 인간의 간절한 소망이 담긴 기도가 연합하여 구속사에 쓰임 받는 가정이 성사되고 있습니다.

그러므로 이 내용은 결혼을 기도하며 준비하는 기독청년들의 교과서로 불립니다. 첫째, 신앙의 순결과 보존을 위해서 이방 여인(불신자)을 택하지 말고 친족(신자)에게서 택하게 합니다(3절). 이삭을 메소보다미아로 종과 함께 보내지 않는 이유는 약속의 땅을 떠나 이방 문물에 타락하지 않도록 하기 위함입니다(4-7절). 둘째, 만남과 과정 등에 대한 구체적 기도를 하고 상황을 예의 주시함으로 하나님의 결재와 인도함을 받아야 합니다(10-27절).

셋째, 결혼은 한 가문에 대한 것으로 끝나는 것이 아니라 하나님 나라의 유업을 잇는 것이라는 것을 알고 행해야 합니다. 이는 지금 우리에게도 똑같이 적용되는 원리입니다. 넷째, 하나님의 섭리로 이루어진 가정은 영적 세계까지 이어지는 유업이라는 것을 알고 귀중히 여겨야 합니다. 만남의 축복은 행복한 신앙생활로 직결됩니다(벧전 3:7).

♦ 창세기 25장 성경칼럼

21절 | 이삭이 그의 아내가 임신하지 못하므로 그를 위하여 여호와께 간구하매 여호와께서 그의 간구를 들으셨으므로 그의 아내 리브가가 임신하였더니

34절 | 야곱이 떡과 팥죽을 에서에게 주매 에서가 먹으며 마시고 일어나 갔으니 에서가 장자의 명분을 가볍게 여김이었더라

"성경의 역사, 인간의 역사, 나의 역사"

성경을 평가 절하하는 사람들은 간간히 등장하는 족보를 보며 성경을 이스라엘의 역사서로 속단합니다. 성경의 족보는 성경내용이 신화가 아닌 실제 인물에 대한 기록임을 증거 합니다. 나아가 언약의 후손(메시야)이 과연 누구인가에 최종적 초점을 맞추고 있습니다. 25장은 12장 이후 구속사의 초점이 맞춰졌던 아브라함의 생애가 마감되고 다음 세대인 이삭과 야곱이 주인공으로 등장합니다. 본장은 두 인물(아브라함, 이스마엘)의 죽음과 두 인물(에서, 야곱)의 출생이라는 뚜렷한 대조로 펼쳐집니다. 인간의 유한한 생과 그 생들을 통한 하나님의 거룩한 경륜과 통치사를 확연히 드러냅니다.

한 사람으로서의 아브라함이 아니라 하나님께서 택한 아브라함으로서의 역사를 쓰고 있습니다. 그러므로 아브라함의 죽음은 신자가 어떻게 인생을 마감할 것인가를 넉넉히 보여 줍니다. 아브라함은 죽기 전에 사후에 발생할 여러 갈등 요인(상속권, 이복 형제간의 대립 등)을 미연에 방지하기 위한 조처를 합니다. 아내중 하나인 그두라에게서 난 후손들에게 재산을 넉넉히 주어 동방 아라비아로 이주하게 합니다(1-6절). 이들은 이스마엘 후손과 함께 아랍 민족이 되고 약속된 육적 창대함도 누리게 됨을 역사는 증명합니다(12-18절).

이런 조치들은 오직 약속의 자녀 이삭만이 선택된 땅인 가나안을 상속받을 수 있게 하기 위함입니다. 비록 자신은 죽어가지만 자신과 맺은 하나님의 언약은 영원할 것임을 확신하며 이삭을 적자로 세우는 것입니다. 아브라함의 편안한 죽음(7-11절)은 하나님의 사람들에게 있어서 죽음이란 마침이 아니라 새로운 세계에의 출발임을 확신시켜 줍니다. 결국 성경의 역사는 인간을 통해 하나님의 거룩하신 뜻을 펼쳐나가는 숨결이며 흔적이라고 볼 수 있습니다. 이 구속사에 들어온 신자는 맡은바 크고 작은 사역을 감당하다가 때가 되면 순순히 물러나는 것이 죽음의 자세입니다. 나의 역사가 하나님의 역사가 되고 후계자에 의해 사역이 진행하도록 다리를 놓는 것이 죽음에 대한 준비입니다.

이런 측면에서 후반에 나오는 언약의 상속자로서의 감각을 가진 야곱과 영적 무감각의 성향을 가진 에서와의 긴장은 우리가 예의 주시해야 할 장면입니다. 야곱은 차자로서 장막에 거하며 조용하고 순진했지만 끈기로 영적 욕구에 갈급하며 장자의 명분에 집착합니다. 반면에 에서는 장자로서 활동적인 모험가의 남성적 매력의 기질을 풍기지만 즉흥적이고 무절제한 욕망을 가졌습니다. 사냥 후에 배고픔을 참지 못해 팥죽 한 그릇에 최상의 축복인 장자의 명분을 야곱에게 팔아버린 에서는 성경에서 영적인 미친 자라고 기록되었습니다(27-34절, 히 12:16).

지금도 눈앞의 먹이에만 눈이 먼 참새처럼 에서의 뒤를 따라가는 망령된 자들이 얼마나 많은지 목도합니다. 이 결과로 에서의 후손은 에돔 족속이 되고 그 후손인 헤롯왕은 야곱의 후손인 예수님을 죽이려 듭니다(마 2:16). 지금 나의 영육간의 선택과 행동(나의 역사)이 후대에 어떤 열매로 맺혀질지 깊이 생각하게 합니다.

♦ 창세기 26장 성경칼럼

2절 | 여호와께서 이삭에게 나타나 이르시되 애굽으로 내려가지 말고 내가 네게 지시하는 땅에 거주하라

11절 | 아비멜렉이 이에 모든 백성에게 명하여 이르되 이 사람이나 그의 아내를 범하는 자는 죽이리라 하였더라

"싸울 때, 타협할 때, 양보할 때"

사람은 살면서 별걸 다 가지고 싸웁니다. 심지어 말 한 마디나 주관적 느낌이 안 좋아도 트집을 잡아 싸웁니다. 그릇이 큰 사람일수록 타협을 잘하고 통 큰 양보를 합니다. 인생사 모두를 타협하고 양보해야 하는 것은 아닙니다. 기독 신앙인의 경우에 진리에 대한 분야에서는 대쪽같이 지켜야 하고 싸워야 할 것이 있습니다. 죄의 선택과 신앙의 양심과 구원의 유일성과 예배의 자유에 대한 부분을 타협하다간 큰일이 나기 때문입니다. 신앙의 진리를 위해서는 목숨 걸고 쟁투해야 할 것이 분명히 있습니다.

(히 12:4) "너희가 죄와 싸우되 아직 피 흘리기까지는 대항하지 아니하고"

여기서 오해하지 말 것은 피를 흘린다는 것은 물리적 폭력보다 믿음의 내적 영역이 훨씬 강합니다. 26장은 이삭이 본격적으로 등장하면서 그의 실수와 함께 신앙의 장점이 기록되어 있습니다. 먼저 이삭의 실수는 하나님의 약속(2-5절)을 절대 신뢰하지 못하고 흉년을 당해 가나안을 떠나 그랄 땅으로 간 것입니다(1절). 우리나라와는 다르게 1년 강수량이 200mm 밖에 되지 않는 팔레스틴은 가뭄과 기근이 자주 발생합니다. 현실적으로 보면 이주할 수도 있는 일이나 언약의 후손으로서는 불신앙과 불순종을 한 것입니다.

약속의 땅을 벗어난 결과는 두려움이 생기고 아내를 누이라 속이는 수치스런 행동을 합니다(6-11절). 직접 목격한 것이 아니었지만 아버지 아브라함이 두 번이나 실수했던 사례를 자식이 따라 한 것입니다. 여기에서 인간 죄의 유전성 문제는 존재하며 해결해야 할 숙제임을 알게 합니다.

이삭의 선택은 잘못되었지만 그랄 땅에 거하면서 행한 일들은 신앙의 연단을 이루고 우리의 모범이 됩니다. 당시의 우물 쟁탈전은 생명에 관한 것으로 전쟁도 불사하는 예민한 것이었습니다. 여기에서 이삭은 수없는 양보를 하며 원주민과의 관계를 원만하게 만듭니다(12-22절). 후에는 화친과 함께 존경을 받고 저들이 하나님께 영광을 돌리는 일까지 발생합니다(26-31절).

이 사건은 그리스도인들이 진리가 아닌 일로 세상 사람들과 첨예한 갈등과 다툼을 일으키면 큰 대미지를 얻는다는 것을 교훈합니다. 이삭의 이방을 향한 온유함의 원천은 무엇이었을까요? 바로 아버지께 배운 어디를 가든지 단을 쌓고 예배하는 것이었습니다(25절). 에서가 영적 무감각으로 이방 여인을 취하여 부모를 근심케 한 것과 대비됩니다(34-35절). 세상과 접하여 살 때 대처하는 지혜와 능력을 구합니다.

♦ 창세기 27장 성경칼럼

5절 | 이삭이 그의 아들 에서에게 말할 때에 리브가가 들었더니 에서가 사냥하여 오려고 들로 나가매

27절 | 그가 가까이 가서 그에게 입 맞추니 아버지가 그의 옷의 향취를 맡고 그에게 축복하여 이르되 내 아들의 향취는 여호와께서 복 주신 밭의 향취로다

"난해하지만 오묘한 이야기"

'만감이 교차 한다'라는 말이 있습니다. 어떤 일이나 사건을 만났을 때 한두 가지 감정으로는 표현할 수 없을 때 탄식하며 내뱉는 말입니다. 창세기 27장에 나오는 장자의 축복 권 쟁탈의 사건은 너무나 아리송하고 어렵고 정리가 힘든 이야기라서 읽을 때마다 만감이 교차합니다. 목적이 훌륭하면 수단과 과정의 결점은 간과해도 괜찮은 것인가의 주제가 나올 수도

있습니다. 나아가 과연 장자의 축복권이 무엇이기에 이토록 집요하고 치열하게 영적전쟁을 벌이는지 이해가 힘들기도 합니다. 아버지와 어머니와 두 아들이 조급함속에 얽히고 설 켜 온갖 협잡이 이루어지는 현장 속에 감추고 싶은 인간의 탐욕스런 진면목이 드러납니다. 누가 정의이고 불의인지가 불분명해서 판단의 기준을 잡아 해석하기도 애매합니다.

이삭에게는 육적 눈이 어두운 것과 함께 영안도 어두워 하나님이 정하신 장자(야곱, 창 25:23)를 올바로 선택하지 못한 잘못이 있습니다. 리브가는 적자인 야곱을 편애해서 이삭을 속여 축복기도를 받도록 했는데 이는 하나님의 섭리를 성급하게 침범하는 결과를 가져 왔습니다. 에서는 멋진 남성미를 갖추고 세상적인 매력의 터프가이이지만 영적 갈망이 없어 장자의 가치를 못 알아보고 놓치는 우를 범합니다. 야곱은 차자의 열등 콤플렉스에 몸부림치며 어머니와 합작하고 인간적 꾀로 장자 권을 확보하지만 혹독한 대가를 치르게 됩니다.

이 내용이 신비한 것은 한번 축복한 내용은 돌이킬 수 없다는 것을 강조한 대목입니다. 축복의 출처는 하나님께 있고 축복 권을 위임받은 자는 하나님을 대리하는 것이기 때문입니다. 창세기에서 노아(9:26)와 이삭(27-29절)과 야곱(48:15~16)이 축복한 내용이 구속사에서 그대로 이루어진 것이 그 증거입니다. 국가 교회인 이스라엘은 아론의 축복기도(민 6:24-26)가 샘플이고 신약은 바울이 전 세계의 교회에게 축도(고후 13:13)를 정해주었습니다. 오늘날의 신자들은 영적 제사장과 거룩한 백성으로 하나님의 복을 이웃에게 전하는 축복 권을 가지게 되었습니다.

이 이야기는 27장만 보면 치졸한 인간들의 유치한 다툼으로 보이지만 신학적으로는 오묘한 섭리가 담겨 있습니다. 신약 해석에서 망령된 자(히

12:16)로 규정된 에서는 영광된 거룩을 우습게 여기고 버린 자를 의미합니다. 이 죄가 얼마나 중대한지 에서는 회개할 기회조차 주어지지 않고 하나님께 청산되어 버려 절망의 대명사가 됩니다.

(히 12:17) “너희가 아는 바와 같이 그가 그 후에 축복을 이어받으려고 눈물을 흘리며 구하되 버린 바가 되어 회개할 기회를 얻지 못 하였느니라”

이 역할은 예수님을 거부하고 업신여기며 죽인 유대인들로 이어 집니다.

반면에 불의하지만 하나님의 주권적 은혜로 장자 권을 획득한 야곱은 예수님을 영접한 이방인을 예표 한다고 볼 수 있습니다. 에서의 들판을 헤맨 열심이 율법의 모습이라면 언약에 근거하여 장자 권을 얻은 야곱은 은혜를 보여주는 오묘함을 드러냅니다. 오직 믿음과 오직 은혜와 오직 예수를 한 순간도 잊지 말아야 하겠습니다(엡 2:8).

♦ 창세기 28장 성경칼럼

12절 | 꿈에 본즉 사닥다리가 땅 위에 서 있는데 그 꼭대기가 하늘에 닿았고 또 본즉 하나님의 사자들이 그 위에서 오르락내리락 하고

13절 | 또 본즉 여호와께서 그 위에 서서 이르시되 나는 여호와니 너의 조부 아브라함의 하나님이요 이삭의 하나님이라 네가 누워 있는 땅을 내가 너와 네 자손에게 주리니

"혈혈단신"

의지할 곳은 오직 자신밖에 없어 고독하고 외로운 사람을 말합니다. 거친 세상에서 당장 먹고 잘 곳이 없다는 뜻이기도 합니다. 생각만 해도 처량하고 피곤한 인생길입니다. 이 상태에서 절망하여 나쁜 선택을 하거나 불의한 방법으로 헤쳐 나가려고 하면 망가진 인생이 될 수밖에 없습니다. 반

대로 이 과정 속에 하나님의 약속이 있다는 사실을 알고 믿는 자는 연단의 기회로 삼고 축복의 길을 갈 수 있습니다.

28장의 야곱은 장자 쟁탈전의 여파에 에서의 분노를 일으켜 생명의 위협을 받습니다. 어머니 리브가의 보호 속에 자기의 욕심만 채우기에 급급했던 그의 당황한 모습이 눈에 선합니다(27:42-45). 이삭 부모는 자식 교육이 크게 잘못되었음을 인식하고 야곱을 하란으로 보냄으로 하나님의 주권에 맡기는 결정을 합니다(1-4절). 야곱이 표면적으로는 에서의 보복을 피해 하란으로 도망친 것으로 보이나 실상은 하나님의 거룩한 목적이 있었던 것입니다. 언약의 후손으로서의 성별과 20년의 나그네 생활을 통한 연단이 필요했던 것입니다. 나아가 우여곡절의 결혼생활을 통해 이스라엘의 근간이 되는 12지파의 생성을 이루게 됩니다.

그러나 이 깊은 경륜과 섭리를 알 길이 없는 청년 야곱의 실제상황은 혈혈단신임을 28장은 보여 줍니다. 광야 외진 곳에 밀려버린 야곱은 잘 곳이 없어 돌베개를 베고 잠이 듭니다(11절). 인간의 노력이 안통하고 마음마저 허물어진 최악의 환경에 하나님이 찾아오십니다. 벧엘(하나님의 집) 언약으로 불리 우는 이 강력한 체험의 핵심은 사닥다리 환상입니다. 언약의 주체이신 하나님과 언약의 상속자인 이 땅의 야곱을 잇는 가교가 사닥다리입니다(12절). 영적으로 해석하면 이 사닥다리는 죄인 된 인간이 하나님께 나아갈 수 있는 길은 오직 예수님밖에 없다는 점에서 중보자 그리스도를 예표 합니다

(요 1:51) “또 이르시되 진실로 진실로 너희에게 이르노니 하늘이 열리고 하나님의 사자들이 인자 위에 오르락내리락 하는 것을 보리라 하시니라”

야곱은 물리적인 사닥다리를 목격한 것이 아니라 구약의 그리스도의 현

존을 목도한 것입니다. 영육간의 피곤과 낙심 속에 최고의 위로와 안식을 받은 사건이 벧엘 언약입니다. 또한 하나님께서는 야곱이 전혀 상상하지 못했던 절망 속에 누워 있던 그 땅(13절)을 소유로 주시겠다고 약속하시고 결국 이루어 주셨습니다(35:7, 15). 야곱이 임종 전에 벧엘 체험과 라헬을 소환한 것은 의미가 깊습니다(창 48장). 하나님의 언약은 일점일획도 변하지 않고 성취됨을 보며 신비로움을 느낍니다.

지금도 절망의 심연과 뼈저린 고독으로 몸부림치는 자에게 예수님은 가장 선한 것을 가지고 찾아오십니다. 엄청난 충격 속에 하나님을 경험한 야곱은 감사와 찬양을 드리고 돌단을 쌓으며 서원을 합니다(16-19절). 이제 하나님의 동행과 인도와 공급을 확신하고 그 주권을 고백하는 십일조를 반드시 드리겠다고 확정합니다(20-22절). 벧엘의 하나님이 바로 나의 하나님이시기에 어떤 역경 속에도 우리는 새 힘을 얻습니다(사 40:28~31).

♦ 창세기 29장 성경칼럼

20절 | 야곱이 라헬을 위하여 칠 년 동안 라반을 섬겼으나 그를 사랑하는 까닭에 칠 년을 며칠 같이 여겼더라

31절 | 여호와께서 레아가 사랑 받지 못함을 보시고 그의 태를 여셨으나 라헬은 자녀가 없었더라

"나보다 더 센 자는 늘 있다"

'우물 안 개구리'라는 말은 자기가 사는 우물 안만 알고 바깥세상은 전혀 모르는 것을 뜻합니다. 세상은 넓고 넓어 나보다 잘 알고 잘 나고 힘센 자들이 수두룩합니다. 인간은 자기가 아는 것이 다가 아니고 자기보다 유능한 사람이 널려 있다는 전제를 가져야 비로소 겸손하게 배우는 자세를 갖

게 됩니다.

성경에서 영적 풍운아에 해당되는 인물을 꼽으라면 당연히 야곱이 들어갈 것입니다. 이름의 뜻대로 형의 발꿈치를 잡고 태어날 때부터 예사롭지 않았던 그는 아버지를 야비하게 속이면서까지 장자권을 쟁취했습니다. 근본적 인간성으로 볼 때 시기심과 지기 싫어하는 승부사 기질이 있었고 탐욕과 정욕이 넘쳤던 것을 볼 수 있습니다. 브엘세바로부터 밧단아람까지 800km의 산길 도피 여행은 육적인 힘은 들었지만 영적으로는 충만했을 것입니다. 바로 하나님과 동행하는 벧엘 언약 때문입니다(28:13-15).

드디어 목적지에 도착한 야곱이 맞닥뜨린 것은 외삼촌 라반과 그의 두 딸(레아, 라헬)입니다(9-14절). 곱고 아름답고 총기가 넘치는 라헬에게 첫눈에 반해버린 야곱은 가슴이 뛰기 시작합니다. 그런데 문제의 사람 라반이 등장합니다. 사기성이 있고 목적 지향적 성향을 가진 야곱은 이 때 다행히도 하나님을 경험한 영성이 있었습니다. 반면에 라반은 철저한 세속적 성품과 물질욕에 사로잡힌 자이었습니다. 돈이 되고 이익이 된다면 무슨 짓이든 다 하는 최고 강적이 나타난 것입니다.

자기의 딸 라헬을 극진히 사랑하는 야곱의 약점을 악용하여 14년의 무임금 노동을 시키는 교활한 기만을 행합니다(21-30절). 여기서 우리는 하나님께서 왜 라반을 야곱에게 허락하셨을까 라는 고급 질문이 나옵니다. 이는 나의 주변에도 악한 성향의 사람이 배치되어 있는 이유와 연결되기 때문입니다. 첫째, 아버지를 속인 야곱에 대한 하나님의 징벌입니다. 둘째, 미흡한 야곱은 신앙의 성숙에 있어서 정직과 성실과 인내는 꼭 훈련받아야 하는 연단의 항목이었습니다. 셋째, 세상 적으로 자기보다 간교한 사람을 만남으로 하나님의 방법으로만 살겠다는 방향을 정해 주신 것입니다.

야곱은 신분과 물질 부분에서는 큰 손해를 본 곤고한 시절이었으나 사랑의 능력으로 위로를 받게 됩니다. 사랑으로 행하는 기쁨이 얼마나 대단한지 7년을 며칠처럼 보내게 됩니다(20절).이 모습은 신자가 주님과 주님의 몸 된 교회를 사랑하여 헌신하는 모습과 짝(사 34:16)이 됩니다. 이후에 야곱과 라반 중에 세상적인 물질 축복과 가족 번성의 승자가 누구인지 밝혀지는 이야기는 더욱 기대가 됩니다.

♦ 창세기 30장 성경칼럼

1절 | 라헬이 자기가 야곱에게서 아들을 낳지 못함을 보고 그의 언니를 시기하여 야곱에게 이르되 내게 자식을 낳게 하라 그렇지 아니하면 내가 죽겠노라

24절 | 그 이름을 요셉이라 하니 여호와는 다시 다른 아들을 내게 더하시기를 원하노라 하였더라

"분명히 콩가루 집안인데..."

가족 간에 질서가 흐트러지고 유대관계가 깨져버린 집안을 흔히 콩가루 집안이라고 말합니다. '수신제가 치국평천하'라는 말이 보편원리로 인정받는 것으로 보아 본인의 수양(수신)과 가정의 안정(제가)이 입신과 행복의 근본이라는 것은 확실합니다. 하나님께서는 가정의 근본을 분명히 일부일처제로 정하셨습니다(창 2:20-25). 그러나 타락한 인간세계에는 여러 이유(욕망, 경제, 권력 등)로 일부다처제가 생성되었고 족장시대에 이르러서는 일반화 되었습니다.

구약성경을 읽다가 일부다처제가 나올 때 하나님께서 허락한 것이라고 오해하면 안 된다는 뜻입니다. 이른바 콩가루 집안으로 가는 가장 큰 원인은 부부의 근본인 일부일처제가 깨어질 때입니다. 사랑은 나누어질 수 없

는 속성을 가지고 있는데 이 원리를 어기니 파열음이 생길 수밖에 없습니다. 이 세상에 모든 감정 중에 시기(투기, 질투)보다 강한 것은 없는 이유는 시기가 미움과 살인으로 연결되는 속성 때문입니다.

(잠 27:4) "분은 잔인하고 노는 창수 같거니와 투기 앞에야 누가 서리요"

29장과 30장에서 야곱은 14년 동안 별별 사건을 겪으면서 결과적으로 4명의 여인으로부터 11명의 아들을 낳게 됩니다. 막내 베냐민은 이후에 라헬이 산고로 죽으면서 낳았습니다(35:16-18). 이 별별 사건의 핵심에 시기가 들어 있으니 야곱가정의 풍파를 능히 짐작할 수 있습니다. 야곱이 사랑한 여인은 동생인 라헬이었지만 자식을 많이 낳은 것은 언니인 레아였습니다.

레아는 남편의 사랑을 받지 못했지만 6명의 아들을 낳음으로 하나님의 위로를 받았습니다(29:31-35). 이 아들 중에 육적 장자인 르우벤과 영적 장자인 넷째 아들 유다가 있고 제사장 지파로 쓰임 받은 레위가 있습니다. 라헬은 남편의 사랑을 받았으나 초기에 자녀를 낳지 못함으로 괴로워하며 교만할 수 있는 자신을 꺾게 됩니다. 언니에 대한 시기로 자신의 시녀인 빌하를 남편에게 들여보내는 편법을 쓰기도 합니다(1-4절).

이런 인간의 치졸한 방법에도 하나님께서는 은혜를 베푸시고 빌하가 낳은 두 아들(단, 납달리)이 12지파에 들어가도록 하십니다. 이는 레아의 시녀 실바에게도 허락하셔서 갓과 아셀을 낳게 하십니다(9-13절). 르우벤의 관여로 두 아들(잇사갈, 스불론)과 딸 디아를 낳은 레아에 이어(14-21절) 라헬이 실세적인 장자 요셉을 낳게 됩니다(대상 5:1-2).

(대상 5:2) "유다는 형제보다 뛰어나고 주권자가 유다에게서 났으나 장자의 명분은 요셉에게 있으니라"

요셉의 장자 명분은 두 아들인 에브라임과 므낫세가 열두 지파(단 지파는 탈락됨)에 들어가게 됨으로 증명됩니다. 사라와 리브가에 이어 석녀였던 라헬이 요셉을 낳은 것은 전적인 하나님의 은혜와 역사임을 성경은 선언하고 있습니다(22-23절). 인간의 갈등과 본능적인 질투심의 경쟁에서 나온 많은 자녀의 생산을 봅니다. 인간의 허물을 초월하여 조상에게 허락하신 충만한 선민의 가계를 이루신 하나님을 뵙습니다. 분명한 콩가루 집안인데 하나님의 은혜가 임한 가문이 되는 아이러니(부조화)를 어찌 생각하십니까?

♦ 창세기 31장 성경칼럼

3절 | 여호와께서 야곱에게 이르시되 네 조상의 땅 네 족속에게로 돌아가라 내가 너와 함께 있으리라 하신지라

49절 | 또 미스바라 하였으니 이는 그의 말에 우리가 서로 떠나 있을 때에 여호와께서 나와 너 사이를 살피시옵소서 함이라

"정을 떼야 정든 곳을 떠날 수 있다"

듣는 순간 마음이 푸근해지는 단어중의 하나가 정입니다. 사랑이라는 단어가 설렘과 기쁨의 이미지라면 사랑의 온갖 진액이 스며든 정이라는 단어는 검증과 안정감이라는 느낌을 줍니다.객지 생활을 하면서 고향을 그리워하고 추억이 쌓인 사람들이 보고 싶은 이유도 정이 들었기 때문입니다. 반면에 정은 헤어지기 힘든 고통의 에너지가 되기도 합니다. 얼마 전에 부평가족공원에서 급사한 남편의 납골당을 매일 찾는 50대 여인을 만난 적이 있습니다. 몇 개월 동안 하루도 빠짐없이 8km를 걸어와서 떼지 못한 정 때문에 추모하며 슬퍼하는 모습이 안타까웠습니다. 만약 남편이 몇 년 동안 병상에 있다가 갔었다면 이럴 일은 없었을 것입니다.

가까운 사람을 죽음으로 이별하면서 정을 떼는 각종 장치들은 하나님의 안 보이는 배려일 수 있습니다. 사람은 대부분 자기가 접한 물건과 거처와 직업과 사람에 대하여 변화가 오는 것을 싫어하고 두려워합니다. 중국 동포교회(선양 외곽 자이툰)에 사경회를 하면서 들은 이야기는 충격적이었습니다. 한국말은 하되 중국말은 거의 못하는 2-3세대들이 있었는데 자기 동네 바깥에 나가지 않은 것이 원인이었습니다.

야곱이 장자 권을 탈취한 후 목숨을 보존하기 위해 외삼촌 라반의 집에 기숙한 지도 어언 20년이 지났습니다. 혈혈단신이던 그는 하나님의 도우심으로 많은 식솔과 풍부한 재산을 가진 가장이 되었습니다(30:28-43). 하나님께서 약속대로 야곱의 도피생활을 마감시키고 고향으로 돌아갈 것을 명령합니다(3절). 야곱은 가족들과의 상의를 거쳐 라반 몰래 하란을 떠나게 됩니다(4-18절).

여기서 한 가지 주목할 것은 야곱과 라반과의 관계입니다. 만약 라반이 선한 사람이고 정이 들어 좋은 관계였다면 야곱은 기반이 닦여진 곳을 쉽게 떠나지 못했을 수도 있습니다. 그러나 야곱에게 있어서 외삼촌이자 장인인 라반은 자신보다 몇 수 위의 사기성을 가진 징글징글한 존재였습니다. 14년의 무임금 종노릇도 기만당한 것이지만 6년 동안에 10번씩이나 노임 계약을 변경한 사기꾼입니다(7, 41절). 물론 하나님의 도움으로 넘치는 재산을 축적했지만 언제 어떤 위험이 닥칠지 모릅니다(9절).

하란에서 정을 붙이고 살려는 마음보다 얼른 정을 떼고 떠나고 싶은 갈망이 더 높습니다. 이 이야기는 구속사적으로 모세 시대의 출애굽 사건과 짝이 됩니다. 애굽의 430년간의 이주 생활을 청산하고 나오는 이스라엘 민족의 정 떼는 이야기(노예 신분과 강한 노동)는 익숙합니다(출 2:23-

25). 나아가 이 이야기는 신자인 우리가 이 세상과 짝하여 희희낙락하며 살지 말고 본향인 천국을 지향하며 살라는 강한 메시지이기도 합니다(히 11:15-16). 분기탱천하여 살기가 넘치는 라반을 온전히 다스리시는 하나님의 모습은 험한 세상에 사는 우리에게 담대함을 선사합니다(23-24절). 각각의 하나님(라반~나홀, 야곱~이삭)께 맹세한 미스바 평화 협정으로 '탈하란'을 역사하시는 하나님은 전능하신 주권자이십니다(48-55절).

♦ 창세기 32장 성경칼럼

6절 | 사자들이 야곱에게 돌아와 이르되 우리가 주인의 형 에서에게 이른즉 그가 사백 명을 거느리고 주인을 만나려고 오더이다

28절 | 그가 이르되 네 이름을 다시는 야곱이라 부를 것이 아니요 이스라엘이라 부를 것이니 이는 네가 하나님과 및 사람들과 겨루어 이겼음이니라

"건곤일척"

한 판에 모든 것을 걸고 운명과 성패를 던진다는 뜻입니다. 일생일대의 가장 큰 승부이기에 영어의 '올인'보다 더 비장한 표현입니다. 성경에서 하나님의 사람들에게는 일생 최대의 건곤일척이 있었습니다. 아브라함에게는 모리아 산에 이삭을 번제로 드린 것이고 다니엘은 금 신상에 절하기를 거부하여 사자 굴에 던져진 것이고 에스더에게는 죽으면 죽으리라의 부림절 사건이 있었습니다.

라반의 살의에 찬 추격에서 벗어난 야곱은 32장에서 더 절박한 위기에 봉착합니다. 라반의 위협은 핵심이 경제적인 이유였지만 형 에서와의 맞닥뜨림은 차원이 다른 절대 절명의 사건입니다. 에서는 야곱에게 복수를 하기 위해 20년을 준비하며 칼을 갈았습니다. 야곱은 에서와의 만남 전에 하나님

께서 천사를 보내 동행을 확인해 주셨습니다(1-2절). 하지만 에서가 400명을 데리고 찾아온다는 소식을 듣는 순간 완전히 기가 꺾이고 맙니다(6절).

야곱의 두려움의 근원은 그가 속임수로 장자 권을 뺏은 죄 때문입니다. 죄는 이처럼 인간에게서 용기와 믿음을 쏜살같이 빼앗아가는 부정적인 힘이 있습니다. 고향인 가나안에는 꼭 가야만 하고 그 길에는 에서를 필히 만나야만 하는 외통수의 위경에 처했습니다. 이 위기를 타개하기 위해 인간적인 화해 수단을 다해 봅니다. 화해의 대사를 파견하고 엄청난 양의 선물도 보내며 변수에 대비한 방어수단도 총동원합니다(9-20절).

그러나 야곱은 모진 연단 속에서 얻은 영감으로 이 위기가 꾀와 선물과 언어의 유희로 넘어가지 않는다는 것을 잘 알고 있습니다.오직 하나님만이 이 위기를 해결하실 수 있다는 결론에 이르게 됩니다. 가족과 재산 등의 모든 것을 다 떠나보내고 얍북 강변의 결전이 시작됩니다(21-23절). 생과 사를 가르는 초긴장 속에 하나님과 대면하며 자신의 무능을 깨닫는 시간입니다. 자신감이 있었던 기도는 밤을 새우면서 하나님께서 야곱의 인간적 기질과 육체적인 수단을 완전히 꺾어 버리기에 이릅니다. 사람의 몸을 받쳐주는 물리적 힘의 생성부분인 환도 뼈가 부러짐으로 야곱의 인간적 수단은 끝이 납니다(24-25절).

그래도 하나님(천사)을 놓지 않은 야곱에게 새 이름과 새 신앙의 길이 열립니다(26-28절). 육적으로는 불구자가 되었지만 영적으로는 새로운 이름과 인격이 수여되었습니다. 야곱(속이는 자)에서 이스라엘(하나님과 겨루어 이긴 자)로 바뀌어 한 개인이 거룩한 나라의 공동체를 배태시키는 기적의 도구로 전환됩니다. 야곱의 영적 건곤일척은 목숨을 건 끈질긴 기도였고 이 기도의 결과는 오직 하나님의 자비로만 살겠다는 성화로 이어지게 되었습니다. 하나님이 부여하신 이스라엘이란 이름은 구속사를 타고 내려와 우리에게도 주어졌습니다. 벧엘(하나님의 집)에서 거듭나 브니엘(하나님의 얼굴)에 이른 야곱의 길이 나에게도 허락되었습니다(31절).

♦ 창세기 33장 성경칼럼

4절 | 에서가 달려와서 그를 맞이하여 안고 목을 어긋맞추어 그와 입맞추고 서로 우니라

11절 | 하나님이 내게 은혜를 베푸셨고 내 소유도 족하오니 청하건대 내가 형님께 드리는 예물을 받으소서 하고 그에게 강권하매 받으니라

"불구대천지 원수"

하늘 아래 더불어 살 수 없어 반드시 죽여야 하는 원수를 말합니다. 사정상 죽일 수는 없지만 원한이 사무쳐 '내 눈에 흙이 들어가기 전에는 절대 용서 안 하겠다'는 맹세를 합니다. 우리는 야곱을 향한 에서의 불같은 증오심을 너무나 잘 알고 있습니다. 가장 친밀해야 할 쌍둥이 형제가 누구도 말리지 못할 원수가 된 것은 단순한 감정이나 이익 때문만이 아닙니다. 족장 시대의 장자 권은 육적인 면에서는 최고 권력이었고 영적인 측면에서는 영원세계의 분깃이었습니다. 우리는 영적인 예정론(롬 9:13)을 눈치 채고 있어서 객관적으로 둘 사이를 볼 수 있지만 당사자인 에서로서는 20년의 원한을 품고 있었습니다.

사람의 어떤 수단과 방법으로도 해결할 수 없는 이 관계를 어찌해야 합니까? 얍북 강가의 씨름을 통해 야곱은 육적으로 불구자가 되었고 그 심령은 산산이 깨어져 낮아졌습니다. 이제 하나님의 도우심이 아니면 죽는다는 것을 너무나 잘 알고 있습니다. 야곱은 에서를 보자 일곱 번 땅에 굽혀 절

을 하며 가까이 다가갑니다(3절). 이것은 단순한 의례적인 인사가 아니라 형이 죽이면 죽겠다는 완전 항복의 자세입니다.

여기서 의외의 예상치 못한 장면이 펼쳐집니다. 에서가 달려와서 야곱을 부둥켜 껴안고 입을 맞추며 통곡을 합니다(4절). 인간적으로 볼 때 에서가 야곱의 용서를 비는 모습과 절뚝거리는 모양을 보고 감정이 복받쳐서 이렇게 했을 것이라고 생각할 수 있습니다. 그러나 전후의 모든 상황을 아는 우리는 이 화해사건은 하나님의 전적인 개입으로 이루어진 것을 알 수 있습니다.

인간관계의 문제를 인간 스스로 풀려 하다가 더 꼬여서 악화된 경험이 얼마나 많습니까? 야곱이 절대 절명의 위기에서 하나님을 찾고 기도한 것은 우리의 모범이 됩니다. 철천지원수의 관계가 봄 눈 녹듯이 사라지고 서로가 최고의 배려를 합니다. 선물을 사양하는 형에게 강권하여 받게 하는 야곱의 모습은 감사함의 절정입니다(6-11절). 인간의 감정은 변할 수 있지만 넘치는 선물은 온정의 실재를 확인하는 증서로 쓰임 받을 수 있습니다.

해피엔딩인 형제간의 화해 사건과는 다르게 야곱의 주거지 정착 문제는 시행착오가 일어납니다. 가나안 벧엘로 직행해야 마땅한 야곱이 인정과 환경에 끌려 숙곳과 세겜에 정착하게 됩니다(15-19절). 이는 다음 장에 나오는 딸 디나의 추행사건의 단초가 됩니다. 하지만 야곱은 단을 쌓은 곳의 이름(엘 엘로헤 이스라엘-강하신 이스라엘의 하나님)에 자신의 새 이름인 이스라엘을 넣으므로 한 단계 더 깊은 신앙으로 나아갑니다(20절). 우리가 하나님의 역사에 참여하는 길은 오직 기도로 시작되는 것이 확실합니다(막 9:14).

♦ 창세기 34장 성경칼럼

2절 | 히위 족속 중 하몰의 아들 그 땅의 추장 세겜이 그를 보고 끌어들여 강간하여 욕되게 하고

13절 | 야곱의 아들들이 세겜과 그의 아버지 하몰에게 속여 대답하였으니 이는 세겜이 그 누이 디나를 더럽혔음이라

"성도를 괴롭히시는 하나님?"

정신 나간 부모가 아닌 이상 자녀를 일부러 괴롭히는 일은 없습니다. 다만 자녀의 그릇을 키우는 차원에서 연단의 과정을 조성할 수는 있습니다. 하지만 철이 없는 자녀 입장에서는 부모가 자기를 괴롭힌다고 속단할 수 있습니다. 부모도 자기 자녀를 이렇게 대하는데 사랑이 풍성하신 하나님께서 그의 자녀들을 괴롭히지 않는다는 원리는 분명합니다.

(애 3:33) "주께서 인생으로 고생하게 하시며 근심하게 하심은 본심이 아니시로다"

그럼에도 불구하고 기독교인 중에 괴로운 일을 당하면 철부지 아이처럼 하나님을 향하여 원망하고 불평하는 일은 빈번합니다. 34장에 나오는 야곱의 딸 디나의 강간 사건은 해석하기가 어려운 난감한 기사입니다. 세겜 땅에서 정착하여 기반이 닦여진 야곱의 어린 딸이 원주민 추장의 아들인 세겜에게 겁탈 당했습니다. 만약 나의 가족이 이 일을 당했다면 분노하지 않을 사람은 없을 것입니다.

야곱은 일단 참았지만 들에서 돌아온 아들들은 분노의 화신이 되었습니다(5-7절). 복수를 해야 하는데 물리적인 힘으로는 상대가 안 됩니다. 결국 위장된 화해 책으로 사돈을 맺기로 하고 상대방에게 할례를 요구합니다

(13-17절). 할례는 당시의 선민 종교의식으로 볼 때 가장 신령하고 성결한 것이었습니다. 어떤 명분으로도 도구화할 수 없는 이 거룩한 의식을 인간이 복수 수단으로 사용한 것은 영적범죄에 해당됩니다.

하몰의 정략과 정치 계산에서 나온 행동보다 야곱의 아들들이 저지른 하나님을 무시한 영적 죄악과 연결된 속임수는 더 심각하였습니다. 분노가 복수심으로 끓어오를 때 하나님을 볼 수 없는 인간의 실존이 나타납니다. 인간적으로 세겜 성 노략이라는 전과를 얻었지만 후폭풍은 거셀 수밖에 없습니다(25-29절). 그 땅에서는 절대 살 수 없는 조건이 되었는데 이는 원래 하나님의 뜻이었습니다(30절). 온전한 신앙으로 벧엘로 순종하여 올라가지 못한 야곱에게 하나님의 결과적인 몽둥이가 임한 것이 디나 사건입니다. 사람이 가장 싫어하는 것이 변화이어서 10년의 세겜 정착은 웬만한 충격으로는 깨질 수 없었던 것입니다.

둥지를 휘저어 가시를 드러내 새끼 독수리(야곱)가 날지 않으면 안 되게 하는 어미 독수리(하나님)의 채찍이 임한 것입니다. 내가 깔아뭉개고 있는 안정된 곳이 나만 좋은 불신앙의 터가 아닌지 점검해 보는 시간입니다.

(신 32:11) "마치 독수리가 자기의 보금자리를 어지럽게 하며 자기의 새끼 위에 너풀거리며 그의 날개를 펴서 새끼를 받으며 그의 날개 위에 그것을 업는 것 같이"

♦ 창세기 35장 성경칼럼

10절 | 하나님이 그에게 이르시되 네 이름이 야곱이지마는 네 이름을 다시는 야곱이라 부르지 않겠고 이스라엘이 네 이름이 되리라 하시고 그가 그의 이름을 이스라엘이라 부르시고

11절 | 하나님이 그에게 이르시되 나는 전능한 하나님이라 생육하며 번성하라 한

"자기 자리"

사물은 있어야 할 곳에 있어야 아름답고 사람은 자기 자리를 찾을 때 빛이 납니다. 아무리 아름다운 꽃이라도 쓰레기통에 있으면 쓰레기입니다. 흔히 쓰는 연장도 자기 자리에 없으면 사용될 수 없는 무용지물입니다. 인간이 자기 자리를 벗어나면 죄 덩어리로 전락되지만 하나님 앞에 서면 존귀한 자가 됩니다.

야곱의 일생에 암흑기로 기록될 수 있는 34장의 세겜 사건은 야곱이 환난의 근본 이유를 깨닫는 계기가 됩니다. 하나님과 어떤 관계냐에 따라 인생의 질이 결정되는 것을 실감하게 되었습니다. 인간적인 잔꾀와 간교한 처세로 세상적인 번영을 누릴 수는 있었으나 방랑과 영육의 고통은 피할 수가 없었습니다. 혈혈단신의 도피 시에 하나님을 만나서 약속을 받은 벧엘은 야곱의 영적 고향입니다. 파란만장한 30년의 수고와 열매를 가지고 이제 하나님의 품 같은 약속의 벧엘로 올라갑니다.

무엇인가 이전과 다른 분위기가 흐르고 야곱에게 영적인 빛이 비추이는 것을 목격합니다. 두려움이 담대함으로 바뀌고 주눅 들린 모습에서 소망과 기쁨을 발산하는 품새입니다. 3절의 '일어나 벧엘로 올라가자'라는 외침에 거역할 수 없는 카리스마가 뿜어져 나옵니다. 있어야 할 곳을 알고 해야 할 사명을 찾은 야곱은 벧엘로 올라가기 전에 가족들에게 개혁조치를 단행합니다(2절). 영적 생활을 잘 하려면 준비의 과정을 소홀히 하면 안 되는 것을 보여 줍니다.

첫째, 라헬의 드라빔을 비롯한 우상 신상들을 폐기합니다. 우리는 하나님보다 더 사랑하는 것을 가지고 하나님을 만날 수 없음을 명심해야 합니다(엡 5:5). 둘째, 이방 풍속에 젖어 있던 불결한 삶을 청산시킵니다. 몸과 마음의 청결은 회개와 순종의 자세를 가져옵니다(벧전 1:14-15). 셋째, 의복을 바꾸므로 구체적인 삶의 변화를 이끌게 합니다. 신약 성도는 예수 그리스도로 옷을 입고 참된 경건의 삶으로 초대된 자들입니다(롬 13:12-14).

야곱의 일생은 세속적이고 인간적인 신앙생활을 하는 뭇 그리스도인들에게 교훈과 함께 위로를 줍니다. 그는 실수와 허물로 가득 찼지만 언약에 따라 인도받았고 가정의 풍파는 대단했지만 이스라엘 국가의 기초를 이루는 12명의 아들을 갖게 됩니다(18, 23-26절). 야곱이 비로소 이스라엘이라는 새 이름으로 불리 우는 것은 그가 하나님의 것이 된 것을 의미합니다(10절). 하나님께서는 야곱에게 이스라엘 총회의 시조와 왕들의 모태가 되는 영광을 허락하였습니다(11절). 이것은 우리에게 어떤 것을 소유 했는가에서 누구의 소유가 되었는가의 영적 질문을 하는 것입니다.

♦ 창세기 36장 성경칼럼

8절 | 이에 에서 곧 에돔이 세일 산에 거주하니라
43절 | 막디엘 족장, 이람 족장이라 이들은 그 구역과 거처를 따른 에돔 족장들이며 에돔 족속의 조상은 에서더라

"무성한 나무 vs 깊은 나무"

가지가 무성한 나무는 겉으로는 모양 좋고 위엄 있고 자랑스럽습니다. 뿌리 깊은 나무는 무성한 가지가 없어 볼품이 없을 수 있지만 튼튼한 생명력이 장점입니다. 일상적으로는 가지가 무성한 나무가 우위에 있는 것처럼

보이지만 폭풍이 몰아칠 때는 뿌리 깊은 나무만이 살아남습니다. 인생도 이 두 나무의 장점을 다 갖춘 것이 바람직하지만 그런 경우는 별로 없습니다. 쌍둥이로 태어난 에서와 야곱이지만 둘의 인생의 과정과 결과는 천지 차이로 벌어지는 것을 목격합니다. 사실은 뱃속에서부터 택자와 불택자로 하나님께서 나누셨다는 것은 인간의 이성으로는 이해가 안 되는 불가사의한 일입니다(롬 9:11-13).

(롬 9:13) "기록된바 내가 야곱은 사랑하고 에서는 미워하였다 하심과 같으니"

27장에서 35장까지의 주된 내용은 언약의 후손인 야곱의 파란만장한 이야기였습니다. 그렇다면 이삭의 죽음으로 마무리된 전장의 언약적인 맥락에서 보면 야곱의 약사가 나오는 것이 마땅할 것 같습니다. 하지만 의외로 에서를 조상으로 한 에돔 족속에 대한 기사가 등장합니다(1-5절). 이는 구속사에 있어서 에돔 족속이 이스라엘과 아주 밀접한 관련이 있음을 보여주는 것입니다. 나아가 에서의 후손도 하나님의 예언대로 큰 민족을 이루어 가고 있음을 알리고 있습니다(창 25:22-23).

인간의 속 좁은 소견으로는 악의 씨는 속히 말려 후환이 없도록 했으면 좋겠는데 정반대의 모습을 보입니다. 이는 신자가 불신자와의 관계에서 저들의 번성에 대한 해석을 하는데 열쇠가 됩니다. 초기에는 무성한 가지처럼 번영을 이루는 세속의 불신 문화는 때가 되면 사라질 것임을 분명히 하고 있습니다.

야곱의 후손들이 예루살렘의 시온 산이 영적 고향이라면 에서의 족속은 세일 산을 중심으로 번영을 합니다. 이 이방인의 요새는 사해와 아카바 만(gulf) 사이의 아라바 동쪽 지역에 위치합니다. 이 사실은 지역에 의하여 호리 족을 비롯한 이방인들과의 자동적인 결혼이 성사되고 우상숭배의 문화를 급격하게 흡수하는 원인이 됩니다(20-39절). 불택자는 하나님의 약속과 점점 멀어지는 선택을 함으로 스스로 불택자 임을 증명 합니다. 우리 주변에 '어쩜 그리 지독하게 불신앙의 선택을 할까'라는 자들이 있는데 이에 대한 분별이 나오는 대목입니다.

야곱의 계열보다 창창해 보이는 불택자의 번성이 당시에는 의아해 보입니다. 하지만 구원의 전 역사에서는 그리스도를 통한 이방 민족의 구원의 계획도에 해당됩니다(사 42:1, 6). 외적으로는 초라할지라도 영적 이스라엘의 적통에 들어가는 그리스도인의 영광은 찬란합니다. 일반 은총을 받은 자들의 외적 번영을 긍휼을 가지고 바라보는 시각이 작동되는 36장입니다.

♦ 창세기 37장 성경칼럼

4절 | 그의 형들이 아버지가 형들보다 그를 더 사랑함을 보고 그를 미워하여 그에게 편안하게 말할 수 없었더라

26절 | 유다가 자기 형제에게 이르되 우리가 우리 동생을 죽이고 그의 피를 덮어둔들 무엇이 유익할까

"사람마다 대하는 자세와 방법이 다르다"

사람을 만날 때나 전화가 올 때 말투가 확연하게 변하여 대하는 것을 보게 됩니다. 그 차이가 너무 커서 어떤 것이 본래 모습인지 잘 알기 어렵습니다. 이것은 잘못된 것이 아니라 당연한 것이고 그 근본원인은 모든 인간은 죄와 허물이 있음을 반증하는 것입니다. 서로의 쌓인 감정이 있고 미래적 이익의 차이에 따라 호감과 비 호감의 관계에서 나온 처세입니다.

37장에 나온 모든 인물들은 어느 누구 하나 온전하고 선한 인물로 평가될 수 없습니다. 그러나 하나님께서는 이 못난 인생들을 각자의 맞는 역할로 사용하셔서 구원의 역사를 만들어 가시는 것을 알 수 있습니다. 요셉과 열 명의 아들과 아버지 야곱과 미디안 상인들이 조역으로 등장하는 이 이야기는 우리의 가족사에 어느 정도 배여 있는 내용입니다. 다자녀를 가진 모든 가정의 취약점인 편애의 후유증을 다루고 있기 때문입니다.

17살이 된 요셉의 모습은 형들과 구별되는 탁월성과 성실성을 가지고 있습니다(5-17절). 특별히 구속사의 큰 사건인 애굽에 들어가는 주인공으로서 선택된 역할은 예정론의 상징입니다. 그는 야곱이 사랑했던 라헬이 낳은 아들로서 그 외모와 지혜가 뛰어나 아버지의 사랑을 독점하였습니다. 하지만 정의감이 있고 직선적이고 순수한 장점(2절)으로 편애를 받게 되고 형들에게 심한 시기를 받게 됩니다. 그가 좀 더 노련하고 신중했다면 하는 마음은 우리의 생각이고 그 나이의 우쭐함은 당연한 현상입니다.

10명의 형제들이 요셉을 시기하여 죽이려고 하는 시도는 편애의 피해와 질투의 화력을 보여줍니다(18-20절). 첫째인 르우벤과 넷째인 유다가 조금은 선한 역할을 한 것 같지만 특이한 선함은 아닙니다(21-27절). 그들의 제안으로 요셉은 생명을 건지고 애굽에 팔려가는 타이밍은 절대적인 하나님의 간섭입니다(28절.) 후에 요셉은 이 사건을 하나님의 특별한 섭리였다고 간증합니다(창 45:5).

가족 안에서 벌어지는 사랑의 쟁탈전은 상처의 쓴 뿌리를 심게 됩니다. 이를 극복하지 못하고 성인이 되면 대인관계에서 파열음을 일으킵니다. 야곱이 심은 편애의 결과는 요셉이 죽었다는 보고를 듣고 통곡하기에 이릅니다. 자신도 과거에 아버지 이삭을 속였는데 똑같이 자식들로부터 속는 대가를 치릅니다. 염소 새끼 가죽을 입고 아버지를 속인 야곱(창 27:15-19)이 짐승의 피가 묻은 요셉의 옷을 보고 통곡을 합니다(31-35절). 이전에 형 에서가 했던 대성통곡을 이제 야곱이 하고 있습니다. 요셉이 애굽에서 바로의 경호실장인 보디발의 집에 팔리는 것으로 이 이야기는 마감됩니다(36절). 이 단락의 여운은 예수님을 알고 있는 우리에게 하나님의 경륜과 신비를 능히 기대하게 합니다. 허물은 많지만 주님의 뜻을 이루는데 합력하여 사용되기를 원합니다.

♦ 창세기 38장 성경칼럼

26절 | 유다가 그것들을 알아보고 이르되 그는 나보다 옳도다 내가 그를 내 아들 셀라에게 주지 아니하였음이로다 하고 다시는 그를 가까이 하지 아니하였더라

29절 | 그 손을 도로 들이며 그의 아우가 나오는지라 산파가 이르되 네가 어찌하여 터뜨리고 나오느냐 하였으므로 그 이름을 베레스라 불렀고

"아하, 그래서 그랬구나!"

과거에는 아리송하고 몰랐던 어떤 것을 확실히 알게 되었을 때 나오는 말입니다. 그 내용이 사실 이상의 진실과 진리에 대한 것이라면 이 외침은 감탄과 놀라움으로 나아갑니다. 세상에서도 이런 깨달음과 지식의 점프가 자주 있는데 하물며 하나님의 말씀인 성경에는 얼마나 많겠습니까? 38장은 성경에 성적 스캔들에 대한 내용이 왜 그리 많은지에 대한 정답이 나와 있습니다. 또한 야곱 일가가 왜 이방 나라 애굽(이집트)에 이주할 수밖에 없었는지에 대한 배경이 나와 있습니다. 이전에는 기근을 당하여 살기 위한 돌파구와 요셉이 애굽 총리로 출세한 영향으로 들어간 것이라고 생각했습니다. 그러나 그 이유만으로는 명분이 약하고 흔쾌하지 못한 구석이 있었습니다.

먼저 유다와 며느리 다말과의 성적 스캔들을 다루고 있는 본장 이전에도 창세기에는 입에 담기 거북한 성적인 이야기가 기록되어 있습니다. 그 내용이 이방인들의 이야기라면 그러려니 넘기지만 선민 계보에서 나온 것이기에 성찰이 필요합니다. 노아 가문의 함에 대한 저주도 성적 범죄이고 롯과 두 딸의 사건은 이스라엘의 적대국인 모압 족과 암몬 족을 태생시킵니다. 르우벤은 서모 빌하와의 통간으로 장자 권을 박탈당하게 됩니다(35:22). 본장의 유다와 다말의 사건에는 인간의 죄의 감각성에 대한 주제가 들어가 있습니다.

요셉의 주인공 등극을 앞두고 갑자기 끼어든 것 같은 이 이야기는 유다가 메시야의 적통을 이어받는 영적 장자이기 때문입니다. 르우벤의 장자 탈락에 이어 둘째와 셋째인 시므온과 레위는 디나 사건에서 피를 흘린 주동자로 장자 후계 구도에서 낙마합니다. 이제 넷째인 유다 차례가 되었는데 유다의 영적감각이 바닥임을 알 수 있습니다. 순수 혈통 보존을 위해 이방인과의 결혼을 금지한 하나님의 명령을 어기고 이방의 가나안 여인을 취해 3명의 아들을 낳습니다.

요셉 사건 이후로 구심력이 없이 뿔뿔이 흩어진 가족으로서 이방 문화에 흡수되어 가는 추세를 단적으로 보여 줍니다. 다말이 근친상간의 계교로 인해 유다의 아들이 태어난 것은 정당한 것은 아닙니다. 하지만 유다와 다말과의 결판에서 다말이 옳다는 고백을 함으로서 유다가 정신을 바짝 차리게 된 것은 확실합니다(25-23절). 계대결혼(형이 죽으면 형수를 동생이 취함)의 책임을 다하지 못한 유다와는 달리 다말은 우여곡절의 사연 속에서 베레스를 생산함으로 예수님의 족보에 등재됩니다(마 1:3). 불륜과 죄악 중에 출생한 차자 베레스의 위치는 무조건적 은혜 가운데 구원받은 신약성도를 보여 주는 것입니다.

요셉을 애굽에 먼저 보내어 이스라엘 국가의 태반을 조성하시는 하나님의 섭리를 보게 됩니다. 그 때까지 23년 동안 야곱 가족이 더 이상 이방 문화에 예속하지 않도록 하시는 하나님의 브레이크도 발견합니다. 인간의 추함과 잔꾀는 계속되지만 하나님께서는 사랑의 구속사를 강력히 이어가십니다.

♦ 창세기 39장 성경칼럼

5절 | 그가 요셉에게 자기의 집과 그의 모든 소유물을 주관하게 한 때부터 여호와께서 요셉을 위하여 그 애굽 사람의 집에 복을 내리시므로 여호와의 복이 그의 집과 밭에 있는 모든 소유에 미친지라

23절 | 간수장은 그의 손에 맡긴 것을 무엇이든지 살펴보지 아니하였으니 이는 여호와께서 요셉과 함께 하심이라 여호와께서 그를 범사에 형통하게 하셨더라

"나의 전성기는 언제인가?"

전성기란 힘과 형세가 왕성하여 잘 나가는 시절을 말합니다. 세상의 기준으로 볼 때 요셉의 전성기는 애굽의 총리로 취임하여 전 세계에 영향력을 끼칠 때임이 확실합니다. 그러나 저는 영적인 관점에서 성찰할 때 요셉의 전성기는 39장이라고 생각합니다. 인생을 식물로 비유할 때 자기 힘으로 어찌할 수 없는 발아기는 타의에 의해 날라 가 버릴 수 있습니다. 요셉은 17살의 소년으로서 형들의 배신으로 애굽에 종으로 팔려온 것은 자신이 어찌할 수 없었던 발아기라고 볼 수 있습니다. 물론 이국땅에 떨구어진 것이 겉으로는 인간의 작용이었지만 구속사에서는 하나님의 섭리였음을 우리는 잘 압니다.

요셉은 하나님이 함께하심으로 가는 곳마다, 하는 일마다 형통하게 됩니다. 이는 증조부인 아브라함에게 약속하신 하나님의 보장(복의 근원)이

었습니다(창 12:2~3). 보디발 때문에 요셉이 먹고 산 것이 아니라 요셉 때문에 보디발 가문이 형통했다고 성경은 분명히 선포하고 있습니다(2-5절). 신자들도 하나님께서 세상을 향한 주도권(권세)을 주셔서 파송 받았다는 사실을 명심해야 합니다.

하나님이 자신과 함께 한다는 믿음을 가진 요셉은 이제 자신이 믿음을 뿌리내릴 수 있는 착지기가 된 것입니다. 식물이 뿌리를 내릴 때 비바람을 견디고 이기며 애쓰는 과정과 같습니다. 요셉의 전성기를 보디발 시위대장 집의 가정 총무 시절로 보는 이유입니다. 자기 힘이 있고 책임이 주어진 상태에서 거친 태풍으로 닥친 것이 보디발 아내의 성적 유혹입니다(7절). 이때 만약 요셉이 영적감각이 없었다면 인간적 욕망과 권세를 위해 여인의 손을 덥석 잡을 수도 있었을 것입니다. 하지만 요셉이 이 달콤한 유혹을 너끈히 이길 수 있었던 힘인 신전 신앙(Coram Deo)이 있었습니다.

"..내가 어찌 이 큰 악을 행하여 하나님께 죄를 지으리이까(9절)"

이 말은 하나님 앞에서 산다는 것이고 자신은 하나님의 일을 하는 자라는 위대한 신앙고백입니다. 여인이 잡은 옷을 벗어 던지고 도망친 강단은 하나님이 기뻐하시는 장면이었지만 현실의 대가는 감옥이었습니다. 그런데 멀리 보니 그 감옥 또한 형통이 이어짐으로 바로의 궁으로 직행하는 코스가 됩니다(19-20절).

시련 당시에는 힘들지만 그 시련이 훈련코스임을 알 때 자신의 그릇을 준비하는 전성기가 된다는 오묘함을 깨닫게 됩니다(21-23절). 요셉의 드라마틱한 반전의 인생은 우리가 눈으로 안 보이는 영적 전성기를 점검할 수 있는 센스를 갖게 합니다. 나의 전성기가 언제였는지를 점검해 봅니다. 동시에 미래의 전성기를 위해 어떤 자세로 살 것인지도 확정해 봅니다.

♦ 창세기 40장 성경칼럼

14절 | 당신이 잘 되시거든 나를 생각하고 내게 은혜를 베풀어서 내 사정을 바로에게 아뢰어 이 집에서 나를 건져 주소서
23절 | 술 맡은 관원장이 요셉을 기억하지 못하고 그를 잊었더라

"인간의 착착, 하나님의 착착,"

청년 시절에 새생명 선교회 활동을 한 적이 있습니다. 1년에 2회 있는 수련회가 가장 큰 행사였는데 3박 4일 동안의 스케줄을 분 단위까지 기획하고 진행한 적이 있습니다. 인간의 철저한 준비 속에 성령님이 역사하시는 열매에 감격의 감사가 넘친 적이 많았습니다. 인간의 계획이 잘 진행되고 열매가 있을 때 쓰는 부사가 계획대로 '착착'입니다. 그러나 이런 인간의 착착이 영적인 영역에서 그대로 이루어지는 경우는 드뭅니다. 하나님의 경륜과 섭리의 착착과 타이밍이 다를 때가 많기 때문입니다.

요셉이 억울한 누명을 쓰고 감옥에 갇혔는데 바로 궁의 두 관원장을 만나게 됩니다. 이것은 시위대장(보디발)의 특별 배려로 이루어진 것(4절)으로 그가 요셉의 무죄를 알고 있었다는 의미입니다. 여기서 바로의 술 맡은 자와 떡 맡은 자라는 위치는 고위 관직을 의미합니다. 바로와 술 대작을 한다는 것은 지금의 비서실장에 해당되며 떡을 맡았다는 것은 제사 의식을 책임진 문화부 장관 직위라고 볼 수 있습니다. 이들과 인맥 관계를 잘 맺는다면 요셉이 새로운 인생 도약을 할 수 있는 길이 열리는 것입니다.

드디어 두 관원장의 꿈 해석을 통해 요셉의 실력은 증명됩니다(5-19절). 요셉의 예언대로 한 명은 복직되었고 한 명은 사형을 당하게 됩니다(20-22절). 요셉이 저들의 꿈을 해석해 주는 조건으로 부탁한 석방(14-15절)만

이루어지면 모든 것이 착착 성취되었을 것입니다. 지금까지의 과정이 하나님의 섭리와 주권으로 이루어졌다면 마지막 단추인 석방도 꿰어져야 할 것입니다.

그러나 복직된 술 맡은 관원장은 요셉과의 약속을 까맣게 잊어버리고 맙니다(23절). 인간의 착착과 하나님의 착착이 전혀 달랐던 것입니다. 다음 장에 나오는 대로 요셉은 감옥에 2년을 억울하게 있을 수밖에 없게 되었습니다(41:1). 요셉은 억울한 감옥살이를 벗어나는 것이 급선무이었지만 하나님께서는 요셉이 바로 앞에 서는 계획을 진행하고 계셨습니다. 만약 요셉이 당시에 석방되었다면 이전과 비슷한 노예로 전전하거나 거지 신세로 아버지에게 돌아갔을 가능성이 많을 것입니다.

이 사건은 요셉에게 2년의 인내와 훈련과 연단의 시간이 필요한 측면이 강합니다. 나아가 요셉을 구원자의 모형으로 조성하시는 하나님을 손길을 만나게 됩니다. 요셉은 구약에서 다윗과 함께 예수님의 예표로서 드러나는 인물입니다. 3년의 감옥 생활을 마친 요셉은 30살이 되었고 예수님의 공생애 시작 나이와 같은 나이에 애굽의 총리에 등극합니다. 이는 형제들에게 팔린 것과 함께 예수님의 모형입니다. 나의 생각과 계획을 성찰하며 하나님의 섭리로 연결시키는 영적 실력자가 되어가길 기도합니다.

♦ 창세기 41장 성경칼럼

14절 | 이에 바로가 사람을 보내어 요셉을 부르매 그들이 급히 그를 옥에서 내 놓은지라 요셉이 곧 수염을 깎고 그의 옷을 갈아 입고 바로에게 들어가니

57절 | 각국 백성도 양식을 사려고 애굽으로 들어와 요셉에게 이르렀으니 기근이 온 세상에 심함이었더라

"양 강, 드디어 만나다!"

스포츠면의 제목 같지만 바로와 요셉과의 만남을 영적으로 본 것입니다. 이 만남이 있기까지 세 번(요셉, 두 관원장, 바로)의 꿈이 있었는데 41장의 세 번째 꿈은 요셉을 위대한 인물로 나아가게 합니다. 첫 번째 꿈은 요셉의 장래 사명을 설명해 주는 예표(37:5)였고 두 번째 꿈은 요셉이 죄수였지만 하나님이 함께 하심을 증거 해 주었습니다(40:8). 하나님의 특별 섭리가 아니면 두 사람의 현 상태로 보아 이 만남은 있을 수 없습니다. 바로는 지상 최고 제국의 막강한 통치자이고 요셉은 이방인 출신 노예이며 감옥에 갇힌 죄수이기 때문입니다.

'바로(Pharaoh)라는 단어는 원어로는 '큰 집'이란 뜻이고 왕궁의 별칭으로 일컫게 되고 이집트(애굽) 왕을 가리킵니다. 본장은 이 둘의 만남을 통해 인간사의 진정한 힘이 어디에 있는지를 확실히 알게 됩니다. 바로는 애굽 온 땅의 사람들의 수족을 마음대로 할 수 있고 산천초목도 떨게 할 수 있는 자라고 말합니다(44절). 그러나 전 우주의 통치자이신 하나님 앞에서는 무기력한 한 인간에 지나지 않습니다.

성경이 없었던 당시의 꿈은 미래 계시적인 의미가 있었습니다. 바로가 두 번의 꿈을 꾸고 당혹해 하며 마음의 번민을 깊게 한 이유입니다(8절). 배후에서 꿈을 주관하시는 하나님을 모르던 그가 세상의 해몽가와 지혜자에게 구하여 봤지만 당연히 수포로 돌아갈 수밖에 없었습니다. 난관에 봉착한 바로에게 2년 전에 요셉을 만났던 술 맡은 관원장이 간증보고를 합니다(9-13절).

바로를 만난 요셉의 영적 위엄은 최고 통치자를 압도하기에 충분했습니다

다(16절). 어쩌면 3년간의 감옥 생활이 그로 하여금 만군의 주이자 전능의 여호와를 절대 의지하는 자로 만든 것이 틀림없습니다. 최고의 인간 권세자 앞에서 전혀 주눅 들지 않고 아부 없이 7년 대흉년을 이야기할 수 있다는 것은 하나님의 사람만이 가능한 모습입니다(28-32절). 이것은 자신의 영달과 이익에 의한 발언이 아닌 하나님의 뜻만을 온전히 전하는 설교자의 본보기이기도 합니다. 요셉의 탁월함은 문제를 예언하는 것에서 그치는 것이 아니라 해결책을 제시한 것에 있습니다. 하나님의 말씀을 가진 자로서의 신분과 능력을 바로와 그 신하 앞에서 당당히 보여 줍니다.

(사 40:8) "풀은 마르고 꽃은 시드나 우리 하나님의 말씀은 영원히 서리라 하라"

바로와 요셉 중에서 하나님의 말씀을 가진 요셉이 실세이듯이 지금 이 시대에도 말씀을 해석하고 전하는 그리스도인이 실력자입니다. 요셉의 하나님을 향한 우선주의는 하나님의 각본과 역사하심으로 애굽의 총리가 되는 은총을 받게 합니다(마 6:33.) 바로로부터 새 이름(사브낫바네아)과 아내(아스낫)를 부여받고(45절) 전 세계의 구원주로 인정받는 길을 가게 합니다.

풍년과 기근을 통해 모든 사람이 요셉에게로 이르렀다는 말은 의미심장한 기사입니다(57절). 예수님만을 통한 구원을 믿고 모든 사람이 예수님께로 나가야만 하는 복음의 방도를 예표해 주는 것이기 때문입니다(마 11:28). 이 복음의 전권대사로 우리가 부름 받았다는 사실에 자긍심과 사명감이 엄습합니다(마 28:18-20).

♦ 창세기 42장 성경칼럼

6절 | 때에 요셉이 나라의 총리로서 그 땅 모든 백성에게 곡식을 팔더니 요셉의 형

들이 와서 그 앞에서 땅에 엎드려 절하매

24절 | 요셉이 그들을 떠나가서 울고 다시 돌아와서 그들과 말하다가 그들 중에서 시므온을 끌어내어 그들의 눈앞에서 결박하고

"육적 기근이 영적 전환점이 되다"

'배부른 돼지보다는 배고픈 소크라테스를 택하겠다(존 스튜어트 밀)'는 유명한 말이 있습니다. 사람은 배부를 때보다 배고플 때 본질에 대한 갈망을 갖고 깨닫는 존재입니다. 평안할 때보다 고통을 당할 때 자신의 진정한 모습을 발견하기도 합니다. 기독교는 금욕주의는 아니지만 결정적 순간에는 수도와 금욕의 실천을 통해 깊은 신앙에로 나아갈 수 있습니다. 코로나 이전의 한국 기독교는 마치 배부른 돼지처럼 주님과 상관없는 모습이 너무 심했습니다. 성령님을 의지하는 낮은 심령으로 주님과 동행하지 못했습니다. 인력과 금력과 시스템으로 사역을 돌리지 않았다고 자신 있게 나설 사람은 없을 것입니다. 마치 베드로가 예수님을 잡으러 온 제사장의 종 말고에게 검을 빼어 휘두른 모습이 연상됩니다(요 18:10). 이에 예수님께서는 검을 집에 꽂으라고 하시며 물리적인 힘으로 하나님의 일을 하는 것이 아님을 분명히 하셨습니다(요 18:11).

이제 한국 교회와 성도들은 보이는 힘이 아닌 하늘의 능력으로 겸손하게 일하는 시대로 접어들었다는 것을 성찰해야 합니다. 42장에 나오는 요셉과 형제들과의 대면은 하나님의 섭리와 인간 자유의지가 교차되는 현장입니다. 기근이 퍼져 나가고 가나안에 있는 형제들이 요셉 앞에 서게 되고 절을 하게 됩니다(6절). 요셉의 첫 번째 꿈에서 예언되었던 내용이 그대로 실현되었습니다(37:5-11).

20년 만에 만난 요셉을 알아보지 못하는 형들을 향하여 감정을 절제하며 대하는 요셉의 모습은 하나님의 큰 그림을 이해하며 행하는 것입니다. 이 때 만약 자신의 정체를 밝혔다면 형들은 공포에 싸이거나 교만한 행동으로 나갔을 가능성이 많았을 것입니다. 야곱 일가가 우상의 도시인 가나안의 떠나 애굽에 정착하여 민족을 이루어야 하는 계획을 아는 요셉의 지혜가 적용되었습니다.

형제들이 과거에 요셉에게 행했던 죄악들을 회상하며 뉘우치게 하는 과정은 단순한 화해의 차원을 넘는 통합을 준비하는 의미가 있습니다(20-22절). 감정에 이끌려 일을 그르치지 않으려고 몰래 울고 나오는 요셉의 모습은 영적 아름다움입니다(24절). 시므온을 인질로 삼고 형제들을 돌려보내는 과정을 통해 인내와 절제로서 타이밍을 잡는 요셉의 모습을 보게 됩니다(24-25절). 막내 베냐민을 사랑하며 보내기를 거부하는 야곱의 사무친 감정과 고집은 인간적으로는 이해할 수 있으나 불신앙의 냄새가 풍기는 것은 숨길 수 없습니다(36, 38절).

장남 르우벤은 섣부른 서원을 했으나(37절) 자식을 사랑하는 만큼 자신의 형제를 사랑한다는 책임성 있는 고백으로의 가치가 있습니다. 하나님의 섭리와 인간의 자유의지가 절묘하게 교합된 구속의 이야기는 지금 우리에게도 세밀하게 임하고 있습니다. 고통의 기근과 심령의 갈급까지도 영적 전환점이 되는 하나님의 사람의 반열에 어느새 들어와 있습니다.

♦ 창세기 43장 성경칼럼

8절 | 유다가 그의 아버지 이스라엘에게 이르되 저 아이를 나와 함께 보내시면 우리가 곧 가리니 그러면 우리와 아버지와 우리 어린 아이들이 다 살고 죽지 아니하리이다

33절 | 그들이 요셉 앞에 앉되 그들의 나이에 따라 앉히게 되니 그들이 서로 이상히 여겼더라

"죽어도 못 보내"

아시는 분은 아시겠지만 대중가요 제목입니다. 2010년 데뷔한 4인조 남성 그룹 2AM의 앨범 타이틀곡으로 대히트했습니다. 사랑하는 연인과 헤어져서는 어차피 못살고 죽으니 죽어도 못 보낸다는 가사가 반복되는 절절한 곡입니다. 한 걸음 물러나서 참사랑이 결여되었다고 생각하는 순간 스토킹 내용으로 전락될 수도 있습니다.

사람의 죽어도 못 보내는 영역에 연인만 있는 것이 아닙니다. 나에게 마지막까지 포기할 수 없는 자신만의 영역이 있다면 무엇인지 생각해 보아야 합니다. 하나님과의 관계에서 내가 끝까지 포기하지 않고 붙드는 그 무언가를 찾아내는 자체가 힘들 수 있습니다. 평상시에는 생각할 여지가 없고 극심한 고난과 영적 시험의 단계에서만 드러나기 때문입니다. 아브라함에게는 이삭이 있었고(창 20장) 에스더에게는 생명을 걸고 왕 앞에 나가는 일이 있었습니다(에 4:16).

'죽어도 못 보내'의 반대말이 43장에 나옵니다. 야곱이 베냐민을 내 놓으면서 결단한 '잃으면 잃으리라'라는 말입니다(14절). 라헬이 죽으면서 낳은 막내인 베냐민은 요셉을 잃고 난 야곱에게 절대 놓을 수 없는 희망의 영역입니다. 42장에서 르우벤의 간청에도 꿈쩍하지 않고 버티고 지킨 이유입니다. 영적 장자인 유다의 설득과 나머지 형제들의 동참으로 이제 야곱은 베냐민을 애굽에 보내기로 결단합니다. 이 선택의 배경에는 곡식이 떨어져 어차피 모두 아사할 수밖에 없는 환경이 있습니다.

이 그림은 결국 하나님과의 최종 결판에는 자신의 마지막 보루를 허물지 않으면 안 된다는 것을 보여 줍니다. 우리가 세상에 기댈 것이 있다고 생각할 때 하나님만을 온전히 의뢰하지 않는 모습은 흔합니다. 그러나 하나님을 절대 의뢰하고 자신이 아끼고 즐기고 사랑하는 것을 내어놓을 때 상상할 수 없는 놀라운 은총이 부어집니다. 요셉과 형제간의 두 번째 만남은 베냐민의 합류로 아름다운 형제애가 형성됩니다(16-24절). 요셉에게서 기인된 형제 화합의 능력은 열 두 지파의 연맹과 선민 공동체의 원동력이 됩니다(25-34절).

이처럼 하나님 나라는 가장 힘든 대립의 상태를 가장 아름다운 인간관계로 전환하는 기적을 이루게 합니다. 교회도 그리스도로 인하여 나와 너라는 이기적 관계가 우리라는 공동체 개념으로 승화한 곳이라고 볼 수 있습니다. '죽어도 못 보내' 라는 나의 영역을 '잃으면 잃으리라' 라는 결단으로 하나님께 나아가는 특별은총을 사모합니다.

♦ 창세기 44장 성경칼럼

2절 | 또 내 잔 곧 은잔을 그 청년의 자루 아귀에 넣고 그 양식 값 돈도 함께 넣으라 하매 그가 요셉의 명령대로 하고

33절 | 이제 주의 종으로 그 아이를 대신하여 머물러 있어 내 주의 종이 되게 하시고 그 아이는 그의 형제들과 함께 올려 보내소서

"약육강식, 살신성인"

약육강식이란 약한 자는 강한 자의 먹이가 된다는 뜻으로 정글 같은 세상의 모습을 단적으로 나타냅니다. 이와 정반대의 사자성어는 살신성인으로 자기의 몸을 희생하여 옳은 도리를 행하는 것입니다. 그리스도인은 약

육강식의 세상에 살지만 살신성인의 정신을 가지고 사는 존재라고 볼 수 있습니다. 우리가 닮아가야 할 주님은 살신성인보다 더 강한 의미인 '밀알정신'을 실행하시고 죽으셨습니다.

(요 12:24) "내가 진실로 진실로 너희에게 이르노니 한 알의 밀이 땅에 떨어져 죽지 아니하면 한 알 그대로 있고 죽으면 많은 열매를 맺느니라"

예수님이 우리를 대속하시기 위해 죽으셨기에 영생을 얻었고 이제 우리는 밀알정신을 가지고 사는 사명을 받았습니다.

(요 12:25) "자기의 생명을 사랑하는 자는 잃어버릴 것이요 이 세상에서 자기의 생명을 미워하는 자는 영생하도록 보전하리라"

44장에는 유다의 살신성인으로 요셉의 형제들이 마지막 시험을 통과하는 사건이 나옵니다. 여기에서 우리는 요셉의 행동에 대하여 의아함이 생깁니다. 자신의 정체를 밝히는 것을 왜 그토록 절제하며 지체하는지와 형제들을 또 시험을 해야만 하는 이유입니다. 형제들이 준비되기 전에 자신이 요셉임을 밝히는 것은 여러 부작용을 일으키게 됩니다. 즉 자신을 팔아버린 과거의 형들이 돌이켜 회개하지 않으면 화해는 허사가 되기 때문입니다.

이런 이유에서 베냐민의 짐에 은잔을 넣는 시험을 한 것(2, 12절)이고 형들이 자기들만 살겠다고 동생을 버리는지를 지켜 본 것입니다. 요셉이 자신을 억제하면서 숨기는 것은 예수님이 고난 직전에야 제자들에게 메시야임을 털어 놓으신 것과 같은 맥락으로 볼 수 있습니다. 주님께서는 준비되지 않은 자에게는 보석을 주어도 허사이고 역으로 공격을 당한다고 비유하셨습니다.

(마 7:6) "거룩한 것을 개에게 주지 말며 너희 진주를 돼지 앞에 던지지 말라 그들이 그것을 발로 밟고 돌이켜 너희를 찢어 상하게 할까 염려하라"

16절부터 나오는 영적 장자로 올라서는 유다의 변론은 구약성경의 가장 아름답고 찬란한 수사학이라고 정평이 나 있습니다. 그는 요셉에게 변명이 아닌 겸손한 자세로 설명을 했고 있는 사실을 정직하고 진정성 있게 변론하였습니다. 베냐민을 데려가지 아니하면 아버지 야곱에게 절망을 줄 것이라는 전후사정을 이야기합니다(25-32절). 베냐민 대신 자기를 잡아달라는 살신성인의 요청을 가식 없이 합니다(33절). 이 변론에 감동받은 요셉은 이제 형제들에게 가졌던 혐의가 눈 녹듯이 사라지게 됩니다(45장).

사람은 논리적인 말에 설복되는 것이 아니라 진정성 있는 희생에 의하여 변화되는 것을 알 수 있습니다. 이기적이고 미흡했던 성품의 12형제들이 성숙을 향하여 정진해 나가는 과정에 우리의 모습을 오버랩 해봅니다. 내가 중보 기도해야 할 주변의 이름들을 되새겨 봅니다.

♦ 창세기 45장 성경칼럼

2절 | 요셉이 큰 소리로 우니 애굽 사람에게 들리며 바로의 궁중에 들리더라

8절 | 그런즉 나를 이리로 보낸 이는 당신들이 아니요 하나님이시라 하나님이 나를 바로에게 아버지로 삼으시고 그 온 집의 주로 삼으시며 애굽 온 땅의 통치자로 삼으셨나이다

"해갈, 해소, 해결"

해갈은 목마름과 가뭄과 돈이 없는 상태에서 벗어나는 것을 말합니다. 해소는 어려운 문제나 관계를 풀어서 없애 버릴 때 쓰는 말입니다. 해결은 문제를 해명하거나 얽힌 일을 잘 처리했을 때 쓰는 말입니다. 세 단어는 용도의 차이는 있지만 인생의 어려움을 풀어 나간다는 특징을 가지고 있습니다. 그동안 야곱 가정에 조성되었던 분열과 갈등이 마침내 해갈되고 해소

되며 해결되는 45장은 창세기의 하이라이트에 해당됩니다. 야곱의 편애와 요셉의 꿈으로부터 시작된 형제들의 미움과 시기가 도단의 형제 유기(37장)의 비극을 가져 왔습니다. 20여 년 동안 드러내지 못한 가정의 흑 역사가 가족 모두를 짓누르고 있었습니다. 기근으로 인한 생명의 위기로 베냐민을 내놓는 야곱의 결단(43:14)과 유다의 희생적인 행동(44:33)으로 대전환을 맞이합니다.

유다의 감동적인 변론을 들은 요셉은 더 이상 감정을 억제하지 못하고 방성대곡하며 자신의 정체를 밝힙니다(1-2절). 막강한 애굽의 총리가 요셉이라는 사실을 상상도 못했던 형제들은 큰 충격을 받습니다(3절). 놀란 그들에게 다시금 자신의 이름인 요셉을 재차 알리는 것은 애굽 총리로서가 아닌 동생으로 처신한다는 액션입니다(4절). 주목할 것은 자신을 밝힘과 함께 형들이 자신을 애굽에 판 죄에 대하여 직접적으로 언급한다는 점입니다(4-5절). 이것은 형제들이 이 문제를 가장 부담스럽게 생각하였음으로(42:21-22) 한시 바삐 해결할 필요가 있었던 것입니다.

자신은 하나님 섭리 속에 애굽에 팔려 온 것을 알고 원망보다 감사하는 수준이 되었지만(5절) 형제들은 아직도 그 죄를 끌어안고 있었기 때문입니다. 요셉은 저들의 죄악을 지적하지만 정죄하기 보다는 위로하는 행동을 합니다. 요셉은 구속사에 쓰임 받는 야곱(이스라엘) 가정을 위해 자신을 먼저 애굽에 보내신 하나님을 증거 합니다(5-8절). 인간의 모든 결정과 행위 위에 하나님의 뜻과 의지가 강하게 역사하는 오묘한 장면을 보고 있습니다.

요셉이 형제들과 상봉하였다는 소식이 궁정에까지 전해지자 바로와 모든 신하들이 진심으로 기뻐하는 것은 특이한 장면입니다. 여기서 특이하다는 표현은 일반적인 면에서 있을 수 없다는 의미입니다. 요셉이 히브리 노예 출신이며 이방인이라는 점에서 애굽 사람의 정서가 호의적이지 않는 것이 정상이 아니겠습니까? 저들의 친절은 기근의 위기로 요셉에게 자신들의 운명과 생사가 걸려 있으며 더 중요한 것은 인품이 뛰어난 존경받는 지도자였기 때문입니다.

이 존경은 부친 야곱을 모시기 원하는 요셉에게 수레를 내주는 최고의 환대를 하는 것으로 나타납니다(19-20절). 이 후의는 애굽 왕궁의 상징인 수레를 보고 요셉의 실재를 믿는 야곱의 모습과 연결됩니다(26-27절). 이 수레는 지금의 미국 대통령 전용차인 비스트와 전용기인 에어포스 1이라고 이해하시면 될 것입니다. 성경에서 모든 것이 합력하여 선을 이루는 하나님의 뜻(롬 8:28)을 선명하게 보여주는 이야기가 창세기 45장입니다.

♦ 창세기 46장 성경칼럼

27절 | 애굽에서 요셉이 낳은 아들은 두 명이니 야곱의 집 사람으로 애굽에 이른 자가 모두 칠십 명이었더라

34절 | 당신들은 이르기를 주의 종들은 어렸을 때부터 지금까지 목축하는 자들이온데 우리와 우리 선조가 다 그러하니이다 하소서 애굽 사람은 다 목축을 가증히 여기나니 당신들이 고센 땅에 살게 되리이다

"방지 턱-잠시 멈춤"

운전하시는 분들은 다 느끼시겠지만 방지 턱은 불편합니다. 쭉 가야 하는 길에 잠시 멈추는 작동을 해야 하기 때문입니다. 그러나 방지 턱을 만든 의도를 안다면 조금의 불편함은 능히 감당할 수 있습니다. 대개의 방지 턱은 잠시 멈추지 않고 속력을 높이면 교통사고의 위험이 있는 곳에 설치되어 있습니다. 신앙생활은 몸에 밴 일상생활에서 잠시 멈추어서 생각하고

점검해야 할 방지 턱을 알아채야 합니다. 생각 없이, 흘러 가는대로, 시류에 따라 살다가는 신앙의 사고가 일어날 가능성이 아주 높습니다.

잠깐씩 불리던 야곱의 새 이름 이스라엘이 46장부터 본격적으로 나옵니다. 이는 야곱의 애굽 이주가 단순한 기근을 피함에 있는 것이 아니라 장차 형성될 언약 백성의 대표자로서 이주하는 것을 시사하는 것입니다. 요셉의 사망 소식에 으스러진 마음을 품고 산지 20여년 만에 살아 있다는 것을 안 야곱의 마음은 어떠했겠습니까? 기쁘고 흥분되며 설레고 기대하는 마음을 능히 공감할 수 있습니다. 서둘러 차비를 하고 애굽으로 출발하는 분주한 모습이 묘사되어 있습니다(1절).

브엘세바에 이르러 희생 제사를 드리면서 이스라엘은 아차 하는 생각이 들었습니다. 오직 요셉을 만나 볼 감격에서 하나님의 인도와 응답의 과정이 생략되었음을 깨닫게 된 것입니다. 브엘세바에서 잠시 멈춰서야 하는 방지 턱을 맞이하게 되었습니다. 이스라엘의 신앙 전통으로 볼 때 선민이 애굽으로 간다는 것은 불신앙의 행동입니다. 근본적으로 가나안은 약속의 땅이고 애굽은 조부 아브라함에게 곤경을(12:14-20), 부친 이삭에게는 거주금지 명령(26:2)이 내려진 땅입니다. 경솔함을 뉘우치고 하나님의 애굽 이주의 뜻을 묻는 이스라엘에게 하나님의 응답은 즉각적이고 구체적이었습니다.

첫째, 70명(27절)으로 이주했지만 큰 민족(430년 후의 출애굽 시에는 200만 명이 됨)을 이루게 하시겠다는 미래에 대한 약속을 확인하십니다(3절). 이는 이미 아브라함(12:2, 13:16)과 이삭(26:4)에게 약속하신 것이고 벧엘에서 야곱(28:14, 35:11)에게도 약속하셨습니다. 둘째, 하나님께서 그와 함께 애굽으로 내려가시겠다고 하십니다(3절). 신자는 어디를 가든지 하나님과 동행하면 두려울 것이 없습니다. 셋째, 하나님께서는 이스라엘 민족이 다시 약속의 땅인 가나안에 귀환할 것을 확인하십니다(4절). 넷째, 요셉이 그의 눈을 감긴다는 약속을 주심으로 장수하다가 조상에게로 돌아가 장사될 축복을 말씀하십니다(4절).

야곱과 요셉의 절절한 만남과 함께 주어진 고센 땅의 정착은 성별된 백성으로의 배려입니다.애굽인들에게 혐오의 대상인 목축업이 이스라엘 민족에게는 혼혈과 혼합을 방지하는 장치로 작용됩니다(33-34절). 모든 상황을 사용하셔서 구속사를 이루어 가시는 하나님의 손길에 감격하며 감사를 드립니다.

♦ 창세기 47장 성경칼럼

9절 | 야곱이 바로에게 아뢰되 내 나그네 길의 세월이 백삼십 년이니이다 내 나이가 얼마 못 되니 우리 조상의 나그네 길의 연조에 미치지 못하나 험악한 세월을 보내었나이다 하고
10절 | 야곱이 바로에게 축복하고 그 앞에서 나오니라

"한 마디로 줄이면?"

누가 당신에게 살아온 인생을 한 문장으로 정리하라면 무엇이라고 하시겠습니까? 파란만장한 삶이 아닌 사람이 거의 없어서 대답하기가 곤란할 수도 있을 것입니다. 47장에는 야곱이 바로의 나이를 묻는 질문에 자신의 인생을 한 문장으로 대답하는 것이 나옵니다(8절). 야곱은 지나온 세월을 회상하면서 숨기거나 미화하지 않고 담백하게 말합니다. '나그네 길을 험악한 세월로 살았다'고 합니다(10절). 나그네 길을 살았다는 것은 장막에서 살듯 언제든지 떠날 준비를 하고 살았다는 것입니다. 이 내용을 살피면서 저도 이사한 횟수를 세어보았는데 30번이 훨씬 넘어 나그네로 산 것이 확실합니다.

험악한 세월을 살았다는 것은 도피와 불화와 살육과 생이별의 사건들을 회상하며 한 말일 것입니다. 당대의 영적 고수인 야곱이 지상 최고의 권력자인 바로에게 한 이 말이 단순한 회상으로만 볼 것인지를 생각해 봐야 합니다. 야곱은 자신의 인생편력을 통한 나그네 삶이 본향을 향한 것임을 증거 한 것입니다. 모든 것을 누릴 수 있는 최고 권력자라도 이 구도에서 벗어날 수는 없다는 것을 알리고 있습니다. 죽음 이후를 생각하라는 무언의 메시지가 강하게 담겨 있습니다. 신자는 세상으로 볼 때 허무하고 세속적인 삶을 산 것처럼 보일 수 있습니다. 하지만 그 몸부림 속에서 하나님을 경험한 것이 있다면 영광의 간증으로 바뀌게 됩니다.

야곱이 바로에게 두 번(7, 10절)이나 축복하는 것은 그가 축복의 권위가 있는 역사의 주도자임을 선포하는 것입니다. 겉으로는 호의에 대한 고마움의 기도로 보이지만 축복은 높은 자가 낮은 자에게 하는 원리이기에 축복권자인 야곱의 위상은 확실합니다(12:3). 우리도 외적인 힘이 아닌 영적 권위로서 이웃을 향한 중보와 축복기도를 함으로서 신자의 권세를 사용할 수 있습니다.

후반부에 나오는 요셉의 토지법과 증세법(13-26절)은 현대의 시각으로 볼 때는 해석하기 힘든 요소가 있습니다. 하지만 요셉의 치세는 애굽의 국가적 위기를 극복하여 부강하게 하고 민초들의 근본 생활 터전을 확고하게 하는 결과를 가져 옵니다. 요셉은 업적과 인품의 탁월함으로 존경을 받게 되고 이스라엘 가족은 안전과 애굽 정착이 순조롭게 이루어지게 됩니다.

기근만 피하고 돌아가려는 이스라엘 일가의 계획은 사라지고 이주 17년이 지나 야곱은 147년의 이 땅의 나그네 삶을 마치게 됩니다(29-33절). 험악했지만 은혜로운 나그네 삶의 고백을 우리도 함께 하게 됩니다(벧전 2:11).

♦ 창세기 48장 성경칼럼

2절 | 어떤 사람이 야곱에게 말하되 네 아들 요셉이 네게 왔다 하매 이스라엘이 힘을 내어 침상에 앉아

14절 | 이스라엘이 오른손을 펴서 차남 에브라임의 머리에 얹고 왼손을 펴서 므낫세의 머리에 얹으니 므낫세는 장자라도 팔을 엇바꾸어 얹었더라

"영안으로 보아야만 보이는 광경"

일상생활에서는 육안과 심안(마음의 눈)으로 웬만한 것은 잘 볼 수 있고 이해할 수 있습니다. 그러나 사람은 영적 존재이기에 영의 눈으로만 볼 수 있는 영역이 분명히 있습니다.

(살전 5:23) "평강의 하나님이 친히 너희를 온전히 거룩하게 하시고 또 너희의 온 영과 혼과 몸이 우리 주 예수 그리스도께서 강림하실 때에 흠 없게 보전되기를 원하노라"

성경을 읽으면서 이성으로 이해하기 어려운 것은 영적 해석이 필요한 내용이라고 볼 수 있습니다. 48장의 요셉의 두 아들에 대한 축복 안수 사건은 세속적 시각에서 보면 성립되기 어려운 광경입니다. 최고의 권력과 명예와 재산을 가진 요셉이 두 아들을 이끌고 야곱에게 옵니다. 병문안이 목적이었지만 요셉에게는 애굽 여인에게서 낳은 아들이 선민 계보에 들어가야 하는 간절한 영적 감각이 있었습니다. 여기서 인간은 영적 계보에 들어가는 것(구원)이 가장 중요하고 우선적으로 해야 할 일이라는 것을 알 수 있습니다. 야곱은 타국에 피난살이하며 죽음을 한 걸음 앞둔 노인이었지만 하나님께서 허락하신 족장의 축복권이 있었습니다.

이 영적 해석의 열쇠는 2절에 나오는 두 이름인 야곱과 이스라엘입니

다. 우리는 야곱이라는 인간적 이름의 캐릭터를 너무나 잘 보아 왔습니다. 간교한 사기성과 탐욕의 술수를 가진 기회주의자로서 그 여정은 험악할 수밖에 없었습니다. 만약 그에게 하나님의 주권을 인정하는 믿음이 없었다면 지저분한 인물로 낙인이 찍혀 있을 것입니다. 요셉 앞에서 그의 평생에 최고의 기쁨인 '루스(벧엘) 사건(3절)'과 최악의 슬픔인 '라헬의 죽음(7절)'을 언급하는 것은 의미심장합니다. 하나님의 사랑을 받은 것과 한 여인의 사랑을 받은 것이 교차되면서 많은 자녀를 키우고 자신이 성화되어 왔음을 간증합니다. 가슴이 무너지는 라헬의 죽음은 역설적으로 자녀에 대한 편애를 극복하고 사랑의 공평함을 가져오게 됩니다.

야곱은 최악의 슬픔을 최고의 사랑으로 극복하여 마지막을 성화의 은혜를 받은 인물로 후세에 전해지게 됩니다. 이스라엘이란 새 이름은 육신의 힘인 환도 뼈가 부러지고 받은 이름으로 '하나님의 것이 되었다'는 의미입니다. 병들어 죽기 일보 직전의 야곱이 요셉 일가의 방문을 듣고 일어나 앉을 때 이스라엘로 불리어집니다. 세상으로는 전부가 없는 자였지만 영적 권위자로서는 최 절정기에 이르게 된 것을 상징하는 문장입니다. 실세로서의 장자인 요셉은 장남 므낫세에게 오른손의 안수를 추진합니다(13절).

그러나 이스라엘은 손을 바꾸어 차자 에브라임에게 우수로 안수하여 장자로 축복하는 영력을 발휘합니다. 요셉의 인간적인 판단(17-18절)보다 하나님 나라의 차자 축복의 원리를 이스라엘은 행한 것입니다(19-20절). 이 차자의 원리는 성경 전체를 아우르는 영적 원리입니다. 차자격인 아벨, 이삭, 야곱, 베레스, 에브라임, 다윗, 바울 등이 영적 장자에 등재되었습니다. 성경은 낮고 천하고 미련한 자를 들어 쓰시는 하나님의 주권을 성취하고 선포하고 있습니다(고전 1:25-28). 이 차자의 원리는 아무도 하나님 앞에서 자랑하지 못하게 하시는 특별한 은혜로서 우리의 소망이 됩니다(고전 1:30).

♦ 창세기 49장 성경칼럼

10절 | 규가 유다를 떠나지 아니하며 통치자의 지팡이가 그 발 사이에서 떠나지 아니하기를 실로가 오시기까지 이르리니 그에게 모든 백성이 복종하리로다
22절 | 요셉은 무성한 가지 곧 샘 곁의 무성한 가지라 그 가지가 담을 넘었도다

"좋은 것 하나씩 골라 가지세요"

누가 12종류의 물건을 진열하고 딱 하나만 가져가라고 하면 어떻게 하시겠습니까? 당연히 최고로 좋고 필요한 것을 선택할 것입니다. 비약적이지만 49장에서 야곱이 열 두 아들에 대한 예언을 묵상하면서 비유해 보았습니다. 야곱은 마지막 힘을 다하여 장차 이스라엘 공동체를 이끌 아들들을 한 사람씩 부르며 미래사를 예언합니다. 이 예언에는 축복과 저주의 내용이 확연히 드러나서 신자로서 선택한다면 한 두 개로 몰릴 것이 확실합니다. 반면에 절대 골라서는 안 되는 것도 분별할 수 있습니다.

전자는 요셉과 유다이고 후자는 단이라고 볼 수 있습니다. 야곱의 열 두 지파에 대한 예언은 그 내용과 형식에 있어서 중요한 특징이 있습니다. 이 예언은 육신의 아버지로서의 인간적 예언이 아니라 성령의 감동을 받아 행해진 것입니다. 즉 이 예언에 따라 이루어질 역사는 하나님의 주권적 섭리하에 이루어지는 구속사가 됩니다. 이 예언의 형태는 장엄한 시적 형태로 이루어져 후손들이 쉽게 기억할 수 있게 하며 민족 공동체에 일체감을 심어 주려는 목적이 있습니다.

여기에 나오는 열 두 명의 아들들이 그대로 열 두 지파가 되는 것은 아닙니다. 전장에 축복을 받았던 요셉의 두 아들인 에브라임과 므낫세가 요셉 대신에 두 지파를 차지합니다. 대신 제사장과 성막 일을 맡은 레위 지파가

빠지게 됩니다. 문제는 단 지파입니다. 단 지파는 출애굽 후의 군사 계수에서 유다 지파 다음으로 숫자가 많은 창성한 지파였습니다(민 1, 26장). 그러나 사사 시대에 이르러 하나님이 미워하시는 최악의 범죄인 우상숭배에 빠지므로(삿 18:30-31) 계시록의 구원의 족보에서 사라집니다.

계시록 21장에는 최종 구원의 반열에 단 지파 대신 레위 지파가 들어오고 에브라임 대신 요셉이 이름을 올립니다(계 21:4-8절). 요셉의 아들 므낫세는 유지됨으로 요셉은 결국 두 지파의 지분을 얻어 그에 대한 예언이 완성됩니다. 우상숭배를 한 단 지파에서 적그리스도가 출현한다는 예언은 49장에서 사단을 상징하는 뱀과 독사에 대한 내용에 근거한 해석입니다(16-17절). 신약에서 배신자 가룟 유다가 제외되고 맛디아가 뽑히지만(행 1:26) 실질적으로는 바울이 사도에 들어가는 것과 유사합니다.

유다는 예언대로 영적 장자로서 이스라엘 왕을 생산하고 메시야를 담은 모태가 됩니다(8-12절). 요셉이 받은 축복(22-26절)은 완전한 것으로 신자가 사모하기에 부족함이 없습니다. '풍성하고(22절) 강건하고(23절) 신령한 복(24절)'의 근원자로 살기를 소원합니다. 창세기의 주연인 야곱의 진액을 다 쏟은 사명 감당과 준비된 죽음은 신자가 사모할 또 하나의 은혜입니다(29-33절).

♦ 창세기 50장 성경칼럼

1절 | 요셉이 그의 아버지 얼굴에 구푸려 울며 입맞추고
19절 | 요셉이 그들에게 이르되 두려워하지 마소서 내가 하나님을 대신하리이까

"누가 울어"

1967년 가수 배호가 부른 히트송 제목입니다. 떠나간 연인을 애가 타고 피가 맺히게 그리워하며 하염없이 눈물을 흘리며 운다는 내용입니다. 우리는 사랑하는 가족이나 지인을 잃고 슬픔을 이기지 못하고 오열하는 울음을 경험하고 목격합니다. 인간의 진정한 울음은 사랑하는 관계에 정비례하여 나오는 것이 확실합니다. 이성이 발달하고 감정이 메마른 성향의 사람일수록 눈물이 없는 것은 당연합니다. 그러나 영적인 세계에서는 세상의 사랑과는 차원이 다른 엄청난 아가페 사랑(조건 없는 사랑)을 만나기에 눈물이 없다면 구원에 의심이 갑니다.

요셉이 아버지 야곱의 임종 앞에서 애통의 눈물을 흘리는 장면으로 창세기 마지막 장은 시작됩니다(1절). 17살에 타국에 던져진 소년이 온갖 수난과 연단을 거쳐 애굽의 실권자가 되었다는 것은 이성과 의지의 측면이 발달된 것이 분명 합니다. 하지만 이전에 형제들을 만났을 때 수차례 방성대곡하며 울었다(45:2)는 것으로 보아 풍부한 정서적 인간성을 가지고 있다고 볼 수 있습니다. 우리는 여기서 요셉의 이런 감성적 풍모가 과연 본성적 기질에서만 나온 것인지를 추적해 보아야 합니다. 만약 인간의 태생적이고 본성적인 감수성만 생각한다면 요셉은 원수인 형제들에게 감정적으로 복수하는 것이 정석입니다. 요셉이 형제들을 향하여 무한한 용서와 시혜를 베푼 이유는 그의 신앙 때문입니다.

요셉의 신앙의 핵심은 하나님 주권 사상입니다. 하나님 주권 신앙이란 모든 것이 하나님 손에 달려 있음을 의심치 않고 믿는 것입니다. 그가 이 신앙을 구사하며 살았기에 어떤 시험도 이기고 극한의 고난도 견딜 수 있었던 것입니다. 아버지의 거대한 장례를 마친 후의 요셉과 형제간에는 묘한 긴장감이 흐르고 있었습니다. 아버지 그늘의 보호막이 사라져 버린 형제들은 요셉이 마음을 바꿔 먹으면 언제든지 죽을 수 있다는 생각이 엄습한 것입니다. 죄의 영향력이 얼마나 두렵고 끈질긴지를 보여주는 장면입니다(15-17절). 형제들의 영성과는 다른 요셉의 대처는 신자들이 본받아야 할 고차원의 신앙 모델입니다.

'내가 하나님을 대신하리이까(19절)' 이 한 마디에 담긴 겸손이 바로 하나님 주권 사상의 핵심입니다. 타락과 죄의 동력이 교만이었다면 겸손은 하나님 안에 들어 올 수 있는 출입문입니다(벧전 5:4). '당신들은 나를 해하려 하였으나 하나님이 그것을 선으로 바꾸셨다(20절)'고 선언합니다. 신자는 좋든 싫든 어떤 것이라도 나를 교육하시는 하나님의 교과과정임을 받아들이는 가치관을 가져야 합니다. '형들의 자녀를 내가 기르겠다(21절)'고 합니다. 요셉은 원수 같은 형들에게 보복하지 않을 뿐더러 오히려 그들의 자녀를 기르는 수고를 하겠다고 약속합니다.

그런데 요셉의 이 모습보다 차원이 높은 예수님의 대속하심이 나에게 임한 사실(fact)을 알고 계십니까?(요 3:16~17) 대속의 거룩한 사랑을 알고 감사하는 우리들의 눈물이 빛나는 순간입니다. 대체불가의 책인 창세기 마지막 장은 야곱과 요셉의 죽음으로 마감되지만 이는 새로운 생명(영생)의 시작으로 이어집니다.

출애굽기

♦ 출애굽기 1장 성경칼럼

12절 | 그러나 학대를 받을수록 더욱 번성하여 퍼져나가니 애굽 사람이 이스라엘 자손으로 말미암아 근심하여
20절 | 하나님이 그 산파들에게 은혜를 베푸시니 그 백성은 번성하고 매우 강해지니라

"데칼코마니(decalcomanie)"

물감을 이용한 미술 작품 용어로서 한 면의 모양을 접어서 얹으므로 좌우가 똑 같은 그림으로 나오게 하는 것을 말합니다. 이 용어는 어떤 사람이나 사건이 같은 모양이나 유형으로 나타날 때 흔히 사용되는데 '데자뷰(이미 보았다는 느낌)'보다 강한 의미입니다. 성경 66권 중에서 예수님의 구원 이야기를 가장 데칼코마니처럼 보여 주는 책이 출애굽기입니다. 문자로는 성자 예수님이 쓰여 있지 않지만 신약을 알고 있는 우리는 수많은 예수님의 속성과 사역을 발견할 수 있습니다. 글씨를 모르는 아이가 문자로 된 책 대신 그림책을 먼저 보고 익히는 것과 같은 원리로 보면 됩니다.

출애굽기는 창세기의 우주와 인류의 기원에 이어 선민의 탄생과 구속 사건을 기록하고 있습니다. 출애굽기는 신정국가로서의 이스라엘의 2대 조건인 율법 제정과 성막 건립 사건을 다루고 있습니다. 구속사의 핵인 십자가 사건과 유월절로 인한 출애굽 사건은 그 의미와 맥락이 쌍둥이처럼 닮아 있습니다. 택한 백성을 압제와 죽음으로부터 구원해 내시는 하나님의 사랑과 신실성이 그대로 드러나 있습니다.

출애굽기는 그리스도의 성품과 사역에 대한 영적 의미를 그림처럼 보여줍니다. 광야의 만나와 반석의 생수 사건, 홍해 세례 사건, 대제사장의 직임, 성막의 구조와 재료, 모세의 3대 직분 등 많은 사례를 신약에서 예로 들고 있습니다. 특별히 선민 백성에게 허락하신 횃불 언약을 약 7백년의 시차를 두고 정확히 이루신 것은 하나님의 섭리와 능력을 모르면 이해할 수 없습니다.

(창 15:13) "여호와께서 아브람에게 이르시되 너는 반드시 알라 네 자손이 이방에서 객이 되어 그들을 섬기겠고 그들은 사백 년 동안 네 자손을 괴롭히리니"

아브라함은 B.C.2116년 태생이고 출애굽은 B.C.1446년에 일어났습니다. 창세기의 이 언약은 출애굽기 1장에 나오는 장면과 정확히 겹쳐 있습니다(8-14절). 430년이라는 세월 동안 약 200만 명에 이르는 번성을 이룬 이스라엘이 괴롭힘을 당하지 않았다면 어찌 출애굽을 받아들일 수 있었겠습니까? 이 그림은 시대를 건너 뛰어 우리에게도 요구되는 사항입니다. 하나님의 백성들은 이 세상을 살아갈 때에 번성과 고난의 이중 국면을 반드시 겪게 됩니다. 하나님의 축복 속에 한없는 기쁨을 누리지만 사단의 끈질긴 도전으로 고난도 받게 됩니다. 고난이 하나님을 향한 분투를 하게하고 이 전쟁에서 신앙의 절개를 지키고 승리한 자에게 산파들(20절)처럼 진정한 복을 받게 하시는 것이 하나님의 뜻입니다(마 5:10-12).

(마 5:10) "의를 위하여 박해를 받은 자는 복이 있나니 천국이 그들의 것임이라"

우리는 창세기에서 이스라엘 일가를 약속의 땅인 가나안의 우상 숭배와 혼합 결혼의 위험에서 빼내신 섭리를 알았습니다(창 46:3). 비록 이국땅이었지만 애굽의 고센은 순수 혈통을 지키며 민족을 번성시키는 모태로 하나님께서 허락하셨습니다(7절). 이제 때가 되어 핍박을 통해(12절) 구원을 갈망하여 약속의 땅인 가나안을 향해 출애굽을 하게 됩니다. 이 구원의 그림 속에 우리를 향한 하나님의 손길이 얼마나 크고 놀라울 것인지 설렘과 기대를 하게 됩니다.

♦ 출애굽기 2장 성경칼럼

6절 | 열고 그 아기를 보니 아기가 우는지라 그가 그를 불쌍히 여겨 이르되 이는 히브리 사람의 아기로다

12절 | 좌우를 살펴 사람이 없음을 보고 그 애굽 사람을 쳐죽여 모래 속에 감추니라

"상황의 타이밍, 마음의 타이밍"

'인생은 타이밍이야'라는 말에 이의를 제기할 사람은 드물 것입니다. 어떤 일에 모든 조건이 절묘하게 맞아 성사되는 경우가 있고 반대로 하필 그때에 방해꾼이 나타나서 모든 것을 그르칠 때도 있습니다. 우리는 사람과 환경에 의한 타이밍이 중요하다는 것을 알고 있지만 참으로 중요한 것은 '마음의 타이밍'입니다. 마음의 타이밍이란 자신이 원하는 마음과 선택할 수 있는 준비가 되어 있을 때에 비로소 상황의 타이밍과 연결될 수 있다는 뜻입니다.

이보다 더 깊은 타이밍을 찾는다면 하나님의 때와 연결되는 '영적 타이밍(가장 적절한 시기-in due time)'입니다. 성경의 수많은 구속의 사건들은 어떤 측면에서 보면 이 가장 적절한 시기에 대한 이야기라고 볼 수 있습니다. 절대적인 사례로 예수님의 성육신 사건은 하나님께서 조성하신 정확한 때에 이루어진 것을 성경은 선포합니다.

(갈 4:4) "때가 차 매 하나님이 그 아들을 보내 사 여자에게서 나게 하시고 율법 아래에 나게 하신 것은"

모든 길이 로마로 통하는 도로가 닦여진 시대에 십자가와 부활의 복음이 전파된 것은 우연이 아닙니다. 세속의 역사가 구속사와 긴밀히 연결되는 예(고레스 칙령 등)는 너무나 많습니다. 출애굽기 2장에는 모세의 출생과 양육과 피신과 결혼에 대한 절묘한 타이밍이 곳곳에 설정되어 있습니다. 나아가서 이스라엘 민족이 수난 속에서 출애굽을 할 수밖에 없도록 하는 마음의 타이밍도 하나님께서 조성하셨음을 알 수 있습니다. 이스라엘 민족이 숫자가 많아지고 그 실력이 막강해짐에 따라 아들을 낳으면 죽이라는 명령은 산파의 믿음으로 실패합니다(1:16-21).

이제 딸은 노동력과 출산력의 이용을 위해 살려두고 아들이 태어나면 나일 강에 던지라는 새 명령이 떨어집니다(1:22). 나일 강에 던지라는 것은 익사를 뛰어넘어 악어의 밥이 되게 하라는 잔악한 만행입니다. 모세의 어머니 요게벳은 3개월이 지나 더 숨길 수가 없는 아들을 역청을 칠한 갈대상자에 담아 나일 강가 갈대 사이에 놓습니다(2-3절). 이 상자의 원어는 '테바'로서 노아의 방주를 지칭할 때도 사용한 특수 고어입니다. 요게벳은 죄악과 죽음이 넘실대는 위기에서 하나님의 보존하시고 건져 주심을 바라는 믿음을 드리고 있습니다.

갈대상자에 누운 모세(3절)는 예수님이 이 세상 가장 낮은 마구간에 누우신 것과 헤롯의 위협을 받은 것과 짝이 됩니다(마 2:1.18). 모세의 어머니의 마음은 딸 미리암의 순종(4절)을 가져오고 바로의 공주에게 발견되는(5절) 타이밍을 잡게 됩니다. 이 때 만약 바로의 공주가 긍휼의 마음으로 차 있지 않았다면 모세는 죽었을 것입니다(6-10절). 애굽의 왕자로 장성한 모세에게 온 살인의 타이밍은 미디안 광야로 도망하게 하고 연단의 기회를 가져옵니다(11-15절). 애굽의 노예로 전락한 이스라엘 민족의 상황은 구원을 부르짖는 마음이 되고 출애굽의 타이밍과 매치됩니다(23-25절). 지금 여기 있는 우리의 구원의 여정도 영육 간에 기가 막힌 타이밍이 쌓여서 다다른 것임이 분명합니다. 모세와 바울이 외쳤던 고백에 우리의 마음도 동참합니다. "나의 나 된 것은 하나님의 은혜입니다"(고전 15:10)

♦ 출애굽기 3장 성경칼럼

1절 | 모세가 그의 장인 미디안 제사장 이드로의 양 떼를 치더니 그 떼를 광야 서쪽으로 인도하여 하나님의 산 호렙에 이르매

14절 | 하나님이 모세에게 이르시되 나는 스스로 있는 자이니라 또 이르시되 너는 이스라엘 자손에게 이같이 이르기를 스스로 있는 자가 나를 너희에게 보내셨다 하라

"당당한 모세, 신중한 모세, 그 다음엔?"

'웬만해선 그들을 막을 수 없다'라는 말이 있습니다. 1차적으로는 스포츠 방면에서 무적을 자랑하는 팀에 대한 평가입니다. 그러나 광의적으로는 사람 자체가 웬만해선 변화될 수 없다는 뜻이기도 합니다. 한 예로 정치적으로 좌파의 사람과 우파의 사람의 뇌를 촬영해 보면 특정부위가 확연히 다르다는 논문이 있습니다. 정치적 논쟁을 할 때나 집안에 새 가족을 들일 때 유의해야 할 사항입니다. 기존에 가지고 있는 선입견과 편견과 고정관념은 누가 설득한다고 쉽게 바뀌지 않는다는 것을 경험하셨을 것입니다.

1-2장에서 하나님께서는 이스라엘 민족의 구원을 부르짖는 준비와 함께 모세라는 일군을 돌보시는 것을 목격했습니다. 모세가 애굽의 왕자로서 가졌던 위엄과 권세는 대단했을 것입니다. 자신의 히브리 적 정체성을 잊지 않았던 모세는 동포가 맞는 것을 보자 나서게 되고 본의가 아닌 살인을 저지릅니다(2:14). 인간적인 당당함이 넘쳐 나와 자신을 이스라엘의 구원

자요 재판관으로 내세운 것입니다.

바로의 칼날을 피해 미디안 광야로 도망친 모세는 처가살이를 하며 어언 40년이 되었고 보통 사람이라면 죽을 80세가 되었습니다. 인생의 허무를 심장에 새길 그 때 하나님께서 모세에게 나타나셨습니다. 성경에서 하나님의 현현은 몇 가지 특징이 있습니다(사 6:5, 마 1:20). 예고가 없기에 인간이 특별히 준비한다고 경험하는 것이 아닙니다. 모세는 자기가 늘 하던 양치는 일을 할 때 그 한적한 들판의 떨기나무 가운데 찾아 오셨습니다(1-6절). 번쩍이는 화려함과 우러러 보이는 권력과 사치함의 치장 속에 오시는 것이 아닙니다. 내가 간과하고 무시하는 삶의 일터에서 내 가슴을 밀치고 오십니다. 신자가 얼마나 생업의 현장에서 성실하게 살아야 하고 신중하게 때를 바라보아야 하는지를 깨닫게 됩니다.

80살이 된 모세의 신중함은 하나님과의 대면에서 드러납니다. 소명의 현장에서 하나님이 어떤 분인지를 질문하는 모습은 우리에게 큰 믿음과 지혜를 선사합니다. '스스로 계시는 분(나는 나다-I am who I am)'이라는 것은 영원한 자존자이시라는 것입니다(14절). '조상의 하나님(15절)'이라는 것은 언약의 계속성과 불변성을 말씀하심으로 변치 않으시는 속성을 뜻합니다(삼상 15:29).

'여호와'라는 성호를 알려 주신 것(15절)은 하나님께서 자기 백성을 지키는 완벽한 구원자이심을 확증하신 것입니다. 하늘을 찌르는 바로의 권세 앞에 여호와의 이름을 가지고 나갈 때 이룰 승리와 전리품(21-22절)을 모세에게 예언합니다. 애굽의 당당함에서 광야의 신중함으로 업그레이드된 모세는 하나님이 주신 소명으로 '그 다음엔' 어떻게 되었을까요? 이후의 그를 보니 자기 힘을 빼며 신중함과 당당함을 둘 다 갖춘 신앙의 영웅이 되어

가는 모습을 볼 수 있습니다.

♦ 출애굽기 4장 성경칼럼

4절 | 여호와께서 모세에게 이르시되 네 손을 내밀어 그 꼬리를 잡으라 그가 손을 내밀어 그것을 잡으니 그의 손에서 지팡이가 된지라

16절 | 그가 너를 대신하여 백성에게 말할 것이니 그는 네 입을 대신할 것이요 너는 그에게 하나님 같이 되리라

"불에서 꺼낸 그슬린 나무"

듣는 순간 아무 쓸데없다는 생각이 확 들어옵니다. 타다 만 나무토막은 생명도 없고 재목으로도 용도가 없습니다. 그런데 이 말은 스가랴 3장 6절에 하나님께서 사단에게 책망하시며 하신 말씀입니다. 이 문장을 의역하면 하나님께 붙잡힌 인생이 아닌 사람의 정체에 대한 진단으로도 볼 수 있습니다. 3장에서 하나님의 소명을 받은 모세는 자신의 무능을 빌미로 하여 계속적인 거부를 합니다. 지나친 겸손은 오만이라는 말이 있는데 딱 그 모양처럼 보입니다. 인간끼리는 안 하겠다는 사람을 억지로 하게 할 수는 없지만 하나님은 다르십니다. 모세는 자신이 심히 무능하고 미약하다는 핑계를 댔지만 하나님께서는 두 가지 표징과 한 가지 이적을 보여 주십니다. 하나님의 오랜 계획과 훈련의 코스를 밟아온 모세에게 지혜와 능력을 제공하시고 확신시키시는 것을 알 수 있습니다.

지팡이를 뱀으로 만들었다가 다시 지팡이로 만드는 이적은 사단의 권세를 제압하는 능력을 주신 것을 의미합니다(3-5절). 한낮 막대기에 불과한 인생이 하나님께 붙잡힌바 되었을 때 그 쓰임은 사단의 권세를 제압한다는 뜻입니다. 우리가 비록 불에서 꺼낸 그슬린 나무 같더라도 하나님 손에 붙

들린다면 모세의 지팡이처럼 쓰임 받을 수 있습니다. 나병이 들렸다가 나은 이적은 죄악과 허물의 부정들을 온전히 고칠 수 있는 능력을 허락하신다는 표식입니다(6-7절).

거대한 애굽의 세력을 이기고 출애굽을 할 수 있는 표식은 강물이 육지에서 피로 변하는 이적입니다(9절). 애굽인의 생명 젖줄인 나일 강이 피로 변하는 예고는 저들이 섬기던 우상이 파멸된다는 것을 보여 주는 것입니다. 하나님의 자상한 증거에도 불구하고 모세는 자신의 말에 대한 콤플렉스를 핑계대고 뒷걸음질을 치려합니다(10절).

그는 대국의 왕 바로를 설득시키고 이스라엘 민족을 인도해 내기 위해서는 특출한 달변과 폭발력 있는 사자후가 필요하다고 생각했습니다. 그러나 영적인 세계의 특징은 능변에 있는 것이 아니라 오직 능력에 있음을 우리는 압니다(고전 4:20). 하나님께서는 거듭된 사양에 화를 내셨지만 모세의 마음을 받으시고 3살 위의 형 아론을 예비해 놓으신 것을 알립니다(14절). 나아가 영적 질서를 세워 아론이 동생 모세를 보좌하게 하고 주(하나님처럼)로 섬기게 합니다(15-16절). 만약 이 질서와 위치를 정해 주지 않았다면 후에 문제가 생겼을 것입니다.

하나님의 예비하심은 애굽에 있는 백성들과 지도자인 장로들에게도 작용하신 것을 알 수 있습니다(29-31절). 40년 만에 외부에서 온 지도자를 인정하지 않고 분쟁을 벌였다면 출애굽이 지체될 수도 있었을 것입니다. 선민으로서 고난 속에서도 조상의 신앙을 보존하고 훈련한 효과를 결정적일 때 보고 있습니다. 주님의 일을 이루는데 어떤 과정이 있더라도 결국은 쓰임 받는 공동체를 사모합니다.

♦ 출애굽기 5장 성경칼럼

2절 | 바로가 이르되 여호와가 누구이기에 내가 그의 목소리를 듣고 이스라엘을 보내겠느냐 나는 여호와를 알지 못하니 이스라엘을 보내지 아니하리라

9절 | 그 사람들의 노동을 무겁게 함으로 수고롭게 하여 그들로 거짓말을 듣지 않게 하라

"막상 상대해 보니..."

샅바를 잡는 순간 승부를 직감한다는 씨름 선수의 말이 있습니다. 무협의 고수끼리는 눈빛과 뿜는 기운만 보고도 상대의 내공을 알아챈다고 합니다. 드디어 하나님의 대리자 모세와 최강 제국의 통치자 바로와의 맞대결이 시작됩니다. 우리가 영적인 시각에서 보기에는 맞대결이지만 세상적인 기준으로 볼 때는 아이(모세)와 성인(바로)의 싸움입니다. 하나님의 승리의 보장을 받고 능력의 조건을 갖춘 모세는 바로 앞에서 담대하게 출애굽을 통보합니다.

우리가 알고 믿기로는 하나님과 바로는 영적 능력으로 볼 때 비교 자체가 안 됩니다. 그렇다면 4장에서 하나님의 능력을 완벽히 부여받고 대사로 파견된 모세가 5장에서 바로를 한방에 제압하는 장면이 펼쳐지는 것이 순서일 것입니다. 그러나 실제적인 장면은 정반대의 상황이 벌어집니다. 애굽에서 나가게 하여 광야에서 여호와께 절기를 지키겠다는 요구(1절)를 대하는 바로의 모습은 철벽입니다. 너희의 신은 너희의 신뿐이며 자신은 알 바가 아니고 너무 가소롭다고 조롱합니다(2절). 오히려 그런 요구를 하는 것은 등 따시고 배불러서 하는 것이니 꼼짝 못하게 노역을 가중해서 괴롭게 하라고 명령합니다(4-9절).

이 바로의 명령에 아우성치는 이스라엘은 혹을 떼려다 혹을 붙인 격이

라며 분열을 일으킵니다(11-20절). 결국 이 책임은 모세에게 돌려지고 모세는 하나님께 납작 엎드려 탄원하며 부르짖습니다(20-23절). 지금까지의 전개로 볼 때 출애굽의 첫 대결은 바로의 완승이고 모세는 곤경에 처하게 됩니다. 도대체 왜 이런 일이 일어난 것일까요?

가장 큰 정답은 이 출애굽 대결의 본질을 알 때 나옵니다. 출애굽 사건은 세상의 전쟁이 아니라 영적 구원의 이야기입니다. 성경에서 애굽이 의미하는 것은 사단이 지배하는 세상이며 본능적으로 죄를 짓고 사는 육체를 의미합니다(약 3:15).

(사 31:3) "애굽은 사람이요 신이 아니며 그들의 말들은 육체요 영이 아니라 여호와께서 그의 손을 펴시면 돕는 자도 넘어지며 도움을 받는 자도 엎드러져서 다 함께 멸망하리라"

애굽을 탈출한다는 것은 영적으로는 사단이 지배하는 세상과 육신의 죄악을 벗어나 구원을 얻는다는 것을 뜻합니다. 바로를 완악케 하여 이스라엘을 순순히 내놓지 않게 하시는 하나님의 의도를 보아야만 이 대결을 이해할 수 있습니다(롬 9:17-18). 출애굽의 바로와 모세와의 대결은 사단의 족보에 있는 죄인을 하나님의 계보로 옮기는 영적 전쟁입니다. 지금도 한 명의 영혼을 놓고 영적인 출애굽 사건이 끈질기게 벌어지고 있다는 사실을 깨달을 수 있습니다. 지금 내가 온전히 예수님을 믿고 있다는 것은 출애굽 과정을 비롯한 엄청난 기적을 통과했다는 뜻입니다.

♦ 출애굽기 6장 성경칼럼

1절 | 여호와께서 모세에게 이르시되 이제 내가 바로에게 하는 일을 네가 보리라 강한 손으로 말미암아 바로가 그들을 보내리라 강한 손으로 말미암아 바로가 그들을 그의 땅에서 쫓아내리라

12절 | 모세가 여호와 앞에 아뢰어 이르되 이스라엘 자손도 내 말을 듣지 아니하였거든 바로가 어찌 들으리이까 나는 입이 둔한 자니이다

"성공(승리)의 비결이 무엇입니까?"

한 분야에서 최고의 업적을 이룬 사람과의 인터뷰에서 꼭 묻는 질문입니다. 기독교인들은 모든 것이 하나님의 은혜라고 정답을 댈 것입니다. 그래도 인간으로서 한 항목만 대답해 달라고 하면 많은 사람이 '반복'이라고 합니다. 이 말을 다른 말로 표현하면 훈련이고 지구력이고 근성이라고 볼 수 있습니다. 김연아(피겨)와 강수진(발레)과 박지성(축구)의 발 사진을 본 적이 있습니다. 세계 최고가 되기까지 반복된 훈련의 축적이 그대로 담겨 있습니다. 수 만 번을 넘어졌는데 그 중 한번이라도 반복이 이어지지 않았다면 지금의 그들은 없었을 것입니다.

하나님께 쓰임 받는 성경의 인물들이 받는 핵심 훈련 코스는 바로 반복입니다. 모세는 하나님의 명령을 수행하다가 바로의 벽에 막히고 동족의 비난까지 부딪혀 실의에 빠지고 맙니다(5장). 하나님께 탄원하는 모습이 나오지만 그의 마음은 불만에 차 있고 얼른 발을 빼고 싶은 마음이 역력합니다(5:22~23). 자신감이 사라지고 실의와 무기력에 싸여 있는 모세에게 하나님의 똑같은 명령이 떨어집니다(1절).

위로와 용기를 주시는 내용과 함께 특이한 것은 조상들에게 하신 언약을 상기시키는 것입니다(2-8절). 하나님의 힘이 부족하여 바로를 한방에 굴복시키지 못한 것이 아님을 알 수 있습니다. 모세는 앞으로도 수많은 좌절이 있을 터인데 언약을 믿고 포기하지 않는 근성을 가져야 하는 것입니다. 풀무 불에 달궈진 무쇠를 여러 번 담금질하여 강철을 만들어 내듯이 모

세를 강력한 지도자로 만들기 위한 연단의 과정입니다.

우리가 신앙생활을 할 때 기본으로 하는 성경 묵상과 기도와 예배드림이 의례적인 것이 아닌 가장 중요한 반복의 훈련임을 철저히 인식해야 합니다. 하나님의 위로와 격려는 조상들에게 한 언약의 실현을 기억하게 하시는 것으로 나타납니다. 하나님께서 하신 약속이 장기간에 걸쳐 다 이루어졌듯이 출애굽은 반드시 성취됨을 말씀하십니다. '망각'은 잊고 싶은 괴로운 추억들을 지우고 염려를 방지하는 면에서는 하나님의 은사로서 사용해야 합니다. 하지만 절대 잊지 말아야 할 것은 하나님께서 나를 향하여 하신 약속입니다. 인간은 하나님을 배반하는 삶을 살아왔을지라도 하나님의 신실하신 언약은 시효 적절한 때에 반드시 시행됩니다.

끝까지 입이 둔하다는 핑계를 대는 모세(12, 30절)는 하나님의 능력의 출처를 아직 깨닫지 못한 상태임을 보여줍니다. 다음 장부터 펼쳐질 열 재앙의 경험을 통하여 더욱 단단해질 모세의 모습이 기대됩니다. 모세와 아론의 혈통 족보(14-27절)는 그들이 이끌 공동체의 가치(한 몸의 원리, 고전 12:19-27)를 알려줍니다. 즉 모세와 아론을 책임감을 가진 사랑의 지도자가 되게 하시려는 하나님의 특별 배려라고 볼 수 있습니다. 연약한 우리들을 강하게 하는 반복의 훈련을 감당하게 하옵소서!

♦ 출애굽기 7장 성경칼럼

1절 | 여호와께서 모세에게 이르시되 볼지어다 내가 너를 바로에게 신 같이 되게 하였은즉 네 형 아론은 네 대언자가 되리니

12절 | 각 사람이 지팡이를 던지매 뱀이 되었으나 아론의 지팡이가 그들의 지팡이를 삼키니라

"편싸움은 무섭다"

편싸움이란 편을 갈라서 하는 싸움이며 단체끼리 하는 것도 포함됩니다. 편싸움을 하는 이유는 개인은 힘이 약하지만 편을 먹으면 큰 힘이 생긴다고 여기기 때문입니다. 문제는 한 인간으로서는 도덕적인 사람이지만 단체에 흡수되는 순간 거의 대부분이 비도덕적이고 악해지는 방향을 탄다는 사실입니다. 어떤 편에 들어가고 단체에 가입하는 순간 그곳의 목적에 따라 악한 수단방법의 도구로 전락되기 때문입니다. 같은 사안과 똑같은 사건을 볼 때 각각 속한 그룹의 시각에 따라 판단하고 말해야만 됩니다. 이것이 얼마나 위험한 결과를 맺게 되는지는 정치사나 역사에서 수없이 목격됩니다. 그리스도인은 편싸움의 무서움과 위험성을 알고 대처하는 지혜가 꼭 필요합니다.

이제 출애굽기의 메인 스토리인 출애굽을 위한 모세 편과 바로 편의 편싸움이 시작됩니다. 7장의 피 재앙을 시작으로 유월절의 장자 생사 사건까지 10재앙이 이어집니다. 여기서 재앙이란 말은 애굽의 입장에서 쓰는 것입니다. 이스라엘 민족의 시각으로 보면 재앙이 아니라 은혜이며 구원의 표징(이적)입니다(3, 9절). 신약으로 표현하면 신자의 죽음이나 예수님의 재림이 신자에게는 구원의 영광이지만 불신자에게는 멸망이요 지옥행이 되는 것과 같습니다(고전 1:18).

우리가 십자가에 달려 속죄양이 되신 예수님의 편에 든 것이 얼마나 고맙고 감격스러운 일인지 늘 묵상해야 합니다. 그러면 첫 번째의 피 재앙 시작 전에 나오는 지팡이가 뱀이 되는 이적은 어떤 메시지일까요? 아론의 지팡이가 뱀으로 변한 것을 보고 애굽의 술사들도 따라 합니다. 그것이 변신술이나 마술이나 초자연적 능력이란 의견들이 분분하지만 핵심은 아론의 뱀이 애굽의 뱀들을 집어 삼켰다는데 있습니다(12절).

바로의 왕관에 있는 문양이 코브라인데 뱀을 삼켰다는 것은 하나님의 능력에 애굽은 잡혀 먹힌다는 것을 알리는 것입니다. 이는 예수님께서 첫 사역을 광야에서 마귀의 시험을 이기시고 사단의 머리를 부순 것과 짝이 됩니다(마 4:1-11). 여기에서 바로의 착각이 나오는데 애굽의 술사들이 하나님의 이적을 흉내 내는 그것만 보고 더욱 교만해지는 것입니다. 문장으로는 하나님이 그를 완악하게 하신 것(3, 13, 14, 22절)으로 나오지만 정확히 말하자면 하나님이 방임(유기)하면 인간은 악해질 수밖에 없음을 보여주는 것입니다.

나일 강물이 피로 변하여 죽음의 강이 된 사건은 이 강을 중심으로 형성된 문명의 종말을 보여줍니다(20-21절). 만약 서울의 한강이 피범벅으로 변했다고 가정하면 그 공포는 어떻겠습니까? 그럼에도 불구하고 사단의 세력을 상징하는 바로가 이스라엘을 꽉 붙들고 있는 모습에 영적 전율을 느낍니다(22-23절). 내 인생 최고의 기적은 지금 내가 예수님을 구주로 믿고 의지하며 살고 있다는 사실입니다.

♦ 출애굽기 8장 성경칼럼

25절 | 바로가 모세와 아론을 불러 이르되 너희는 가서 이 땅에서 너희 하나님께 제사를 드리라

28절 | 바로가 이르되 내가 너희를 보내리니 너희가 너희의 하나님 여호와께 광야에서 제사를 드릴 것이나 너무 멀리 가지는 말라 그런즉 너희는 나를 위하여 간구하라

"적당히 믿어라"

예수님을 영접하고 충만한 은혜를 받아 뜨겁게 신앙생활을 하려는 새 신자에게 주변 사람이 걱정하듯이 하는 말입니다. 이 말속에는 광신자가 되어서 피해를 당하지 말라는 뜻도 있지만 세상과 타협하며 살라는 의미가 강합니다. 이는 새 신자에게만 해당되는 말이 아니라 신앙의 연륜이 쌓인 기신자도 갈등하는 주제입니다. 8장의 개구리와 이와 파리의 세 재앙에서 나오는 메시지는 이 주제에 대한 정답을 제시합니다. 애굽인들에게 있어 개구리는 풍토적인 면에서 다산과 풍요의 상징으로 신성시된 동물입니다. 자신들이 섬겼던 개구리가 저주와 고통의 대상이 되었다는 것은 우상 종교의 무력함을 보여주는 사건입니다(6절).

세 번째 재앙인 이는 티끌이 변하여 된 것으로 사람들의 머리털과 옷 속, 눈과 코 속까지 기어들어가 모기처럼 쏘아대니 그 괴로움은 엄청납니다(16-17절). 하나님을 멀리하고 대적하는 자는 땅의 티끌까지 채찍으로 삼으셔서 징계하신다는 사실을 알 수 있습니다. 네 번째 재앙인 파리는 집파리가 아니고 떼를 지어 몰려다니면서 사람과 짐승에게 달라붙어 무서운 병을 옮기는 지독한 해충입니다(24절). 파리 떼가 온 집과 땅 전체를 가득 채우고 있으니 그 괴로움은 충분히 상상됩니다.

애굽의 술사들이 두 번째 개구리 재앙까지는 흉내를 냈지만 세 번째 '이' 재앙부터는 두 손을 들고 맙니다(18절). 이것은 모세를 통해 애굽에 내린 재앙은 우연이나 자연적인 것이 아닌 신적 계획과 권능에 의한 것임을 증거 해 주는 것입니다. 예고도 없이 닥친 이와 파리 재앙에 견디지 못한 바로는 두 손을 들고 이스라엘 백성에게 절기를 지키는 것을 허락합니다. 문제는 그가 제시하는 방법이 조건부로서 철저히 계산적이고 간교한 책략이 들어 있다는데 있습니다.

첫째는 절기를 지키고 희생의 제사를 이 땅에서 드리라는 조건입니다(25절). 이스라엘을 해방시키는 것이 아니라 영원한 노예로 삼겠다는 전략이 숨어 있습니다. 하나님은 어디든지 있고 중심을 보시기에 제사의 장소는 중요하지 않다는 은근한 세뇌를 하고 있습니다. 마치 코로나 시대에 온라인 예배가 정석이라고 합리화하여 한국교회 성도들의 예배신앙을 함락해 버린 것과 어찌 그리 닮았습니까? 둘째는 첫 번째 조건이 거부되자 너무 멀리는 가지 말라고 합니다(28절). 약간의 신축성이 있는 것 같지만 이스라엘을 뺏기지 않으려는 속셈은 여전 합니다. 언제든지 군사를 풀어 다시 잡아들일 수 있다는 패역한 발상입니다.

신자가 세상의 시류에 혼합하여 적당히 신앙생활을 하려고 한다면 이 전략에 넘어간 것입니다. 장소와 시기에 따라 변신하며 영적 위안도 받고 세상 쾌락도 추구한다면 영적 간음자가 됩니다. 바로가 상징하는 사단의 전략은 '적당히 믿으라'는 것이고 하나님의 명령은 '사흘 길을 달려가 제사하라(27절)'는 것입니다. 여기서 사흘 길이란 고센에서 시내 산까지의 거리이며 돌아갈 길이 차단되는 것을 의미합니다. 약속된 장소에서 드리는 예배의 중요성을 알고 하나님의 뜻을 행하는 신자로 나아가야 하겠습니다.

♦ 출애굽기 9장 성경칼럼

6절 | 이튿날에 여호와께서 이 일을 행하시니 애굽의 모든 가축은 죽었으나 이스라엘 자손의 가축은 하나도 죽지 아니한지라

20절 | 바로의 신하 중에 여호와의 말씀을 두려워하는 자들은 그 종들과 가축을 집으로 피하여 들였으나

"면역성의 이중성"

몇 년간의 감염 병 사태로 면역성의 중요성이 강조되고 있습니다. 면역력을 높이기 위한 영양과 운동과 정신력 증진에 많은 노력을 하는 것은 바람직합니다. 우리 몸은 하루에도 수만 번의 암 세포의 공격을 받는다고 하니 정상 세포의 능력을 강화하는 것은 매우 중요합니다.

여기서 우리는 영적 면역력에 대한 시각을 가질 필요가 있습니다. 영적 면역력이란 죄악의 침투를 당할 때 막아내는 힘입니다. 자연적 인간은 육신은 음식을 먹고 살지만 영으로는 죄악에 무방비하여 죄를 먹고 산다고 볼 수 있습니다. 심지어 자연인은 죄에 대한 의식이 없고 하나님을 전혀 찾지 않는다고 성경은 선포합니다.

(사 1:3) “소는 그 임자를 알고 나귀는 그 주인의 구유를 알건마는 이스라엘은 알지 못하고 나의 백성은 깨닫지 못하는도다 하셨도다”

앞서의 네 가지 재앙에도 불구하고 바로는 마음을 더욱 완악하게 먹고 출애굽을 막습니다. 이에 하나님께서는 9장에서 5-7번째 재앙을 내립니다. 다섯 번째 재앙은 생축에 ‘악질’이 발생하는데 이는 그들의 동물 정령 숭배(animism)가 헛됨을 깨닫게 하는 것입니다. 이어지는 ‘독종’과 ‘우박’의 재앙은 생명의 위협과 경제의 몰락을 가져옵니다. 이전까지의 재앙이 사람과 짐승을 환경으로 괴롭히는 선이었다면 본장의 재앙은 생사와 생존에 강한 위협을 주는 징벌입니다. 하나님의 명령을 어기고 만홀히 여긴 죄가 얼마나 무서운 것인지를 알려 줍니다. 그렇다면 바로는 겸손하게 통회자복하며 나오는 것이 정상일 것입니다.

성경에는 힘든 조건 속에서도 하나님의 명령에 순종한 사례(노아의 방주 제작, 이삭 번제, 욥의 회개, 니느웨 백성의 회개, 초대교회의 회개)가 있기 때문입니다. 그러므로 모세와 대적하는 바로의 상태가 어떠한지 살펴보는 것은 죄의 면역성 측면에서 역설적 유익이 있습니다. 바로는 완악함과 패역함에 있어서 어떤 치료제도 안 통하는 면역체계를 가지고 있습니다. 재앙의 징계를 받아도 일시적으로 곤경을 벗어나려 뻔뻔한 거짓말을 합니다. 범죄 했다고 하며 하나님의 의로움을 인정하지만(27절) 가짜임이 금방 탄로 납니다(34-35절). 이 모습은 역사상 불의를 일삼은 모든 압제자(독재 정치꾼)들의 모습을 상징합니다. 나아가 물질 만능주의에 사로잡혀 스스로 자멸의 길을 택하는 현대인들도 오버랩 됩니다.

9장의 뜻밖의 주인공은 20절에 나오는 여호와의 말씀을 두려워하여 종들과 생축을 집안에 들여 구원을 받는 바로의 신하입니다. 죄에 대한 면역성을 예민하게 하여 말씀을 받았기에 단체 멸망에서 제외된 것입니다. 수도 없이 도전하는 악한 세력들의 궤계를 능히 물리칠 수 있는 '말씀과 성령의 면역성'이 쌓여가길 소원합니다.

♦ 출애굽기 10장 성경칼럼

11절 | 그렇게 하지 말고 너희 장정만 가서 여호와를 섬기라 이것이 너희가 구하는 바니라 이에 그들이 바로 앞에서 쫓겨나니라

24절 | 바로가 모세를 불러서 이르되 너희는 가서 여호와를 섬기되 너희의 양과 소는 머물러 두고 너희 어린 것들은 너희와 함께 갈지니라

"미꾸라지처럼 잘도 빠져 나가네"

핑계를 잘 대거나 책임질 일을 회피하거나 참여할 일을 피해 가는데 선수인 사람을 향해 하는 말입니다. 초신자 시절 예수님을 믿는 사람의 숫자가 상대적으로 왜 적은지 궁금한 적이 있었습니다. 믿는 사람 가운데에서도 진실한 신앙인의 숫자를 절대평가하면 아주 적다는 것에 대해 의아해

한 적도 있습니다. 전도 대상자가 믿을 기회를 미꾸라지처럼 잘도 빠져나가고 믿는 자가 성숙할 기회를 애써 피하는 것을 많이 목격했습니다. 성경에는 인생과 신앙의 난제에 대한 정답이 나와 있는데 믿음과 지혜와 성령의 감동을 받아 정독묵상하면 수많은 보화를 발견할 수 있습니다.

10장에 나오는 8-9번째 재앙의 상황을 통해 죄에 물 들은 인간이 얼마나 미꾸라지처럼 행동하는지와 죄의 굴레에서 헤어 나오기 힘든지를 깨달을 수 있습니다. 메뚜기 재앙은 우박재앙으로 그나마 살아있던 애굽의 농작물(밀과 쌀보리, 9:32)을 완전히 황폐화 시킵니다. 실제 역사에서도 메뚜기 떼가 2600km의 거리를 가득 채웠다는 기록이 있으니(욜 1:4~7) 하나님이 행하신 전무후무한 9번째 재앙의 피해는 모든 작물을 싹쓸이 한 것입니다.

이 재앙 이후에 애굽인들이 가진 소유는 다 없어지고 이제 마지막으로 의지할 것은 저들의 중심 신인 태양신(Ra)만 남았습니다. 애굽인들은 매일 아침 솟아오르는 태양을 향하여 북을 치고 노래 부르며 경배제사를 드렸습니다. 아홉 번째 재앙인 흑암 재앙은 인간이 만든 어떤 신도 하나님 앞에서는 허구라는 사실을 선포한 것입니다. 우연한 흑암이 아닌 3일간에 걸친 것이고(22절) 이스라엘 백성이 거하는 곳은 아무 타격 없이 빛의 은총으로 충만하게 구별하심으로 하나님의 역사임을 보이셨습니다(23절).

바로는 신하들마저 등을 돌리는 통치적 위기(7절)속에서도 포기하지 않고 조금의 틈을 찾아 돌파구를 뚫으려 합니다. 이것은 사단이 신자 한 명을 놓고 절대 뺏기지 않으려는 쟁투와 유사합니다. 지난 위기에서 이 땅에서, 멀리 가지 말고 제사하라는 계략(8:25, 28)에 이어 이번에도 고단수의 협상안을 제시합니다. 모든 사람과 짐승을 다 데리고 가겠다는 모세의 제안에 장정(성인 남자)만 데리고 나가라고 합니다(11절). 인질로 가족과 재산을 잡고 있으니 다시 돌아와 노예로 살라는 설정입니다. 견디지 못한 바로의 다음 제안은 사람은 다 나가되 소유인 짐승은 놔두고 가라고 합니다(24절). 참 헷갈리는 제안입니다. 사람이 중요하지, 동물은 놓고 갈 수도 있지 않느냐는 생각이 퍼뜩 들기 때문입니다.

하지만 이 제안은 하나님의 예언(창 15:13-14)과 희생 제사를 드리라는 명령(5:3)을 정면 불순종하는 것입니다. 제사에 희생제물이 없다는 것은 신약적인 표현으로 하면 속죄양이신 예수님(요 1:29)이 없는 예배를 드리는 것과 같은 것입니다. 바로가 상징하는 사단의 세력이 얼마나 교활하게 신자가 진짜 예수님을 믿지 못하게 하는지 한 눈에 볼 수 있습니다. 지금도 불신자들은 사단에 사로잡혀 안 믿을 핑계를 대며 끌려가는 모습이 역력히 보입니다. 하지만 우리는 결코 미꾸라지처럼 참 신앙의 길에서 핑계 대며 빠져 나가지 않고 적극 순종하는 길을 가기를 소원합니다.

♦ 출애굽기 11장 성경칼럼

2절 | 백성에게 말하여 사람들에게 각기 이웃들에게 은금 패물을 구하게 하라 하시더니

7절 | 그러나 이스라엘 자손에게는 사람에게나 짐승에게나 개 한 마리도 그 혀를 움직이지 아니하리니 여호와께서 애굽 사람과 이스라엘 사이를 구별하는 줄을 너희가 알리라 하셨나니

"장수는 칼에 피를 묻히지 않는다?"

장수는 전쟁의 지휘관이니 칼을 직접 쓴다면 지는 싸움일 것입니다. 또 다른 뜻이 있다면 칼에 피를 묻히는 행동대장으로서의 역할은 부하에게 맡기고 명분 싸움에서 승리하라는 의미도 있습니다. 이 이야기를 하는 이유

는 하나님께서 직접 열 번째 재앙에 나서겠다고 예고하신 말씀이 11장에 있기 때문입니다(4절). 인간세계의 대장도 직접 나서는 것은 피하는데 하나님께서 유월절 밤에 직접 애굽에 들어가셔서 마지막 재앙을 실행하시겠다는 이유가 궁금합니다.

아홉 번의 재앙을 모세와 아론이 대리 집행하였고 이제 모세는 애굽에서 가장 높은 자가 되어 있습니다(3절). '모세가 바로에게 신이 되게 하겠다(7:1)'는 약속도 이미 이루어진 상황에서 하나님의 직접 개입은 특별할 수밖에 없습니다. 하나님께서 장자의 죽음을 직접 시행하신다는 것은 마지막 재앙이 완전한 것임을 선언하신 것입니다. 그 심각성과 파급 효과가 구원과 심판의 완성에 해당되기 때문입니다. 구속사에 있어서 하나님의 임재는 의인에게는 구원을, 악인에게는 멸망이라는 이중성을 내포하고 있습니다(창 6:17-19).

열 번째 재앙이 실행됨으로 바로는 더 이상 이스라엘 민족을 붙잡아 둘 어떤 명분도 사라지고 힘도 잃어 버렸습니다. 첫 번째 재앙으로부터 열 재앙에 이른 기간은 6개월입니다. 하나님의 능력은 하루 동안에도 출애굽을 충분히 시킬 수 있는데 바로를 강퍅하게 하여(방임하여) 여기까지 온 이유는 무엇일까요?(10절) 이스라엘 백성에게 여호와 신앙을 갖게 하여 후세에 전하려 한 것입니다. 실제로 이스라엘 역사에서 출애굽의 실제와 의미는 무한한 반복교육을 시키는 내용입니다(시 136:10-17). 또한 애굽인과 이방인에게는 두려운 마음을 갖게 하여 참 신은 오직 하나님 한 분뿐임을 알게 하시고 회개의 기회를 준 것입니다.

나아가서 이 기간은 출애굽이 승리의 성격임을 알리고 선민의 자존감을 높이려는 의도가 있었습니다. 노예로 찌든 그들이 애굽의 은금 패물을 갖게 하신 것(2절)은 노동의 대가를 받은 것과 함께 후에 성막의 재료를 예비하게 하신 은혜로도 볼 수 있습니다. 열 번째 재앙의 진정한 의미는 애굽의 심판보다 선민에 대한 구별된 은총입니다(7절). 이스라엘에 대한 하나님의 주권적 선택과 인도와 보호가 구별된 선민의 부각을 가져오게 된 것입니다. 이 이스라엘에 대한 특별한 은혜는 신약에서 예수님이 몸을 바쳐 사신바 된 교회를 예표 합니다.

(행 20:28) "여러분은 자기를 위하여 또는 온 양 떼를 위하여 삼가라 성령이 그들 가운데 여러분을 감독자로 삼고 '하나님이 자기 피로 사신 교회'를 보살피게 하셨느니라"

우리 시대의 교회가 마치 애굽 치하의 이스라엘 민족처럼 힘이 없고 얕보일 수도 있습니다. 하지만 하나님(예수님)의 피로 사신 교회의 정체성을 안다면 그 존귀함에 감격하며 전심으로 섬길 수 있을 것입니다. 바로와 애굽의 악역은 선민의 모태 역할로 점차 사라져 갑니다. 그러하듯이 신자에게 세상은 하나님만 바라보게 하는 도구로 사용될 때가 많다는 사실을 깨닫는 11장입니다.

♦ 출애굽기 12장 성경칼럼

11절 | 너희는 그것을 이렇게 먹을지니 허리에 띠를 띠고 발에 신을 신고 손에 지팡이를 잡고 급히 먹으라 이것이 여호와의 유월절이니라

29절 | 밤중에 여호와께서 애굽 땅에서 모든 처음 난 것 곧 왕위에 앉은 바로의 장자로부터 옥에 갇힌 사람의 장자까지와 가축의 처음 난 것을 다 치시매

"초라한가? 부요한가?"

수많은 사람들을 접하면 각자가 풍기는 풍모가 있습니다. 그 중에 초라

함과 부요함이라는 잣대로 볼 때 누구나 부요함에 속하고 싶어 합니다. 부요함이란 물질만이 아닌 지식과 지혜와 관계의 풍성함을 의미합니다. 그렇다면 그리스도인의 구원과 구원생활에 있어서 그 속성은 초라할까요? 아니면 부요할까요? 참 대답하기가 어려운 것은 성경에는 이 둘의 모습이 다 나와 있습니다. 광야의 연단된 영성은 초라함을 거치지 않으면 아니 되고 세상의 빛으로서의 영광은 부요함의 대명사입니다. 다만 이것은 구원이후의 생활과 사명자의 단계에서 주어지는 모습입니다.

출애굽 사건은 하나님의 구원 과정을 보여주는데 초라하지 않고 매우 부요하다는 것을 보여 줍니다. 12장은 유월절(무교절) 예식과 마지막 재앙인 초태생 죽음과 출애굽의 실행이 차례로 나옵니다. 이 사건은 그리스도인의 구원의 방법과 과정과 속성에 대하여 환하게 볼 수 있는 시청각 자료입니다. 애굽의 노예였던 이스라엘 민족의 해방은 식민 통치를 거친 어느 국가도 체험하지 못한 놀라운 이적이며 그 내용은 구원의 속성을 알려 줍니다.

첫째, 저들로서는 지긋지긋한 재앙을 경험한 애굽인들이 역사상 전무후무하게 이스라엘을 밀어내다시피 강제적으로 해방 시킵니다. 이 모습은 그리스도인의 구원 사건 역시 성령님께서 죄인 된 인간을 강하게 예수님에게 몰고 가는 기적과 같습니다. 둘째, 하나님의 선민은 출애굽 시 모든 것을 잃고 겨우 나온 것이 아니라 모든 짐승과 재물을 풍성히 가지고 나왔습니다(32절). 이는 그리스도인이 예수 그리스도의 피와 의를 덧입고 성령의 은혜를 풍성히 받아 악의 소굴에서 당당히 빠져 나온 것을 의미합니다.

셋째, 무교절의 핵심은 시간이 걸려 만든 맛난 유교병이 아닌 누룩이 없는 떡(무교병)만을 먹는 준비 상태에서 황급히 빠져 나온 것입니다(11절). 이것은 예수님을 믿을 때 우리가 죄의 세력에서 빠른 속도로 벗어날 것을 요구하시는 것입니다. 넷째, 출애굽의 특징은 사람뿐만이 아닌 생축의 한 마리도 남기지 않고 다 가지고 나왔다는 완전성을 가지고 있습니다(10:26). 이는 그리스도를 통한 구원이 인간성을 상실하지 않고 인간에게 부여된 하나님의 형상을 온전히 회복한다는 것을 뜻합니다.

피의 속죄를 믿는 이스라엘의 장자와 초태생들은 완벽히 죽음의 사자가 넘어갑니다(22-23절, 유월, Pass over). 피의 속죄를 믿지 않는 애굽에게는 사람과 짐승의 초 태생이 다 죽으므로 저들이 믿는 우상의 허망함이 증명되고 완전히 항복합니다(29-30절). 이와 같은 원리로 어린 양 예수님을 믿는 우리는 행위가 아닌 예수님의 공로로 구원을 받게 되었습니다(엡 2:8). 첫 유월절 때에 이미 혈통적인 구분을 뛰어넘어 하나님을 섬기는 모든 이방인에게 절기 준수가 허락된 것은 아주 놀라운 기사입니다(48-51절). 하나님께서는 영적인 것을 쉽게 잊는 선민에게 새 월력에 의해 유월절과 일주일간의 무교절을 지키는 전통과 규례를 명령하십니다(14절). 이 명령은 우리 자손의 신앙 계승에 대한 깊은 고민의 응답이라고 볼 수 있습니다.

♦ 출애굽기 13장 성경칼럼

12절 | 너는 태에서 처음 난 모든 것과 네게 있는 가축의 태에서 처음 난 것을 다 구별하여 여호와께 돌리라 수컷은 여호와의 것이니라

21절 | 여호와께서 그들 앞에서 가시며 낮에는 구름 기둥으로 그들의 길을 인도하시고 밤에는 불 기둥을 그들에게 비추사 낮이나 밤이나 진행하게 하시니

"현대 경영학, 하나님의 경륜"

그리스도인의 신앙을 성숙하지 못하게 하는 여러 장애물이 있습니다. 각론을 떠나 원리적인 측면에서 분석한다면 가장 근본 이유는 이것입니다.

세상의 이론과 실제를 신앙 세계에 들어와서도 그대로 유지하고 있는 점입니다. 현대 경영학은 최소의 투자로 최대의 이익 추구를 목표로 합니다. 그것도 손쉽고 편하고 빠른 속도로 성취하면 최고의 경영자로 추앙 받습니다. 그러나 성경을 자세히 읽는 그리스도인이라면 하나님의 경륜과 그 경영은 정반대의 성격을 가지고 있는 것을 알아채셨을 것입니다. 이미 열 재앙을 통한 출애굽의 과정에서 목격했듯이 하나님의 역사와 인도하심은 답답하고 지루하게 보일 수도 있습니다.

13장에 들어와서 무교절과 초 태생의 규례를 반복하여 교육하시는 것도 성질 급한 사람은 듣기 싫을 수 있습니다. 그런데 한번만 더 생각하면 이 과정은 당연합니다. 430년 동안의 애굽 생활에서 이방인들의 죄의 습관에 찌들어진 백성들이 생소한 영적 성결을 이룰 리가 없기 때문입니다. 무교절기에는 애굽의 음식인 누룩으로 만든 유교병을 먹지 않는 것은 물론이고 집에 두지도 말고 쳐다보지도 말라고 하십니다(3, 7절). 누룩은 죄의 전염성을 상징하는 것이기에 단호한 결심과 행동이 있어야 제칠 수 있습니다.

(살전 5:21-22) "범사에 헤아려 좋은 것을 취하고 악은 어떤 모양이라도 버리라"

제가 성경에 올인 하던 초신자 시절에 옛 친구들과 절연하고 문화 활동도 극동방송만 들었던 2년간의 영적편재 시절이 생각납니다. 모든 그리스도인이 이렇게 해야 한다는 것은 아니지만 이 과정의 자양분은 저에게는 평생의 믿음 에너지가 된 것은 틀림없습니다. 사람과 짐승의 수컷 초태생이 하나님의 소유라는 것은 유월절에 죽음에서 살려 구별한 것을 뜻합니다(11-15절). 이를 신약으로 해석하면 구원받은 그리스도인은 하나님의 것으로 사는 것을 의미하며 그 고백으로 초태생의 물질적 의미인 십일조를 하는 것으로 나타나게 됩니다.

(고전 10:31) “그런즉 너희가 먹든지 마시든지 무엇을 하든지 다 하나님의 영광을 위하여 하라”

명령과 규례들을 손과 미간에 붙이는 ‘경문(Tefillin)’으로 삼으라는 것(9절)은 지금의 감각으로는 유치해 보일 수도 있습니다. 하지만 그렇게 하지 아니하면 인간은 잠시의 방심으로도 옛 생활로 돌아가 하나님을 등질 수 있다는 것을 경고하는 것입니다(9절). 가나안으로 가는 도정에 있어서 현대 경영학을 적용하면 쉽고 빠른 해안 길(블레셋 땅)이 선택되었을 것입니다. 하나님께서 험한 광야 길을 가게 하신 것은 1차적으로는 애굽 군대에게 잡히지 않게 하신 것입니다(17절).

그러나 더 깊은 이유는 하나님을 경험하는 연단의 과정이 있어야만 가나안에 들어갈 수 있기 때문입니다. 주야로 구름기둥과 불기둥의 인도는 기적의 은혜이지만 이 강제성이 있어야만 완악한 백성이 순종할 수 있다는 의미도 있습니다(21-22절). 3일 길 앞서 인도한 두 기둥은 신약 성도들이 말씀과 성령님의 인도하심을 받아 광야 같은 세상에서 살아야 함을 보여줍니다(갈 5:25). 내 계산과 수단을 내려놓고 ‘말씀과 성령’의 인도함을 받아 순종하게 하옵소서!

♦ 출애굽기 14장 성경칼럼

14절 | 여호와께서 너희를 위하여 싸우시리니 너희는 가만히 있을지니라
22절 | 이스라엘 자손이 바다 가운데를 육지로 걸어가고 물은 그들의 좌우에 벽이 되니

"은혜를 모르는 두 발 짐승"

사람에 대한 가장 부정적인 정의라고 정평이 난 문장입니다. 이와 비슷한 말로 '검은 머리 짐승은 거두는 게 아니다'가 있습니다. 가축은 사랑을 주면 거의 100% 갚는데 사람은 고마움을 모르고 은혜를 갚지 않는다는 것입니다. 나 자신이, 내 주변 사람이 은혜를 갚는 사람이라면 인간으로서 높은 수준의 성숙을 이루었다고 볼 수 있습니다. 역으로 적용하면 누가 나에게 받은 은혜를 배반한다면 섭섭하겠지만 큰 상처는 받지 말아야 할 것입니다. 이런 죄인 된 인간의 주소를 확인한다면 성경의 수많은 사건들을 보는 눈이 달라집니다.

14장에는 열 재앙과 출애굽의 승리를 넉넉히 경험한 이스라엘 백성들이 하나님과 모세를 향하여 원망하며 맹렬히 부르짖는 모습을 나옵니다. 앞으로는 홍해 바다이고 뒤에서는 최강의 애굽 군대가 죽이려고 쫓아오니 다른 생각은 다 사라지고 없습니다(10-12절). 인간이 진퇴양난의 위기 속에서 얼마나 단세포적이고 감정적인지를 한눈에 보여 줍니다. 현실 앞에서 하나님의 언약(가나안 입성)을 기억하지 못하고 붙들지 못하는 죄인의 한계가 여실히 드러나는 장면입니다.

14장에는 유명한 홍해 도하 사건이 펼쳐지고 있습니다. 이 사건은 성경에서 예수님의 십자가 사건을 예표로 보여주는 것으로 매긴다면 최 상위권에 랭크될 것입니다. 그 이유는 두 사건을 아우르는 한 문장이 나오기 때문입니다. '너희는 가만히 있으라 내가 다 싸우겠다'는 말씀입니다(13-14, 25절). 신약에서는 홍해를 건너는 것은 영적으로 거듭남의 세례를 받는 것으로 해석합니다.

(고전 10:2) "모세에게 속하여 다 구름과 바다에서 세례를 받고"

구원에 있어서 인간의 행위가 들어가면 자랑이 됩니다. 구원 이후에도 엄청난 청구서를 내밀 인간이기에 하나님께서 다 하신 것이 구원의 핵심 속성입니다. 십자가에 달리신 예수님이 어느 누구의 도움을 받아 대속하신 것이 아니듯이(요 19:30) 홍해 도하 사건은 하나님께서 다 이루신 것입니다(22, 28절).

바로와 애굽인들을 강퍅하게 하여 쫓아오게 하신 것(4-9절), 이스라엘 백성들을 홍해 앞으로 인도하여 절대 절망 속에 완전 구원을 목격케 하신 것(10-12, 31절), 구름 기둥의 위치를 바꾸어 홍해 도하의 타이밍을 맞추신 것(19-20절), 모세의 지팡이를 든 손을 사용하여 바다를 가르시고 또 덮으셔서 우연이 아님을 증명하시고 모세의 지도자 권위를 세우신 것(21, 26절), 애굽의 군대를 완벽하게 멸절시켜 완전한 승리로서 구원을 확증하신 것(30절), 이 사건들에서 여자의 후손으로 사단의 머리를 깨뜨리어 완전 승리를 이루신 예수님을 만날 수 있습니다(창 3:15). 이스라엘 백성들이 원망을 넘어 순종을 드림으로 이 역사에 참여했듯이 우리도 예수님의 십자가를 바라봅니다.

♦ 출애굽기 15장 성경칼럼

20절 | 아론의 누이 선지자 미리암이 손에 소고를 잡으매 모든 여인도 그를 따라 나오며 소고를 잡고 춤추니

25절 | 모세가 여호와께 부르짖었더니 여호와께서 그에게 한 나무를 가리키시니 그가 물에 던지니 물이 달게 되었더라 거기서 여호와께서 그들을 위하여 법도와 율례를 정하시고 그들을 시험하실새

"유효 기간"

어린 시절의 기억을 떠올리면 생활 감각에서 유효기간이란 것이 별로

없었습니다. 지금처럼 각 방면의 규제가 복잡하지도 않았고 음식 같은 경우에는 코와 입으로 검증하고 먹을지를 결정하면 되었습니다. 인간관계에서도 사랑과 신뢰의 유효기간이 있는데 호감도와 생활환경에 따라 그 유지기간이 적용됩니다. 그러면 영적인 세계에서의 유효기간은 어떻게 정해질까요? 명확한 의미로 말씀드린다면 '하나님의 충만한 은혜를 받고나면 그 기간은 얼마나 갈 것인가?' 입니다. 이 주제에 대한 정답은 천차만별이겠지만 출애굽기 15장에서 힌트를 얻을 수 있습니다

14장에서 홍해 도하 사건과 애굽 군대가 섬멸된 사건을 체험한 이스라엘 남여 백성들의 춤추며 노래하는 기쁨과 감격을 상상해 봅니다(20절). 노예의 악몽에서 벗어나 완전한 자유민이자 하나님의 택한 선민의 자긍심으로서의 사기는 하늘을 찌를듯합니다. 1-18절까지의 모세와 백성들의 합창은 일명 '모세의 노래'로 알려져 있습니다. 그 가치가 고유하고 탁월하여 '그 노래(The Song)'라는 고유 명사로 지정되어 있을 정도입니다. 우리나라로 보자면 애국가와 아리랑정도의 역사성을 띤 국민 노래라고 보면 됩니다.

승리의 감격과 희열을 마음껏 찬양하며(1-10절) 미래에 펼쳐진 사건을 예언적 시각으로 신앙고백하고 있습니다(11-18절). 특히 하나님을 향하여 그의 하나님(his God)이라는 객관적 관계로 부르지 않고 나의 하나님(My God)이라고 주관적으로 반복하며 고백하는 것을 주목해야 합니다(1-3절). 우리는 우리의 하나님으로 부를 때가 많지만 개인적으로는 나의 하나님이라는 절대 고백을 꼭 배워야 합니다. 이제 찬란하고 황홀한 찬양과 감사의 유효기간이 얼마나 되는지 확인할 때가 되었습니다. 시내 산을 향하여 가는 수르 광야의 3일 길과 75km의 거리에서 감사는 원망으로 완벽히 바뀌었습니다(22-23절). '쓰다, 괴롭다'라는 지명을 가진 '마라'에 이르러 갈증난 그들은 눈앞의 나쁜 물을 만나자 폭발해 버렸습니다.

여기서 원망이란 원어는 '룬'인데 '고집이 세다, 중얼거리다, 밤새워 머물다'라는 뜻으로 밤을 새워 감정을 쏟아 불평했다는 뜻입니다. 당시의 이스라엘 백성들에게 충만한 은혜의 감격은 그 유효기간은 3일이었습니다. 우리는 그들의 불신앙을 책망하기에 앞서 현실 생활의 고통에 얼마나 인간이 쉽게 지배되는지를 직시해야 합니다. 현실의 욕구 충족이 미래의 소망에 의해 극복이 될 때 성숙의 길을 갈 수 있습니다. 하나님께서는 이 마라 사건이 '시험(test)'이라는 것(25절)을 분명히 함으로서 이어서 단물의 기적을 주십니다.

우물에 던진 나무(25절)는 여러 해석이 있지만 생명나무(계 22:2)와 그리스도의 십자가와 성령님이 주신 말씀임이 분명합니다. 그리스도인에게는 고통과 고난의 과정이 은혜의 유효기간을 늘리는 또 하나의 오묘한 방편임을 깨닫게 됩니다.

♦ 출애굽기 16장 성경칼럼

18절 | 오멜로 되어 본즉 많이 거둔 자도 남음이 없고 적게 거둔 자도 부족함이 없이 각 사람은 먹을 만큼만 거두었더라

33절 | 또 모세가 아론에게 이르되 항아리를 가져다가 그 속에 만나 한 오멜을 담아 여호와 앞에 두어 너희 대대로 간수하라

"낭만적 삶 vs 냉엄한 현실"

낭만이란 현실에 매이지 않고 하고 싶은 것을 하고 사는 이상주의를 말합니다. 여유를 가지고 감상에 젖기도 하고 사람을 대할 때도 순수하게 믿고 대하는 행복이 연상됩니다. 누구인들 이 낭만적 삶을 살기를 원하지 않겠습니까? 그러나 이 마음과 소원과는 달리 현실의 사정은 정반대로 흘러

갑니다. 먹고 사는 것도 팍팍하고 주변 사람들은 맘에 거슬리고 미래의 보장은 불확실하여 근심이 스며듭니다. 이 냉엄한 현실 앞에 어느새 낭만은 쪼그라들고 인생의 멋은커녕 어느새 생활 투사가 되어 있습니다. 이 현실을 외면하고 낭만 가객으로 살려 하다가는 어느 순간 사기꾼의 먹이 감이 되고 가족을 힘들게 하기 쉽습니다.

낭만에 대한 것으로 시작한 이유는 '신자의 삶에 낭만은 있는가?'라는 본질적 질문을 16장에서 찾아냈기 때문입니다. 이제 광야로 들어선지 2개월이 지나자 이스라엘 백성들은 준비해 왔던 양식이 다 떨어졌습니다(1절). 연세가 드신 분들은 아시겠지만 양식이 떨어지는 공포는 인간의 공포에서 최고에 속합니다. 이스라엘 백성들이 광야를 돌아보니 현실적으로 양식을 구할 가능성은 전무 합니다. 애굽에서 가지고 나온 금은 패물은 있지만 살 수 있는 곡물이 없습니다.

불만이 가득차서 원망이 튀어나오는데 이전보다 강도가 훨씬 세집니다. 아론에게까지 화살이 튀고 애굽 생활의 향수까지 살아나 차라리 그 곳에서 죽었으면 더 좋았을 것이라고 출애굽의 구원까지 부인해 버립니다(3절). 양식(경제) 문제는 낭만의 삶은 고사하고 하나님의 존재마저 부인하게 하는 위력을 발휘합니다. 이 사건은 과거의 이스라엘 역사의 한 페이지로 끝나는 이야기가 아닙니다. 이스라엘 백성의 광야생활은 신약에서 교회 생활의 그림자이기 때문입니다(고전 10:1-6). 지금도 현실적인 생존의 장벽 앞에 하나님을 부인하고 불신자 시절을 그리워하며 실족하는 자들이 수없이 많습니다.

여기에 대한 하나님의 대답은 명쾌하고 대처는 단순합니다. '필요한 것은 다 내려 주겠다'입니다(10절). 만나(아침)와 메추라기(저녁)의 공급은 너무나 완벽하고(매일, 40년 동안) 알맞으면서도(1일 치) 충분하게(안식일 몫) 내려 주십니다(13-30절). 광야의 행군을 통해 하나님만 의지하고 재물의 노예가 되지 않는 훈련을 시키시는 것입니다(6-12절). 하지만 이런 영적 낭만을 알아채지 못하는 성인(20살 이상) 백성들은 결국 40년을 헤매다가 광야에 나동그라집니다.

세속사와 구속사에서 진실한 신자가 소수인 이유가 밝혀졌습니다. 환경은 광야이지만 전능하신 하나님과 함께 하는 매일 매일이 진정한 낭만이라는 생각이 드십니까? '영적 낭만 가객'으로 사는 삶은 우리의 또 하나의 기도제목입니다.

♦ 출애굽기 17장 성경칼럼

6절 | 내가 호렙 산에 있는 그 반석 위 거기서 네 앞에 서리니 너는 그 반석을 치라 그것에서 물이 나오리니 백성이 마시리라 모세가 이스라엘 장로들의 목전에서 그대로 행하니라

12절 | 모세의 팔이 피곤하매 그들이 돌을 가져다가 모세의 아래에 놓아 그가 그 위에 앉게 하고 아론과 훌이 한 사람은 이쪽에서, 한 사람은 저쪽에서 모세의 손을 붙들어 올렸더니 그 손이 해가 지도록 내려오지 아니한지라

"삼국지를 10번 이상 읽은 사람!"

삼국지를 안 읽은 사람은 세상이치에 너무 어두워 대화가 어려울 것이고 많이 읽은 사람은 지나치게 영민하여 상대하기 부담스럽다는 해설을 합니다. 어린 시절 삼국지, 대망, 손자병법 등을 읽으면서 전쟁의 참상과 인간의 속성에 대해 성찰한 적이 있습니다. 결론의 한 자락을 내밀자면 인간은 생존과 승리를 위해서는 수단방법을 가리지 아니하며 그 중심에는 속임수에 능해야 한다고 당연한 듯 주장합니다. 이 거대한 담론은 현대에 들

어와서도 기업의 경영 수법으로 굳게 자리 잡고 있습니다. 본장은 물리적인 전쟁은 아니지만 인생 자체를 전쟁과 다름없이 사는 현대 그리스도인의 교본을 만나게 됩니다.

17장에 들어서서 나오는 르비딤 생수 사건과 아말렉과의 전쟁은 기독교 전쟁관과 인생의 쟁투에 대한 가치관을 정립해 줍니다. 두 사건이 독립된 것처럼 보이지만 언약 백성의 끊임없는 불순종에 대한 훈련으로 연결되어 있습니다. 모세와 아론의 지도체제는 출중한 업적에도 불구하고 견고하지 못했습니다. 노예의 삶에 익숙해 있던 백성들은 자유를 개인주의로 착각하고 거룩한 공동체의 협력에는 관심이 없었습니다. 먹을 물이 떨어지자 애굽에서 인도하여 온 구원의 하나님까지 부인하며 대드는 모습은 패역하기 그지없습니다(3절). 호렙산 반석을 쳐서 생수를 공급하시는 하나님의 은혜는 끝까지 자비와 보호의 손길입니다(6절).이 사건은 후에 바울이 반석 되신 그리스도가 주시는 생수로 해석합니다.

(고전 10:4) "다 같은 신령한 음료를 마셨으니 이는 그들을 따르는 신령한 반석으로부터 마셨으매 그 반석은 곧 그리스도시라"

뒤이은 아말렉과의 전투는 오합지졸처럼 흩어진 이스라엘을 단단히 결속시키는 시험이라고 볼 수 있습니다. 아말렉과의 전쟁 핵심은 승패가 하나님께 달려 있음을 선포합니다. 모세가 손을 들면 이기고 내리면 지는 단순한 구도를 통해 산 아래 싸우는 군사에 의하여 승패가 나는 것이 아님을 누구나 알게 합니다(11절).

모세의 손에 들린 지팡이에 능력이 있는 것이 아니라 손을 든 기도에 의하여 결정된다는 것입니다. 모세가 계속 손을 들 수 없으므로 양 옆에서 아론과 훌이 받쳐 준 것은 지도자의 협력이 필수임을 보여줍니다(12절). 산 아래의 여호수아 장군과 백성들의 단합된 전투는 예전의 분열이 극복되고 각자의 역할을 다하는 것을 의미합니다(13-14절).그 유명한 '여호와닛시(승리하시는 여호와)'의 기념비적 단을 세움으로 후세 전쟁의 본보기가 되게 하십니다(15-16절).

이제 이스라엘은 전쟁을 통한 단련과 함께 신앙의 공동체로 조금씩 성숙해져 갑니다. 탁월한 병법서를 통달해도 하나님께서 손을 들어주시지 아니하면 헛되다는 실상을 배워갑니다. 우리의 인생에 원망은 절대 금하고 주님께 늘 나아가 영원한 생수를 공급받아야 합니다. 인생의 수많은 전투 속에 이기는 비결은 오직 하나님께 기도해야 된다는 정확한 결론을 마음에 새깁니다.

♦ 출애굽기 18장 성경칼럼

9절 | 이드로가 여호와께서 이스라엘에게 큰 은혜를 베푸사 애굽 사람의 손에서 구원하심을 기뻐하여

21절 | 너는 또 온 백성 가운데서 능력 있는 사람들 곧 하나님을 두려워하며 진실하며 불의한 이익을 미워하는 자를 살펴서 백성 위에 세워 천부장과 백부장과 오십부장과 십부장을 삼아

"잘 통하는 사이"

'눈빛만 봐도 안다'거나 '같이 일하면 숨도 똑같이 쉰다'라고 표현할 정도로 잘 통하는 사이가 있습니다. 이 말이 나쁜 일을 할 때 적용되면 곤란합니다. 대의와 정의를 위해 한 마음이 되고 뜻을 같이 하여 행동하는 관계를 가졌다면 진정 복 있는 사람입니다. 나아가 영적인 사역에서 아낌없는 신뢰와 위로를 주고받으며 협력하는 신앙의 동지가 있다면 더 바랄 것이 없는 축복의 사람입니다. 최상의 복이라는 표현을 쓰는 것은 역설적으로

이런 관계를 맺기가 매우 어렵다는 뜻입니다.

18장에 나오는 모세와 장인 이드로 와의 상면과 협력을 보며 영적으로 잘 통하는 사이를 도입해 보았습니다. 전장의 르비딤 생수 사건과 아말렉과의 전쟁에서 승리한 결과는 이스라엘 공동체에게 안정을 주고 활기찬 분위기가 조성 되었습니다. 전능하신 하나님을 향한 신앙심과 모세의 지도권에 대한 신뢰가 쌓여지기 시작했습니다. 이 때 미디안 제사장이자 모세의 장인인 이드로는 가족을 대동하고 광야 공동체를 방문합니다. 이틀간의 짧은 방문이었지만 임팩트(영향)로는 이스라엘 공동체에 획기적인 전환점을 이루게 하였습니다. 이드로의 조상은 아브라함의 후처 그두라의 아들 미디안(창 25:1~2)이므로 모세를 만나기 전에는 이방신을 섬기고 여호와를 몰랐을 것입니다.

모세와 이드로의 처음 만남은 당연히 이드로가 주인이고 모세는 도망자로서 종의 위치로 시작되었습니다(출 2장). 시간이 흐르면서 이드로는 사위인 모세의 인물됨과 사명을 알아봤고 가족 관계를 초월하여 영적 파트너로 나아갑니다. 이는 모세가 이드로를 만나는 장면에서 대화의 주제가 하나님의 구속 사건에 집중된 것으로 증명됩니다. 흥분된 상태에서 하나님의 구원을 간증하는 모세와 이를 듣고 하나님을 크게 기뻐하고 찬양하는 이드로의 모습은 정말 멋있습니다(7-11절). 진정한 신뢰 관계는 복음을 함께 공유하고 영적인 교제를 나누는 관계에서만 이루어짐을 볼 수 있습니다(12절).

이튿날 모세의 지도자 일정이 재판의 격무에 시달리는 것을 본 이드로는 이스라엘 공동체의 치명적 약점을 발견합니다. 모세를 향한 이드로의 권고는 중간 지도자를 세우는 지도력의 분화입니다. 말이 좋아 권고이지 200만 명의 유일한 권력자인 모세에게 쓰디쓴 충고를 하는 것은 믿는 관계가 아니면 절대 할 수 없는 일입니다. 그는 사심이 없었기에 충언이 가능했고 공동체를 위한 영적 명분에 우선했기에 나설 수 있었습니다.

이드로의 탁월함은 자신의 의견을 모세에게 관철하려고 하지 않고 하나님의 재가를 받으라고 권면한 부분입니다(23절).이 장면은 그리스도인이 지도자로서 쓰임 받을 때 겸손의 자세를 가지고 기도하며 결정해야 하는 원리를 보여 줍니다. 이로서 가부장적 체계였던 이스라엘 공동체는 행정과 사법 조직의 모습을 갖춘 민족 국가로 전환되게 됩니다. 격무에 시달리는 모세를 영적 업무에 전념할 수 있도록 한 통찰력은 내부가 아닌 외부에서 왔습니다. 이 사건은 그리스도인이 어떤 난관에서 헤어 나오지 못할 때 외부의 충격을 받아야 환경을 바꿀 수 있다는 영적원리를 배우게 합니다. 천부장 등의 지도자 자격과 자질과 자세(21, 25절)가 신약교회의 지도자 항목(행 6:3-5, 딤전 3장)과 유사한 것은 보너스 교육입니다.

♦ 출애굽기 19장 성경칼럼

6절 | 너희가 내게 대하여 제사장 나라가 되며 거룩한 백성이 되리라 너는 이 말을 이스라엘 자손에게 전할지니라

16절 | 셋째 날 아침에 우레와 번개와 빽빽한 구름이 산 위에 있고 나팔 소리가 매우 크게 들리니 진중에 있는 모든 백성이 다 떨더라

"만날 때 무슨 준비를 해야 하나요?"

선을 보거나 소개팅을 할 때 중매하는 사람에게 꼭 묻는 말입니다. 폭을 넓히면 파티에 참석하거나 사업상 중요한 협상을 할 때 주선자와 로비스트에게도 필수적으로 확인하는 것입니다. 인간이 인간을 만나는데도 철저한 준비가 필요한데 죄악 된 인간이 거룩하신 하나님을 만나는 준비의 필요성

은 더 말할 필요가 없습니다. 출애굽을 한지가 3개월이 넘어가며 이스라엘 백성들은 드디어 시내 광야에 이르게 됩니다.

출애굽기의 1부가 끝나고 2부의 시작인 19장에 들어서면서 이스라엘 백성들은 '하나님의 현현(theopany)'을 경험하게 됩니다. 이른바 시내 산 언약 사건으로 불리 우는 본장의 기사는 출애굽기의 핵심이고 천지창조 후 하나님의 영광을 가장 극명하게 드러낸 웅장한 계시입니다. 성경에서 언약이라는 개념은 쌍방이 합의하는 성격이 아닌 하나님이 주체가 되는 '종주권적' 형태를 띤 계약입니다. 그래서 언약을 성경에서는 명하신 것(수 7:11), 세우신 것(레 26:9), 주신 것(행 7:8)이라고 표현합니다. 언약 체결의 당사자는 이스라엘 백성과 하나님이었지만 직접 만날 수 없었기에 모세가 중개인으로서 오간 것을 보게 됩니다. 시내 산 언약의 내용은 첫째, 이스라엘 백성들을 선민으로 택하셨다는 것이고(5절) 둘째는 이스라엘을 만국의 제사장 나라로 삼으시겠다는 것입니다(6절). 모세의 전갈을 들은 온 백성과 지도자들은 찬성으로 응답하고 하나님께서는 만남의 준비를 지시하십니다.

놀라운 것은 이 만남의 격식과 준비에 기독교 핵심 진리가 담겨 있다는 사실입니다. 첫째, 하나님께서 직접 만나는 대상은 이스라엘 백성이 아니라 모세라는 것입니다(3절). 이는 죄악 된 인간이 직접 하나님께 나아갈 수 없고 중보자가 있어야 함을 보여 줍니다. 신구약을 다 아는 우리는 그 중보자가 예수 그리스도임을 고백합니다(히 8장). 둘째, 모세가 시내 산의 엄청난 영광 가운데 하나님을 만나는 것을 모든 백성이 다 알도록 하는 격식을 통해서입니다. 이는 모세의 권위를 위해서라고 분명히 하심으로 백성들이 모세에게 순종하여 훈련해야 함을 알게 하십니다(9절).

셋째, 하나님의 현현을 경험하기 위해 백성들이 할 준비에 대하여 명확히 지시하십니다. 의복을 깨끗케 함으로 마음과 영혼의 성결에 이르도록 요구하십니다(10, 14절). 여인을 가까이 하지 말라는 명령은 하나님보다 더 좋아하는 것이 있으면 안 된다는 의미입니다(15절). 일반 백성들이 거룩한 지역에 일체 접근하지 못하도록 하신 것은 인간의 수단으로 거룩의 영역을 판단하지 말라는 경고입니다(12-13절). 호언장담하던 백성들(7-8절)이 하나님의 놀라운 영광과 위엄을 목격하고 겁과 두려움에 사로잡힌 장면은 우리에게 경외감을 갖게 합니다(16절).

기독교라는 의미는 말 그대로 그리스도(기독)를 통해서만 하나님께로 갈 수 있다는 뜻입니다. 아주 깨끗하고 겸손하고 신중한 자세를 준비하고 중보자를 통하지 아니하면 구약의 사례에서 보여주는 것처럼 징벌을 받게 됩니다. 이스라엘 백성들의 제사장 역할은 구속사에서 '배타적 민족주의'를 행함으로 실패로 끝났습니다(롬 9:30-32). 이제 그 역할이 신약성도인 우리에게 왔다는 사실은 책임감과 함께 열정을 갖게 합니다.

♦ 출애굽기 20장 성경칼럼

3절 | 너는 나 외에는 다른 신들을 네게 두지 말라
20절 | 모세가 백성에게 이르되 두려워하지 말라 하나님이 임하심은 너희를 시험하고 너희로 경외하여 범죄 하지 않게 하려 하심이니라

"발언 내용보다 발언한 사람이 더 중요하다"

어떤 모임이나 회의체에서 무엇을 토론하고 결의할 때 논란이 있기 마련입니다. 소위 말쟁이들이 있어 발언을 주도하지만 결국은 인정받지 못하는 경우를 많이 봅니다. 아무리 탁월한 논리와 수려한 말솜씨를 가졌다 하더라도 그 사람의 품성과 업적에서 낙제점을 받고 있다면 비웃음만 남을

뿐입니다. 결국 인간관계라는 것은 신뢰에 기초하여 이루어지며 끊을 수 없는 깊은 관계는 '희생이 있는 사랑'에 의해서만 맺어 집니다.

20장에 드디어 기독교 윤리와 행동의 강령인 십계명이 이스라엘 백성에게 수여 됩니다. 우리가 가지고 있는 성경과 찬송가의 앞뒤에는 기독교신앙의 가장 중요한 3가지가 적혀 있습니다.

사도신경은 기독교인이 무엇을 믿는지를 알려주고 주기도문은 어떤 내용으로 기도할 것인지를 가르쳐 줍니다. 십계명은 사도신경과 주기도문의 실천을 통해 맺어야 할 열매라고 볼 수 있습니다. 이를 비약하면 십계명의 열매가 없는 신자는 미성숙하거나 가짜 신앙인임을 의미 합니다. 이토록 중요한 위치를 차지하고 있는 십계명 수여식은 율법의 최고 법전의 시작으로서 깊은 진리를 품고 있습니다.

서론에서 제기한 것처럼 십계명은 인간에게서 나온 것이 아니라 하나님에 의해 주어진 성문법입니다(1절). 성문법이란 문자로 기록되어 선포되었다는 것으로 확실성과 권위를 나타냅니다. 그러면 십계명을 두 돌판에 새겨 모세를 통해 이스라엘에게 주신 하나님은 어떤 분으로 계시되어 있는지가 매우 중요 합니다. 입법자이신 하나님은 이스라엘에게 강압적으로 법을 제시하신 것이 아님을 알 수 있습니다.

율법의 내용을 말씀하기 전에 먼저 이스라엘과 하나님이 어떤 관계인지를 언급 하십니다. '애굽의 종에서 너희를 인도하여 낸 너의 여호와 하나님이다'라고 말씀하십니다(2절). 창조주의 권능과 심판주의 위엄이 아닌 구속주의 사랑으로 자신을 소개(계시)하고 계십니다. 즉 십계명은 지금 우리가 인식하듯 죄를 범하면 벌을 주기 위해서 시작된 것이 아님을 깨닫게 됩니다. 구원의 사랑을 알고 구속주의 뜻을 받들어 하나님의 백성으로 사는 것이 마땅하지 않느냐는 사랑의 권고가 듬뿍 들어가 있습니다. 마치 자식을 낳아서 온갖 사랑을 퍼붓고 희생하며 뒷바라지하는 엄마가 자식 잘되기를 바라며 인생 행동지침을 주는 것과 닮았습니다.

십계명의 특징은 절대 명령형으로 되어 있어 인간의 생각이나 문화적 타협이나 상황윤리로 변질시키는 것을 금지하고 있습니다. 연계성이 있어 하나의 계명을 어기면 전체 계명을 어긴 것으로 간주합니다(약 2:10-11). 선후의 원리는 제 1계명(3절)이 나머지 계명의 기준이 되고 대신계명(1-4계명)이 대인계명(5-10계명)에 우선합니다(엡 6:1). 양면의 원리는 행동과 내면의 결단을 동시에 요구하는 것으로 간음죄의 경우 육체와 마음의 음욕을 동시에 정죄합니다(마 5:27). 인간의 한계에 의하여 율법은 이후에 정죄의 도구와 심판의 기준과 몽학선생의 역할로 변천되었습니다(롬 5:13~21). 하지만 율법을 주신 하나님의 뜻과 깊은 사랑을 잊지 아니할 때 십계명은 신자에게 축복의 문이 됩니다(20절).

♦ 출애굽기 21장 성경칼럼

5절 | 만일 종이 분명히 말하기를 내가 상전과 내 처자를 사랑하니 나가서 자유인이 되지 않겠노라 하면

24절 | 눈은 눈으로, 이는 이로, 손은 손으로, 발은 발로,

"너 정말 나를 잘 모르는구나"

친한 친구가 자신의 본심을 몰라주고 오해하여 공격할 때 체념하듯이 던지는 말입니다. 그런데 이 말을 하나님께서 나에게 하시는 말씀이라면 어떻겠습니까? 하나님을 모르거나 잘못 알고 있다면 신앙의 시작도 진보도 없습니다. 기독교신앙은 하나님을 바로 알고 깊이 경험하는 것과 정비례하

여 성숙해져 갑니다.

20장에 하나님의 뜻이며 신자가 순종하여 지켜야 할 십계명을 주셨습니다. 우리가 선입견으로 알고 있는 하나님의 엄위하심으로 볼 때 큰 것(십계명)을 알려 주신 것으로 마치면 되었을 것입니다. 세상의 가장 높은 자들은 다 이렇게 하기 때문입니다. 큰 방향과 지침은 주었으니 나머지 세부사항은 실력을 발휘하여 잘 만들어 보라고 해야 순서입니다. 그러나 우리의 하나님께서는 예상과는 다르게 어마어마한 자상함으로 구체적인 율례를 주시기 시작 하십니다. 자상함은 나쁜 사람이 하면 잔소리와 집착과 스토커로 변합니다. 그러나 하나님의 자상함은 공의와 사랑에 의한 손길이기에 고마운 마음으로 기대할 수 있습니다. 제가 겪어본 신앙의 성숙자들은 주님을 닮아 상대를 존경하며 자상한 성품을 행하는 공통된 특징을 가지고 있었습니다.

20장 후반부에 십계명을 받은 이스라엘 백성들에게 '대신(하나님에 대한) 계명'의 실천 항목을 2가지 말씀 하십니다. 어떤 것으로도 절대 우상을 만들지 말며(20:22-23) 사람의 수단이 들어가는 제단(예배)을 만들지 말라는 것입니다(20:24-26). 이제 21장에 들어 '대인(사람에 대한) 계명'의 구체적 율례를 정해 주시는데 그 내용이 자상함의 극치입니다. 정말 이렇게까지 자세히 말씀하시는 특별한 이유가 무엇인지 매우 궁금합니다.

가장 먼저 히브리 노예 법을 다루는 이유는 어떤 사람도 영원한 노예가 아니며 모든 인간은 존엄하다는 것을 선언하시는 것입니다. 여러 이유로 노예가 되었다 할지라도 그 해방에 대한 법적 절차를 무려 5종류(2-4절, 레 25:39-43, 7-11절, 26-27절, 신 23:15)로 명령하고 있습니다. 하나님의 명령이 얼마나 구체적이고 자상한지 종의 눈과 치아까지 돌보시고(26-27절) 소를 관리하는 동기와 배상까지 살피십니다(28-36절). 처벌의 근간은 '동해 보복법(24절)'으로서 과다한 복수를 방지하는 것이지만 정상참작(동기)을 해야 하는 기준을 세우신 것입니다.

종의 해방에 있어 특별한 사례는 혼자 들어온 종이 주인의 후의로 결혼하여 처자가 생길 때입니다. 이제 종은 해방을 맞아 처자는 주인의 소유이기에 놔두고 혼자 나갈 수밖에 없습니다. 이 때 종은 자신을 인격적으로 대해 준 주인을 계속 섬기며 사랑하는 처자와 함께 있는 절차(귀를 뚫는)를 결단합니다(4-6절). 이 이야기는 눈치 채셨겠지만 세상으로부터 자유를 얻은 그리스도인이 하나님의 종으로 살겠다는 헌신의 모습입니다. 우리는 자원하는 종으로서 하나님의 공의와 사랑을 맛보며 전하는 자리에 와 있습니다. 모든 관계의 근본인 5계명을 어기는 자에게 주어지는 저주(15, 17절)를 확인하며 하나님의 자상함에 감사를 드립니다(잠 20:20, 30:17, 엡 6:1-3).

♦ 출애굽기 22장 성경칼럼

1절 | 사람이 소나 양을 도둑질하여 잡거나 팔면 그는 소 한 마리에 소 다섯 마리로 갚고 양 한 마리에 양 네 마리로 갚을지니라

3절 | 해 돋은 후에는 피 흘린 죄가 있으리라 도둑은 반드시 배상할 것이나 배상할 것이 없으면 그 몸을 팔아 그 도둑질한 것을 배상할 것이요

"죄질이 안 좋다"

같은 죄의 결과인데도 이 건(사람)은 죄질이 안 좋아서 구속 영장이 발부되었다는 뉴스를 대하게 됩니다. 구속의 요건은 주거부정과 도주우려와 증거인멸의 염려가 있는 경우입니다. 죄를 지었다면 인정하고 죄 값을 받으면 되는데 인간은 어떡하든지 피하려 합니다. 증거 인멸의 경우 자신은 할 수 있다고 보지만 타인을 교사하여 시도하면 큰 죄(증거인멸 교사죄)가 추

가 됩니다. 그 이유는 국가법 체계에 도전하는 것이고 나아가 타인을 죄의 동참자로 끌어들여 망가뜨리는 악질적인 의도가 있기 때문입니다. 인간은 죄인이기에 죄를 짓지 않고 살 수는 없지만 죄를 처리하고 징벌하는 중심에 죄의 동기가 핵심임을 알 수 있습니다.

형법체계에서 죄의 동기를 살펴서 징벌하는 이 정신은 과연 어디에서 온 것일까요? 성경, 바로 하나님의 명령입니다. 20장부터 나오는 범죄에 대한 처벌의 율례가 그토록 디테일하게 꼼꼼한 이유입니다. 22장에는 이웃 재산의 손해 배상에 대한 율례와 우상숭배의 종교와 간음 등의 도덕적 범죄의 제 율례가 자세히 나옵니다. 21장의 신체상의 범죄가 동해 보복법(눈에는 눈)이 핵심이었다면 22장의 재산권 보상 규례는 인간 내면의 동기를 판단하고 있습니다. 나아가 죄를 징벌하여 보복하는 차원을 뛰어넘어 사회 구성원들 간의 존중과 관계 개선에까지 큰 포석을 두고 있습니다.

동일한 도둑질임에도 소는 5배로, 양은 4배로 배상 비율이 다른 것은 죄의 질이 다르기 때문입니다(1절). 양보다 소를 도둑질하기 위해서는 사전에 더 치밀한 계획을 세워야 하고 대담함이 필요하며 소의 가치가 양보다 모든 면에서 높기에 배상 강도를 강하게 하였습니다. 이 절도의 징벌에 대한 또 하나의 놀랄만한 장치가 있다면 우발적인 도둑질에는 훔친 것이 무엇이든 2배만 배상하면 된다는 규례입니다(4절). 2배도 상당한 것이기에 이웃의 것을 탐하는 자는 반드시 자신의 것을 잃어야 하는 것에는 변함이 없습니다. 이 모법에 의하여 현대의 형법 체계도 형벌의 경중이 죄의 질(동기)에 근거하고 있는 것입니다.

하나님께서 제정하신 법의 목적은 인간을 괴롭히는데 있는 게 아니라 인간을 더 나은 환경과 삶으로 이끄시려는 자비의 반영임을 알 수 있습니다. 가택 침입자를 죽였을 때에도 야간에는 정당방위로 보지만 주간에는 살인을 피할 수 있다는 상황에 의해 과잉 방어의 책임을 지도록 하고 있습니다(3절). 육체와 영혼의 성결을 원하시는 하나님의 뜻에 의한 사형법이 영육의 두 분야에서 모두 적용되는 것은 놀라운 발견입니다(18-20절).

신자는 모세 오경에 나오는 반드시 사형에 처하는 범죄의 종류를 외우고 기억해야 합니다. 하나님에 대한 범죄로는 우상숭배(20절), 신성모독죄, 안식일을 범하는 죄, 무당행위, 고의적 살인, 노예로 삼기 위한 유괴죄가 있습니다. 인간관계의 사형에 해당되는 범죄는 부모 구타, 부모 경멸, 간음, 계모 장모 등의 근친상간, 동성애, 수간 등입니다. 육체는 영혼을 담는 그릇이기에 육체의 순결은 영혼의 순결과 직결된다는 것이 사형법의 핵심입니다. 나아가 육체를 움직이는 마음을 지키는 것이 가장 우선적이고 중요함을 깨닫게 합니다.

(잠 16:32) "노하기를 더디 하는 자는 용사보다 낫고 자기의 마음을 다스리는 자는 성을 빼앗는 자보다 나으니라"

♦ 출애굽기 23장 성경칼럼

6절 | 너는 가난한 자의 송사라고 정의를 굽게 하지 말며

19절 | 네 토지에서 처음 거둔 열매의 가장 좋은 것을 가져다가 너의 하나님 여호와의 전에 드릴지니라 너는 염소 새끼를 그 어미의 젖으로 삶지 말지니라

"1:29:300"

무슨 난수표와 암호 같은 이 숫자는 '하인리히 법칙'을 뜻 합니다. 미국 보험회사 관리자였던 'W.하인리히'가 75,000건의 산업재해를 분석하며 얻은 법칙입니다. 1번의 큰 재해가 있기 전에 29번의 작은 재해가 일어났

고 또 그전에 부상은 피했지만 같은 원인으로 300번의 위기가 있었다는 것입니다. 이 법칙이 주는 진단은 사소한 것이 큰 사고를 야기하고 작은 사고가 연쇄적인 사고로 이어 진다는 메시지입니다. 우리가 흔히 개인과 집안과 나라가 망하려면 먼저 그 징조가 보인다는 말과 같은 의미입니다.

20장 22절부터 계속되는 언약 백성들에게 주어진 각종의 율례가 이제 재판과 안식일과 절기 등으로 이어 집니다. 재판에 대한 계명은 9계명과 관련되어 있고 10계명의 이웃 사랑의 법에 연결됩니다. 사회가 부패되고 나라가 망할 징조의 대표적인 현상이 바로 부 정의한 재판이 횡행할 때입니다. 공정과 정의를 심판해야 한 사법부가 그 역할을 못하면 그 공동체는 급속도로 부패로 치달아가기 때문입니다. 죄를 지은 권력자가 사법부를 장악하여 재판을 그릇되게 한다면 약자는 더 이상 하소연 할 수 없게 됩니다. 근대에 들어 권력 기관(입법 사법 행정)을 4부인 언론과 5부인 시민단체와 6부인 종교가 견제하고 있지만 부패되어 가는 것은 마찬가지입니다.

작은 재판부터 위증과 무고를 엄단하는 법의 집행이 될 때 거대한 타락을 방지할 수 있습니다(1절). 사법부의 공정한 판결과 개개인의 정의감이 정착될 때 압제자는 거부되고 뇌물에 의한 영향이 차단될 수 있을 것입니다(6-9절). 이것은 이론이나 양심에 의해 이루어지는 것이 아니라 하나님의 심판을 두려워하는 신앙으로만 가능합니다(신 1:17).

(마 10:28) "몸은 죽여도 영혼은 능히 죽이지 못하는 자들을 두려워하지 말고 오직 몸과 영혼을 능히 지옥에 멸하실 수 있는 이를 두려워하라"

역사적으로 정치 체계에서 으뜸이라고 볼 수 있는 민주주의 체제의 가장 큰 장점이자 약점이 바로 다수결 제도입니다. 악한 의도를 가진 다수결이 선한 소수를 함부로 하는 사례는 비일비재합니다(2절). 그 악함이 너무나 심해 약자의 부르짖음이 하늘에 닿을 때 하나님께서 채찍을 드시는 것을 역사는 증거 합니다(출 22:21-27).

(출 22:24) "나의 노가 맹렬하므로 내가 칼로 너희를 죽이리니 너희의 아내는 과부가 되고 너희 자녀는 고아가 되리라"

안식일과 절기와 안식년에 대한 규례는 시간적 관점에서 하나님을 늘 기억하고 섬기는 마음가짐이 계속되어야 함을 알려줍니다(10-17절). 약속의 가나안 땅에 들어간 후의 희망과 축복의 약속은 조건부로 주어짐을 유의해야 합니다. 하나님께서는 순종(21-22절)과 성결(24, 32-33절)과 헌신(25절)을 요구합니다. 이에 응답할 때 보호와 인도(20절)를 받고 승리(22-23, 27절)와 영육의 축복(25절)과 번성(30-31절)이 약속되어 있습니다. 죄에 오염된 세상의 정신과 문화를 이기기 위해서는 최선을 다한 자기 경건과 헌신(19절)이 꼭 필요하다는 결론입니다. 23장은 하나님의 뜻인 율법의 적용은 공정한 재판과 함께 항상 하나님을 의식하며 사는데 있음을 알려줍니다.

♦ 출애굽기 24장 성경칼럼

3절 | 모세가 와서 여호와의 모든 말씀과 그의 모든 율례를 백성에게 전하매 그들이 한 소리로 응답하여 이르되 여호와께서 말씀하신 모든 것을 우리가 준행하리이다

8절 | 모세가 그 피를 가지고 백성에게 뿌리며 이르되 이는 여호와께서 이 모든 말씀에 대하여 너희와 세우신 언약의 피니라

"도원결의"

인간 사이의 약속을 생각할 때 떠오르는 대표적인 스토리입니다. 유비와 관우와 장비가 복숭아밭에서 도탄에 빠진 나라를 구하기 위해 뜻을 합

하고 한날한시에 죽겠다고 형제의 의리를 맺은 것을 말합니다. 이 결의는 어느 정도 목적을 달성했기에 그 이미지가 좋지만 함께 죽는다는 다짐은 지켜지지 않았습니다. 우리는 개인과 공동체 안에서 수많은 약속과 맹세를 드날리지만 그 성취도는 형편없음을 너무나 잘 압니다. 자연적 인간의 죄의 항목을 들여다 볼 때(롬 1:28-32) 인간의 별칭이 배신의 동물이라는 것에 이의를 제기할 사람은 없을 것입니다.

이 허약한 약속의 실상을 아는 집단에서는 약속을 강제하는 장치를 마련하기도 합니다. 법정에서는 위증하지 않겠다는 맹세를 하고 공직자들은 서약을 어길시 징벌을 받겠다는 각오를 합니다. 사업가들은 각종 증거물(문서, 녹취, 동영상)을 남기어 보험을 들고 조폭들은 피를 섞어 마시어 배신하면 생명을 내놓겠다는 의식을 치릅니다.

약속이 이행되지 않으므로 진저리치는 인간에게 하나님의 약속이 주어졌습니다. 성경은 한 마디로 약속의 책으로 구약과 신약이라는 말은 옛 언약과 새 언약이란 뜻입니다. 그러나 약속은 쌍방의 협의와 책임을 전제하는 것이기에 완전한 하나님과 불완전한 인간 사이에는 성립될 수 없습니다. 그래서 나온 단어가 언약이고 이는 하나님의 주도하에서 이루어졌다는 뜻이며 쌍방이 하는 약속과는 구별됩니다. 인간은 언약의 자리를 마련하신 하나님의 뜻에 순응하는 위치에 서 있습니다. 이 인간의 순응을 성경에서는 믿음이라고 하고 적극적인 의지를 드리면 순종이라고 표현합니다.

성경은 이 언약에 대한 산맥을 잘 이해할 때 전체를 통달할 수 있는 영안이 열립니다. 언약은 선악과 언약만이 행위언약(창 2:16~17)이고 다른 모든 언약은 은혜언약입니다. 은혜언약은 옛 언약(여자의 후손, 무지개, 횃불, 할례, 사닥다리, 시내 산 율법, 소금, 제사장, 모압 평지, 왕권, 새 영의 언약)과 새 언약(피, 보혜사, 재림 언약)으로 나누어지는데 예수님의 성육신을 기준으로 나누어집니다. 중요한 것은 옛 언약은 예수님을 떠나서는 성립될 수 없고 해석할 수도 없는 특징을 가지고 있습니다.

24장은 하나님과 이스라엘 백성간의 시내 산 언약 체결이 나오는데 2가지의 핵심 사항이 나옵니다. 모세라는 중보자와 피를 뿌리어 증거물로 삼는 모습입니다. 하나님께 나아갈 때는 반드시 중보자가 있어야 하는데 모세는 그림자(15-18절)이고 예수님이 실체입니다(요 14:6). 구약은 짐승의 피가 희생되어서 뿌려졌지만(6, 8절) 신약에서는 하나님이신 예수님께서 피를 흘리심으로 영원한 속죄를 이루셨습니다(히 9:12-22). 하나님과의 언약이 체결된 후에 백성들이 먹고 마시는 잔치를 벌인 것은 하나님과 인간의 친교를 의미합니다(11절). 우리도 예수님의 공로로 구원받아 하나님과 화목하게 되었고 나아가 구약에서는 제한된 제사장 역할(만인 제사장)을 하게 되었습니다(벧전 2:9). 중보자 모세가 하늘의 일과 땅의 일을 잘한 것처럼 우리도 능숙한 일군이 되기를 소원합니다(13-14절).

♦ 출애굽기 25장 성경칼럼

2절 | 이스라엘 자손에게 명령하여 내게 예물을 가져오라 하고 기쁜 마음으로 내는 자가 내게 바치는 모든 것을 너희는 받을지니라

9절 | 무릇 내가 네게 보이는 모양대로 장막을 짓고 기구들도 그 모양을 따라 지을지니라

"세상을 떠받들고 있는 것 3가지?"

이 말은 세상에서 가장 중요하고 없으면 절대 안 되는 것을 생각해 보라는 질문입니다. 인생관과 가치관에 따라 수많은 항목이 나오겠지만 유대인

들의 대답은 일정합니다. 율법(말씀)과 성전(성막)과 선행(행위)입니다. 그들은 율법과 성전을 통해 받은 하나님의 뜻을 순종하는 선행으로 지켜내야 이 세상이 유지된다는 신념을 가지고 있습니다. 출애굽기의 후반부의 많은 지면을 성막의 제도(25:1~31:18)와 건축(35:1~40:33)에 대해 자세히 기술하는 이유를 충분히 이해할 수 있습니다.

성막의 핵심은 하나님의 거처(22절)이기에 인간의 생각을 배제하고 철저한 하나님의 계시에 의해 건축되어야 한다는 사실입니다. 물론 하나님의 거처라는 것은 이후에 솔로몬의 성전 건축 봉헌 시에 기도한 것처럼 상징적 표현입니다. 하나님께서는 어디에나 계시는 무소부재하신 속성을 가지고 있으시기 때문입니다(대하 6:18). 창세기의 단과 제단에서 시작된 하나님과 인간이 만나는 형태는 이제 성막으로 진전 되었습니다. 왜 성막을 하나님께서 모세에게 보여주시고 지시하신대로 건축하라고 명령하셨을까요?(9, 40절) 성막은 예수님의 속성이 여러 모습으로 나타내기 때문이고 이를 신약으로 표현하면 예수님 외에는 다른 구원의 방법은 없다는 의미입니다(요 14:6, 행 4:12).

가장 먼저 나오는 성막의 재료에 대한 지시는 신앙의 적용에 있어서 우리에게 똑같이 유효합니다. 성막의 재료는 하늘에서 뚝 떨어진 신비한 것이 아니라 애굽에서 하나님의 은혜로 주어졌습니다(12:35-36). 이는 하나님께서 주신 것을 때에 따라 자원하며 인색하지 않게 즐겁게 드리는 헌금의 원리와 같습니다(36:2-8, 고후 9:7-8장). 비싼 귀금속류가 있는가 하면 흔하고 값싼 베실과 염소 털도 있는 것은 드릴 수 없는 자는 없다는 뜻입니다. 성막 건축은 하나님께서 준비와 계획과 추진을 다 하시지만 인간의 노력과 헌신을 요구하신다는 것을 잊지 말아야 합니다(2절).

25장에는 성막에 들어갈 성물에 대한 정확한 제조 방식이 나옵니다. 법궤의 제작 지시가 제일 먼저 나오는 이유는 성막 안에서도 하나님께서 임재하시는 지성소에 놓여 지기 때문입니다. 법궤는 십계명 두 돌판이 들어가는 것이어서 증거궤와 언약궤로도 불리어집니다. 나중에 이 법궤에 만나를 담은 항아리와 아론의 싹 난 지팡이가 들어갑니다. 이것은 예수님의 영원한 생명의 양식(만나)과 부활(싹 난 지팡이)을 깊이 계시하는 것으로 우리 신약성도는 깨달을 수 있습니다. 법궤 뚜껑을 속죄소라고 하는데 이곳은 하나님의 임재 처소로 여겨졌습니다(17-22절).

성소에 놓이는 진설병상(떡상)의 12개의 떡은 이스라엘 12지파의 헌신을 의미합니다. 이중적으로는 예수님께서 우리에게 자신의 몸(생명의 떡, 요 6:35)을 내어주신 것을 상징합니다(23-30절). 등대는 밤에 성소를 항상 밝힙니다. 이것은 어두움의 권세가 예수님 안(성소 안)에 있는 하나님의 백성들을 이길 수 없음을 보장합니다(31-40절).

♦ 출애굽기 26장 성경칼럼

1절 | 너는 성막을 만들되 가늘게 꼰 베 실과 청색 자색 홍색 실로 그룹을 정교하게 수 놓은 열 폭의 휘장을 만들지니

33절 | 그 휘장을 갈고리 아래에 늘어뜨린 후에 증거궤를 그 휘장 안에 들여놓으라 그 휘장이 너희를 위하여 성소와 지성소를 구분하리라

"겉은 투박하고 속은 찬란하다!"

이 문장을 대하는 순간 떠오르는 사물이나 사람이 있을 것입니다. 처음엔 몰랐다가 경험을 통해 그 귀함의 진가가 드러날 때 쓰는 문장이기에 흐뭇한 느낌이 묻어 있습니다. 이 말의 반대말인 '겉은 번지르르한데 속은 악

취가 진동 한다'라는 평가와 대조하면 이 말을 듣는 대상의 가치는 더욱 높아집니다. 그러면 겉으로 볼 때는 아무 볼품도 없어 보이지만 최상의 존귀함과 영광스런 존재가 있다면 누구이겠습니까? 세상 사람들은 모르지만 우리는 바로 대답이 나오는 우리 '주 예수 그리스도'이십니다(사 53:2). 예수님은 세상의 소유적인 관점으로 볼 때 최고의 초라한 모습으로 보였습니다(마 8:20). 그러나 예수님은 하나님께서 성육신 하셔서 이 땅에 오신 분(요 1:14)이시기에 그 내적 영광은 필설로 다 표현할 수 없습니다.

(골 2:9) "그 안에는 신성의 모든 충만이 육체로 거하시고"

그러므로 인간은 예수 그리스도와 내면의 깊은 교제를 나누지 않는다면 겉의 초라함과 투박함에 실망하며 물러서게 됩니다. 믿음을 가졌다고 하는 신자들 중에도 이 실족의 길을 가는 사람이 많다는 것은 안타까운 일이 아닐 수 없습니다. 26장에는 25장의 성막 안의 기구 제작 지시에 이어 그 기구를 보호하는 성막 본체의 모형을 언급하고 있습니다. 즉 성막은 여러 겹의 막으로 덮여지는데 이를 '앙장'이라고 부릅니다. 이 앙장은 네 겹으로 되어 있고 그 재료와 색깔이 각각 다르게 만들어지는데 앙장의 특징이 겉은 투박하고 속은 찬란하다는 것입니다(1-14절).

성막이 예수님의 속성과 성품을 그림자로 보여준다는 것은 이미 배웠습니다. 성막의 맨 겉은 거무스름한 해달 가죽으로 되어 있어 화려함은 없지만 견고함과 강인함이 강점입니다. 교회와 성도가 겉은 돋보이지 않지만 세상의 어떤 풍파에도 견딜 수 있음을 보여 줍니다. 붉은 수양 가죽으로 만들어진 제 3앙장은 예수님의 피 흘리신 대속을 상징합니다. 하얀 염소 털로 만들어진 제 2앙장은 예수님의 순결하신 성품을 상징합니다. 제일 안쪽의 제 1앙장은 흰색, 청색, 자색, 홍색실로 그룹을 수놓아 만든 것으로 신성과 인성이 아름답게 조화를 이루신 그리스도의 모습을 예표합니다. 특별히 제 1양장은 오직 성막 내부에서만 볼 수 있는 것으로 성소 안에 들어 와야만 영적 신비를 체험할 수 있다는 강력한 메시지를 전하고 있습니다.

하나님의 비밀인 그리스도의 모습은 구약에서는 이스라엘에게서 그려지고 신약에서는 교회의 모습으로 나타납니다. 이스라엘은 무화과 열매(속이 꽃피우는)로 비유되는데 어쩜 그리 닮았습니까?(눅 13:6-9) 주님과 성도는 포도나무와 열매로 비유되는데 앙상하고 굽어 있는 외양과는 다르게 그 열매의 튼실함과 달콤함은 최상입니다(요 15:1-4).

약하고 천하고 미련해 보여도(고전 1:26-29) 예수님 안에 있는 그리스도인은 이미 찬란한 영광의 사람입니다. 주님의 대속으로 휘장(31-33절)이 찢어져(마 27:50-51) 하나님의 보좌(지성소)로 갈 수 있게 된 것(엡 2:6)이 우리의 구원이기 때문입니다.

♦ 출애굽기 27장 성경칼럼

2절 | 그 네 모퉁이 위에 뿔을 만들되 그 뿔이 그것에 이어지게 하고 그 제단을 놋으로 싸고

5절 | 그물은 제단 주위 가장자리 아래 곧 제단 절반에 오르게 할지며

"3초면 충분했다!"

여기서 3초라는 시간은 첫눈에 상대에게 반하는 시간을 말합니다. 이 반함이 좋은 결과로 이어지면 짜릿함이지만 비극으로 치달을 가능성이 많기에 조심해야 합니다. 선악을 알게 하는 나무의 열매를 보고 첫눈에 반해 버린 인류 조상의 비극을 되새겨야 합니다(창 3:6). 악의 접근이 악한 모양이 아닌 인간을 만족시키는 모양으로 온다는 것을 아는 것이 참 지혜입니다(약 3:15).

(고후 11:14) "이것은 이상한 일이 아니니라 사탄도 자기를 광명의 천사로 가장하나니"

저는 초신자 시절 '하나님께서 인간에게 초능력으로 천국을 먼저 보여주시고 믿으라고 하면 좋지 않았을까'라고 생각한 적이 있었습니다. 또한 기독교와 교회와 신자들에게 불신자들이 한 눈에 반할 수 있는 멋진 매력을 주시면 전도에 효과가 있을 것이라고 보았습니다. 이런 저의 생각은 성경을 정독하면서 봄눈 녹듯이 사라졌습니다. 기독교는 첫눈에 반하는 것이 아니라 그 반대인 것을 발견했기 때문입니다.

그 증명서가 출애굽기 27장입니다. 성소에 들어가는 것이 구원을 의미하는 것이라면 그전에 필히 거쳐야 하는 곳이 성막의 뜰입니다. 성막의 뜰은 남북이 45.6m, 동서가 22.8m이고 동편에 9m의 문이 있습니다. 문을 들어서면서 바로 첫눈에 들어오는 것이 번제 단입니다. 사각형(가로세로 2.28m, 높이 1.37m)의 조각 목으로 짜서 놋을 입혀 놋 단으로도 불리어집니다. 성경에서 놋이란 저주의 상징으로 하나님의 공의와 심판을 상징합니다(민 21:9, 요 3:14). 성막 뜰에 들어서자 만나는 놋 제단은 외양적으로 피와 죄의 부스러기가 쌓여 있는 더러운 곳입니다.

눈치 빠른 분들은 알아 채셨겠지만 어디와 닮았습니까? 행복과 축복을 기대하며 온 새 신자에게 죄를 일깨우고 회개를 촉구하는 교회의 모습과 판박이입니다. 이 번제 단을 통과하지 않고는 성소에 들어갈 수 없듯이 기독 신자는 죄 사함의 속죄를 받지 않고는 예수님과 연합될 수 없습니다. 역설적으로 피 비린내 나는 놋 제단은 어떤 죄도 용서받을 수 있는 가장 성결한 곳이 되는 것입니다. 번제단의 네 뿔(2절)은 제물을 묶는데 사용되었지만 구원의 능력을 상징하는 것으로 이 뿔을 붙잡는 죄인은 죽음을 면할 수 있었습니다(왕상 1:50-51). 번제 단은 아래와 위가 뚫려 있고 그 가운데 놋 그물(5절)이 있어 그 곳에서 제물이 태워졌고 사람들은 연기만 보게 됩니다.

제물은 예수 그리스도를 예표 하는 것이므로 사람에게 보여 지는 목적이 아닌 전적 죽음의 희생을 드린 예수님을 계시해 주고 있습니다(히 9:12). 지금 우리에게는 눈에 보이는 번제 단은 없지만 십자가에 피 흘리신 속죄의 은총으로 하나님께 나아가게 되었습니다. 영적으로 뜰 문(13-16절)과 번제 단을 통과한 우리는 기쁨의 존재입니다.

♦ 출애굽기 28장 성경칼럼

2절 | 네 형 아론을 위하여 거룩한 옷을 지어 영화롭고 아름답게 할지니
11절 | 보석을 새기는 자가 도장에 새김 같이 너는 이스라엘 아들들의 이름을 그 두 보석에 새겨 금테에 물리고

"무슨 일을 좋아하세요?"

사람을 만나서 가장 궁금한 것 중의 하나가 '무슨 일을 하고 어떤 것을 할 때 기쁜가'입니다. 쉽게 질문하기도 어렵고 대답하는 것도 만만치 않습니다. 우스개로 '숨 쉬는 일을 합니다'라고 하면 더 이상 물을 수도 없습니다. 이와 비견되는 그리스도인들의 대답이 있다면 '저는 하나님의 일을 합니다'가 있습니다. 모든 그리스도인은 그 처지와 직업을 불문하고 하나님의 일을 하는 자입니다.

구약시대에는 풀타임으로 하나님의 일을 담당하는 사람이 따로 있었습니다. 레위 지파는 땅을 분배받지 아니하고(수 14:4) 성소와 도피성의 사역을 하도록 지정 받았습니다. 하나님께서는 그 중에 아론의 가문에게 제사

장 직분을 세습으로 감당하도록 엄격하게 정하셨습니다(1, 40절). 신약 시대에까지 이어지지 않았지만 이스라엘 역사의 불변의 전통입니다. 이 전통은 연속성을 가지고 신약의 사역자들이 하늘의 소명(외적 소명)이 없이 자원함(내적 소명)만 가지고 교역자가 되면 위험하다는 원리가 되었습니다. 제사장의 구별됨은 하나님과 인간과의 중보자 역할을 하는 것입니다.

28장은 거룩하신 하나님을 간접적으로 알리고 거룩한 성소의 일을 하는 제사장이기에 그 옷과 장식을 특별하게 할 것을 지시합니다. 영화롭고 아름답게 만들라는 것(2절)은 겉의 화려함을 넘어 내, 외면의 온전한 성결(거룩)을 목적으로 하고 있습니다. 대제사장의 옷은 크게 7가지(흉패, 에봇, 겉옷, 반포 속옷, 관, 띠, 성패)로 구성되어 있는데 각기 특별한 상징적 의미를 지니고 있습니다. 그리스도의 사랑과 보호와 영광과 순결과 순종과 겸손과 희생의 의미를 계시합니다.

제사장의 복장은 예수 그리스도의 인격과 성품을 예표하기에 그 기능도 의미가 깊습니다. 특별히 대제사장의 가슴에 있는 흉패는 중보자로서의 기능을 나타냅니다. 흉패는 네모반듯하게 이중의 천으로 만들어 겉에는 12개의 보석을 부착하여 12지파의 이름을 새겨 넣었습니다(11절). 대제사장이 12지파의 대표임과 동시에 이스라엘 전체를 가슴에 품고 하나님께 나아간다는 뜻입니다. 흉패는 생명책에 우리의 이름이 녹명된 것과 예수 그리스도께서 우리를 기억하고 연합하여 하나님께 나아가는 것을 확신할 수 있습니다.

뒷면으로는 주머니를 만들고 하나님의 뜻을 묻는 우림(빛들)과 둠밈(완전함)을 보관하게 하였습니다(30절). 백성이 스스로 결정할 수 없는 중차대한 일에 제사장이 그것을 사용하여 하나님의 거룩한 뜻을 확인할 수 있었습니다. 구약시대는 우림과 둠밈의 제비뽑기를 통해 인도함을 받았지만 신약성도인 우리는 말씀과 성령님의 인도함을 받는 영광된 신분이 되었습니다(요 16:13). 어두운 이성과 지혜를 지닌 저희들을 주님 뜻대로 온전히 인도하옵소서!

♦ 출애굽기 29장 성경칼럼

10절 | 너는 수송아지를 회막 앞으로 끌어오고 아론과 그의 아들들은 그 송아지 머리에 안수할지며

20절 | 너는 그 숫양을 잡고 그것의 피를 가져다가 아론의 오른쪽 귓부리와 그의 아들들의 오른쪽 귓부리에 바르고 그 오른손 엄지와 오른발 엄지에 바르고 그 피를 제단 주위에 뿌리고

"매너리즘?"

매너리즘은 미술과 관련되어 파생된 단어가 원조이지만 일상생활에서 좋은 뜻과 나쁜 사례의 양면으로 사용됩니다. 매너리즘에 빠졌다는 것은 일정한 틀에 습관화되어 독창성과 신선함을 잃었다는 의미로 쓰입니다. 오래되어 굳어진 마음과 습성에 대한 경계를 일깨우는 뉘앙스가 강합니다. 하지만 매너리즘의 독특한 장점의 분야가 있는데 바로 진리의 영역에서 쓰일 때입니다. 진리란 하나님의 명령에 의해 주어진 절대적인 것으로 변질되지 않고 지켜나가야 한다는 면에서 오히려 '좋은 매너리즘'에 빠져야 합니다. 즉 하나님을 경외하는 행동인 예배는 나쁜 매너리즘에 빠져서 싫증이 나거나 형식만 남으면 큰일이 난다는 것입니다. 거의 비슷한 예배를 매일, 매주 변함없이 드리더라도 늘 신선함이 주어지는 것이 영적 세계의 특징입니다

예배는 하나님을 만나는 것이며 말씀을 듣는 것이고 성령의 덧입힘을 받는 시간입니다. 하나님께서는 육적인 매너리즘에 잘 빠지는 인간이 하나

님을 만나는 예배에도 매너리즘에 빠질 수 있다는 것을 너무나 잘 알고 계셨습니다. 이런 전제를 가지고 성경을 읽으면 여러 가지 안 보이는 영역이 보이기 시작합니다. 왜 하나님께서는 성막과 제사와 제사장의 규례를 반복하여 말씀하셨는지를 이해할 수 있습니다. 그 규례를 지키는 시간에 대해서도 매일, 안식일, 절기, 안식년, 희년을 엄격하게 정해 주셔야 했는지를 알 수 있습니다.

29장은 제사장을 위임하여 세우는 종교적 분권으로 시작합니다. 이드로의 참여로 재판을 위임하는 사법권이 독립되었고 이제 종교권이 아론의 계열로 위임됩니다. 이어서 위임식에 대한 절차가 나오는데 피를 바르는 의식은 제사장이 구별된 자임을 계시합니다. 피를 귀에 바르는 것은 명령을 순종하겠다는 것이고 손은 섬김의 봉사를, 발은 열심 있는 헌신을 의미합니다(20절).

제사장이 되면 이에 합당한 일상이 따르게 되는데 그 핵심에 상번제가 있습니다. 상번제란 42절에 나와 있는 늘 드릴 번제를 의미 합니다. 아침저녁으로 번제, 소제, 전제가 함께 항상 드려지는 상번제는 이스라엘이 매일 하나님께 속하여 전심으로 헌신해야 함을 나타냅니다. 이는 신약성도들이 매일 자신을 거룩한 산제사로 하나님께 드리는 예표가 됩니다.

(롬 12:1) "그러므로 형제들아 내가 하나님의 모든 자비하심으로 너희를 권하노니 너희 몸을 하나님이 기뻐하시는 거룩한 산 제물로 드리라 이는 너희가 드릴 영적 예배니라"

하나님을 향한 온전한 헌신을 한 제사장과 이스라엘에게 하늘의 보상이 주어집니다. 하나님을 지속적으로 만날 수 있고 거룩하게 변화될 것을 약속하십니다(43-44절). 나아가 신앙의 최종 목표인 하나님의 소유가 되고 동행하는 축복으로 나아갑니다(45-46절). 신약성도인 우리는 인간 제사장을 통하지 않고 대제사장이신 예수님을 통해 하나님께 나아갈 수 있습니다. 나아가 세상 사람을 위한 제사장으로 존귀한 사명을 받았기에 제사장 이야기는 바로 나에게 적용됩니다.

♦ 출애굽기 30장 성경칼럼

6절 | 그 제단을 증거궤 위 속죄소 맞은편 곧 증거궤 앞에 있는 휘장 밖에 두라 그 속죄소는 내가 너와 만날 곳이며

15절 | 너희의 생명을 대속하기 위하여 여호와께 드릴 때에 부자라고 반 세겔에서 더 내지 말고 가난한 자라고 덜 내지 말지며

"앉는 자리를 보면 서열을 알 수 있다"

중국 대련에서 부흥회를 할 때 식사대접을 받았습니다. 지역의 유력자 교인이 초청자이었는데 원탁의 자리 배치가 확실 했습니다. 출입문 건너편 중앙에 초청자 1인자가 앉고 반대편에 2인자가 배치됩니다. 손님 중의 1인자는 초청자 오른편에 앉고 2인자는 왼편에 배치됩니다. 식당측은 이 배열에 따른 서열을 보고 순차적으로 음식을 서빙 합니다. 사람이 모인 곳에는 알게 모르게 서열이 있고 우선순위가 있습니다. 이것을 무시하면 페널티(벌칙)가 있고 심할 경우 조직에서 퇴출될 수도 있습니다.

30장에 나오는 분향단과 속전에 대한 기사는 영적인 서열에 대한 분별력을 갖게 합니다. 분향단이 위치하는 곳은 지성소와 성소를 가르는 휘장의 성소 쪽 중앙입니다. 즉 분향단은 성소 안에서는 지성소의 증거궤 위 속죄소와 가장 가까운 곳에 위치합니다(6절). 지성소의 속죄소는 하나님의 임재를 상징하는데 하나님에게 가장 가깝게 갈 수 있는 방법이 분향단을

통한 것이라는 사실입니다.

분향단은 향을 사르는 곳이라는 점에서 향단, 금으로 만들어졌다는 점에서 금단으로 불리어집니다. 그러면 이 분향단에서 향을 피우는 것이 무엇을 의미하기에 성소의 가장 중요한 자리에 있을까요? 분향단의 향기로운 향이 타오르는 것은 인간의 깊은 곳에서 우러나오는 기도를 상징합니다.

(시 141:2) "나의 기도가 주의 앞에 분향함과 같이 되며 나의 손드는 것이 저녁 제사 같이 되게 하소서"

사도 요한의 계시 속에서는 더욱 확실히 향의 의미를 확인하고 있습니다.

(계 5:8) "그 두루마리를 취하시매 네 생물과 이십사 장로들이 그 어린 양 앞에 엎드려 각각 거문고와 향이 가득한 금 대접을 가졌으니 이 향은 성도의 기도들이라"

나아가 하나님께 올려 진 기도가 담긴 금향로가 다시 이 땅에 쏟아질 때 엄청난 능력이 나타납니다(계 8:3-5).

(계 8:5) "천사가 향로를 가지고 제단의 불을 담아다가 땅에 쏟으매 우레와 음성과 번개와 지진이 나더라"

분향단이 성소에서 가장 중요한 위치에 배치되듯이 성도들의 기도는 하나님께서 가장 가까운 곳에서 들어주시고 역사하는 것이 확실합니다. 1년에 한 번씩 향단 뿔에 속죄제의 피를 발라야 하는 것은 성도의 기도는 예수님의 중보에 의한 기도이어야 함을 알려줍니다(9-10절, 요 14:13-14). 분향단의 향을 끊임없이 피우는 것(8절)은 하나님과의 교제(기도)는 절대 중단됨이 없어야 함을 계시합니다. 다른 향이 허용되지 않는 것(9절)은 오직 예수님의 이름(공로)으로만 기도해야 해야 하는 것을 의미합니다(살전 5:17).

이와는 반대로 평등을 알려주는 말씀이 속전 제도입니다. 모든 사람은 그 신분과 빈부에 상관없이 똑같이 반 세겔의 속전세를 내야 합니다(15절). 이 제도는 오직 예수님의 속전에 의해서만 구원받는 것과 모든 신자는 서열이 없는 만큼 기본 헌신에도 예외가 없다는 것을 강조합니다.

♦ 출애굽기 31장 성경칼럼

3절 | 하나님의 영을 그에게 충만하게 하여 지혜와 총명과 지식과 여러 가지 재주로
15절 | 엿새 동안은 일할 것이나 일곱째 날은 큰 안식일이니 여호와께 거룩한 것이라 안식일에 일하는 자는 누구든지 반드시 죽일지니라

"왜 그래, 아마추어처럼.."

한 때 유행을 했고 지금도 여러 말로 변형되어 사용됩니다. 외부에 나와서 직책을 부르기 거북할 때 '김 프로', '이 프로'하며 부르는 것이 이에 해당됩니다. 누가 나에게 아마추어라고 하면 얕보는 것이지만 프로로 부르면 인정한다는 것이니 나름의 존대가 됩니다. 프로는 어떤 분야에서 전문가로 인정되어 돈을 벌 수 있는 자에게 붙이는 것이지만 생활의 고수에 대한 호칭도 됩니다.

31장에는 영적인 세계에서 프로로 인정되어 하나님의 사역에 사용되는 인물들이 나옵니다. 모세에게 성막과 성소에 사용되는 기구의 제작을 계시하신 하나님께서 이 일을 할 수 있는 전문가를 예비하시고 부르십니다. 실명으로는 리더인 브사렐(1절)과 조력자인 오홀리압이 나오고 무명으로는 지혜로운 마음이 있는 자(6절)가 부름을 받습니다. 이들의 공통된 특징은 재능의 기준으로만 소명된 것이 아니라 하나님의 신(성령)에 의한 총명과 지식이 주어진 자들이라는 것입니다. 하나님의 일은 하나님의 명령과 지혜

에 철저히 의존해야 함을 알려 줍니다.

교회에서 세상 재주가 탁월한 사람이 하나님의 사역에 실패하는 것은 성령님의 인도를 모르는 경우가 대부분입니다. 역으로는 성령 충만함으로 전문가의 재주까지 발휘할 수 없다는 것을 알고 훌륭한 전문가를 발탁하는 지도자가 되어야 함을 알 수 있습니다. 하나님의 뜻과 모세의 전달역할과 전문기술자의 실행의 3박자가 이루어져 성막 건립 계시는 마감 됩니다. 이어서 안식일에 대한 엄한 어조의 명령(12-16절)이 나오는데 성막 건립과 매우 밀접한 관련이 있음을 직감하게 됩니다.

성소 건립의 역사적 대 사역을 앞두고 안식일 준수의 엄격한 명령이 내려진 이유는 무엇일까요? 첫째, 하나님의 성소를 짓는 동안 안식일 준수의 절대 명령이 무시될 수 있기 때문입니다. 하나님의 영광을 위한 일(성소 건립)을 핑계로 인간은 합리적 변명을 하며 안식일을 주신 하나님의 뜻을 범할 수 있다는 것입니다. 둘째, 안식일은 하나님께서 만물의 주인 되심(창조주)과 인간을 사랑하사 구원하신 것(구원주)을 기억하는 기념일이기 때문입니다. 성소의 일보다 하나님을 의식하는 안식일 준수가 상위의 절대가치가 있음을 주지시키는 것입니다. 안식일에 일하는 자는 하나님의 창조주와 구원주 되심을 거부하는 것이므로 반복하여 반드시 죽이라고 명령하시는 이유입니다(14, 15절).

구약의 할례가 신약의 세례로, 이스라엘 자손이 교회로 승화되었듯이 안식일은 이제 주일로 지켜지게 되었습니다. 예수님의 죽음과 부활로 재창조된 그리스도인들은 생명을 걸고 주일을 지켜야 하는 의무가 주어졌습니다. 모세에게 주어진 율법의 두 돌판(18절)은 이제 신약성도들의 심비에 새겨져서 자원하는 순종을 요구하게 되었습니다(고후 3:3). 예배 감각이 바닥이 되었다고 진단된다면 31장의 안식일을 생명 걸고 지키라는 하나님의 명령을 받들어야 할 것입니다.

♦ 출애굽기 32장 성경칼럼

4절 | 아론이 그들의 손에서 금 고리를 받아 부어서 조각칼로 새겨 송아지 형상을 만드니 그들이 말하되 이스라엘아 이는 너희를 애굽 땅에서 인도하여 낸 너희의 신이로다 하는지라

20절 | 모세가 그들이 만든 송아지를 가져다가 불살라 부수어 가루를 만들어 물에 뿌려 이스라엘 자손에게 마시게 하니라

"수준 차이가 나서.."

정보와 지식과 교양의 격차가 크면 수준 차이가 나서 대화를 못하겠다는 말을 합니다. 좋아하는 것에 대한 관심이 상반되거나 추구하는 이상향이 차이가 크면 교제할 수 없다는 말이기도 합니다. 세상에는 어떤 연유에서이든 수많은 종교가 실재하는데 그 수준 차이는 엄청 납니다.

그렇다면 저등 종교와 고등 종교를 나누는 기준은 무엇일까요? 보이는 것에 얼마나 비중을 두느냐에 달렸습니다. 저등 종교의 대표 격인 샤마니즘(무당과 점집)을 연상해 보시기 바랍니다. 온갖 보이는 장식이 원색으로 드리워져 있고 기복 행위의 매개체가 수도 없이 많습니다. 진리에는 관심이 없고 오직 보이는 세상에서 좋아 보이고 효험이 있다면 모은 결과입니다. 고등 종교의 특징은 보이는 것보다 보이지 않는 신을 향한 인격적 관계를 중시하는 것입니다. 하나님께서 하신 말씀을 인격적으로 믿고 순종하는 기독교는 고등 종교를 뛰어넘는 생명 자체(영생)라고 볼 수 있습니다.

율법을 받는 시내산 위의 경건한 모세와 시내산 아래에서 금송아지 우상을 만들고 광란의 파티를 하는 이스라엘 백성의 수준차이를 보며 어떤 생각이 드십니까? 더욱 비극적인 것은 이 금송아지 우상을 향해 경배하며 하나님(애굽에서 인도해 내신)이라고 외치는 광경입니다(4, 8절). 피조물을 만들어 하나님을 대신할 우상으로 숭배하는 인간의 보편적 수준은 어디에서 온 것일까요? 성경은 타락의 결과로서 영안이 멀어 생각이 허망해지고 마음이 어두워졌기에 보이는 우상숭배로 갈 수밖에 없다고 단언합니다(롬 1:21).

(롬 1:23) “썩어지지 아니하는 하나님의 영광을 썩어질 사람과 새와 짐승과 기어 다니는 동물 모양의 우상으로 바꾸었느니라”

최고의 기적을 맛보고 은혜를 입은 이스라엘 백성들의 패역을 비난만 할 수 없는 것은 우리 역시 아차하면 그 모습이 나오기 때문입니다. 이 사건은 모세의 두 번에 걸친 생명을 건 중보기도(11-13, 31-32절)와 하나님의 용서로 이어집니다. 여기에서 하나님과 모세의 우상숭배 죄악에 대한 처리는 거대한 영적 원리를 깨닫게 합니다. 첫째, 십계명의 돌판을 깨뜨린 것은 언약에 의한다면 모조리 죽고 말 것인데 회개하고 돌아오기를 바라는 하나님의 깊은 은혜를 나타낸 것입니다(19절). 이 내용은 에덴동산에서 타락 후 생명나무 실과를 먹고 하나님과 영원히 회복할 수 없는 관계가 되는 것을 막기 위해 낙원에서 추방한 것과 같은 의미를 가지고 있습니다(창 3:22-24).

둘째, 백성들에게 금송아지 가루를 먹인 것(20절)은 우상이 무력하다는 것을 알게 하신 것과 부정한 자는 반드시 죄 값을 치르는 것을 보여줍니다(민 5:12-24). 셋째, 레위 자손을 중심한 회개한 자가 우상숭배의 주모자를 정확히 추려 내어 3천 명 가량을 도륙한 일입니다(27-29절). 우상숭배 죄질이 얼마나 가증스럽고 무서운 것인지를 선포하고 그 뿌리를 도려낸다는 의미가 있습니다(눅 12:59). 신앙의 수준을 올리는 길은 보이는 것에 현혹되지 않고 하나님의 현현인 말씀을 항상 청종하여 지키는 것임을 확인합니다.

♦ 출애굽기 33장 성경칼럼

3절 | 너희를 젖과 꿀이 흐르는 땅에 이르게 하려니와 나는 너희와 함께 올라가지 아니하리니 너희는 목이 곧은 백성인즉 내가 길에서 너희를 진멸할까 염려함이니라 하시니

14절 | 여호와께서 이르시되 내가 친히 가리라 내가 너를 쉬게 하리라

"차라리 안 볼란다"

분위기 상으로는 유머가 스며 있는 말인데 쓰기에 따라 의미심장할 때 사용합니다. 보면 속상하고 안타까워서 안 보는 것이 속 편하다는 마음을 표시하기 때문입니다. 이 말을 스포츠 경기를 볼 때나 인간관계에서 쓰면 그런대로 넘길 수 있습니다. 그런데 하나님께서 속이 많이 상하셔서 모세와 이스라엘 백성에게 하신 말씀이라면 사정이 달라집니다.

32장에서 금송아지 우상숭배 사건으로 인해 하나님과 이스라엘 간에 맺은 언약이 무의미하게 되는 단계에 이르렀습니다. 약속의 땅 가나안에 들어가는 것을 명령하시는데 무언가 이상합니다. '모세, 네가 애굽에서 인도하여 낸 백성'이라고 말씀하십니다(1절). 애굽에서 이스라엘 백성을 인도내신 분은 하나님이 분명한데 말입니다(20:2). 나아가서 하나님의 사자를 먼저 보내서 원주민들을 쫓아내게 하겠지만 하나님께서는 함께 올라가지 않으시겠다고 분명히 선언합니다(3절). 그리고 이어서 그 이유를 말씀하시는데 내용이 충격적입니다. 지난날을 체크해 보니 목이 얼마나 뻣뻣하고 곧은지 다시 죄를 지을 것이 확실하지 않겠느냐는 말씀입니다. 하나님

이 함께 가면 그 꼴을 볼 것이고 그러면 너희들은 중간 길에서 진멸되고 말 것이라는 것입니다. 그럴 바엔 차라리 같이 안 가고 그 꼴도 보지 않겠다는 선포입니다.

하나님께서 금송아지 사건으로 아이들 말로 표현하면 잔뜩 삐지신 것 같습니다. 하나님께서는 뜻이 통하지 않는 인간을 향하여 인간에게 있는 몸과 감정을 사용하여 하나님의 마음을 전달하십니다. 이를 '신인 동성동형론적(Anthropomorphism)' 표현이라고 하는데 잘 이해해야 합니다. 부모를 지독히도 속 썩이는 자녀를 향해 가진 부모의 미묘한 감정을 사용해 말씀하시는 하나님을 뵙게 됩니다. 학비는 대 주겠지만 부모로서 역할은 안 하겠다는 격이니 이스라엘은 큰일이 났습니다.

이 말씀 앞에 충격을 받은 이스라엘 공동체는 이전의 모세 단독 기도와 다르게 합심기도를 하게 됩니다(8절). 자신을 돋보이게 하는 단장품을 제거하고 거의 모든 백성이 회막 앞에 나와 회개하며 기도하는 모습이 되었습니다(6-11절). 32장의 우상을 만들고 광란의 파티를 열어 육체의 향연을 벌인 것과 얼마나 큰 차이가 나는 광경입니까?

우리는 여기서 신앙의 진보를 이루려면 하나님 입장에서 하나님 마음을 알아채는 것이 매우 중요하다는 것을 배울 수 있습니다. 하나님의 동행을 구하는 기도는 이루어지고 갈 길을 보여 달라는 기도도 응답됩니다(13-14절). 모세 자신의 담력을 위해 영광을 보기를 원하는 기도까지 응답됩니다(18-22절). 하나님의 뜻을 알고자 하는 기도와 그 영광에 참여하고 싶은 갈망을 기뻐하시는 하나님께 나아갑니다.

♦ 출애굽기 34장 성경칼럼

1절 | 여호와께서 모세에게 이르시되 너는 돌판 둘을 처음 것과 같이 다듬어 만들라 네가 깨뜨린 처음 판에 있던 말을 내가 그 판에 쓰리니

7절 | 인자를 천대까지 베풀며 악과 과실과 죄를 용서하리라 그러나 벌을 면제하지는 아니하고 아버지의 악행을 자손 삼사 대까지 보응하리라

"깨진 독에 물 붓기, 비온 뒤에 땅 굳어지기"

사람과 사람의 관계에서 좋은 사이를 오랫동안 유지하는 것은 정말 만만치 않습니다. 전자의 속담처럼 한번 신뢰가 깨지면 회복하기에 어렵고 불가능하다는 생각까지 듭니다. 그러나 후자의 격언대로 이전보다 더 좋은 관계로 진전되는 경우도 간혹 있습니다. 여기에는 한쪽이 아닌 쌍방에서 각고의(뼈를 깎듯이) 노력이 있어야 합니다.

성경 전체에서 비극적 장면의 절정에 속하는 금송아지 우상숭배는 하나님과 이스라엘의 언약이 깨어지는 사건이었습니다(32장). 언약을 어긴 징벌은 율법대로라면 모두가 진멸되어야 하지만 주동자 3천명이 도륙당하는 징벌로 그쳤습니다. 십계명이 새겨진 두 돌판을 깨뜨림으로 받은 하나님의 긍휼이었습니다. 이 과정에 모세의 중보기도가 응답되고 백성들의 회개가 있었습니다(33장).

이제 34장에 들어서면서 하나님께서는 모세에게 두 번째의 십계명 돌판을 받도록 명령하십니다. 이것은 사람의 관례로 비유하자면 계약서는 찢어져 버렸지만 필요한 계약 내용은 바꾸지 않겠다는 의도입니다. 하나님께서 언약을 파기한 인간을 포기하지 않으시고 언약을 갱신하시는 것입니다. 다만 첫 번째 십계명 돌판 수여와 다른 점이 포착됩니다. 하나님께서 손수 준

비하신 첫 번째 돌판과 다르게 언약 체결을 원하는 쪽의 정성에 의하여 돌판이 준비됩니다(1절).

이것은 언약을 받는 자가 언약을 새겨 둘 마음의 판을 준비하여야 함을 보여 줍니다. 마치 우리가 전도와 양육을 할 때 마음이 기경되지 않은 자에게 아무리 좋은 내용을 전해도 효과가 없는 것과 같은 원리입니다(마 13:1-9).

두 번째 돌판은 신적 권위와 위엄은 감소되었지만 이스라엘 백성들로 하여금 자신들의 범죄를 계속 상기케 하려는 하나님의 배려입니다. 이 원리는 5절부터 나오는 하나님의 자기 계시로 확증 됩니다. 언약을 회복하시는 하나님께서 두 번이나 언약의 별칭(여호와)을 확인하십니다(5-6절). 하나님께서는 자비와 은총을 거두지 않으시겠다는 뜻을 축복은 천대까지, 저주는 삼 사 대로 말씀하심으로 열심을 나타내십니다(7절). 축복과 저주의 비율을 상대가 안 되게 하심으로 자비함으로 순종을 요구하고 또한 죄에 대한 경계에 예민할 것을 말씀하십니다.

하나님께서는 보이는 것에 약한 인간이 빠질 우상숭배와 혼혈을 방지하기 위해 인간이 척 알아들을 수 있는 질투라는 성품을 계시하십니다(14절). 사랑하는 자가 배신하면 못 견디는 질투의 감정으로 우상을 섬기면 안 참겠다는 하나님의 강력한 선언입니다. 그럼에도 이스라엘 역사 속에는 우상숭배와 혼혈의 죄악으로 큰 징계를 너무나 많이 받는 비극이 목격됩니다. 인간은 나약하고 우둔하여 하나님을 향한 신앙의 절개를 지키지 못하는 것이 현실입니다. 하지만 비온 후에 땅이 굳어지듯이 하나님과의 관계는 더욱 좋아질 수 있는 길이 늘 예비 되어 있습니다.

♦ 출애굽기 35장 성경칼럼

2절 | 엿새 동안은 일하고 일곱째 날은 너희를 위한 거룩한 날이니 여호와께 엄숙한 안식일이라 누구든지 이 날에 일하는 자는 죽일지니

5절 | 너희의 소유 중에서 너희는 여호와께 드릴 것을 택하되 마음에 원하는 자는 누구든지 그것을 가져다가 여호와께 드릴지니 곧 금과 은과 놋과

"차 조심해라, 싸우지 말거라"

등교하는 어린 자녀에게 엄마가 날마다 하는 말입니다. 하도 들어 듣기 싫어서 찌푸리는 아이에게 이 말을 계속하는 것은 이 두 가지는 몸과 생명에 타격을 주기 때문입니다. 그런데 이보다 더 근본적인 말이 있다면 '땡땡이치지 말거라'입니다. 학생이 학교 안가고 딴 데로 빠지면 근본이 무너지는 것이기에 부모 입장에서는 땡땡이치는 것이 확인되면 뿌리를 뽑아야 하는 문제입니다. 이 문제를 영적으로 대입하면 안식일에 대한 것이 아주 적당합니다. 하나님을 아버지로, 이스라엘을 자식으로 비유할 때 제일 많이 반복하여 일러 주는 것이 안식일을 철저히 지키라 입니다.

안식일 계명은 십계명 중의 대신(하나님께 대한)계명 4가지 중 마지막에 위치합니다. 안식일 계명은 앞의 3계명을 지키는데 있어서 인간 편에서 볼 때 원동력에 해당됩니다. 안식일을 지켜야 하나님만 섬길 수 있고 우상숭배를 하지 않으며 하나님의 이름을 망령되이 일컫지 않을 것이기 때문입니다. 즉 안식일을 잘 지키는 것은 마치 학생이 학교에 빠짐없이 등교하는 기본에 해당됩니다. 35장에서 성막의 건립을 시작하기 전에 31장(12-17절)에 이어 또 다시 안식일에 대한 규례를 보충하여 말씀하시는 하나님의 의도를 깨닫게 됩니다(2절).

하나님을 위하여 성막을 짓는다는 명목 하에 십계명을 거역하는 죄악을 방지하시려는 것입니다. 하나님의 일은 물론이고 그 어떤 일을 하더라도 하나님과의 관계가 우선순위로 정립되어야 함을 일깨워 주십니다. 안식일에 불도 피우지 말라(3절)는 명령은 35장에 처음 나오는 안식일 준수의 보충 명령입니다. 안식일 준수가 소극적이고 문자적인 것이 아닌 적극적이고 구체적이며 실제적이어야 함을 볼 수 있습니다. 불을 피우기 어려운 시대에 이 일은 노동에 해당되고 약자인 노예와 여성이 담당했습니다. 그러므로 이 명령은 누구나 안식에 참여할 수 있도록 제도를 만들어 모두에게 기회를 주시는 하나님의 사랑이 스며있습니다.

이 원리는 안식일의 정신을 주일로 이어받은 신약성도들에게도 적용되는 연속성을 가지고 있습니다. 우등상과 개근상을 다 받으면 좋겠지만 성실성의 표식인 개근상(주일성수)은 꼭 받아야 신앙생활에서 저주를 피하고 축복의 신자로 가게 됩니다.

성막 건립을 위한 물자와 인력에 대한 기사는 하나님의 사역에 헌신하는 원리와 자세를 보여줍니다. 최우선적으로 확인할 것은 이 세상 어떤 소유도 모두 하나님의 것임을 알아야 합니다(시 24:1). 재주와 재능 역시 하나님의 은사로 주어졌음을 브사렐과 오홀리압과 쓰임 받는 일군을 통해 확인할 수 있습니다(30-35절). 이 기본이 확립될 때 하나님의 요구에 즐겨 헌신할 수 있습니다(5-29절). 억지와 강요가 아닌 자원함과 풍성함과 정성으로 드리는 헌신은 축복의 씨앗이 됩니다(갈 6:7-8). 가장 큰 벽인 약자의 헌신까지 세밀히 배려하신 하나님의 자상한 손길에 감사가 솟아 나옵니다(21-29절, 고후 9:7).

♦ 출애굽기 36장 성경칼럼

2절 | 모세가 브살렐과 오홀리압과 및 마음이 지혜로운 사람 곧 그 마음에 여호와께로부터 지혜를 얻고 와서 그 일을 하려고 마음에 원하는 모든 자를 부르매

7절 | 있는 재료가 모든 일을 하기에 넉넉하여 남음이 있었더라

"땅을 파자니 힘이 없고 빌어먹자니 부끄럽구나"

이럴 수도 저럴 수도 없을 때 안절부절 못하며 내뱉는 말입니다. 이 말은 성경에 있는 내용으로 불의한 청지기가 해임 당할 미래를 걱정하며 한 말입니다(눅 16:3~4). 사람은 일을 하고 그 보람을 얻어야 사는 존재입니다. 성취가 없는 자는 자신감이 점점 없어지고 나중에는 무기력함에 빠져 헤어나오기가 어렵습니다. 일을 성취하는 조건은 여러 가지가 있지만 가장 중요한 것은 능력과 마음입니다. 마음은 있는데 능력이 없거나 능력은 있는데 마음이 없으면 일은 성사가 안 됩니다. 이를 영적인 사역에 대입하면 두 가지를 들 수 있습니다

첫째는 하나님이 주시는 지혜와 은사(능력)가 있어야 하고 둘째는 하나님의 일을 하고 싶은 자원함(마음)이 있어야 합니다. 성경에서 이 두 가지를 갖춘 대표적인 모습이 예루살렘 초대교회입니다(행 2:42-47, 4:32). 성령강림으로 충만한 은사가 임했고 자원함과 헌신으로 현실에서는 불가능한 공동소유의 조건 없는 사랑(아가페)이 흘러 넘쳤습니다. 이 초대교회의 원형이 되고 짝이 되는 구약의 사건이 본장부터 시작되는 광야교회의 성막 건축입니다.

36장에는 지금까지 계시되었던(25-31장) 모형에 따라 성막 건축이 시작됩니다(36:8-39:43). 계시가 안(법궤와 제반 설비)에서 바깥(성막)으로

주어졌다면 시행은 바깥부터 시작해서 안으로 진행됩니다. 하나님의 뜻과 설계를 순종한다는 것은 구원은 오직 하나님께로부터 주어진다는 뜻입니다. 여기서 쓰임 받는 일군들의 모습은 우리가 본받아야 할 롤 모델이라고 볼 수 있습니다. 모세가 건축 지도자인 브사렐과 오홀리압만이 아니라 일군의 이름을 한사람씩 다 부르는 장면은 인상적입니다(2절). 그들이 바로 능력과 마음을 둘 다 갖춘 일군들입니다. 그들의 신실함은 쏟아지는 헌물들을 욕심내지 아니하고 모세에게 보고하는 장면에서 증명됩니다(3-5절).

백성들의 헌신의 열정이 얼마나 대단한지는 곳곳에 표현되어 있습니다. 아침마다 일찍 자원하여 들고 나오는 헌물들로(3절) 모세가 헌물 정지의 명령을 내리기에 이릅니다(6절). 하나님의 원하심과 백성들의 자원하는 심령이 만나는 곳에는 부족은 없고 남음이 있는 열두 광주리 원리(마 14:20)를 배우게 됩니다(7절). 이 사실은 예전의 금송아지 우상 제작에 금고리만 내놓은 것과 대조됩니다(32:3). 그 때의 자신들을 위한 잘못된 헌물을 참회하며 진정한 하나님을 향한 헌신자가 되어가고 있음을 볼 수 있습니다.

모세의 헌물 정지 명령은 목적에 따른 헌금이 다른데 유용되는 것을 방지하려는 의도가 있습니다. 현대교회가 풍성한 헌금을 엉뚱하게 사용해서 부작용을 일으키는 것에 경종을 울리는 메시지입니다. 우리에게 풍성한 은사를 주시고 주님 사역에 뜨겁게 사용하여 주옵소서!

♦ 출애굽기 37장 성경칼럼

6절 | 순금으로 속죄소를 만들었으니 길이가 두 규빗 반, 너비가 한 규빗 반이며

9절 | 그룹들이 그 날개를 높이 펴서 그 날개로 속죄소를 덮었으며 그 얼굴은 서로 대하여 속죄소를 향하였더라

"퍼뜩 떠오르는 생각"

'인간은 생각하는 갈대이다(파스칼)'라는 말이 명언이 된 것은 공감하는 사람이 많기 때문입니다. 갈대처럼 연약한 인간이지만 생각하는 존재이기에 인간에게 존엄성이 주어진 것입니다. 그런데 그 생각의 내용이 악하게 되면 비참한 인생을 살 수 밖에 없습니다. 반면에 생각에 영감이 스미거나 진리를 깨우치게 되면 위대한 인간의 반열에 오르게 됩니다.

성경을 읽다가 하나님의 현현을 목격하고 생각에 하나님이 심겨지는 자는 복이 있습니다. 하지만 그 길을 가는 자가 드문 이유는 하나님의 현현이 가시적인 형상으로 나타나지 않기 때문입니다. 그러하기에 신앙생활을 하며 퍼뜩 떠오르는 생각에 하나님은 정말 계실까하는 의심이 생깁니다. 의심의 대명사인 디두모 도마가 따로 있는 게 아니라 나 자신일 수 있습니다.

이 민감한 주제의 원인을 알려주는 기사가 바로 속죄소 이야기입니다. 성막 전체 중에서 지성소가 중심이고 지성소의 핵심 기물이며 대체불가의 기능을 하는 곳이 속죄소입니다. 속죄소의 또 다른 명칭은 시은좌인데 하나님께서 범죄 한 인간을 찾아 오셔서 죄를 덮어 주시는 곳입니다. 성막의 기물 중에서 은혜와 화해의 장소로서 최고의 의미를 가지고 있습니다.

(출 25:22) "거기서 내가 너와 만나고 속죄소 위 곧 증거궤 위에 있는 두 그룹 사이에서 내가 이스라엘 자손을 위하여 네게 명령할 모든 일을 네게 이르리라"

속죄소는 법궤와 속죄판과 그 위로 두 그룹들(7-8절)로 구성되었습니다. 정확히는 법궤의 뚜껑이 속죄판이고 위로 있는 두 그룹 사이의 공간이 속죄소입니다(9절). 즉 하나님의 임재 장소는 눈에 보이는 그 어떤 기물이 아님을 의미합니다. 이 속죄소가 얼마나 폐쇄적인 것인지는 오직 대제사장만이 1년에 한번 대속죄일(레 16장)에 들어가 피를 뿌리는 의식만 하는 곳이라는 것으로 증명됩니다. 일반 백성들은 그 순간에 하나님의 임재 상징인 구름이 회막에 내려와 덮는 것을 볼 뿐입니다.

구약의 백성들에게 보이는 하나님의 현현은 비밀이며 그 원리는 신약성도들에게도 유사합니다. 다만 구약과 다른 점은 대제사장외에 접근할 수 없었던 속죄소가 신약시대에는 예수님의 십자가를 바라보는 자에게 허용된 것입니다. 피 뿌리는 속죄소는 십자가의 예표였던 것입니다. 이제 누구든지 원하는 자는 예수 그리스도를 통해 하나님과 교제하며 은혜의 기쁨을 누리게 되었습니다. 하지만 구약의 속죄소 정도는 아니지만 지금도 십자가는 믿음의 눈이 열리지 않는 자에게는 비밀로 감추어져 있습니다(골 2:2). 퍼뜩 하나님의 살아계심이 믿어지지 않는다는 생각이 들 때 속죄소와 십자가를 바라보면 놀라운 전환이 일어날 것입니다. 속죄소의 실체인 십자가를 만난 우리가 얼마나 영광스런 존재인지를 실감합니다.

♦ 출애굽기 38장 성경칼럼

3절 | 제단의 모든 기구 곧 통과 부삽과 대야와 고기 갈고리와 불 옮기는 그릇을 다 놋으로 만들고

8절 | 그가 놋으로 물두멍을 만들고 그 받침도 놋으로 하였으니 곧 회막 문에서 수종드는 여인들의 거울로 만들었더라

"분위기 파악"

어떤 장소든지 거기에 맞는 분위기가 있게 마련입니다. 더 정확히 정리하면 분위기는 장소를 초월하여 모이는 사람에 의하여 조성 됩니다. 침울

하고 심각하고 갈등이 있는 분위기가 때에 맞는 말 한마디로 기쁨과 화목의 분위기를 만들기도 합니다.

(잠 15:23) "사람은 그 입의 대답으로 말미암아 기쁨을 얻나니 때에 맞는 말이 얼마나 아름다운고"

육과 마음의 분위기 전환은 많은 노력과 재능이 있어야 이루어집니다. 하지만 영적인 세계의 분위기 전환은 하나님을 의식하는 순간 자동적으로 바뀌는 특징을 가지고 있습니다. 내가 하나님의 소유(일군)라는 것을 인식하는 순간 천함이 귀함으로, 약함이 강함으로, 우둔함이 지혜로움으로 설정이 바뀝니다(고전 1:27-29). 인류사에서 가장 처참한 장면은 단연코 예수님의 십자가 처형입니다. 하나님이 성육신하셔서 모든 인류의 죄를 담당하셔서 죽으신 십자가의 현장은 가장 처절한 분위기임이 분명합니다. 그런데 이 처참한 현장이 역설적으로 인류 역사상 최고의 사랑이 펼쳐진 현장입니다.

(히 9:28) "이와 같이 그리스도도 많은 사람의 죄를 담당하시려고 단번에 드리신바 되셨고.."

대속의 십자가는 하나님과 원수 되었던 인간을 하나님과 화목케 하는 기쁨의 현장으로 전환시켰습니다. 성막 전체에서 양면의 의미와 분위기를 나타내는 곳이 38장에 나오는 성막 뜰입니다. 이곳은 지성소와 성소의 출입을 제한하는 것과 다르게 하나님께 제사를 드리고자 하는 모든 백성이 출입할 수 있습니다. 번제를 위한 번제단과 정결을 위한 물두멍이 있고 제사를 드릴 때 필요한 소도구(통, 부삽, 대야, 고기 갈고리, 불 옮기는 그릇)들이 있습니다(1-8절).

여기서 주목할 것은 성막의 도구는 아주 작은 것이라도 아무거나 쓰는 것이 아니라 구별된 것을 사용해야 함을 배우게 됩니다. 제사장이 성소에 들어가기 전에 반드시 손을 씻는 물두멍을 만든 재료는 놋(구리)이였는데 여인들의 거울을 녹여 만든 것입니다. 여인들에게 가장 귀한 애장품인 거울을 드린 것은 최고의 정성을 아낌없이 드린 것입니다(8절).

이런 배경을 가지고 있는 성막 뜰에서 하는 것이 번제입니다. 피와 냄새와 연기가 어우러지는 성막 뜰의 분위기를 좋아할 사람은 없을 것입니다. 하지만 이 성막 뜰에서 일어나는 제사를 통하지 않고는 죄를 씻고 사죄 받을 길은 없습니다. 처참한 십자가가 구원의 영광이 되듯이 성막 뜰의 피비린내와 연기는 죄 사함과 화목의 은총을 주는 아름다운 것이 됩니다. 성막 뜰 경계에 세마포 천으로 울타리를 쳐서 바깥과 구별한 것은 신약적으로는 교회가 세상과 구별된 영역임을 계시합니다(9-20절). 누구나 교회를 다닐 수 있다고 생각하는 것은 큰 착각임을 알 수 있습니다. 구원의 은혜를 받은 자는 어떤 어려운 환경도 분위기를 바꾸어 하나님께 나아가는 기회가 될 수 있습니다.

♦ 출애굽기 39장 성경칼럼

30절 | 그들이 또 순금으로 거룩한 패를 만들고 도장을 새김 같이 그 위에 '여호와께 성결'이라 새기고

43절 | 모세가 그 마친 모든 것을 본즉 여호와께서 명령하신 대로 되었으므로 모세가 그들에게 축복하였더라

"옷은 또 하나의 나의 몸이다"

사람의 생활에서 옷의 중요성은 새삼 강조할 필요가 없습니다. 음식은 때에 따라 건너 뛸 수 있으나 옷을 안 입고는 살 수 없습니다. 삶의 필수 조건인 의식주에서 의(옷)를 제일 먼저 넣은 이유일 것입니다. 비언어의 메시

지로 옷을 사용하기도 하고 멋과 실용성이 오가는 가운데 시대에 따라 패션이 발전합니다. 옷의 특징 중의 하나는 신분을 나타내는 것으로 어떤 옷을 입느냐에 따라 그에 합당한 행동을 하게 되어 있습니다. 옷이 또 하나의 자기 몸이 될 수 있다는 뜻입니다.

이와 비슷한 사례가 운전자와 자동차와의 관계입니다. 저는 1종 대형 면허를 가지고 있는데 대형버스로 시험을 보았습니다. 그 큰 45인승 버스를 내 몸 같은 감각으로 운전하지 않고 작은 차처럼 운전하면 면허시험에 불합격 합니다. 이와 같이 자신이 오랫동안 운전하던 차는 내 몸에 딱 맞는 옷 같아서 습관으로 운전해도 접촉사고는 거의 없습니다.

39장에 나오는 대제사장 아론의 옷과 그 아들들의 제사장 옷의 제작은 그리스도인의 영적인 옷과 연결됩니다. 대제사장의 옷의 가장 큰 특징은 거룩한 옷이라는 것과 그 기능을 할 수 있도록 제작된 것입니다(1절). 그러므로 사람의 설계와 재단이 아닌 철저히 여호와께서 모세에게 명하신대로 만들었습니다(1, 5, 7, 21, 26, 29, 31절). 하나님의 명령에 대한 전폭적 순종은 제사장 옷의 어떤 부위보다 가장 아름다운 장식품입니다. 제사장의 옷은 거룩, 즉 구별된 옷이기에 이 옷과 패를 입게 되면 구별된 일을 하는 것이 당연합니다(30절).

이 원리는 신약 성도들이 예수 그리스도의 의를 옷 입게 되는 것과 같습니다.

(롬 13:14) "오직 주 예수 그리스도로 옷 입고 정욕을 위하여 육신의 일을 도모하지 말라"

이 옷을 사역적으로 전환하면 신자가 영적전투에서 입는 전신갑주로 표현됩니다.

(엡 6:11) “마귀의 간계를 능히 대적하기 위하여 하나님의 전신 갑주를 입으라”

제사장의 옷을 입는 자는 제사장의 핵심 사명인 중보자의 역할에 최선을 다해야 합니다. 이는 신약성도들이 영적인 제사장(벧전 2:9)으로서 세상을 향하여 하나님의 전권대사의 사명이 있음을 알려줍니다(고후 5:20). 세상 사람들은 하나님을 알 수 있는 성경을 거부하지만 성경 말씀을 적용하는 그리스도인을 통해 하나님을 소개받고 있습니다(롬 14:17). 그리스도의 옷인 의와 평강과 희락을 항상 옷처럼 입고 영적 제사장 역할에 충성하십시다. 회막의 사역에 충성한 주의 일군들이 모세의 축복을 받았듯이(42-43절) 우리도 주님께서 주시는 복락을 누릴 수 있습니다.

♦ 출애굽기 40장 성경칼럼

13절 | 아론에게 거룩한 옷을 입히고 그에게 기름을 부어 거룩하게 하여 그가 내게 제사장의 직분을 행하게 하라

17절 | 둘째 해 첫째 달 곧 그 달 초하루에 성막을 세우니라

"과연 될까?, 점점 되어가네, 드디어 되었다!"

인간에게 있어서 문제점을 한 가지만 고른다면 절망입니다. 키에르케고르는 ‘죽음에 이르는 병’이라는 책에서 절망의 위력을 죽음이라고 설파했습니다. 절망하는 자는 무기력에 빠지고 우울증에 걸려 손 하나 까딱할 힘도 없고 자살의 위험도가 높습니다. 그러하기에 수많은 인생의 지혜서는 희망을 이야기하고 계획과 소원을 가지라고 권고합니다. 그러나 계획과 소원은 가지기는 쉬우나 성취하기는 어렵습니다. 그리하여 이에 대처하는 위로와 희망고문과 내려놓음과 눈높이 행복 등이 성황을 누립니다. 그리스도인도 성경적 가치관

을 훈련하지 아니하면 위의 패턴에서 뱅뱅 돌 수밖에 없습니다.

마침내 출애굽기의 마지막 장에 이르렀습니다. 유랑민으로 시작해서 이방 땅에서의 번성은 이뤘지만 노예의 신분이 되어버린 이스라엘 백성에게 출애굽의 명령이 떨어지면서 출애굽기는 시작되었습니다. 430년간의 노예 근성을 가진 백성들이 모세로부터 주어진 하나님의 명령에 어떻게 반응했을까요? 곤고함을 견디지 못해 부르짖는 가운데서도 '과연 될까'라는 마음이 들었을 것이 틀림없습니다. 눈에 보이지 않는 하나님은 모세를 통해서만 접할 수 있었고 그 영향은 불순종으로 이어졌습니다.

홍해의 기적과 광야의 돌보심을 맛보는 가운데 전능하신 하나님을 경험하며 '점점 되어가는 것'을 목격합니다. 파란만장과 우여곡절의 과정에서 하나님의 언약은 율법전수와 성막건립으로 진전됩니다. 이 율법과 성막으로 노예에 불과했던 이스라엘 백성은 선민이 되고 하나님과 교제하는 신정국가의 체계를 이루게 됩니다. 이제 40장은 성막 완성과 함께 봉헌식이 거행되고 하나님의 인준이 기록됩니다.

과연 될까라는 희미한 소원이 하나님의 은혜로 '드디어 되었다'라는 감격이 주어집니다. 제사장 직분을 위한 성결식을 통해 기름 부음이 주어집니다. 못난 인간이 하나님의 구별하시는 기름부음으로 그의 소유가 되고 거룩한 사역의 일군이 됩니다. 성막이 완성된 후 그 위에 구름이 덮이고 여호와의 영광이 성막에 충만히 임하는 장면은 하나님께서 성막을 기쁘게 열납하였음을 의미합니다(34절). 하나님의 영광의 임재는 소유 확인과 함께 이후의 동행과 인도와 보호와 승리에 대한 보장입니다. 이제는 광야에서 성막과 함께 불기둥과 구름기둥의 보이는 실체가 저들을 안내할 것입니다(36-38절).

이스라엘이 성막 중심으로 생활이 변한 것은 신약성도들이 희미한 섬김이 아닌 그리스도를 삶의 중심에 모신 것을 상징합니다(갈 2:20). 성령을 받은 성도들은 관유로 기름부음 받은 것의 실체입니다(12-16절). 이스라엘이 불기둥과 구름기둥으로 인도함을 받은 것은 우리가 성령님과 교제하며 인도받는 것과 같습니다(갈 5:16-18). 출애굽기를 통해 구원의 방법과 과정을 목도하며 신앙생활의 능력과 축복을 알게 하신 주님께 영광을 올립니다.

레위기

♦ 레위기 1장 성경칼럼

4절 | 그는 번제물의 머리에 안수할지니 그를 위하여 기쁘게 받으심이 되어 그를 위하여 속죄가 될 것이라

9절 | 그 내장과 정강이를 물로 씻을 것이요 제사장은 그 전부를 제단 위에서 불살라 번제를 드릴지니 이는 화제라 여호와께 향기로운 냄새니라

"하나님은 얼마나 정교하신가!"

1837년 당시로선 획기적 발명품인 모스(morse) 전신기의 첫 시연에서 워싱턴으로부터 볼티모어로 발신된 유명한 메시지 내용입니다. 모스 전신기(부호)는 지금도 전파가 닿지 않는 곳에서 유용하게 쓰여 지고 우주 영화인 '인터스텔라'에서 결정적인 역할로 나옵니다. 하나님을 잘 믿고 경험한 사람들의 공통된 특징은 하나님의 정교함을 고백한다는 것입니다. 이것은 우연이 아니라 성경에 계시된 하나님의 정교함에서 기인한다고 볼 수 있습니다.

우리는 출애굽기의 율법과 성막의 계시에서 이미 하나님의 정교함을 경험했습니다. 이어지는 레위기는 훨씬 더 하나님의 정교함이 드러나 자칫하면 이해가 어렵고 진도가 안 나갈 수도 있습니다. 제가 초신자에게 성경 정독을 권하면서 신약부터 읽으라고 하는 이유입니다. 거의 대부분의 신자가 창세기부터 읽다가 레위기에서 멈추는 것을 보았기 때문입니다. 이렇게 디테일함의 상징인 레위기의 핵심 메시지는 무엇일까요?.

레위기는 거룩하신 하나님과 타락한 인간 사이의 친교가 어떻게 가능한지를 가르쳐 줍니다. 하나님께 나아가는 방법과 하나님을 섬기는 제사(예배)의 모범을 알려줍니다. 레위기는 출애굽 1년(B.C.1445년) 된 날부터 50일 동안 일절 이동하지 않고 계시를 받아 기록한 것입니다. 레위기는 '거룩'이란 단어가 90여 번 기록되어 성결을 강조합니다. 성결에 대한 방법론에 있어서 육체적 성결이 전제될 때 비로소 영적인 성결도 이루어질 수 있다는 순서를 강조합니다. 이런 까닭에 희생 제물로 쓰이는 짐승의 완전함이 항상 요구되었습니다(3, 10절).

우리는 레위기에 나오는 5대 제사와 4종류의 제사 방법과 히브리 절기와 축제 등이 예수 그리스도의 성품과 사역을 예표 하는 것을 배워 나갈 것입니다. 1장에는 제사 중에서 핵심인 번제가 나옵니다. 번제의 가장 중요한 의미는 희생 제사라는 것이고 반드시 희생할 제물이 있어야 합니다. 제물의 종류는 형편에 따라 여러 가지를 드릴 수 있으나 반드시 생축이어야 합니다. 육체의 생명은 피에 있기에(레 17:11) 생축의 제물만이 속죄를 할 수 있습니다. 생축의 피는 신약시대 그리스도의 보혈을 예표하고 상징합니다(히 9:22-23). 소와 양을 제물로 드릴 수 없는 가난한 자는 비둘기 새끼를 제물로 드리게 하므로 경제적인 이유로 제사를 드리지 못하는 백성이 없도록 하십니다(14절).

제물을 드리는 방법은 제물의 종류에 따라 다르지만 전부를 태워 버리는(화제) 전적 희생의 정신을 따라야 합니다(9, 13, 17절). 화제로 드릴 때의 냄새가 결코 좋을 리가 없지만 향기로운 냄새(9, 13, 17절)라고 칭한 것은 의미심장합니다. 오직 하나님께 상달되는 순종의 제사(엡 5:2)만이 기쁘게 받으신다는 뜻입니다(삼상 15:22). 예배의 정신을 잘 배워 예배의 축복을 가득히 받는 공동체를 사모합니다.

♦ 레위기 2장 성경칼럼

11절 | 너희가 여호와께 드리는 모든 소제물에는 누룩을 넣지 말지니 너희가 누룩이나 꿀을 여호와께 화제로 드려 사르지 못할지니라

13절 | 네 모든 소제물에 소금을 치라 네 하나님의 언약의 소금을 네 소제에 빼지 못할지니 네 모든 예물에 소금을 드릴지니라

"프롤로그(prologue), 에필로그(epilogue)"

레위기

프롤로그는 작품의 서막에서 본편의 내용을 상징하는 어떤 장면이나 문장을 통해 흥미를 유발하는 것을 말합니다. 에필로그는 작품이 끝나고 나서 본편의 내용의 키(key)가 되거나 숨겨진 코드를 슬쩍 보여주는 것입니다. 이 두 가지를 산뜻하게 사용하여 반전의 메시지를 내놓는 작품에게 호평이 주어집니다. 성경은 해석이 필요한 책이라는 사실을 우리는 잘 압니다. 특별히 구약은 성경이 쓰여 질 당시의 언어와 사회와 문화와 종교를 미리 알지 못하면 오석을 할 가능성이 많습니다. 나아가 성경은 하나님의 계시이기에 하나님의 뜻과 성품을 전제하지 않으면 많은 오해가 쌓일 수 있습니다.

그런 의미에서 레위기는 현대적 관점에서 볼 때 생소한 단어와 환경이 많아 영적 프롤로그가 꼭 필요한 책입니다. 레위기의 주제인 제사라는 단어부터 유교 문화권에 영향 받은 우리의 선입견과는 전혀 다른 뜻입니다. 우리나라의 전통적 제사는 죽은 조상들의 영을 비슷한 신과 동격에 놓고 숭배하는 것입니다. 그러나 성경의 제사는 하나님만이 창조주로서 참된 신이며 만물의 통치자가 되심을 인정하며 드리는 예배입니다.

제사가 위치하는 곳은 하나님께 나아가는 길의 중심에 있습니다. 성막과 제사장과 제물이 모두 제사를 위한 목적이 있고 그 결과는 하나님과 교

제하는 것에 이르게 됩니다. 이 과정 속에 성결법이 적용되고 절기 준수를 비롯한 의무가 주어집니다. 레위기에 나오는 상징적 용어를 신약의 관점에서 해석하면 좋은 프롤로그가 됩니다. 기름은 성령이나 성령의 사역을, 향은 성도의 기도나 아름다운 생활 자세를, 누룩은 죄와 부패를, 꿀은 세상 기쁨과 연락을, 소금은 불변과 정결을, 떡은 하나님의 말씀을 상징한다고 볼 수 있습니다.

5대 제사 중에 번제와 소제와 화목제는 자원하는 마음으로 드리는 제사입니다. 속죄제와 속건제는 의무적으로 드려야 하는데 그 이유는 죄를 용서받는 제사로서 필수적으로 드려야 하기 때문입니다. 제사 드리는 4가지 방법에 대한 프롤로그도 눈치 채야 합니다. 불로 태우는 화제, 높이 들어 바치는 거제, 흔들어 드리는 요제, 부어 드리는 전제가 있습니다. 2장의 주제인 소제는 5대 제사 중에 유일하게 피 없는 식물성 제사입니다. 본장의 소제는 다른 제사와 함께 드리는 것보다 독자적으로 드려지는 형태를 기술하고 있습니다. 땅의 소산물을 주신 하나님께 빻은 곡식가루처럼 부서진 겸허한 심령으로 감사하는 마음을 가지고 드리는 것입니다.

누룩과 꿀을 넣지 않는 것은 죄의 부패와 전염성을 금하라는 명령입니다(11절). 소금을 반드시 사용하라는 것은 부패를 방지하고 정확한 맛을 내는 소금처럼 변하지 않는 신앙을 요구하는 것입니다(13절). 기름과 유향이 상징하는 것은 성도의 아름다운 기도와 모범적 생활로서 주님을 닮아가는 목표를 주시는 것입니다(15절). 소제를 신약성도로서 적용하자면 매 주일, 매일, 매순간 자원하여 최선의 감사를 드리는 생활과 예배를 의미합니다(롬 12:1).

♦ 레위기 3장 성경칼럼

1절 | 사람이 만일 화목제의 제물을 예물로 드리되 소로 드리려면 수컷이나 암컷이나 흠 없는 것으로 여호와 앞에 드릴지니

17절 | 너희는 기름과 피를 먹지 말라 이는 너희의 모든 처소에서 너희 대대로 지킬 영원한 규례니라

"그래서 나에게 돌아오는 이익은?"

툭 치면 말을 하는 인형이 있습니다. 만약 사람을 툭 쳐서 속에 있는 본심이 튀어 나온다면 어떤 말이 가장 많을지 상상해 보았습니다. 인정해 달라는 여러 표현과 함께 돌아 올 이익을 묻고 있지 않을까 생각됩니다. 그만큼 인간은 자기중심적이고 실리에 악착같은 존재라고 보기 때문입니다. 험한 세상을 살면서 닳고 닳은 인간이 자기방어를 위해 몸부림치는 현상으로도 해석됩니다. 이 문제를 영적으로 대입하면서 질문을 만들어 보았습니다.

'그래 네 말대로 예수 믿고 구원받으면 무엇을 얻는 거야' 이익이 없으면 한 발자국도 움직이기 싫어하는 죄인의 관성이 여지없이 작동된 모습입니다. 불신자와 새신자에게 구원의 영적 축복에 대한 내용을 이야기해서 받아들이면 얼마나 좋겠습니까? 자연인이 보이지 않는 하나님의 보이지 않는 엄청난 복락을 알아차리기는 매우 어렵습니다. 그러나 성령으로 거듭난 그리스도인들은 신기하게도 이 복락을 깨닫고 믿고 고백하기에 이릅니다.

이 영적 복의 핵심에 화목(peace)이 있습니다. 예수님을 구주로 영접하고 죄 사함 받은 자에게는 하나님과 화목해지는 관계로 들어갑니다(롬 5:1, 10). 바로 하나님의 자녀로 신분이 바뀌고 하나님과 교통하는 상태가 되기 때문입니다. 이 수직적 관계를 기초로 하여 인간 상호간에 수평적 관계에

서 화목이 이루어집니다.

3장에 나오는 화목제는 바로 이 이야기를 제사의 상황을 통해 알려주고 있습니다. 우리는 이 화목제의 의미를 통해서 구원받은 자로서 하나님의 측량할 수 없는 자비의 은총을 경험할 수 있습니다. 화목제가 다른 제사와 다른 점은 이스라엘 백성으로서 자원하는 자는 제한 없이 참여할 수 있는 것입니다. 소와 양과 염소의 제물을 준비하고 안수하는 제사의 기본과 함께 암컷도 허용되었습니다(1절). 비둘기가 제외된 이유는 제사 후에 나누는 고기의 양이 있어야 하기 때문입니다.

화목제는 하나님께 드린 제물을 제사 드린 자들이 나누어 먹으며 화목을 이루는 교제가 중요합니다(레 7:15-16). 이는 후에 신약교회가 성만찬을 하는 것의 근원이 됩니다. 화목제의 진정한 의미는 화목제물인 예수 그리스도로 말미암아 하나님과 화목해지고 이웃과 기쁨을 나누는 축복을 받는 것입니다(엡 2:13). 기름과 피를 먹지 말라는 명령(17절)은 하나님의 것에 대한 경외와 구별된 생활을 위한 것으로서 구약적인 율례입니다. 이제 누가 구원의 축복을 질문한다면 화목으로 인하여 진정한 기쁨을 누리는 것이라고 전할 수 있습니다.

♦ 레위기 4장 성경칼럼

3절 | 만일 기름 부음을 받은 제사장이 범죄하여 백성의 허물이 되었으면 그가 범한 죄로 말미암아 흠 없는 수송아지로 속죄제물을 삼아 여호와께 드릴지니

14절 | 그 범한 죄를 깨달으면 회중은 수송아지를 속죄제로 드릴지니 그것을 회막 앞으로 끌어다가

"반드시 통과해야 하는 곳"

문경새재에 가본 적이 있습니다. 경북 문경과 충북 괴산 사이의 고개인데 옛 선비가 과거를 보러갈 때 이곳을 지나야만 한양에 갈 수 있었습니다. 지금은 교통수단이 좋고 터널도 펑펑 뚫려 이곳을 들릴 필요가 없어 문경새재는 공기 좋은 관광지입니다. 과거에 한양에 가려면 반드시 통과하는 고개가 있듯이 인간이 구원의 자녀가 되기 위해서는 꼭 거쳐야 하는 곳이 있습니다.

5대 제사 중의 의무적으로 드려야 하는 제사는 속죄제와 속건제입니다. 이 두 제사의 목적은 말 그대로 속죄, 즉 죄를 용서받는 의식입니다. 속죄제는 하나님의 율법(1-4계명)에 빗나간 모든 죄를 용서받기 위해 드립니다. 속건제는 대인 계명(5-10계명)에 관한 죄를 용서받기 위해 드립니다. 죄를 안 짓고 사는 사람은 일절 없기에 이 두 제사는 의무제이며 하나님의 자녀라면 반드시 통과해야 하는 관문이 됩니다. 4장에 나오는 속죄제는 네 가지 등급으로 구분되어 규례가 주어집니다. 제사장, 이스라엘 온 회중, 족장, 평민으로 나뉘어져 그 규례가 다르게 정해져 있습니다. 이처럼 죄지은 자의 지위에 따라 제물의 종류나 희생 제물의 피 처리 방법이 다르게 적용된 이유는 무엇일까요?

제사는 예수 그리스도의 희생 제물의 예표를 나타내는 것으로 구속사적인 의미가 있기 때문입니다. 구속사적 의미라는 것은 장차 전 인류의 죄를 완전히, 단번에, 영원히 대속하기 위한 제물로는 더 크고 값지며 완전한 제물이 요구된다는 사실을 의미합니다. 완전한 하나님이시고 100% 흠 없는 인간이신 그리스도만이 구속을 감당할 수밖에 없다는 것을 계시합니다.

(히 4:15) "우리에게 있는 대제사장은 우리의 연약함을 동정하지 못하실

이가 아니요 모든 일에 우리와 똑같이 시험을 받으신 이로되 죄는 없으시니라”

제사장이 지은 죄와 이스라엘 온 회중의 죄를 동격으로 놓고 같은 제물(흠 없는 수송아지)과 같은 처리 방식으로 드립니다(3, 14절). 이것은 영적 지도자인 제사장의 책임이 중대하다는 뜻이고 그 정신은 지금도 이어집니다(약 3:1). 족장의 속죄제는 수 염소로 제물이 달라지고 피를 바르는 곳이 향단 뿔에서 번제단 뿔에 바르는 것으로 바뀝니다(22-26절). 평민의 속죄제는 제물의 등급이 낮은 암염소 혹은 암양이 드려지고 제물의 처리도 완화됩니다(27-35절).

제물의 차이에 있어서 오해하지 말아야 할 것은 신분 차별에 목적이 있는 것이 아닌 그리스도의 절대 필요성 사상을 강조하는 것입니다. 어떤 제물도 영원하고 완전한 속죄를 이룰 수 없기에 오직 예수 그리스도의 속죄만을 사모하게 합니다. 구원의 핵심은 속죄이고 오직 십자가에 죽으신 예수님만을 통해서 구원받을 수 있다는 진리를 주셨습니다.

(히 9:12) “염소와 송아지의 피로 하지 아니하고 오직 자기의 피로 영원한 속죄를 이루사 단번에 성소에 들어가셨느니라”

♦ 레위기 5장 성경칼럼

1절 | 만일 누구든지 저주하는 소리를 듣고서도 증인이 되어 그가 본 것이나 알고 있는 것을 알리지 아니하면 그는 자기의 죄를 져야 할 것이요 그 허물이 그에게로 돌아갈 것이며

5절 | 이 중 하나에 허물이 있을 때에는 아무 일에 잘못하였노라 자복하고

"천 리길도 한 걸음부터"

머나먼 천 리길을 가더라도 처음의 한걸음을 내딛지 않으면 안 된다는 말입니다. 무슨 일이든지 시작하지 않고 이룰 일은 없습니다. 이 말을 넓게 적용하면 근본(기초)이 안 되어 있으면 일의 성취는 불가능하다는 뜻이 됩니다. 그러면 신앙의 첫걸음과 근본에 해당하는 것은 과연 무엇일까요? 예수님을 믿지 않거나 교인이 되었어도 진정한 그리스도인으로 성장하지 못하는 원인 중에 이 문제가 있습니다.

기독교 신앙의 첫 관문은 바로 죄에 대한 인식입니다. 죄에 대한 정의를 올바르게 알고 자신이 죄인임을 깨닫지 아니하면 신앙의 길로 한 걸음도 들어갈 수 없습니다. '죄(하탈티아, 과녁을 빗나가다)'의 정의는 하나님의 뜻을 벗어난 것입니다. 하나님의 뜻은 신구약 성경 전체에서 계시된 대로 오직 예수님을 통해서만 구원받는 것입니다(행 4:12, 요14:6). 그러므로 예수님의 속죄를 믿지 않는 것이 죄의 본질이며 가장 큰 죄입니다(요 16:9).

이제 자연인이 죄를 깨닫지 못하고 죄인임을 인정하지 않는 근본적 원인이 밝혀졌습니다. 죄를 인식하지 못하는 자에게 아무리 죄를 용서받는 길을 이야기해도 받아들일 수 없는 것입니다. 4장에 이어 5장에서도 속죄제가 필요한 죄를 정하고 속죄제를 드릴 사람을 들고 있습니다. 죄에 대한 항목을 들면서 부지중에, 또는 무심중에 짓는 죄를 지적하고 있습니다(2-4, 17-18절). 우리가 죄라고 의식하지 않는 불의에 침묵하는 것도 반드시 속죄제를 드려야 한다고 말씀합니다(1절). 죄에 대한 침묵은 제 9계명의 거짓 증언에 해당되기 때문입니다.

이어서 나오는 세세한 죄의 항목들(부정한 것을 접촉, 잘못된 맹세)을 보면서 우리는 자칫하면 하나님을 오해하기 쉽습니다. 조목조목 나열한 죄의 규례를 하나님께서 인간을 얽어매기 위함이 아닌가 하는 의구심입니다. 그러나 이것은 좋으신 하나님께서 연약하고 무지한 가운데 살면서 죄를 지을 수밖에 없는 인간의 한계성을 긍휼히 여기시는 것입니다. 우리의 작은 죄까지 하나도 남김없이 사함 받을 수 있도록 배려하시는 하나님의 자비하심을 깨달아야 합니다.

가난한 자(7-10절)는 비둘기 두 마리의 제물을 드리고 극빈자(11-13절)도 속죄제에서 제외되지 않도록 특별 규례(제물=고운 가루 1/10에바=1.2되)를 제정하십니다. 죄 사함의 길은 경제적인 문제가 아니라 정성에 달려 있음을 계시하시며 이는 신약시대(막 12:42-44)에도 동일하게 적용됩니다. 죄를 절실히 깨닫는 것이 시작이라면 다음은 그 죄에 대하여 용서받고자 하는 간절함입니다. 예민한 죄 인식에 이어지는 단계인 자복(자백, 5절)과 배상을 실천하는 회개(6, 16절)는 성결한 신앙의 길을 갈 수 있게 할 것입니다.

♦ 레위기 6장 성경칼럼

2절 | 누구든지 여호와께 신실하지 못하여 범죄하되 곧 이웃이 맡긴 물건이나 전당물을 속이거나 도둑질하거나 착취하고도 사실을 부인하거나

5절 | 그 거짓 맹세한 모든 물건을 돌려보내되 곧 그 본래 물건에 오분의 일을 더하여 돌려보낼 것이니 그 죄가 드러나는 날에 그 임자에게 줄 것이요

"그 때 알아 봤어야 했는데.."

어떤 사안이나 사람에 대해 낭패를 겪거나 배신을 당했을 때 후회하며 하는 말입니다. '하나를 보면 열을 안다'라는 유사한 말도 있습니다. 툭탁하면 지각을 하는 사람이 큰 약속도 잘 지키지 못한다는 것은 이미 경험적으

로 체득되어 있습니다. 돌연변이가 없는 것은 아니지만 대부분의 사안과 인간관계는 유기적 특성을 가지고 있습니다. 유기적이란 마치 생물체처럼 각 부분이 서로 밀접하게 관련되어 있어서 떼어낼 수 없다는 뜻입니다. 결혼의 위험을 방지하기 위해 상대방 친구를 만나 보는 것이나 간부사원 승진 때에 가족, 특히 부모에게 효도하는 것을 점검하는 것도 이에 해당됩니다.

영적인 세계에서의 유기적 관계는 아주 단순명료하게 정리되어 있습니다. 하나님께 신실하지 못한 자는 사람에게도 신실하지 못하여 해를 끼친다고 말씀합니다(2절). 이를 역으로 접근하면 인간을 무시하고 범죄 한다면 그것은 하나님께도 범죄가 된다는 의미입니다. 하나님께 진실하다면 하나님의 형상으로 지음 받은 사람에게 범죄 하지 않을 것입니다.

(약 3:9) "이것으로 우리가 주 아버지를 찬송하고 또 이것으로 하나님의 형상대로 지음을 받은 사람을 저주하나니"

이웃 사랑은 곧 하나님 사랑의 증거이고 큰 표현입니다(갈 5:14).

이런 관점에서 율법 초기에는 속죄제와 속건제가 확실히 구분되었지만 이스라엘 후기에는 이 두 제사를 대부분 합쳐서 드리게 됩니다. 6장의 속건제는 5장의 속건제 내용(성물에 대한 범과, 인간 관련 여호와의 금령)에 이어지고 있습니다(5:15-19). 인간 상호간의 범과에 대한 5가지 경우를 구체적으로 구분하고 속건제와 배상을 명령합니다(1-7절). 특별히 배상에 대한 명확한 비율을 원물의 1.2배로 정해 주시는 뜻을 헤아려 보아야 합니다(4-5절). 구약은 문자적으로 적용되었지만 신약에서는 피해자에게 용서를 받고 아픔을 보상해 주는 것으로 진전됩니다. 타인에게 끼친 죄에 대한 보상과 위로가 구약의 숫자적인 것(20%)을 초월하게 되는 것이 신약의 원리입니다.

부패했던 세리장 삭개오의 회개를 최상위급으로 보는 이유는 재물보다 하나님과 이웃을 우선순위에 놓았기 때문입니다.

(눅 19:8) “삭개오가 서서 주께 여짜오되 주여 보시옵소서 내 소유의 절반을 가난한 자들에게 주겠사오며 만일 누구의 것을 속여 빼앗은 일이 있으면 네 갑절이나 갚겠나이다”

삶과 이어지는 진정한 회개에 응답하시는 주님의 구원의 확증은 가슴을 떨리게 합니다.

(눅 19:9) “예수께서 이르시되 오늘 구원이 이 집에 이르렀으니 이 사람도 아브라함의 자손임이로다”

제사장의 정결함의 유지(10절)와 제단의 불을 꺼지지 않게 하라(13절)는 명령은 우리의 영적감각이 늘 날카롭게 살아 있어야 할 것을 말씀합니다(살전 5:19-22).

♦ 레위기 7장 성경칼럼

7절	속죄제와 속건제는 규례가 같으니 그 제물은 속죄하는 제사장에게로 돌아갈 것이요
27절	무슨 피든지 먹는 사람이 있으면 그 사람은 다 자기 백성 중에서 끊어지리라

"깊이 알면 다쳐, 제대로 알면 대박"

일반적으로 무엇을 안다는 것은 부가적으로 힘과 이익이 따라 옵니다. 그러나 어떤 조직에서 예민한 정보를 습득하면 위험에 처할 수도 있습니다. 그러면 성경을 읽고 배우고 연구하면 과연 위의 두 가지 중에 어디에 이를까요? 전제를 단다면 이단처럼 잘못 아는 것은 제외 합니다. 이단이 성경을 잘못 해석하는 것은 두 말 할 필요 없는 지옥행이기 때문입니다.

(벧후 3:16) “또 그 모든 편지에도 이런 일에 관하여 말하였으되 그 중에

알기 어려운 것이 더러 있으니 무식한 자들과 굳세지 못한 자들이 다른 성경과 같이 그것도 억지로 풀다가 스스로 멸망에 이르느니라"

성경을 올바로 알고 배우고 적용하면 두 말 할 필요 없이 대박입니다.

(딤후 3:16-17) "모든 성경은 하나님의 감동으로 된 것으로 교훈과 책망과 바르게 함과 의로 교육하기에 유익하니 이는 하나님의 사람으로 온전하게 하며 모든 선한 일을 행할 능력을 갖추게 하려 함이라"

7장에는 1장부터 시작된 구약의 5대 제사의 종류와 제물과 방법이 종결됩니다. 이미 우리가 배운 대로 구약의 제사는 예수님의 속죄의 예표이고 신약교회 예배의 요소가 계시되어 있습니다. 구속사적으로 해석하면 구약시대의 제사는 의식법(Ceromonial Law)에 속하기에 신약시대인 지금은 지키거나 구속될 필요가 없습니다. 그러나 의식법을 문자적으로 지킬 필요는 없으나 그 법정신은 그리스도로 말미암아 승화되고 완성된 것을 잊지 말아야 합니다. 제사의 정신은 복음의 핵심에 융해되어 있고 예배의 자세에 근본으로 자리 잡고 있습니다(요 4:24).

신약의 예배는 오직 하나님의 방법으로 겸손하게 하나님께 나아가는 구약의 제사 정신을 이어가는 것입니다. 번제의 전적 헌신과 복종, 소제의 성화에 대한 감사와 겸손, 속죄제의 용서에 대한 기쁨, 속건제의 화해와 이웃사랑, 화목제의 이웃 교통과 사랑이 들어와 있습니다. 이 대박의 축복이 우리가 드리는 예배에서 이루어지고 있습니다.

너무 영적 축복만 예시해서 시큰둥하실 필요는 없습니다. 7장의 주제가 각 제사에서 제사장들에게 주어지는 분깃(몫)을 말씀하고 있기 때문입니다. 거제는 높이 들어 제사하는 방법인데 올릴 때 하나님께서 받으시고 내릴 때 제사장에게 주는 것을 의미합니다(32-34절). 하나님의 사역의 원리는 하나님의 일을 하는 자를 책임지시는 것입니다. 땅의 기업이 없는 제사장에게 생활의 걱정이 없도록 하나님께서는 보장하십니다(7-14절, 마 6:31-34).

(신 25:4) "곡식 떠는 소에게 망을 씌우지 말지니라"

지성물인 피와 성물인 기름은 절대 사람이 먹지 않도록 하심으로 생명의 주이신 그리스도를 예표 합니다(22-27절). 우리 모두 제사장으로서의 예배자임을 알고 은혜를 깊이 새기며 하나님께서 주시는 복을 누리십시다.

♦ 레위기 8장 성경칼럼

12절 | 또 관유를 아론의 머리에 붓고 그에게 발라 거룩하게 하고
33절 | 위임식은 이레 동안 행하나니 위임식이 끝나는 날까지 이레 동안은 회막 문에 나가지 말라

"생활 회화, 전문 용어, 영적 문장"

신학생 시절 선교사를 꿈꾸며 10분 영어 설교를 연습한 적이 있습니다. 외국어는 계속 쓰지 아니하면 잊어버리는 특성이 있어 습득을 위해서는 지구력과 함께 생활화가 필수입니다. 영어회화를 잘 해도 영어설교가 어려운 이유는 전문 용어가 들어가야 하기 때문입니다. 나아가 영적인 문장은 더 생소해서 일반인들은 이해하기 어렵습니다. 교회에 처음 온 사람들이 모국어로 하는 설교를 들었음에도 이질감을 느끼는 이유도 이와 같은 맥락입니다. 기독교인들이 신약에 비해 구약에 나오는 용어가 어렵고 이해가 안 되는 이유는 재해석이 필요한 내용이 많이 나오기 때문입니다.

모세오경의 1차 독자는 광야의 이스라엘 백성입니다. 당시의 언어와 문화를 선이해하지 못한 후대의 그리스도인이 쉽게 알아들을 수 없는 것은 당연합니다. 8장의 주제인 제사장의 위임식 내용은 절차와 용어와 규례에서 재해석을 할 부분이 많습니다. 위임식의 명령자는 하나님이시며 집정자는 모세이고 위임 대상자는 아론과 그 아들들이며 공증인은 이스라엘 온 회중입니다(1-5절). 제사장 될 자를 아론의 혈통으로 엄격히 구별한 이유는 택한 자만이 이 직을 맡을 수 있다는 뜻입니다.

(히 5:4) "이 존귀는 아무도 스스로 취하지 못하고 오직 아론과 같이 하나님의 부르심을 받은 자라야 할 것이니라"

이 영적 원리를 세운 이유는 유일하고 영원한 대제사장 되시는 예수님을 계시하시기 위함입니다(히 5:5).

위임식의 공증인으로 온 회중(대표인 족장과 장로들)을 동원한 것은 제사장의 위임을 공개적으로 하여 신적 기원을 인지시키고 복종하도록 하기 위함입니다. 위임식의 절차에서 온 몸을 씻게 한 것은 죄의 더러움을 제거하는 영적 정화가 기본이 되어야 함을 알려줍니다(6절). 이에 대한 신약적인 적용으로는 생명수 되시는 성령님의 사역으로 해석할 수 있습니다.

(요 7:38) "나를 믿는 자는 성경에 이름과 같이 그 배에서 생수의 강이 흘러나오리라 하시니"

대제사장에게 입혀지는 의복(7-9절)은 신약의 성도에게 입혀지는 영적 칭의를 받는 은총의 옷을 상징합니다.

(롬 3:22) "곧 예수 그리스도를 믿음으로 말미암아 모든 믿는 자에게 미치는 하나님의 의니 차별이 없느니라"

위임식의 제사는 속죄제와 번제와 소제를 곁들인 화목제 순으로 드려지는데 완전한 희생과 감사 속에 특권과 임무를 새기게 됩니다(14-29절). 피와 기름을 섞은 관유의 기름부음은 아론은 머리에 붓고(12절) 아들들은 몸과 의복에 뿌립니다(30절).

신약성도는 영적 제사장으로서 하나님의 성별하심으로 보혈의 능력과 성령의 충만함으로 기름부음을 받았다는 것을 확인할 수 있는 것입니다. 7일 동안 반복된 위임식을 하고 회막에만 머무르게 한 것은 평생 하나님과 동거 동행하는 존재임을 새기는 훈련이었습니다(33-36절). 현세와 영원세계 전부를 살펴보아도 주님과 동행하는 복보다 더 큰 복은 없습니다(시 73:25).

♦ 레위기 9장 성경칼럼

6절 | 모세가 이르되 이는 여호와께서 너희에게 하라고 명령하신 것이니 여호와의 영광이 너희에게 나타나리라

23절 | 모세와 아론이 회막에 들어갔다가 나와서 백성에게 축복하매 여호와의 영광이 온 백성에게 나타나며

"순서가 틀렸어"

어떤 일이나 관계에서 할 것은 다 한 것 같은데 틀어지는 경우가 있습니다. 이런 경우 선후의 순서가 바뀌지 않았는지 점검하는 것이 지혜롭습니다. 인생에서 중요한 원칙 하나가 건너뛰는 것은 없기 때문입니다. 인간관계에서 상대방의 의중을 못 알아보고 자기 기분대로 행하다 낭패를 겪을 때가 많은 이유입니다. 정상적인 신앙인이라면 하나님의 뜻을 알고 순종하여 축복을 받기를 원할 것입니다. 반대로 가장 위험한 신앙은 하나님의 뜻에 자기의 견해와 사상을 첨가해서 행동하는 것입니다.

모진 고난을 통해 연단된 모세가 하나님의 말씀을 전할 때 수없이 강조한 어절을 주목해야 합니다. '여호와께서 명하신 것이니(6절) 여호와의 명대로 하라(7절)'입니다. 모세는 하나님의 명대로 행할 때 하나님의 영광이 나타날 것임을 확신하고 있습니다. 이 원리는 성경의 불변의 약속으로 이사야(사 6:1)와 스데반(행 7:55)을 비롯한 영적 거성들이 체험했습니다.

성숙하지 못했던 시절에 금송아지 우상숭배를 했던 아론이 이제 대제사장이 되어 명령대로 제사 드리는 내용이 9장에 펼쳐집니다. 이미 8장에서 위임식 기간 7일 동안 제사를 지냈던 그가 대제사장 첫째 날에 첫 번째로 하는 일이 제사입니다. 자기를 위한 제사를 먼저 드리라는 명령을 순종합니다(8-14절). 아론의 순종은 인간 제사장의 속죄는 불완전하고 효력이 제한적임을 고백하며 유일하고 완전하신 그리스도의 속죄를 바라본 것입니다(히 7:21-27).

하나님께서 제사의 차례를 정해 주신 것은 성도가 하나님과 올바른 관계를 정립하기 위한 순서를 계시합니다. 속죄제를 먼저 드리는 것은 회개가 가장 우선되어야 함을, 번제는 충성과 헌신이 따라야 함을, 화목제는 감사와 교제의 축복을 누리라는 의미입니다. 혹시 우리가 이 순서를 뒤바꾸어 회개와 헌신은 안하고 축복만 바라고 하나님께 나아가려 한다면 문제가 생길 수도 있습니다.

곧이어 이스라엘 전체 회중을 위하여 제사를 드립니다. 이제 모세가 예언한대로 순종한 이스라엘 공동체에 하나님께서는 영광을 가시적으로 보여 주십니다(23절). 여호와께로부터 나오는 불이 단 위의 번제물과 기름을 사릅니다(24절). 하나님의 능력인 구약의 불은 신약에서 성령의 불로 나타나 오순절 초대교회의 영광을 나타냅니다(행 2:3). 하나님께 영광이 되는 신자의 삶은 말씀을 통하여 하나님의 뜻을 알고 순서에 따라 순종하여 경건의 열매를 맺는 것입니다.

♦ 레위기 10장 성경칼럼

1절 | 아론의 아들 나답과 아비후가 각기 향로를 가져다가 여호와께서 명령하시지 아니하신 다른 불을 담아 여호와 앞에 분향하였더니

9절 | 너와 네 자손들이 회막에 들어갈 때에는 포도주나 독주를 마시지 말라 그리하여 너희 죽음을 면하라 이는 너희 대대로 지킬 영영한 규례라

"기회는 없었다?"

성경을 읽으면 해석이 어려운 난제의 사건을 만납니다. 어떤 일정한 법칙에 의하여 수학 논리적 정답이 나오면 좋은데 그렇지 않을 때가 있습니다. 그중의 하나가 회개할 기회는 누구에게나, 어떤 죄악이나 다 주어지는가의 문제입니다. 성경 전체에서 하나님의 좋으신 성품에 의하면 회개할 기회를 풍성히 주시는 것이 맞는 것 같습니다(벧후 3:8-9). 그러나 회개할 기회를 전혀 가지지 못하고 순식간에 심판을 당하는 사건이 많습니다. 이 딜레마에 정확한 원리를 가지고 대답하기는 매우 어렵습니다. 다만 우리는 사례별로 관찰하면서 특별히 조심하는 것이 최선일 것입니다.

회개의 기회를 가졌던 대표적 인물은 구약에서는 아브라함이고 신약에서는 가룟 유다입니다. 허물 많은 아브라함을 끝까지 성화시키는 하나님의 열심에 감격이 솟아오릅니다. 자신을 넘겨준 가룟 유다에게 직간접으로 회개의 기회를 주신 주님의 자비하심은 안타까움 자체입니다. 가룟 유다가 그 여러 차례 기회 중에 단 한번만 순종했더라면 배신자의 대명사가 되지 않았을 것입니다.

그러면 회개의 기회가 없이 즉결 처형된 영적 죄인들은 누구일까요? 구약에서는 에서가 그 길에 있음을 적시하고 있습니다. 영적 장자의 축복을 업신여긴 죄가 얼마나 큰지를 보여줍니다(히 12:17). "너희가 아는 바와 같이 그가 그 후에 축복을 이어받으려고 눈물을 흘리며 구하되 버린 바가 되어 회개할 기회를 얻지 못하였느니라"

두 번째는 모세의 권위와 지도력에 반역한 고라 일당 250명입니다. 성경은 그들이 땅이 꺼져 생매장된 심판을 스올(음부)에 떨어진 것으로 판단합니다.

(민 16:33) "그들과 그의 모든 재물이 산 채로 스올에 빠지며 땅이 그 위에 덮이니 그들이 회중 가운데서 망하니라"

신약에서는 초대교회의 걸출한 부부 일군이었던 아나니아와 삽비라 부부를 들 수 있습니다. 남들보다 엄청난 헌신을 했음에도 사도를 속인 부정직의 죄로 현장사하여 신약교회 역사의 본보기를 보입니다(행 5:1-11).

10장에 나오는 나답과 아비후의 죽음도 회개할 틈이 전혀 없었던 대표적 사례입니다. 대제사장 아론의 첫째와 둘째 아들로서 최고의 신앙 명문가였던 그들의 멸망 이유는 하나님을 우습게보았기 때문입니다. 하나님의 정한 번제단의 불로 분향해야 하는데 다른 불을 사용했습니다(1절). 이 다른 불을 직역하면 '이상한 불(strange fire)'인데 이 의미는 하나님의 방법이 아니라도 된다는 망발이었습니다. 10장에는 이 행동의 원인에 대해서 힌트가 나오는데 저들이 독주를 마셨음을 알 수 있습니다(8-11절). 이 사건은 신앙생활에서 예배를 위해 평상시의 생활관리가 얼마나 중요한지를 보여주는 것입니다.

♦ 레위기 11장 성경칼럼

3절 | 모든 짐승 중 굽이 갈라져 쪽발이 되고 새김질하는 것은 너희가 먹되
44절 | 나는 여호와 너희의 하나님이라 내가 거룩하니 너희도 몸을 구별하여 거룩하게 하고 땅에 기는 길짐승으로 말미암아 스스로 더럽히지 말라

"선천적 요소, 환경의 영향, 후천적 노력"

위의 세 가지는 사람이 성공적 삶으로 나아가고 가치 있는 인생을 위해 필요한 조건입니다. 이 세 가지 중에 어느 것이 더 중요한지는 충분히 논쟁할 주제입니다. 확정적인 것은 사람은 환경에 결정적 영향을 받는 존재라는 사실입니다. 환경의 영향중의 핵심이 먹는 음식입니다. 음식은 생명을 유지하는데 필수적이고 성격형성과 삶의 패턴에 막대한 영향을 미칩니다.

신학적 지식 없이 레위기를 대하게 되면 11장부터 나오는 음식과 정결의식이 너무 낯설어서 당황하기 쉽습니다. 식용이 허락되는 것과 안 되는 것을 지금 우리는 전혀 신경 안 쓰고 살고 있기 때문입니다. 구약 규례대로라면 부정한 동물이 재료인 추어탕, 삼겹살, 장어구이 등은 먹으면 안 되고 사람을 만나는 것도 일일이 제한됩니다.

일단 결론을 말씀드리면 의식법과 더불어 정결법은 예수님의 대속으로 폐지되었습니다. 초대교회 예루살렘 총회의 결정이 있었고 영적으로는 이방인들도 구원받는다는 계시였습니다(행 10:11-16). 그러면 부정한 생물을 먹지 말라는 규례는 지금 우리에게 어떤 의미가 있을까요? 노아 시대의 정, 부정의 짐승 구별은 제물로서의 적격 여부였지만 레위기는 식용으로서의 결정입니다. 즉 영양과 위생학적 측면과 인체 생리상과 종교 의식상과 동물의 상징성으로 구별되었습니다. 과학이 발달된 현대에 들어서 이 구분

은 매우 과학적이고 타당하다는 것이 증명되었습니다.

이런 전제하에서 영적 측면을 살펴보는 것은 아주 유익합니다. 정결법은 불연속성을 가지고 폐지되었지만 이 규례가 의도한 영적 의미는 연속성을 가지고 신약성도들에게 와 있습니다. 짐승의 경우 굽이 완전히 갈라진 것과 새김질하는 하는 두 가지 조건을 모두 만족시키는 짐승만 먹으라고 합니다(3-8절). 이것은 성도가 굽이 갈라진 짐승처럼 세상에서 구별된 삶을 살아야 함을 말씀합니다. 또한 되새김질하는 짐승들은 성도가 말씀을 묵상하는 것과 대비되며 초식동물로서 깨끗하고 평화스런 모습을 상징하고 있습니다.

지느러미와 비늘이 있는 어류의 특징은 세속의 물결을 거슬러 살아 있음을 보이는 성도의 모습과 맥락을 같이 합니다(9-12절). 조류에 있어서 맹금류와 음울한 것들의 식용을 금한 것은 신자가 선하게 살고 기쁘게 살아야 하는 것의 역설적 비유입니다(13-19절). 곤충류와 파충류의 기준은 땅에 기는 것은 모두 부정한 것으로 봅니다. 대표적으로 뱀은 사악하고 부정하며 간교한 속성을 가졌기에 접근 금지입니다(41-43절). 정결법은 동물의 물리적인 의미가 영적인 교훈으로 나타나게 됩니다. 그 교훈은 결국 성도의 환경에 대한 경계를 통해 거룩으로의 초대장이 되었습니다(44-45절, 살전 5:21-22)

♦ 레위기 12장 성경칼럼

2절 | 이스라엘 자손에게 말하여 이르라 여인이 임신하여 남자를 낳으면 그는 이레 동안 부정하리니 곧 월경할 때와 같이 부정할 것이며

5절 | 여자를 낳으면 이레 동안 부정하리니 월경할 때와 같을 것이며 산혈이 깨끗하게 됨은 육십육 일을 지내야 하리라

"열쇠가 맞아야 문이 열린다!"

과학이 발달될수록 중요한 문을 여는 열쇠는 첨단을 달립니다. 열쇠의 종류가 강철에서 번호 와 인식(지문, 안면, 음성)으로 발달되어 가지만 공통점은 딱 맞아야 열리는 것입니다. 성경 해석에 있어서 본문에 따라 맞는 열쇠(해석법)를 쓰지 않으면 안 되는 이유입니다. 레위기 12장을 만나면서 당황스러운 분이 많을 것입니다. 일반적 상식이나 얕은 성경 지식으로는 해석하기가 어려운 내용이 나오기 때문입니다.

여인이 아이를 출산하는 것이 기쁨과 축복이 아니라 부정한 것으로 간주되어 있습니다(2-5절). 성경의 새 생명을 낳는 출산 축복 강조와 반대의 분위기입니다(창 18:10). 남아와 여아의 정결 규례의 기간을 배나 둠으로서 남여차별을 못 박는 듯한 내용에 당황하게 됩니다. 사회적, 종교적 격리 기간인 남아는 40일, 여아는 80일이 지나 속죄제를 드려 정결케 되는 과정은 출산은 부정한 것이라는 전제를 가지고 있습니다(6-8절). 인간의 생육을 명하신 하나님의 축복과 자녀의 출산을 부정하다고 규정하신 하나님의 정죄 사이에서 묘한 갈등과 괴리감을 느끼게 됩니다.

그러면 이 모순을 풀 수 있는 열쇠는 무엇일까요? 바로 원죄 사상을 도입해야 합니다. 원래의 인간 출생과 번성은 창조 명령의 하나로 하나님의 뜻이며 축복이었습니다.

(창 1:28) "하나님이 그들에게 복을 주시며 하나님이 그들에게 이르시되 생육하고 번성하여 땅에 충만하라, 땅을 정복하라, 바다의 물고기와 하늘의 새와 땅에 움직이는 모든 생물을 다스리라 하시니라"

그러나 에덴동산에서의 타락으로 여자는 해산의 고통을 당하게 됩니다

(창 3:16). 출산에 수반되는 피 등의 분비물은 부정한 것으로 간주되었고 정결 과정을 거쳐야 되었던 것입니다. 결국 인간의 출생은 원죄를 안고 태어나는 것이며 죽음을 향한 탄생이 되었습니다. 성경에서 이를 깨달은 욥(욥 4:1-4)과 다윗의 탄식이 이해가 됩니다.

(시 51:5) "내가 죄악 중에서 출생하였음이여 어머니가 죄 중에서 나를 잉태하였나이다"

하혈을 동반한 출산은 부정한 것이었지만 죄인 됨을 깨닫는 정결의식은 구원의 은총을 사모하는 전환입니다. 병약한 산모의 격리는 산후조리와 신생아의 질병 감염을 차단하시는 하나님의 배려입니다. 부정한 기간의 종교적, 사회적 특권을 정지시킨 것은 원기회복과 함께 여인으로서의 아름다움을 되찾게 해 주는 유익을 줍니다. 12장의 산모의 정결 규례는 인간의 상황을 정확히 아시고 규례의 본질을 통해 넘치는 사랑을 주시는 하나님을 만나게 합니다.

(시 119:106) "주의 의로운 규례들을 지키기로 맹세하고 굳게 정하였나이다"

♦ 레위기 13장 성경칼럼

8절 | 제사장은 진찰할지니 그 병이 피부에 퍼졌으면 그를 부정하다 할지니라 이는 나병임이니라

45절 | 나병 환자는 옷을 찢고 머리를 풀며 윗입술을 가리고 외치기를 부정하다 부정하다 할 것이요

"정체를 밝혀 주마"

사람을 정확히 알아보는 일만큼 어려운 것도 드뭅니다. 이른바 페르소

나(persona)로 포장되어 있기 때문입니다. 페르소나는 가면을 쓴 인격이란 뜻으로 진정한 자신을 감추고 사는 인간의 자화상입니다. 정직과 진실한 사람으로 살고 싶은 마음이 있을지라도 험한 세상은 그렇게 살도록 놔두질 않습니다.

이 현실적 한계상황의 배후는 바로 죄입니다. 원죄를 타고 태어났고 죄악에 오염된 자연적(거듭나지 않은) 인간은 그 영향력에 지배당하며 살 수밖에 없습니다. 바울은 거듭난 그리스도인일지라도 죄의 도전이 면제되지 않았기에 몸부림치며 산다고 탄식합니다.

(롬 7:22~23) "내 속사람으로는 하나님의 법을 즐거워하되 내 지체 속에서 한 다른 법이 내 마음의 법과 싸워 내 지체 속에 있는 죄의 법으로 나를 사로잡는 것을 보는도다"

결국 신앙생활은 죄를 속죄 받고 죄를 해결하고 죄에 승리하는 것이 본질임을 알 수 있습니다. 죄의 정체를 마치 아이에게 그림처럼 보여주는 것이 있다면 13-14장의 나병 이야기입니다. 나병은 무서운 피부 전염병으로 문둥병, 한센씨 병, 레프라(lepra)로 불립니다. 나병에 걸리면 몸속에 침투한 세균의 활동으로 눈썹, 뺨, 코 및 귀에 결절이 생기며 손과 발에는 관절을 녹여 살점이 떨어져 나갑니다. 결절라는 피부에서 안으로 침투하여 퍼져나가고 신경라는 병균이 신경조직에 침투하여 국부적으로 마비 증세를 일으킵니다. 나병의 발병은 피부에 탈색된 반점으로 나타나고 바늘로 찔러도 통증을 느끼지 못하며 이 증세는 죄의 성향과 유사하여 죄의 정체를 알게 합니다.

성경에는 나병이 죄의 결과라는 직접적인 언급은 없지만 범죄시에 형벌로 내리신 적(민 12:10~15)은 있습니다. 성경의 나병에 대한 더 중요한 의미는 종교적 상징성입니다. 나병이 지니는 전염성, 치명성, 격리성 등은 죄의 무서운 속성인 파괴성과 분리성과 전염성과 침투성을 생생히 보여 줍니다. 나병의 외형적이고 육체적인 모습을 보며 죄의 내적이고 영적인 치명성과 공포를 깨달을 수 있습니다. 보기 흉한 피부병으로 인한 외형의 몰락은 하나님의 형상을 침식하고 파괴하는 죄의 정체와 결과를 보여 줍니다. 나병의 기미가 있으면 제사장에게 가서 계속적인 점검(3차례)을 받는 규례를 정한 것은 잠복성에 대한 경계로 볼 수 있습니다(1-7절).

나병이 확정된 환자들이 타인과의 접촉을 금하고 옷을 찢고 머리를 풀고 입을 가려 외치게 합니다. 이 규례는 죄악의 전염방지와 죄인이 어떻게 회개해야 하는지를 배우게 합니다(45-46절). 의복과 가죽에 색점 있는 병균이 생길 때 나병과 같이 취급한 것은 어떤 메시지일까요?(47-59절) 하나님의 사람들은 음식과 의복 등의 생활환경을 예민하게 살피고 죄와 구별되어 살 것을 명령하신 것입니다(롬 12:1~2). 많은 환자에게 치유와 자비를 베푸신 주님(눅 7:21-23절)을 바라봅니다. 주님께서 영적 나병환자인 나를 만나주시고 치유하신 것을 확인할 수 있습니다(눅 17:11-19). 잠복된 죄악을 멸절해 주시고 정결한 삶으로 인도해 주시기를 소원합니다.

♦ 레위기 14장 성경칼럼

7절 | 나병에서 정결함을 받을 자에게 일곱 번 뿌려 정하다 하고 그 살아 있는 새는 들에 놓을지며

20절 | 제사장은 그 번제와 소제를 제단에 드려 그를 위하여 속죄할 것이라 그리하면 그가 정결하리라

"복잡하다, 철저하다"

위의 2가지 특성을 가진 사안이나 사람을 연상할 때 어떤 마음이 드십니

까? 일단 힘든 것이 상상되고 스트레스 지수도 높아질 것 같습니다. 대부분의 사람들이 복잡한 사안과 철저한 사람을 피하고 싶어 하는 이유를 알 수 있습니다. 그러나 한 번 깊이 생각해 보면 다른 이미지가 떠오릅니다. 중요하고 큰일은 대부분 복잡한 속성을 가지고 있고 이를 성취하기 위해서는 철저하게 해야 하는 것은 당연합니다. 각 사람이 구약성경을 읽으면서 느끼는 뉘앙스는 다를 것입니다. 특별히 레위기는 하나님께서 얼마나 복잡하고 철저하게 각종 규례를 명령하셨는지에 맞닥뜨리게 됩니다.

신약의 복음은 너무나 단순명쾌한데 구약의 규례는 왜 이리 복잡다양하게 정해 놓으셨을까요?

우리는 13장의 나병 진단 과정이 얼마나 복잡하고 철저했는지를 이미 경험했습니다. 그런데 14장의 나병환자의 정결 예식 과정은 훨씬 첩첩산중입니다. 정결 예식의 장소, 1, 2차에 걸친 예식, 제물과 준비물, 제사의 종류와 순서, 헌제자에 따른 분류, 감염된 가옥의 처리, 유사한 전염병 대처 등이 56절까지 숨 쉴 틈 없이 쏟아집니다. 이 규례들은 반드시 명령대로 해야만 하고 일점일획도 절대로 어기면 안 됩니다(마 5:18).

우리는 이미 나병의 속성이 영적으로 죄를 상징하는 것과 저주의 상태임을 배웠습니다. 그렇다면 나병이 완치되어 공동체에 들어오는 것은 속죄와 구원의 과정을 예표 한다는 것을 알 수 있습니다. 14장을 통해 구원은 은혜로 선물처럼 받지만 하나님 편에서는 어마어마한 기획과 준비와 희생을 하셨다는 것이 증명됩니다(엡 2:8). 나병환자가 공동체에 복귀하는 것은 절대 절망의 죄인이 구원받는 것을 상징합니다. 그러므로 반드시 정결 예식을 통해서만 들어올 수 있으며 제사장의 중개에 의한 선포(1차)와 희생제사(2차)가 필수적입니다.

이 과정은 영적 나병환자인 우리가 예수님의 대제사장 되심과 대속 제물이 되심으로 하나님의 나라에 들어가는 것의 그림자입니다(히 9:11-12). 1차 정결 예식의 두 마리 새는 구원의 비밀을 계시하고 있습니다(4절). 제물로서의 죽임을 당한 새는 십자가에서 대속의 죽음을 당하신 그리스도를 상징합니다(5절). 들판으로 놓임을 받은 새는 죽음의 권세를 이기고 부활하신 그리스도를 상징하고 2차적으로는 사망에서 영생을 얻게 된 성도를 예표 합니다(6-7절).

완치된 나병 환자에게 8일째의 2차 정결 예식을 위한 7일째의 준비는 완벽과 철저함의 극치입니다(8-9절). 이 모습은 내가 참된 그리스도인이라면 내가 의식하지 못하는 세계에서 하나님의 신비한 준비가 있었다는 증명이 됩니다(롬 11:33). 번제단 앞에서 연이어 드려지는 속건제, 속죄제, 번제, 소제는 구원의 확증과 구원의 능력을 체험하게 합니다(10-20절). 속죄의 제사를 통과하여 번제의 헌신과 소제의 봉사를 할 수 있게 하심을 진정으로 기뻐합니다.

♦ 레위기 15장 성경칼럼

2절 | 이스라엘 자손에게 말하여 이르라 누구든지 그의 몸에 유출병이 있으면 그 유출병으로 말미암아 부정한 자라

31절 | 너희는 이와 같이 이스라엘 자손이 그들의 부정에서 떠나게 하여 그들 가운데에 있는 내 성막을 그들이 더럽히고 그들이 부정한 중에서 죽지 않도록 할지니라

"화근이 되다"

화근이란 재앙의 근원이란 뜻이며 유사어로는 불씨와 빌미가 있습니다.

인생 속에는 인생을 망치는 수많은 화근이 도사리고 있습니다. 물리적으로 술과 마약 등이 있고 탐욕이 화근이 되어 일어나는 투기와 도박 등도 있습니다. 우리 주변에 이 화근을 일찍 뿌리 뽑지 못하여 패가망신하는 모습은 수도 없이 목격됩니다. 성경은 말(혀)이 엄청난 화근이 된다는 사실을 강조합니다.

(약 3:6) "혀는 곧 불이요 불의의 세계라 혀는 우리 지체 중에서 온 몸을 더럽히고 삶의 수레바퀴를 불사르나니 그 사르는 것이 지옥 불에서 나느니라"

언어는 인격을 나타내는 것으로 실수가 없는 사람이 거의 없어서 그리스도인들이 지속적으로 수양을 해야 할 필수과목입니다. 이른바 사람을 이끌고 가는 3대 매력은 돈과 섹스와 권력입니다. 여기서 매력이란 표현을 쓴 것은 사람을 강하게 지배하는 능력이 있다는 의미입니다. 이 3가지는 중성적 속성을 가지고 있어서 마치 양날의 칼과 같습니다. 잘 관리하고 사용하면 하나님께 영광을 돌릴 수 있지만 탐욕으로 사용하면 수치와 멸망으로 치달아갑니다.

15장에는 하나님께서 유출병 규례와 그 정결법에 대하여 모세와 아론에게 말씀하십니다(1절). 유출병이란 히브리어로 '조브'로서 계속 흘러내리는 정액이란 뜻입니다. 즉 유출병이란 방탕하고 부정한 성생활의 결과로 생기는 병이라는 것입니다. 전장에서 나병의 결과가 바깥으로 드러나는 모습을 가졌다면 유출병은 내적으로 가려져 있어 보이지 않는 은밀한 죄를 보여 줍니다.

성경은 분명히 건전한 성생활과 아름다운 가정을 명령하고 있습니다(잠 5:15-20절). 그러나 타락한 심성은 성을 쾌락의 도구로 전락시켜 몸과 영혼에 치명상을 입히게 됩니다. 이스라엘 역사에서 직간접적인 성적 타락으로 인한 징벌이 얼마나 많았는지 곳곳에 증거 됩니다.

(고전 10:8) "그들 중의 어떤 사람들이 음행하다가 하루에 이만 삼천 명이 죽었나니 우리는 그들과 같이 음행하지 말자"

음행의 위험은 중독성이 강해서 스스로 헤어 나오기 어렵고 다른 일을 할 수 없게 만드는 몰입성을 가지고 있습니다. 육적인 맹인이 아무 것도 못 보듯이 성의 비정상적 쾌락에 빠지면 영적 맹인이 되어 버려 더러움과 비참함으로 달려갑니다. 15장에는 남자의 유출병과 설정과 여인의 월경과 유출병이 나오는데 모두 정결 예식과 제사를 규정합니다. 육적 영적 전염 방지와 함께 환경의 정결과 쇄신을 엄히 명령합니다(31절). 옷을 빨고 몸을 씻으라는 구절이 10번 반복됨으로서 회개하여 순결한 신앙으로 전환할 것을 요구합니다. 이는 구원받은 성도들의 영적 모습이기도 합니다(계 7:14). 우리 그리스도인은 주님의 정결한 신부임을 한시도 잊지 말아야 할 것입니다.

♦ 레위기 16장 성경칼럼

2절 | 여호와께서 모세에게 이르시되 네 형 아론에게 이르라 성소의 휘장 안 법궤 위 속죄소 앞에 아무 때나 들어오지 말라 그리하여 죽지 않도록 하라 이는 내가 구름 가운데에서 속죄소 위에 나타남이니라

4절 | 거룩한 세마포 속옷을 입으며 세마포 속바지를 몸에 입고 세마포 띠를 띠며 세마포 관을 쓸지니 이것들은 거룩한 옷이라 물로 그의 몸을 씻고 입을 것이며

"설레는 날, 기쁜 날, 보람찬 날, 의미 있는 날, 존귀한 날"

어린 시절 소풍가는 날이나 명절이 다가오면 기대와 설렘이 있었습니다. 사람마다 각자가 의미를 두고 기념하는 날이 있을 것입니다. 가까운 관계의 사람끼리 이 기념일을 소홀히 하면 문제가 생길 수 있기에 유의해야 합니다. 나이가 들어가며 좋아하는 날이 설렘과 기쁨의 날에서 보람과 의

미의 날로 비중이 옮겨집니다. 그러면 영적으로 최상의 의미가 있는 하루는 어떤 날일까요?

이 날을 보여 주는 힌트가 레위기 16장에 나옵니다. 바로 유대 종교력으로 7월 10일(29절)이고 일 년에 단 한 번뿐인 대속죄일입니다. 지금의 신약성도들은 지키지 않는 날이지만 구약의 이스라엘 공동체에게는 일 년 중 가장 크고 의미가 있는 날입니다. 우리도 대속죄일의 영적 의미를 정확히 배운다면 우리 신앙의 성숙에 큰 진전이 있을 것입니다. 대속죄일의 규례는 단 한 사람 대제사장만이 일 년에 단 한번 하나님께서 제정하신 대로 지성소에 들어가는 것이 핵심입니다. 만약 이 규례와 절차와 법도를 어기는 자는 절대 죽음입니다(2절). 대속죄일의 순종 여부는 이스라엘 백성의 생과 사가 나누어지는 갈림길이 됩니다.

평소에 범죄 했을 때에 자주 드렸던 속죄제와 속건제가 있었음에도 이 날이 제정된 이유는 무엇일까요? 바로 백성이 무의식적으로 범죄 한 것이 있었음으로 백성 전체를 위한 대속죄일 규례가 불가결했던 것입니다. 이스라엘 전 백성의 속죄를 위한 대속죄일이 바로 예수 그리스도의 대속 사역을 선명하게 보여주는 예표가 되는 이유입니다. 구약의 대제사장은 이스라엘 전 백성의 속죄를 제물의 피를 통해 매년 불완전하게 담당했습니다(히 7:27, 10:11). 그러나 예수 그리스도는 전 인류의 모든 죄를 단번에 자신이 피 흘려서 제물로 드려 완전하고 영원한 속죄를 이루셨습니다(히 9:12, 26).

대제사장은 하늘 성소의 모형인 지성소에 들어가고 율법에 따라 순종하였습니다(히 9:23-24). 그러나 예수 그리스도는 십자가의 대속과 승리로 참 하늘에 들어가셨고 이 모든 것은 하나님의 뜻을 자발적으로 순종한 것입니다(히 9:24, 10:9). 우리 구주 예수님의 완전한 십자가의 대속의 죽음이 우리에게 거룩함을 얻게 하셨습니다.

(히 10:10) "이 뜻을 따라 예수 그리스도의 몸을 단번에 드리심으로 말미암아 우리가 거룩함을 얻었노라"

대제사장이 지성소에 들어갈 때 평일 날의 화려한 옷을 벗고 오직 흰색의 세마포만 입는 것은 예수님의 의만 힘입어 하나님께 나아갈 수 있음을 계시합니다(4절). 제사장이 자신과 가족의 속죄제를 드린 후에 지성소에 들어가는 것은 우리가 자신을 돌아보고 주님의 속죄 은혜로만 나아가야 함을 예표합니다(3-6절). 대제사장은 누구의 도움도 없이 홀로 지성소의 제사를 드립니다. 이것은 우리가 하나님 앞에서 인간의 연좌적인 도움을 의지하지 않고 홀로 선 존재가 되어야 함을 의미합니다(17절). 내 인생의 가장 존귀한 날은 주님을 만나 거듭난 바로 그 날임을 고백합니다.

♦ 레위기 17장 성경칼럼

7절 | 그들은 전에 음란하게 섬기던 숫염소에게 다시 제사하지 말 것이니라 이는 그들이 대대로 지킬 영원한 규례니라

11절 | 육체의 생명은 피에 있음이라 내가 이 피를 너희에게 주어 제단에 뿌려 너희의 생명을 위하여 속죄하게 하였나니 생명이 피에 있으므로 피가 죄를 속하느니라

"코피 터지면 진거다!"

어린 시절 또래끼리 싸움을 하다가 코피가 터지면 지는 걸로 하고 싸움을 그쳤습니다. 왜 그런 나름의 불문율이 생겼는지 그 때는 몰랐는데 성경을 배우고 난 후에 알게 되었습니다. 만약 코피를 계속 흐르게 두고 싸움이 지속되었다면 생명에 지장을 주기 때문입니다. 아이들 싸움에서 그럴 리가 없겠

지만 사람은 2리터의 피를 흘리면 죽을 수밖에 없는 존재입니다. 영화에서 총에 맞았는데 즉사하지 않고 피를 많이 흘린 후에 죽는 장면이 이해됩니다.

성경에서 구원을 관통하는 대주제가 바로 피입니다. 성경에서 피는 죽음과 생명을 동시에 상징하고 있습니다. 17장에는 2차례에 걸쳐 육체의 생명은 피에 있음을 명시합니다(11, 14절). 구원은 이 희생의 피를 이해하지 못하면 한걸음도 나아가지 못 합니다. 희생의 피가 처음 나타난 곳은 여호와께서 아담과 하와에게 가죽옷을 지어 입힌 사건입니다(창 3:21). 인간의 죄를 가리는 목적으로 동물이 희생되었다는 것을 알 수 있습니다.

두 번째는 하나님과의 단절된 교제를 여는 희생제사로서 아벨의 제사가 이어집니다(창 4:3~4).

이때부터 구속사적으로 피 제사는 속죄의 교리로 정해집니다. 죄는 그 대가로 죽음을 반드시 지불해야 하는데(롬 6:23) 인간은 그 능력이 전혀 없습니다(롬 3:10, 23). 구약의 흠 없고 순전한 동물의 피는 완벽하신 예수님을 예표 하지만 그 효과는 한정적임을 분명히 합니다(히 9:11~14). 구약에서 피 제사를 드리는 것은 희생 제물의 피를 통하여 자신의 죽음을 바치는 것과 하나님으로부터 새 생명을 보장받는 양면적 행위가 됩니다.

신약에서는 희생 제물의 실체가 되시는 그리스도의 대속의 죽음으로 인류의 모든 죄 값이 청산됩니다. 그리하여 예수님의 피는 다른 짐승의 피와 다른 보배로운 피(보혈)가 되었습니다.

(벧전 1:19) "오직 흠 없고 점 없는 어린 양 같은 그리스도의 보배로운 피로 된 것이니라"

성경에서 거듭나는 방편은 오직 성령이 역사하는 말씀과 보혈입니다.

(벧전 1:23) "너희가 거듭난 것은 썩어질 씨로 된 것이 아니요 썩지 아니

할 씨로 된 것이니 살아 있고 항상 있는 하나님의 말씀으로 되었느니라”

이렇게 피가 의미하는 위치가 하나님께 속한 생명과 직결되기에 피에 대한 규례가 매우 엄격합니다. 짐승을 잡는 일(3절)과 이방 풍속을 따르는 수 염소의 숭배(7절)와 피와 고기를 먹는 일은 만홀히 행하지 말아야 합니다(10~16절). 복음의 자유가 허용된 초대교회에서도 이에 대한 제한적 율례를 정한 것(행 15:20)으로 볼 때 피의 식용 금지는 연속성을 가지고 있습니다. 은혜인 것은 신약성도들에게는 성찬을 통하여 영적으로 예수님의 살과 피를 먹고 마시는 것이 제정되었습니다(요 6:53~56, 마 26:27~28).

♦ 레위기 18장 성경칼럼

3절 | 너희는 너희가 거주하던 애굽 땅의 풍속을 따르지 말며 내가 너희를 인도할 가나안 땅의 풍속과 규례도 행하지 말고

6절 | 각 사람은 자기의 살붙이를 가까이 하여 그의 하체를 범하지 말라 나는 여호와이니라

"너무 노골적이어서 당황스러워"

성경 곳곳에 나오는 인간의 악한 죄악을 보며 나오는 멘트입니다. 특히 성 도덕에 관한 구체적이고 적나라한 표현을 대할 때면 그 강도는 올라갑니다. 그러나 분명한 것은 성에 대한 하나님의 율례는 가상의 예를 들거나 예방 차원에서 하신 것이 아닙니다. 18장의 성 도덕에 대한 규례는 광야의 이스라엘 백성들에게 주어진 말씀입니다(3절). 그들은 이미 애굽에서 극도로 타락한 성 문화를 체험했습니다. 이스라엘이 430년 동안 거했던 애굽의 성적 문란은 유명하며 애굽의 여자들이 종교 숭배 의식으로 수 염소와 교합하기도 했습니다(23절).

미래에 들어갈 가나안의 이방 문화는 유아를 우상인 몰렉에게 불태워 제사하는 극단의 악행을 저지릅니다(21절). 우리가 보기에는 말도 안 되는 것 같지만 당시의 부모들은 한 명의 자식을 희생하면 남은 자식에게 복을 온다고 생각하였습니다. 공기를 생각 없이 마시듯이 문화가 잘못되면 악한 행위도 아무렇지 않게 저지르게 됩니다. 성적 타락의 문화는 현대 들어 가속이 붙어 그리스도인들도 이 공기에 어쩔 수 없이 노출되어 있음을 실감해야 합니다. 기술 문명의 발달은 정신문화의 몰락으로 이어져 날이 갈수록 성적 타락은 죄악으로 여기지도 않게 될 것입니다.

동성애 등을 합법화하는 차별금지법의 물결이 서구를 휩쓸고 바로 우리 코앞까지 다가와 있는 것이 그 증거입니다. 성의 창조자이신 하나님의 뜻은 인간들이 누릴 수 있는 일부일처의 지극한 기쁨과 종족의 번성이었습니다(창 2:18, 22-25). 성경에서 남녀 관계의 순결한 일체성은 그리스도와 교회의 비밀로 상징(엡 5:31-33)되기에 성 남용은 영적 타격으로 오게 됩니다. 골육지친간의 근친상간의 죄를 구체적으로 세밀히 지적하신 것(6-18절)은 현실적으로 일어나고 있고 파괴력이 크다는 뜻입니다. 다양한 성적 범죄에 대한 징벌과 저주는 반드시 죽이는 최고형에 해당됩니다(20:10-20). 현대 의학은 근친상간이 잠재적인 열성인자가 표출되어 지진아가 태어나고 유전병이 자손들에게 나타날 위험성을 밝혀냈습니다.

비정상적인 성 범죄는 하나님의 심판은 물론이고 '땅이 토하여 내 친다'고 확정하십니다(24-29절). 땅은 인간이 사는 환경을 대표하는데 환경이 인간을 못 살게 해 버린다니 이 형벌은 정말 아찔합니다. 성범죄는 신기하게도 우상숭배로 전이되는 특징이 있습니다. 하나님의 명령과 은혜를 저버리는 코스는 인본 세속주의로 가며 성적 타락으로 직행합니다. 더 무서운 것은 이단의 가르침을 따르는 자를 간음한 자로 묘사하고 있는 점입니다(계 2:14-15).

육적순결이 영적지조와 긴밀하게 연결되어 있는 것을 안다면 하나님의 법도가 주는 사랑을 지키려는 마음이 생길 것입니다. 역사(소돔과 고모라, 애굽, 가나안, 로마제국)속의 심판을 기억하고 요셉의 정절을 따르는 그리스도인이 요청됩니다.

♦ 레위기 19장 성경칼럼

2절 | 너는 이스라엘 자손의 온 회중에게 말하여 이르라 너희는 거룩하라 이는 나 여호와 너희 하나님이 거룩함이니라

4절 | 너희는 헛된 것들에게로 향하지 말며 너희를 위하여 신상들을 부어 만들지 말라 나는 너희의 하나님 여호와이니라

"헛심만 썼네"

힘을 쓰고 노력을 했는데 보람이 없었을 경우에 참 허무합니다. 생존이나 생사가 달린 일이라면 심각해집니다. 라디오 방송에서 시청자가 밀린 7년 임금을 겨우 받았다는 사연을 듣고 '참 다행이다'하며 함께 기쁜 마음이 든 적이 있습니다. 그렇다면 신앙생활의 헛심을 예로 든다면 무엇일까요? 크게는 자신은 구원을 확신하고 있는데 마지막 심판에 주님께서 '나는 너를 도무지 알지 못 한다'가 아니겠습니까?(마 7:23)

여기서 불법이란 앞 절(22절)에 나온 멋진 사역을 해도 하나님의 뜻이 아닌 자기 이익을 위해 일한 것을 의미합니다(마 7:24-27). 결론은 하나님의 뜻을 모르고 행하면 크던 작던 불법이 된다는 것입니다.

19장에 왜 하나님께서 모세에게 십계명의 항목을 자세히 나누어 구체적 사례를 들어 말씀하셨는지 이해가 됩니다. 인간은 죄의 습성과 문화의 영

향으로 큰 항목만 포괄적으로 이야기하면 못 알아듣는 존재입니다. 아이들에게 수저를 손에 쥐어주고 연습하듯이 해야 한다는 것입니다. 반대로 다 큰 아이에게 일일이 음식을 떠 먹여주는 것도 절대 금물입니다. 손에 쥐어주듯이 알려 주되 자기 실력으로 행할 능력을 키워주는 2차 연립방정식이 우리 신앙생활이라고 생각됩니다.

선민 이스라엘의 법도와 사회규범을 다양하게 말씀하는 본장은 의식법과 정결법과는 다른 연속성을 가지고 있습니다. 신적 권위를 나타내는 '나는 (너희의 하나님) 여호와이니라'는 말씀이 15차례가 나옵니다. 문화적 측면에서 현대 사회에 문자적으로 적용하기 어려운 항목(제사, 노임, 농사, 직조, 이발, 문신 등)은 있습니다. 하지만 법 제정의 내적이고 영적인 정신이 유효하다는 것은 분명합니다.

대신 관계에 있어서 우상 숭배와 미신 추종은 대표적인 헛심을 쓰는 것입니다(4-8, 26, 31절). 헛것이고 무가치한 것에 헛심을 쓴다면 하나님의 심판에 이르고 대인 관계로 폐해가 이어지게 되어 있습니다. 거룩하신 하나님을 향하여는 거룩을 닮아가고(2절) 수평적 인간관계에서는 자비의 사람이 되어야 합니다(9-17절). 이것이 신앙생활에 대한 성경 전체에서 명시하는 하나님의 뜻입니다. 이웃에 대하여 반드시 견책하라는 명령이 주어진 것은 견책하는 자가 얼마나 훌륭한 성품을 지녀야 하는지를 알게 합니다(17-18절). 기도하여 힘을 얻고 참 사랑의 사람으로 행하기를 소원합니다.

♦ 레위기 20장 성경칼럼

2절 | 너는 이스라엘 자손에게 또 이르라 그가 이스라엘 자손이든지 이스라엘에 거류하는 거류민이든지 그의 자식을 몰렉에게 주면 반드시 죽이되 그 지방 사람이 돌로 칠 것이요

26절 | 너희는 나에게 거룩할지어다 이는 나 여호와가 거룩하고 내가 또 너희를 나의 소유로 삼으려고 너희를 만민 중에서 구별하였음이니라

"타협점이 없다?"

타협이란 단어는 양면의 이미지가 있습니다. 좋은 타협은 자신을 위로하고 타인과 화목하며 공동체에 상생을 이끌어 냅니다. 나쁜 타협은 정의를 지키지 못하고 회색분자로서 비겁한 느낌을 주기도 합니다. 타협이란 단어는 신앙생활의 주요 테마 로도 아주 적당합니다. 어쩌면 신앙생활을 온전히 하고자 하는 그리스도인이라면 매일, 매순간 이 타협이란 영역에서 씨름한다고 해도 과언이 아닙니다.

미신자로부터 '교회를 다니면 구원받을 수 있나요?' 라는 질문을 받는다면 어찌 대답하시겠습니까? 정답은 '예수님을 믿고 영접해야 구원 받습니다'입니다. 교회를 다니는 행위로 구원받는 것이 아니라 구원받았으니 교회에 다니는 것입니다. 하지만 예수님을 알지 못하는 사람에게는 '교회에 다니면 예수님을 믿을 수 있습니다'라고 타협적인 대답을 합니다. 나름의 타협을 통하여 최선의 복음이 전달되도록 하는 것입니다. 성경에서 명령하는 수많은 율례들을 현실 속에서 적용하기 위한 타협은 셀 수 없이 많습니다.

20장에는 율법에서 사형에 해당되는 죄악을 적시하고 있습니다. 반드시 죽이라는 것과 그 백성 중에서 끊어지리라는 명령은 타협점이 전혀 없이 쏟아집니다(2-21절). 현대 들어서 사형 선고는 있어도 사형 집행은 안하는 나라가 많아지는 현실에서 이 명령은 어떤 타협을 해야 할까요? 이보다 앞서 육체적 사형과 영적인 사형을 분별하는 것이 필요합니다. 성경은 영적으로 모든 죄(롬 1:28-31, 갈 5:19-21)의 심판은 사형이라고 선포합니다.

(롬 1:32) "그들이 이같은 일을 행하는 자는 사형에 해당한다고 하나님께서 정하심을 알고도 자기들만 행할 뿐 아니라 또한 그런 일을 행하는 자들을 옳다 하느니라"

즉 사형이란 영적으로 하나님과 끊어지는 것을 의미하고 그 결과로 지옥에 가는 것입니다. 20장에 나오는 사형에 해당되는 죄악은 하나님께서 가장 가증스럽게 여기는 범죄입니다. 인신 제사와 우상숭배와 불효와 간음과 변태적 행위는 타협점이 없이 사형에 해당됩니다. 너무 엄해 두려움이 느껴지지만 이런 단호함은 징벌의 두려움을 야기하더라도 죄로부터 격리시키시는 하나님의 뜻입니다. 가장 중요한 것은 하나님과 언약 백성과의 구속 관계이므로 이 단호함은 하나님 사랑의 또 다른 표현입니다.

하나님께서는 마치 죄와의 타협을 안 하심으로 자기 소유를 보존 유지하시려는 영적 타협을 강하게 하시는 느낌입니다(26절). 영적 명언 중에 '대다수의 인간은 하나님의 사랑보다 하나님의 심판(지옥)이 두려워 하나님께 나아간다'는 말이 있습니다. 사형과 추방의 영적 공포는 하나님을 두려워하며 섬기는 경외함의 은혜를 우리에게 줍니다.

♦ 레위기 21장 성경칼럼

4절 | 제사장은 그의 백성의 어른인즉 자신을 더럽혀 속되게 하지 말지니라
8절 | 너는 그를 거룩히 여기라 그는 네 하나님의 음식을 드림이니라 너는 그를 거룩히 여기라 너희를 거룩하게 하는 나 여호와는 거룩함이니라

"왜 저한테만 그렇게 기준이 엄격한가요?"

부모가 정해준 행동 규범이 못 마땅한 아이가 볼멘소리로 항의를 합니

다. 부모가 단호하게 대답합니다. '너는 앞으로 큰일을 할 인물이기 때문이야' 큰 일, 큰 사람이란 공적인 사역을 의미하기에 훌륭한 인품과 흠이 없는 행위를 검증받아야 할 수 있습니다. 성경에는 직위와 맡은 일에 따라 제사의 수준과 행위의 기준을 달리 정하고 있습니다. 제사장은 하나님께 대하여는 인간을 대표하고 인간에 대하여는 하나님의 뜻을 대변하는 중보자의 역할을 담당합니다. 그러하기에 제사장의 자격조건은 매우 엄격하고 나아가 가정과 가족들에 대해서도 까다로운 요구를 합니다.

21장은 제사장의 자격과 행실을 아주 구체적으로 언급합니다. 부정의 상징인 시체에 대한 대처(1-6절), 결혼 규례(7-9절), 대제사장의 정결 규례(10-15절), 제사장의 신체조건(16-24절)등을 엄격하게 정하십니다. 제사장의 성별과 정결의 규례가 이토록 높은 수준에 이르러야 하는 이유는 무엇일까요? 하나님을 직접 섬기는 사역의 속성과 백성들에게 하나님의 규례를 직접 가르쳐야 하기 때문입니다(8절). 또한 그들 자신이 무슨 덕망이나 자격이 있어서 제사장이 된 것이 아니기에 정결을 위한 최선의 노력이 필요합니다.

나아가 영적으로 구약의 제사장은 최종적으로 예수 그리스도를 예표하기에 완전의 기준을 정하신 것입니다. 이 사실은 제사장 아내의 조건을 정숙한 품행과 육과 영혼의 순결을 가진 자로 정한 이유와 연결됩니다. 신약적인 표현으로는 제사장은 그리스도의 성결함을 상징하고 흠이 없는 아내는 교회의 순결함을 예표 합니다(고후 11:2).

여기서 우리는 21장에 나오는 여러 자격의 육적인 표현들을 신약적으로 재해석해야 합니다. 만약 21장의 항목들을 문자적으로 그대로 적용하면 장애인은 목사가 될 수 없고 처녀가 아니면 사모가 될 수 없기 때문입니다

(13-21절). 먼저 21장의 규례는 성결을 가르치기 위한 구약의 의식법적 율법에 속한 것을 확인해야 합니다. 그렇다면 예수 그리스도의 구속으로 말미암아 외적 의식은 완전 충족되었기에 더 이상의 문자적 구속력은 발휘할 수 없게 됩니다.

이제 신약의 성도들은 육체적 조건 때문에 하나님의 일을 하는데 구애받을 필요가 없습니다. 오히려 육체적 장애자가 비장애자보다 더 간절하고 아름다운 영적 예배를 드릴 수 있습니다. 성도는 만인 제사장(벧전 2:9)으로서 구약의 제사장에게 요구되는 더러움과 악한 풍습에 빠지지 말고 흠과 티가 없는 생활을 위해 씨름해야 합니다(1-9절). 이 정신은 연속성을 가지고 경건생활의 엄한 기준으로 신약성도에게 주어졌습니다.

(고후 7:1) "그런즉 사랑하는 자들아 이 약속을 가진 우리는 하나님을 두려워하는 가운데서 거룩함을 온전히 이루어 육과 영의 온갖 더러운 것에서 자신을 깨끗하게 하자"

♦ 레위기 22장 성경칼럼

10절 | 일반인은 성물을 먹지 못할 것이며 제사장의 객이나 품꾼도 다 성물을 먹지 못할 것이니라

11절 | 그러나 제사장이 그의 돈으로 어떤 사람을 샀으면 그는 그것을 먹을 것이며 그의 집에서 출생한 자도 그렇게 하여 그들이 제사장의 음식을 먹을 것이며

"언제 밥 한번 먹읍시다"

한국 사람들이 많이 하는 거짓말(빈말) 중에 아마 으뜸일 것입니다. 반대로 이 말을 가장 안 하는 민족이 있다면 유대인입니다. 유대인들은 절대 친한 사람 외에는 같이 식사를 안 합니다. 만약 유대인 가정의 식사 초대를

받았다면 그 사람은 절대 신뢰가 확인된 것입니다. 두 나라의 이런 상이한 전통은 어디서부터 온 것일까요? 우리나라는 대대로 탐관오리들 때문에 가난한 가정은 먹을 것이 없었습니다. 그래서 나온 인사가 식사에 대한 것으로 이것은 상대방에 대한 예의가 되었습니다.

그러나 구약 성경을 가진 유대인들은 함께 먹는 자와 먹어서는 안 되는 자에 대한 엄격한 규례가 있었습니다. 이 기준은 앞에서도 많이 언급되었지만(1-10장, 17장) 요약 정리한 것이 22장입니다. 하나님께 바쳐진 성물은 제사장의 몫인데 아무나 먹을 수 없습니다. 그 기준은 오직 '제사장에게 속한 자인가 아닌가'로 결정됩니다. 제사장 자녀와 가족, 제사장이 돈을 주고 산 노예와 노예가 낳은 자식들, 제사장의 딸 중에서 이혼당하거나 과부가 되어 자녀가 없이 친정에 돌아온 여인 등입니다. 먹을 수 없는 자는 일반인(외국인), 제사장의 객, 품꾼, 일반인에게 출가한 딸 등입니다(11-13절).

이 엄격한 기준은 1차적으로는 성물이 우상 숭배의 수단으로 전락하는 것을 방지하고 일반인에게 함부로 취급받는 것을 방지하는 것입니다. 그러나 더 깊은 의미는 성물을 먹는다는 것은 천국 잔치에 참여하는 자격이 있다는 것입니다. 성도는 참 대제사장이신 예수 그리스도께서 값 주고 사신 그 분의 소유입니다(고전 6:19-20).

구약의 기준은 제사장의 소유가 된 자만이 성물을 먹을 수 있다는 것입니다. 이 원리는 신약에서 거듭난 하나님의 소유된 자녀만이 천국 특권을 누릴 수 있다는 것과 똑 같습니다. 성도의 권리와 특권은 성물에 해당하는 말씀의 양식을 먹는 기본에서 출발합니다. 그 결과 영생의 축복 뿐 아니라 하늘이 주시는 의와 평강과 기쁨과 영광을 충만히 누리는 것입니다. 비극적인 것은 제사장의 집에 거하지만 체류자나 품꾼은 이 영광에서 제외된다는 사실입니다. 이를 우리의 현실에서 적용하자면 교회에 다닐지라도 거듭난 신자가 아니면 이 비극의 영역에 있다는 경고입니다.

후반부에 나오는 동물에 대한 하나님의 자비(26-28절)는 가장 귀한 하나님의 자녀인 우리를 얼마나 사랑하실까에 대한 정답입니다(마 7:11). 주님과 먹고 마시고 동행하는 것을 알고 누리게 하신 것을 감사드립니다.

(계 3:20) "볼지어다 내가 문 밖에 서서 두드리노니 누구든지 내 음성을 듣고 문을 열면 내가 그에게로 들어가 그와 더불어 먹고 그는 나와 더불어 먹으리라"

♦ 레위기 23장 성경칼럼

3절 | 엿새 동안은 일할 것이요 일곱째 날은 쉴 안식일이니 성회의 날이라 너희는 아무 일도 하지 말라 이는 너희가 거주하는 각처에서 지킬 여호와의 안식일이니라

42절 | 너희는 이레 동안 초막에 거주하되 이스라엘에서 난 자는 다 초막에 거주할지니

"별식, 여행, 모험"

듣는 순간 일상과 평범에서 벗어난 이미지가 형성됩니다. 사람은 행복감과 위로를 받기 위해 일상의 무료함을 깨고 활력을 얻기 위한 돌파구를 찾습니다. 지나치게 들떠 있는 분위기로 사는 것이 다 좋은 것은 아니지만 착 가라앉아 침울해지는 것은 위험합니다. 신앙생활에도 나름의 별식과 여행과 모험이 필요합니다. 구약에 나오는 안식일을 기본으로 하여 펼쳐지는 여러 절기와 성회들은 하나님께서 그의 백성들의 유익을 위해 제정하신 것입니다. 자칫 오해하면 너무 많고 복잡하여 속박의 부담을 느낄 수 있지만 하나님의 본심은 절대 그렇지 않습니다(애 3:33).

이스라엘 백성들은 하나님께서 제정해 주신 기념일과 성회를 통해 복락을 얻게 됩니다. 일 년의 3대 절기(유월절, 칠칠절, 장막절)에는 중앙 성소인 예루살렘에 집결하여 선민의 자부심과 국가의 연합을 공고히 했습니다. 안식일을 비롯한 절기에는 몸을 깨끗이 하고 일을 중지함으로 위생과 건강에 큰 유익을 얻었습니다. 매 절기의 여행을 통하여 교제와 함께 정보교환과 문화적 교류를 함으로 사회의 평균 수준이 높아졌습니다. 절기의 의미를 되새기며 과거의 교훈을 반추하고 미래의 소망을 붙들며 좋은 사람의 길로 정진하게 하였습니다. 가장 중요한 것은 이 절기를 통해 신앙적 통일을 이루고 하나님의 역사에 동참하는 믿음과 결단을 하게 하였습니다.

지금은 한국교회에 심령 부흥사경회가 많이 사라졌지만 이전에는 이 절기행사를 통해 신앙의 부흥을 이루는 성도가 많았습니다. 영적인 별식을 먹고 다양한 간증을 통해 영적여행을 하고 모험적 결단을 통해 축복의 열매가 주어졌던 것을 목격했습니다. 23장을 정독묵상하면서 꼭 점검해야 할 사항이 있습니다. 안식일과 수많은 기념일과 7대 절기가 꽉 차 있어 이스라엘 백성들은 온통 종교행위만 하는 것처럼 느껴지는데 이는 큰 오해입니다.

오히려 하나님께서 모든 항목에 일하지 말고 쉬라는 말씀을 계속하고 계십니다(3, 7, 8, 21, 25, 28, 30, 31, 32, 35, 36, 39절). 안식일과 절기를 통해 노동의 중요성을 인정함과 동시에 안식의 축복을 부여합니다. 노동은 결혼과 함께 타락전의 문화 명령으로 신성한 기원을 가지고 있습니다(창 2:15-25). 다만 타락후의 노동은 힘든 수고로 전락되었고(창 3:17) 복음을 받아들이기 위한 밭으로 전환된 것을 알 수 있습니다(마 11:28).

절기를 지키는 마음 자세는 과거를 생각하고 절제하라는(스스로 괴롭게 하라) 것입니다(14, 26-32절). 또한 초막절은 열매에 대한 감사의 절기이므로 초막에 거하지만 즐거워하라고 명령하십니다(40-43절). 결국 기념일과 절기는 신자가 과거와 현재와 미래의 모든 은혜를 감사하게 하는 것으로 인도하는 것이 목적이었습니다(살전 5:16-18). 신앙의 감사가 희미해지신 분이 있다면 영적인 별식과 여행과 모험으로 초대합니다.

♦ 레위기 24장 성경칼럼

4절 | 그는 여호와 앞에서 순결한 등잔대 위의 등잔들을 항상 정리할지니라
16절 | 여호와의 이름을 모독하면 그를 반드시 죽일지니 온 회중이 돌로 그를 칠 것이니라 거류민이든지 본토인이든지 여호와의 이름을 모독하면 그를 죽일지니라

"가치관에 따라 인생은 이루어진다"

가치관이란 인간과 세계와 사물에 대한 가치를 평가하는 태도입니다. 바른 가치관의 정립은 옳고 그른 것을 분별하고 바람직한 것에 대한 추구를 위해 꼭 필요합니다. 정치가가 정의에 대한 지조가 없이 정치한다면 나라가 혼란해지고 백성들은 도탄에 빠집니다. 사업가가 공익에 대한 책임이 없이 사욕만 채우려 하다가는 결국에는 여러 모양의 심판을 당합니다. 교육 지도자가 사람을 도구로 삼아 자기 명예를 높이려 할 때 인재를 키울 수 없습니다. 그리스도인이 성경의 가치관을 안 배우고 세상 가치를 따른다면 구원의 축복을 받을 수 없습니다.

우리가 교회생활을 하고 하나님을 섬긴다는 것은 하나님의 뜻을 가치관으로 삼는다는 의미입니다. 하나님의 뜻을 안다는 것은 하나님께서 정하신 귀한 가치의 경중(가볍고 무거움)을 분별하는 것입니다. 이 귀한 것의 경중을 신약에서는 직접적으로 알려 주셨지만 구약에서는 비유와 상징으로 보여 주셨습니다. 그러면 '신약만 잘 알면 되지, 구약은 무슨 필요가 있는

가?'라는 질문이 나올 수 있습니다. 대답은 '구약이 없이 신약을 해석한다면 온전한 구속사를 이해할 수 없다'입니다. 마치 위아래가 함께 있어야 역할을 하는 맷돌 중에 아래 부분이 없는 것과 같습니다.

24장에 등장하는 등잔과 진설병은 분향단과 함께 성소 안에 있는 것입니다(1-9절). 그렇다면 그 위치로 볼 때 지성소에 있는 법궤와 속죄소 다음의 가치를 가지고 있다는 상징성을 눈치 챌 수 있습니다. 지성소는 오직 대제사장만이 대속죄일에 일 년에 단 한번 들어갈 수 있지만 성소는 제사장이 매일 출입합니다. 우리의 신앙생활은 성소에서 이루어지는 것을 올바로 알 때 제대로 할 수 있다는 추론이 나옵니다.

성소의 등잔불은 하나님의 백성으로서 복음을 비추는 사명을 다해야 함을 뜻합니다. 신약적으로는 항상 성령님의 역사를 의지하여 복음의 진리를 밝히고 은사를 사용하는 삶을 의미합니다. 진설병은 고운 가루로 만든 떡 12개를 성소 안 떡상 위에 6개씩 두 줄로 진설한 것입니다. 12개의 떡은 이스라엘의 12지파를 비유하는데 신약에 와서는 주님 안에서 영적 이스라엘이 된 모든 성도를 상징합니다(갈 3:7). 진설병은 성도가 하나님께 온전히 바쳐지는 제물로서 정성을 다하여 물질과 시간과 재능을 바쳐서 헌신해야 함을 예표 합니다.

레위기는 율법 조항 중심으로 쓰여 진 특징이 있지만 24장에는 역사적 사건이 나옵니다. 애굽 사람과 결혼한 슬로밋 여인의 아들 처형 사건으로 예외적이고 특별한 기록입니다(10-16절). 이 사건이 본장에 기록된 것은 신성모독죄가 얼마나 큰 죄인지의 판례를 보여주려는 것입니다(16절). 믿지 않는 자와의 경솔한 결혼과 자녀의 신앙교육 실패가 얼마나 처참한 결과로 이어지는지를 선포하고 있습니다. 하나님께서 만드신 법을 가치관으로 새겨 진정한 그리스도인으로 살기를 소원합니다.

♦ 레위기 25장 성경칼럼

4절 | 일곱째 해에는 그 땅이 쉬어 안식하게 할지니 여호와께 대한 안식이라 너는 그 밭에 파종하거나 포도원을 가꾸지 말며

10절 | 너희는 오십 년째 해를 거룩하게 하여 그 땅에 있는 모든 주민을 위하여 자유를 공포하라 이 해는 너희에게 희년이니 너희는 각각 자기의 소유지로 돌아가며 각각 자기의 가족에게로 돌아갈지며

"1년의 유급휴가가 주어졌다"

'열심히 일한 당신, 떠나라!'라는 옛 광고 카피는 지금도 사람의 마음을 설레게 합니다. 그런데 그 유급휴가가 1년 또는 2년이라면 얼마나 좋겠습니까? 그런데 사람의 가치가 이 황금 같은 기회와 시간을 어떻게 사용하는지에 따라 정해진다는 사실은 어떻게 생각하십니까? 그 사람이 어떤 사람인지를 알려면 지갑은 언제 열리며 쉴 때는 무엇을 하는지 보라는 말이 있습니다. 백수 또는 근실하지 못한 사람은 안식과 재충전이 필요하지 않습니다. 반대로 가족을 책임지고 미래를 준비하며 사는 열심인에게는 적당한 휴가마저도 없는 게 현실입니다.

하나님께서 안식일과 안식년과 희년을 제정하시고 지키도록 강제하시는 의도가 무엇일까요? 이 제도가 없으면 인간은 탐욕과 정욕에 의하여 육과 영혼이 피폐해지기 때문입니다. 25장에 나오는 7년마다 오는 안식년과 50년째에 지키는 희년의 규례는 하나님의 깊은 자비가 드러나 있습니다. 안식년이 7번째 오는 49년째와 그 다음 해 희년은 2년 연속 쉬게 되는데 곡식은 미리 3년 치를 주시니 유급 안식이 틀림없습니다(20-21절).

먼저 안식년의 의미를 살펴봅니다(1-7절). 안식년에는 농사를 짓지 아니함으로 땅의 자양분을 증가시켜 생산성을 높이는데 이는 사람이 안식함으로 인하여 충전의 유익을 얻는 것과 같습니다. 안식년을 통해 이스라엘 백성을 재물에 대한 탐욕으로부터 보호하는데 이는 신자가 물질의 종이 되지 않도록 권고하는 것입니다. 안식년 기간 동안 이스라엘 백성들은 충분한 휴식과 함께 하나님과 깊은 영적 교제를 갖도록 합니다. 신약성도인 우리들도 일에 파묻혀서 안식을 놓치면 하나님에 대한 감각을 잃는다는 사실을 명심해야 합니다. 안식년에 휴경지에서 저절로 자라난 곡물을 가난한 자들이 취하게 하심으로 약자에 대한 배려를 하시는 하나님을 만나게 됩니다(5절).

안식년의 미래적 예표는 예수 그리스도의 구속으로 인한 천국에서 누릴 영원 복락입니다. 8절부터 나오는 '희년(요벨, jubilee)'은 인간의 사고로는 상상도 못할 청천벽력 같은 규례입니다. 역사의 어떤 법전에도 없고 세상의 어느 종교도 흉내 낼 수 없는 제도입니다. 희년의 핵심 정신은 자유의 회복으로 인한 기쁨입니다. 노예로부터 해방되고 잃은 땅과 기업이 회복되고 빚의 탕감이 이루어집니다. 이 자유는 히브리어로 '데로트'인데 재빠르게 움직인다는 뜻으로 힘차게 날아다니는 제비를 연상하면 됩니다(10절).

영적으로 적용하면 신자가 모든 죄와 사망의 사슬로부터 해방되어 그리스도의 품안이라는 창공에서 마음껏 날아다니는 것을 의미합니다. 이 모든 자유와 기쁨은 희년의 출발일인 대속죄일(7월 10일)의 속죄가 선행되어야 하고 근원이 됩니다(9절). 은총의 나팔 소리(요벨)와 함께 주어지는 속죄와 안식과 자유의 희년은 우리와 어떤 관계일까요? 희년의 능력은 예수님의 십가가로 인하여(요 19:30) 바로 우리 눈앞의 신앙현실로 와 있습니다.

♦ 레위기 26장 성경칼럼

2절 | 너희는 내 안식일을 지키며 내 성소를 경외하라 나는 여호와이니라
8절 | 또 너희 다섯이 백을 쫓고 너희 백이 만을 쫓으리니 너희 대적들이 너희 앞에서 칼에 엎드러질 것이며

"끝까지 가보자"

이 말은 누가, 어떤 뜻으로 하는가에 따라 결말은 하늘과 땅만큼 차이가 납니다. 끝은 좋은 축복의 끝과 나쁜 저주의 끝을 의미하기 때문입니다. 성경을 깊이 읽는 신자라면 축복과 저주의 내용이 함께 나올 때 저주의 양이 훨씬 많다는 것을 알아챌 것입니다. 신명기 28장이 대표적인데 저주의 비중이 4배(14 대 54) 가까이 기록되어 있습니다.

레위기 26장은 순종의 축복과 불순종의 저주가 나오는데 양을 비교하면 11 대 25입니다. 이는 상(약속)과 벌(경고) 중에서 벌에 대한 강조가 사람을 변하게 할 가능성이 많다는 간접적 증거입니다. 26장은 2계명과 4계명에 대한 순종을 특별히 강조합니다(1-2절). 하나님에 대한 종적 신앙이 인간에 대한 횡적 신앙, 즉 윤리적 실천의 근간이 됨을 깨닫게 합니다. 이스라엘 백성들은 하나님에 대한 신앙의 2가지 현실적 지침을 가지고 있었습니다. 시간적으로는 안식일 제도를 지키고 공간적으로는 중앙 성소를 중심으로 생활의 패턴을 삼는 것입니다. 이는 우상숭배를 물리치고 거룩한 삶을 지킴으로 신앙의 일체성을 보존할 수 있게 하신 율법이었습니다.

먼저 순종하는 자에게 주어지는 축복과 능력을 보겠습니다. 육신적으로 필요한 양식과 안전에 대한 보장을 하십니다(5절). 마음의 평안을 주심으로 두렵게 할 자가 없게 하십니다(6절). 인생의 수많은 대적을 이길 수 있는

승리자가 되게 하십니다(7-8절). 특별히 작은 숫자로도 큰 숫자의 대적을 이기게 하십니다(5:100, 일 백:일 만). 번성과 형통의 복과 함께 지고의 복인 하나님과의 동행이 이루어집니다(9-13절).

이제 불순종한 자에게 주어지는 저주를 살펴봅니다. 온갖 병으로 육신의 괴로움과 일한 것의 열매를 먹지 못하고 빼앗겨서 그 괴로움은 상상하기 힘듭니다(16, 19-21절). 인생의 온갖 전투에서 매번 패배하고 도망치며 지배를 당하는데 그래도 회개하지 않으면 7배나 징벌하십니다(18절). 자녀와 육축이 들짐승에게 먹히고 가난이 극심하여 겨우 1/10의 양만 먹고 사는 지경에 이릅니다(22-26절). 저주의 끝 같은 저주는 자기 아들과 딸을 고기로 먹어 버리는 지경(29절)에 이르고 후손이 영향을 받는다는 사실입니다(39절). 이 예언은 실제적으로 불순종한 이스라엘의 역사 속에서 여러 번 일어났습니다(왕하 6:28, 애 2:20, 4:10, A.D.70년에 로마 디도가 예루살렘 침략 시).

하나님을 떠난 자의 두려움과 고통과 쇠잔함(30-39절)으로 끝날 뻔한 26장에 희망의 마무리가 주어집니다. 자복하고 회개하는 자에게 주어지는 회복의 기회(40-44절)입니다. 이것은 저주의 규례에 귀를 기울이면 하나님 사랑을 받는다는 것을 선명하게 선포하고 있습니다(45-46절).

♦ 레위기 27장 성경칼럼

8절 | 그러나 서원자가 가난하여 네가 정한 값을 감당하지 못하겠으면 그를 제사장 앞으로 데리고 갈 것이요 제사장은 그 값을 정하되 그 서원자의 형편대로 값을 정할지니라

30절 | 그리고 그 땅의 십분의 일 곧 그 땅의 곡식이나 나무의 열매는 그 십분의 일은 여호와의 것이니 여호와의 성물이라

"착각, 오해"

우리 삶에서 실제와 다르게 아는 착각과 잘못 해석하여 일어나는 오해는 비일 비재합니다. 작은 착각과 오해는 고치거나 풀기가 쉽고 영향도 미비하지만 큰 착각과 오해는 심각한 문제를 일으킵니다. 착각과 오해중의 가장 큰 것이 있다면 영적인 영역에서 일어나는 것입니다. 영적인 세계에서 일어나는 것은 인생 전체는 물론이고 영원세계에까지 이어지기 때문입니다.

드디어 성경 66권의 책 중에서 난해한 내용으로 볼 때 상위에 랭크되는 레위기의 마지막 장에 이르렀습니다. 26장에 모든 규례를 서술한 후 27장에 서원에 관한 법을 추가적으로 부록처럼 기록했는데 두 장의 마지막이 똑 같습니다(26:46, 27:34). 서원이란 하나님의 정언적인 명령이 아니라 인간이 하나님 앞에서 자원하여 맹세하는 헌신의 행위입니다. 서원을 하지 않는 것은 죄가 아니나 서원하면 반드시 지켜야 합니다(전 5:3-5).

만약 서원한 것을 성실히 지키지 못했을 때는 그에 따른 속죄제를 반드시 드려야 합니다. 27장에는 서원의 대상인 사람, 가축, 가옥, 토지 등을 사례별로 구체적으로 규정하고 있습니다. 특히 사람의 속전금을 남여와 나이에 따라 다르게 책정하고 극빈자일 경우에는 제사장이 별도로 정한 것을 눈여겨봐야 합니다. 이것은 인간에 대한 하나님의 긍휼을 보여주며 하나님을 향한 인간의 자세는 정성이 가장 중요함을 알려 주십니다.

생축과 가옥과 토지의 서원법은 인색함이나 억지가 아닌 신전신앙을 가지고 지켜야 하는 것이 핵심입니다. 후반부에는 서원에 속할 수 없는 것에 대한 종류를 기술합니다. 서원에 속할 수 없다는 뜻은 하나님의 것과 하나님께 바쳐진 것이라는 의미입니다. 그 대상은 초태생의 생축(26-27절)과 여호와께 아주 바쳐진 생축, 사람, 토지(28-29절)와 십일조(30-34절)입니다.

일단 하나님께 바쳐진 것을 다시 서원물로 사용될 수 없다는 것은 자기의 것이 아니기에 자의로 할 수 없다는 것입니다. 이런 맥락에서 십일조에 대한 인간의 착각과 오해가 엄청나다는 것을 목격합니다. 십일조가 여호와의 것이라는 의미는 땅에 있는 모든 것이 여호와의 것이라는 뜻입니다. 정확히 표현하면 분량적인 십분의 일은 전체를 대표하며 당연히 하나님의 소유입니다. 인간은 이 세상의 어느 것도 자기 것이 아니기에 실제로는 하나님께 아무 것도 바칠 수 없습니다.

즉 십일조는 내 소유 중 십분의 일을 하나님께 바치는 것이 아니라 하나님의 소유 중 십 분의 구를 선물 받아 누리고 산다는 신앙고백이 됩니다(30절). 모든 돈과 물질이 자기 것이라 착각하는 탐욕스런 교인이 십일조를 드리지 못하는 것은 너무 당연한 것입니다. 주님께서는 포도원 청지기 비유를 통해 재물의 소유권을 착각하는 신자에 대해 냉철한 심판을 경고하십니다(막 12:1~18). 저의 목회현장에서 십일조 신앙이 없는 자가 영육간의 축복을 받는 사례는 결코 없었음을 간증할 수 있습니다. 하나님께서 정하신 십일조 원리(말 3:8-12)을 꼼꼼히 읽으시고 십일조 신자가 되어 하나님께서 보장하시는 부요의 축복을 받으시기 바랍니다.

민수기

♦ 민수기 1장 성경칼럼

3절	이스라엘 중 이십 세 이상으로 싸움에 나갈 만한 모든 자를 너와 아론은 그 진영별로 계수하되
49절	너는 레위 지파만은 계수하지 말며 그들을 이스라엘 자손 계수 중에 넣지 말고

"스토브리그(stove leegue)"

난로(스토브)를 피는 계절, 즉 프로야구의 시즌이 끝나고 다음 시즌이 시작할 때까지 준비하는 기간을 스토브 리그라고 부릅니다. 선수들의 계약 갱신과 팀을 위한 트레이드가 일어나고 팀 훈련을 함으로 다음 시즌에 대비합니다. 이때는 선수보다 단장과 코칭 스탭의 역할이 중요하기에 '단장의 리그'로도 불립니다. 모세오경의 네 번째 책인 민수기의 출발은 인구조사로 시작되어 마치 스토브리그의 성격을 보이고 있습니다.

민수기란 제목은 70인 역과 라틴역 볼게이트의 '아리드모이'에서 나온 '셈하는 책'이라는 뜻입니다. 저자는 모세이며 기록연대는 출애굽 한 B.C.1446년 이후부터 모세가 최후를 맞은 B.C.1406년 이전의 어느 기간입니다. 기록목적은 광야를 지나 가나안으로 행군해 가는 하나님의 군대에 대한 조성과 순종에 대한 것을 강조합니다. 물과 음식이 없는 고통스런 환경에서 불순종과 원망이 쏟아졌지만 선민으로서의 자질을 훈련시키는 내용입니다. 특히 2차례에 걸친 인구 조사 기록은 하나님께서 이스라엘 백성을 낱낱이 기억하신다는 증표입니다.

1장의 인구조사는 광야 진군에 앞서 효율적인 관리와 가나안 정복 전쟁을 수행할 군대 편성이라는 이중 목적을 가지고 있습니다. 출애굽기와 레위기에서 성막과 율법을 세밀하게 계시하셨던 하나님께서 신정국가로서의 군대 조직을 명하신 것입니다. 이제 애굽에서의 노예근성을 청산하고 하나님 나라의 영광과 기업을 위해 능동적인 군사로서 부름을 받은 것입니다. 이스라엘의 광야 조직을 신약에서 광야교회로 지칭한 것(행 7:38)은 신약교회가 십자가 군대로서의 의미가 있음을 알리는 것입니다.

민수기의 인구조사는 각 지파별 군사의 숫자로 나타납니다. 여기서 지파의 변동이 일어나는데 성막의 일을 전념해야 할 레위지파가 빠지고 요셉의 두 아들(에브라임, 므낫세)이 12지파에 들어갑니다. 여기서 차자인 에브라임이 장자인 므낫세를 앞섬으로 예언의 절대성이 증명됩니다(창 48:8-22). 창세기의 디나 강간 사건(창 34장)의 주동자인 시므온과 레위의 저주는 희비가 엇갈립니다. 시므온 지파는 인구수가 격감되는데 시므리 족장의 음행과 같은 불신앙적 행태가 이어졌기 때문입니다(25:6-15). 반면에 레위지파는 우상숭배를 행하는 자들을 처형하는 순종을 통해(출 32:25-29) 거룩한 직무를 감당하게 됩니다(47-53절).

예언의 절대 성취는 유다지파에게서 절정을 이룹니다. 유다 지파의 군사 74,600명은 타 지파에 비해 2배 내지 1만 명 이상 많은 숫자로 지도자가 되리라는 예언이 성취됩니다(27절, 창 49:8-12). 장정 군사 603,550명과 전체 인구 200만 명의 번성은 야곱 일가의 애굽 행 때 70명과 비교하면 아브라함 소명시의 창대하리라는 예언(창 12:2, 13:14-16)이 이루어진 것입니다(46절). 인구 조사의 기간은 단 하루 만에 끝나는데 그 이유는 바로 전에 속전세를 시행했기 때문입니다. 하나님의 명령은 그 타이밍에 있어서 절묘하며 백성들에 대한 배려심은 최고입니다(18-19절). 하나님께 순종하여 준비하는 무리는 최고의 정예군사가 되는 것이 분명합니다. 승리하는 십자가 군대로 사용되기를 원합니다.

♦ 민수기 2장 성경칼럼

2절 | 이스라엘 자손은 각각 자기의 진영의 군기와 자기의 조상의 가문의 기호 곁에 진을 치되 회막을 향하여 사방으로 치라

33절 | 레위인은 이스라엘 자손과 함께 계수되지 아니하였으니 여호와께서 모세에게 명령하심과 같았느니라

"인간의 판단과 배려, 하나님의 지혜와 사랑"

사람에 대한 호불호는 대부분 머리에 의한 이론보다 가슴에서 우러나는 감정에 의하여 갈라집니다. 괜히 싫은 사람이 있고 그냥 좋은 사람이 있는 이유입니다. 배려는 도와주거나 살펴 주는 마음을 의미하는데 감정이 어느 편인가에 따라 드러납니다. 이런 감정이 섞인 인간의 배려는 변하기 쉽고 능력도 불완전하기에 온전할 수 없습니다. 그러나 하나님의 지혜와 사랑은 인간의 판단과 배려에 비하여 다른 차원에서 일어납니다. 바울 사도는 사람이 감히 상상도 못할 하나님의 지혜와 사랑에 대하여 찬탄합니다.

(롬 11:33) "깊도다 하나님의 지혜와 지식의 풍성함이여, 그의 판단은 헤아리지 못할 것이며 그의 길은 찾지 못할 것이로다"

1장에서 가나안 정복을 위한 군대조직으로 재편할 목적인 인구조사가 있었습니다. 이제 2장은 각 지파별 성막을 중심한 진 배치도와 행군 시에 배열하게 될 모형도가 제시 됩니다. 즉 정착할 때의 각 지파 진 배치와 행군시의 배치에 하나님의 정밀하신 지혜와 사랑이 담겨 있다는 것입니다. 정착시의 배치는 철저하게 레위인이 지키는 성막 중심으로(17절) 동서남

북에 각 3지파씩 배치됩니다. 이것은 하나님 나라의 백성은 하나님 현현의 상징인 성막을 중심으로 살아야 하는 것을 의미합니다(2절). 이 원리는 신약성도들도 영적으로 교회 중심의 삶을 살아야 하나님의 보호와 공급을 받는다는 것을 보여줍니다(행 2:46-47).

행군 시에도 성막이 해체된 성막의 부품과 기구가 나뉘어져 중심에 위치하는데 중요한 것은 법궤의 위치입니다. 법궤는 진영의 선두에 위치하는데 이는 하나님께서 이스라엘을 인도한다는 뜻입니다. 법궤 안에는 십계명과 만나 항아리와 아론의 싹 난 지팡이가 있는데 세 가지 모두 주님(말씀)을 상징합니다. 십자가의 군대인 신약 교회가 하나님의 인도와 말씀을 순종하는 실천을 통해 광야 같은 이 세상을 정복하며 살아가는 모습과 같습니다.

좀 평범하고 지루할 뻔한 2장의 내용에 있어서 반전의 이야기가 숨겨 있습니다. 하나님께서는 어떤 의도와 기준을 가지고 3개 지파씩 4개 진영으로 편성하셨는지의 문제입니다. 하나님께서는 처첩(레아, 라헬, 실바, 빌하)의 출신별로 구분하여 편성하심으로 지파간의 갈등과 반목의 소지를 방지하신 것을 알 수 있습니다. 나아가 비교적 친숙한 지파끼리 진영을 묶고 각 진영의 지파 리더(유다, 르우벤, 에브라임, 단)를 합당하게 세움으로 단결이 잘 되도록 하셨습니다. 죄악 된 인간의 감정과 정서까지도 세밀하게 감안하시는 하나님의 사랑을 만나게 됩니다.

파당과 분열로 상처를 입기 쉬운 교회이기에 획일적인 단합만 강조하기 쉽습니다. 하지만 사람의 감정은 매우 예민하기에 강제성보다는 적합한 성정과 은사에 따른 인사 정책이 필요함을 교훈합니다. 나의 못난 성정과 감정까지도 살피시는 좋으신 하나님을 사랑합니다.

♦ 민수기 3장 성경칼럼

9절 | 너는 레위인을 아론과 그의 아들들에게 맡기라 그들은 이스라엘 자손 중에서 아론에게 온전히 맡겨진 자들이니라

12절 | 보라 내가 이스라엘 자손 중에서 레위인을 택하여 이스라엘 자손 중에 태를 열어 태어난 모든 자를 대신하게 하였은즉 레위인은 내 것이라

"위상과 서열"

인간관계와 사회현상을 유심히 살펴보면 위상을 높이고 서열에 앞서 보려는 치열함이 포착 됩니다. 이는 권력을 쟁취하고 인정을 받으며 명예를 쌓고자 하는 욕망의 발로입니다. 사람 세 명만 모여도 정치한다는 말이 허위가 아닙니다. 이토록 어지러운 세상의 환경에서 영적인 공동체가 권위를 세우고 질서를 유지하는 것은 쉬운 일이 아닙니다.

3장에는 하나님께서 이스라엘 공동체에 영적인 위상과 서열을 세워 주시는 내용이 나옵니다. 세상은 세습과 권력투쟁과 파워게임으로 권위와 위상이 정해지지만 영적인 세계는 하나님께서 정하십니다. 일단 모세와 아론의 관계를 보겠습니다. 모세오경뿐만 아니라 성경 전체에서 아론은 모세와 필적할 수 있는 인물이 아닙니다. 하나님께 파송 받았고 율법을 수여받은 절대 권위의 모세에게 아론은 대변인 위치였습니다.

모세 1인 절대 권력은 민족국가 체계가 이루어지면서 사법권이 독립되고(출 18장) 종교권은 아론에게 이전됩니다. 종교권은 아론 직계만이 할 수 있는 제사장 권과 성막의 사역을 맡은 레위인으로 나누어집니다. 하나님께서는 레위 지파를 제사장을 시종하게 하는 위상으로 정하십니다(6-9절). 이 명령은 모세의 후손들도 레위인이므로 아론 계열의 제사장들을 보필하

게 되었다는 뜻입니다. 모세와 아론만을 볼 때는 모세의 권위가 절대적이지만 그것은 어디까지나 모세 개인에게만 국한된 특별은총이었습니다. 회막 봉사를 중심으로 하는 종교적 사명에 있어서는 아론의 후손들이 고귀한 직분에 임명되었습니다. 모세의 후손들은 조상의 후광을 입고 권력을 탐한 것이 아니라 평범한 레위인으로 조용히 봉사한 것을 성경은 증언합니다(대상 23:14-17).

3장에서 성경의 이름기록 원리인 중요성 우선주위와는 다르게 아론의 이름이 먼저 나온(1절) 특이한 배경을 알 수 있습니다. 아론은 장자였고 본장에 소개되는 제사장들의 아버지요, 초대 대제사장이며 레위인 전체를 통솔하는 지도자였기 때문입니다. 아론의 가문에 종교권력을 교만하게 휘두르면 안 된다는 본보기가 주어지는데 바로 나답과 아비후의 즉사 사건입니다(4절). 하나님의 사역은 어떤 배경을 가지고 하는 것이 아니라 근신하여 겸손히 해야 한다는 교훈을 줍니다.

레위인을 아론에게 주었다는 원리는 무엇을 의미할까요?(9절) 첫째, 장자는 하나님의 것이라는 의미에 따라 레위인은 속전을 통해 이스라엘 전체 지파의 장자를 대신하게 되었습니다(40-51절). 둘째, 레위인들의 회막 봉사는 이제 전체 이스라엘 백성들이 하는 것과 같게 되었습니다(12절). 이 의미는 신약 성도들은 주님의 소유가 되어 영적 레위인으로서 하나님과 이웃을 섬기는 자임을 보여주는 것입니다. 그리스도인의 위상은 세상의 서열에 목매지 않고 하나님 앞에서(Coram Deo) 충성하는데 있음을 깨닫게 됩니다.

♦ 민수기 4장 성경칼럼

3절 | 곧 삼십 세 이상으로 오십 세까지 회막의 일을 하기 위하여 그 역사에 참가할 만한 모든 자를 계수하라

20절 | 그들은 잠시라도 들어가서 성소를 보지 말라 그들이 죽으리라

"반드시 고운 흰 장갑을 끼고 만져야 함"

명품 샵(shop)이나 보석상의 종업원이 물건을 취급할 때의 매뉴얼입니다. 귀중품은 귀중하게 다루어야 보존되며 그 가치가 보는 이에게 전달됩니다. 그러면 영원과 현세 속에서 가장 귀중한 것은 무엇일까요? 그리스도인들은 보이지 않는 세계에서는 삼위일체 하나님이심을 고백합니다. 보이지 아니하시는 하나님께서 인간에게 보여 주시는 것을 성물이라고 하며 그 중의 최고를 지성물이라고 칭합니다(4절). 이 성물이 구약에서는 성막과 성전이었고 지성물은 지성소와 성소 안의 기물(언약궤, 떡상, 등대, 분향단, 번제단과 그 부속물)입니다. 신약에서의 지성물은 보이는 성전이 사라짐으로 성령님이 함께 하는 성도와 교회이고 성령님이 역사하는 하나님의 말씀입니다.

4장은 성막의 일을 하는 레위인의 업무 분담과 봉사자의 숫자를 기록하고 있습니다. 야곱의 셋째 아들인 레위는 3명의 아들이 있었는데 둘째 아들이 지성물을 대하는 업무를 맡았습니다. 그 이름은 고핫인데 모세와 아론이 이 계열 출신이고 차자의 장자 역할 원리(가인과 아벨, 이스마엘과 이삭, 에서와 야곱, 므낫세와 에브라임, 아론과 모세, 사울과 다윗 등)가 여기에서도 적용되었습니다.

지성물은 하나님의 현현을 의미하기에 그들에게는 엄격한 규례가 주어졌습니다(20절). 회막의 이동시에 지성물을 해체하는 것은 오직 대제사장 아론

과 그 아들(엘르아살)만이 할 수 있었습니다(16절). 나머지는 접근하여 보거나 만지지 못하게 하였고 덮어진 상태에서 어깨에 메고 이동해야 합니다(15절). 이 모습은 구약 계시의 한계와 폐쇄성을 보여 주는데 신약에서는 예수님의 성육신(요 1:14)과 말씀의 계시(요일 1:1)로 택자들에게 개방되었습니다. 지금 우리는 예수님을 통해 하나님의 영광과 성품을 바라볼 수 있고 머지않아 주님과 얼굴을 맞대고 뵐 날이 이를 것입니다(고전 13:12, 요일 3:2).

게르손 자손은 휘장과 천막과 줄 등을 수레로 운반하게 하였습니다. 셋째인 므라리 자손은 성막의 기둥과 받침들을 운반하는데 큰 힘이 필요하여 제일 많은 인원(3,200명)을 제공하였습니다(44절). 이처럼 하나님께서 일을 맡기실 때에는 반드시 그 일을 감당할 수 있는 능력과 지혜를 허락하십니다. 우리가 여기서 오해하지 말아야 하는 것은 성막의 일은 차별에 의한 것이 아니라 구별의 원리로 정해 주신 것을 알아야 합니다. 이는 신약교회의 교회 섬김이 지체의 연합과 공조 원리로 해야 함을 계시합니다(고전 12:14-27).

또한 레위인의 봉사는 타 지파의 병역 근무보다 자격과 능력에서 높은 수준을 요구받고 있습니다. 병역 시작 나이가 20세인데 비하여 레위인은 20대의 수습기간을 거쳐 30살부터 50살에 사역하도록 계속 강조됩니다(23, 30, 35절). 성막 봉사가 힘과 패기에 의하지 않고 육체의 성숙함과 정신의 신중함이 요구되는 일임을 보여 줍니다. 이 사실은 현대 그리스도인들이 인생의 황금기인 30-50살의 시기를 하나님보다 자기를 위해 허비하고 사는 모습에 경종을 울리고 있습니다(전 12:1). 명령에 따라 성물을 메고 끌며 전진했던 레위인의 진취적 기상을 우리도 사모합니다.

♦ 민수기 5장 성경칼럼

4절 | 이스라엘 자손이 그같이 행하여 그들을 진영 밖으로 내보냈으니 곧 여호와께서 모세에게 이르신 대로 이스라엘 자손이 행하였더라

7절 | 그 지은 죄를 자복하고 그 죄 값을 온전히 갚되 오분의 일을 더하여 그가 죄를 지었던 그 사람에게 돌려줄 것이요

"반향실 효과(ehco chamber effect)"

막힌 방안에서 같은 성향의 말만 하는 사람끼리 같은 말만 계속 주고받으면 어떻게 될까요? 이 모습을 반향실 효과라고 하는데 메아리 소리를 연상하면 됩니다. 이 현상은 동질성 함정, 확증편향, 진영논리, 팬덤현상, 정치적 극단주의, 맹종집단과 같은 결과를 가져옵니다. 오죽하면 이런 성향이 계속되면 뇌세포가 변화를 수용하는 정상인과 전혀 다르게 생성된다는 연구논문도 있습니다. 사람이 받는 교육과 정보습득의 내용이 얼마나 중요한지를 알 수 있습니다.

이상은 세상의 현상으로 본 진단이지만 영적 세계에서는 더 심각하게 적용됩니다. 타종교와 유사기독교와 이단에게 선제적으로 노출되어 종교신념화(cult)가 이루어지는 경우에 그 곳에서 탈출하기가 얼마나 어렵습니까? 기독교인이 성경과 함께 역사신학(기독교 사상사, 교리사, 교회사 등)의 분야를 열심히 배워야 하는 이유입니다.

이스라엘 백성들의 하나님을 배반하고 지독한 불순종과 완악한 모습을 보면서 어떤 생각이 드십니까? 저주의 쓴 물을 마시는 모습에 안타까우면서도 한편으론 우리의 모습과 너무 흡사하다는 동질감이 느껴집니다. 이스라엘이라는 공동체의 영적 수준에 따라 그 시대에 속한 자들의 복과 저주

가 결정되듯이 이 시대의 영적수준에 따라 우리도 영향을 받는다는 사실을 직시해야 합니다. 이런 배경과 전제를 가지고 성경을 읽을 때 이해하기 어려운 본문도 해석할 수 있게 됩니다.

5장에 나오는 성결에 대한 세부 지침은 자칫하면 하나님의 진리와 사랑에 대한 오해를 할 수도 있는 내용입니다. 부정한 자들에 대한 철저한 격리와 손해 배상법과 간음죄에 대한 재판이 까다롭고 공포스러운 분위기로 이루어지기 때문입니다. 불안스런 초창기의 이스라엘이 죄와 부패가 만연한 분위기가 계속된다면 선민의 축복도 날라 가 버리게 됩니다. 부정한 자들에 대한 격리를 통해 거룩함을 지키고 타인에게 해를 끼치면 반드시 벌과 손해가 온다는 것을 생활화(문화화)해야 하는 것입니다(1-10절).

국가와 사회의 기초인 가정의 부부간에도 신의에 대한 철칙을 구체적으로 정해 주십니다(11-31절). 이 과정이 현대감각으로는 이해가 안 되고 미신적인 요소가 있는 것처럼 보이기도 합니다(16-27절). 하지만 이 재판의 대원칙은 절차는 제사장이 진행하지만 결정은 하나님이 하신다는 것입니다(16절). 여인이 억울하게 누명을 쓰고 죽을 수도 있는 당시 환경에서 정확한 재판이 되도록 하는 것이 핵심입니다. 남편에게도 의심을 품고 괴로워하지 않도록 하는 세밀한 배려를 하고 계십니다(29-31절).

그 나라의 수준은 그 나라 백성의 수준과 같다는 말이 있듯이 교회도 영적인 수준에 대한 치열한 전투가 필요합니다. 우리가 속한 가정과 생업현장의 수준은 나의 진리의 빛 됨과 소금의 역할에 달려있음을 직시합니다. 세속의 반향실에 갇혀서 인본주의를 근거한 육적 신앙으로 뭉개고 있으면 큰일이 납니다. 진리의 넓은 바다에서 의와 평강과 희락의 열매를 얻기를 소원합니다.

♦ 민수기 6장 성경칼럼

2절	이스라엘 자손에게 전하여 그들에게 이르라 남자나 여자가 특별한 서원 곧 나실인의 서원을 하고 자기 몸을 구별하여 여호와께 드리려고 하면
23절	아론과 그의 아들들에게 말하여 이르기를 너희는 이스라엘 자손을 위하여 이렇게 축복하여 이르되

"무엇을 주어도 아깝지 않아"

사람이 단돈 천 원을 주어도 아까운 사람이 있고 전 재산인 천억을 주어도 기쁘게 줄 수 있는 상대가 있다는 것은 참 신기합니다. 너무 비약적이어서 적당한 비유는 아니었지만 분명한 것은 마음에 드는 사람을 위해서는 최선의 것을 줄 수 있다는 의미입니다. 이 원리를 하나님과 하나님의 사람과의 관계에 대입하면 어떤 일이 일어날까요? 정말 하나님께서는 마음에 꼭 드는 사람에게 어떤 대우를 해 주실까 라는 주제입니다.

구약에서 이스라엘은 하나님의 선민(선택된 백성)이자 성민(거룩한 백성)이고 열방의 제사장 역할을 맡았습니다. 그러나 이것은 구원의 목적이고 법적 선포이었을 뿐 실제 상황은 그 수준에 어림도 없었습니다. 하나님께서는 하나님의 백성으로서 구별된 삶을 보여주는 본보기가 필요했는데 그것이 바로 나실인 제도입니다. 나실인 제도는 이스라엘 백성들의 경건 생활을 촉진시키는 방편이었습니다. 이 제도는 오늘날 죄악 된 문화권 아래 살아가는 우리들에게는 온전한 헌신을 통한 성결한 삶으로의 초대가 됩니다.

나실인이란 뜻은 분리와 구별에서 나온 단어로 성별되어 하나님께 바쳐진 자를 말합니다. 당시의 관행을 초월하여 남여의 차별 없이 헌신이 가능했고 조건은 세상의 욕망을 끊고 자신을 구별하여 여호와께 드리겠다는 서원을 해야 합니다(2절). 준수 사항은 첫째, 포도의 소산 및 독주를 금하므로 모든 육적인 유혹을 원천 차단해야 하는 것입니다. 둘째, 머리털을 깎지 않으므로 생명의 주권자이신 하나님께 복종과 경외를 외적으로 나타내야 합니다. 셋째, 죄악의 결과인 주검(시체)을 가까이 하지 않으므로 죄를 멀리하며 살아야 합니다. 심지어 부모와 형제가 죽었을지라도 접촉해서는 아니되고 부지중에 이를 어기면 정결 의식을 행해야 합니다(7-12절). 이 세상 어떤 것도 하나님을 사랑하는 것에 앞설 수 없다는 것을 생활화해야 합니다(마 8:21-22).

오해하지 말 것은 이 말씀의 본질이 우선순위에 대한 것으로서 가족에 대한 책임을 면제하는 것이 아니라는 것입니다(딤전 5:8). 나실인은 자신과 부모의 자발적 서원 외에 하나님의 명령으로도 이루어집니다. 구약에서는 삼손과 사무엘과 레갑 족속이 있으며 신약에는 세례 요한과 사도 바울이 있습니다. 나실인의 이러한 순수하고 온전한 헌신은 철저한 자기 부인이 없이는 성취할 수가 없습니다(막 8:34).

이런 측면에서 나실인 제도에 이어 나오는 하나님의 위임 축도는 엄청난 의미를 나타냅니다. 문맥상으로 나실인에게 무엇을 주어도 아깝지 않다는 하나님의 심정과 맥락을 같이 합니다(22-27절). 구약의 축도라고 불리우는 이 내용(보호, 은혜, 사랑, 평강)은 제사장(아론과 그 아들)을 통해 위임되어 선포됩니다. 신약시대에는 그리스도인이 영적 나실인(고전 3:16)이며 대표인 목사에게 위임되어 삼위일체 하나님의 권위로서 축도가 선포되고 있습니다.

(고후 13:13) "주 예수 그리스도의 은혜와 하나님의 사랑과 성령의 교통하심이 너희 무리와 함께 있을지어다"

♦ 민수기 7장 성경칼럼

1절 | 모세가 장막 세우기를 끝내고 그것에 기름을 발라 거룩히 구별하고 또 그 모든 기구와 제단과 그 모든 기물에 기름을 발라 거룩히 구별한 날에

9절 | 고핫 자손에게는 주지 아니하였으니 그들의 성소의 직임은 그 어깨로 메는 일을 하는 까닭이었더라

"인간의 불평등, 하나님의 평등"

사람의 마음을 움직이는 강력한 힘 중의 하나가 평등입니다. 누구나 차별을 받거나 불공정한 대우를 받는 것은 견디기 어렵기 때문입니다. 약 100년 전 평등이라는 슬로건으로 전 세계에 거센 광풍을 일으킨 공산주의 혁명이 이를 증명합니다. 물론 이 실험은 소수(공산당)가 전권을 차지하는 가짜 평등의 결과를 가져왔기에 역사의 실패물로 서서히 물러나는 중입니다. 자본을 중심으로 하는 자유민주주의가 현재 패권을 차지하고 있지만 평등이라는 개념으로 보면 보수할 공간이 많습니다. 어쩌면 인간이 사는 사회에서 공정이라는 열매를 완벽히 구가할 공동체는 이루기 어려울 것입니다.

이런 예민한 주제에 성경은 어떤 정답을 줄까요? 7장에 나오는 하나님의 불평등에 의한 평등 규례에 힌트를 얻을 수 있을 것입니다. 출애굽 제 2년 2월 8일경에 성막 봉헌식이 베풀어집니다(1절). 성막과 그 모든 기구들에 기름을 바르는 도유식은 하나님의 것에 대한 구별이 핵심입니다. 하나님의 소유가 된 대상에게 신적 권위가 주어지고 하나님의 영광을 위해서만 사용되어야 함을 보여 줍니다. 이는 신약에서 기름 부음의 실체인 성령을 받은 성도가 오직 성령의 역사에 쓰임 받아야 함을 알려 줍니다.

이어서 각 지파의 지도자들이 드린 예물의 내용은 평등에 의해서 드려진 특징을 보입니다(2-3절, 2인 1수레, 1인 소 1마리). 이 예물은 성막의 이동시에 쓰여 지도록 레위인에게 주어지는데 배분에 있어서 외적으로 불평등합니다(5-6절). 게르손 자손은 수레 2대와 소 4마리, 므라리 자손은 수레 4대와 소 8마리를 배분했는데 고핫 자손에게는 전혀 주지 않았습니다. 이 배분이 평등하지 않다는 생각이 든다면 4장에 나오는 레위지파의 세 자손에게 주어진 사역을 참고하면 됩니다.

하나님의 일은 각자가 맡은 사역의 성격에 따라 능력과 자원이 주어진다는 원리를 볼 수 있습니다. 아무 것도 배분받지 못한 고핫 자손은 어깨외의 다른 수송 수단이 필요하지 않았던 것입니다(9절). 그들의 관심은 예물의 배분에 있는 것이 아니라 가장 명예롭고 거룩한 일을 맡은 기쁨이었습니다. 우리 신앙과 목회 현실에서 외적인 선물이 없어 초라해 보일지라도 가장 귀한 영혼에 대한 사역을 하고 있다면 고핫 자손의 길을 가고 있는 것입니다.

10절부터 시작되는 12족장의 헌물은 평등함의 진리를 보여줍니다. 예물 명세가 지루할 만큼 12번 반복되는 이유는 무엇일까요?(10-88절) 첫째, 개개의 예물은 헌물자의 이름을 기록하면서 독립적으로 기쁘게 받으신다는 것을 보여줌으로 후대의 헌신자에게 교훈을 주는 것입니다. 둘째, 모든 예물이 제사에 관련 있음을 보여줌으로 하나님께 나아가는 자는 누구나 차별 없이 받으시는 것을 알려 줍니다. 7장은 절묘한 불평등속에 평등을 누리게 하시고 평등의 원리 속에 누구도 외면하지 않으시는 주님을 만나게 합니다.

♦ 민수기 8장 성경칼럼

3절 | 아론이 그리하여 등불을 등잔대 앞으로 비추도록 켰으니 여호와께서 모세에게 명령하심과 같았더라
18절 | 이러므로 내가 이스라엘 자손 중 모든 처음 태어난 자 대신 레위인을 취하였느니라

"상대가 안 되는 싸움?"

상대가 되지 않는 자와 싸울 일은 거의 없습니다. 유치원 아이를 상대로 물리적 힘으로 싸우는 성인은 없습니다. 게임과 스포츠 경기와 조직 간의 싸움은 승부를 예측하기 어렵고 팽팽할 때 흥미가 있고 흥행이 됩니다. 이런 선입견을 가지고 있는 인간에게 하나님께서 상대가 안 되는 싸움도 있다는 것을 제시합니다. 신자가 오해하는 것 중의 하나가 하나님과 사탄이 싸움을 하면 비슷할 것 같다는 생각을 하는 것입니다. 하나님의 상징적 숫자는 7이고 사탄의 숫자는 6이라는 성경의 내용을 연상하기 때문입니다. 결론적으로 사탄은 피조물 영역(타락한 천사)에 있는 존재이기에 창조주이신 하나님의 상대가 안 됩니다.

그러면 구원받은 성도는 영적 전쟁에서 어떤 위치와 능력을 가졌을까요? 성경은 구원받은 자의 정체를 여러 비유로 알려주는데 최고의 영광스런 표현은 빛입니다.

(마 5:14) "너희는 세상의 빛이라 산 위에 있는 동네가 숨겨지지 못할 것이요"

구원받은 성도를 빛이 될 것이라고 하지 않고 이미 빛이라고 현재형(You are the light of the world)을 썼습니다.

세상 모든 만물 중에 빛보다 가치 있는 것은 없고 빛은 생명의 근원이고 에너지입니다. 영적인 세계에서 본질적인 빛은 첫째 날에 창조됨으로서 넷째 날에 창조된 물리적 빛인 일월성신과 구별됩니다(창 1:3, 14-19). 빛(진리)의 위대한 능력은 어두움(악)을 물리치는데 있습니다. 그것도 무슨 액션으로 하는 것이 아니라 빛이 들어가는 순간 어두움은 자동적으로 순식간에 없어집니다. 바로 이 모습이 하나님께 속한 빛의 자녀들의 본질적 정체입니다.

8장에 빛이 전혀 들어오지 않는 성소에 등대의 등불을 켜는 일이 아론에게 주어집니다(2-3절). 이것이 의미하는 것은 죄로 어두워진 이 세상을 빛이 어둠을 밝히듯이 하나님의 사람들이 이 역할을 한다는 것입니다. 신약의 성도들은 성령님을 모신 자로서 오류와 비 진리를 없애는 빛의 사명을 넉넉히 감당할 수 있습니다.

이어서 나오는 레위인의 정결법과 그 사명과 정년에 대한 규례는 빛의 사명을 감당하기 위한 준비라고 볼 수 있습니다. 성도가 빛이라는 사실에도 불구하고 그 사명을 감당하지 못하는 원인은 준비(15절) 미흡과 거하는 위치(2-3절)에 있음을 지적하고 있습니다. 레위인은 장자를 대신하고 장자는 이스라엘 전체를 상징하는 것임을 통해 성막 일의 본질을 알려줍니다(14-19절). 하나님의 일을 하는 신약 성도는 본질적으로 레위인과 같이 전 생애의 목적이 하나님 사역을 위해 사는 존재입니다(갈 2:20, 고전 10:31). 성도가 자신이 진리를 비추는 빛임을 자각할 때 어디서 무슨 일을 하던 하나님의 영광스런 사랑을 전하는 통로가 됩니다.

♦ 민수기 9장 성경칼럼

4절 | 모세가 이스라엘 자손에게 명령하여 유월절을 지키라 하매
20절 | 혹시 구름이 성막 위에 머무는 날이 적을 때에도 그들이 다만 여호와의 명령을 따라 진영에 머물고 여호와의 명령을 따라 행진하였으며

"사람을 사람답게 하는 것"

사람에 대한 평가에 있어서 최악이 있다면 '짐승보다 못한 인간'일 것입니다. 성경에는 하나님께서 이스라엘 백성들을 향하여 이와 같은 표현을 하며 한탄하시는 장면이 나옵니다.

(사 1:3) "소는 그 임자를 알고 나귀는 그 주인의 구유를 알건마는 이스라엘은 알지 못하고 나의 백성은 깨닫지 못하는도다 하셨도다"

기독교는 인간이 인간답지 못한 원인에 대하여 죄의식을 느끼느냐 아니냐로 구분합니다. 원죄를 타고난 인간은 죄에 오염되어 죄를 밥 먹듯이 지으며 살 수밖에 없는데 죄의식이 있다면 해결의 가능성이 열리게 됩니다. 죄책감은 피해의식과 자존감 하락이라는 후유증이 있지만 죄의식은 예민할수록 성화의 몸부림으로 연결될 수 있습니다. 유교에서는 인간으로서의 기본을 부끄러움을 가져야 한다고 교훈합니다. 부끄러움이란 자기 잘못을 볼 수 있는 능력이고 그래야 반성을 할 수 있다는 것입니다. 반대로 부끄러움을 모르고 살면 죄 덩어리가 되어 어느새 얼굴에 철판(양심에 화인)을 깔게 되고 결국 짐승보다 못한 존재가 됩니다. 정치인들이 일반인보다 얼굴에 철판을 깔고 거짓말과 악행을 저지르는 것은 큰 이권이 눈앞에 있기 때문입니다.

인간에 대한 이런 성찰이 올바로 이루어질 때 구약의 율법 규례의 반복

이 이해가 됩니다. 9장은 크게 유월절 행사에 대한 보충적 규례와 구름기둥과 불기둥의 인도함에 대한 철저한 순종을 요구하고 있습니다. 성경에서 반복되는 명령은 중요성과 필요성에서 우위에 있는 내용이라고 보면 틀림없습니다. 부정적으로는 죄의식을 갖게 하는 것이지만 긍정적인 면에서는 구원을 확인하며 감격을 누리게 합니다. 유월절은 그리스도의 십자가 모형이고 성만찬은 그리스도의 죽음을 기념하는 예식입니다.

(고후 5:7) "너희는 누룩 없는 자인데 새 덩어리가 되기 위하여 묵은 누룩을 내버리라 우리의 유월절 양 곧 그리스도께서 희생되셨느니라"

이스라엘 백성들은 구원과 일치되는 유월절 행사를 필수적으로 참여해야 합니다. 부득이한 사정이 있다면 한 달 후에 참여하도록 배려하지만 고의적으로 지키지 않는 자는 끊어지는 멸망으로 가게 됩니다(6-14절). 모세가 자기 생각이 아닌 하나님께 여쭈어서 전하는 내용으로 지도자가 따라야 할 모범입니다(8절).

신약성도들은 이 유월절의 준수를 어떻게 적용할 수 있을까요? 예배를 정한 장소와 정한 시간에 드리고 예배의 감각은 그리스도의 피의 공로를 감사하는 예민함을 가져야 한다고 볼 수 있습니다. 광야의 행군에 있어서 가시적인 매체(구름기둥, 불기둥)를 통한 하나님의 인도는 어떤 의미가 있을까요? 하나님의 때를 기다리며 철저한 순종의 자세를 훈련하여 하나님의 주권을 인정하도록 하는 목적이 있습니다. 정착의 기간이 길 때는 인내하고 짧으면 열심을 내게 하여 하나님을 구체적으로 경험하게 하셨습니다(17-22절). 목수와 요리사가 연장이 잘 들도록 항상 준비하듯이 성도는 예민한 죄의식을 항상 갈고 닦아야만 주님과 동행할 수 있습니다.

2절 | 은 나팔 둘을 만들되 두들겨 만들어서 그것으로 회중을 소집하며 진영을 출발하게 할 것이라

31절 | 모세가 이르되 청하건대 우리를 떠나지 마소서 당신은 우리가 광야에서 어떻게 진 칠지를 아나니 우리의 눈이 되리이다

"사이렌 소리를 구별하십니까?"

우리의 일상생활에서 들리는 몇 가지 사이렌 소리가 있습니다. 구급차, 소방차, 경찰차, 보안 시스템 사이렌 소리는 잘 구별할 수 없지만 민방위 사이렌 소리는 특별해서 금방 구별이 됩니다. 관련자들에게는 긴박한 소리이고 일반적인 경우에는 사이렌 소리에 적극 협조하면 됩니다. 인생에는 결정적인 순간을 예고하는 신호가 있는데 반응과 대처를 정말 잘 해야 합니다. 분명한 위기의 신호임에도 알아채지 못하고 대처를 못하는 개인 및 공동체는 큰 사고를 당할 수밖에 없습니다. 더욱 신경을 써야 하는 것은 영적 신앙생활의 신호(사인)입니다. 성경에는 신앙의 대적 세력이 있다는 사실을 분명히 알려주고 위험신호에 대처할 것을 명령합니다(벧전 5:8, 요일 4:1).

민수기 10장에 들어서면서 드디어 시내 광야를 떠나 가나안으로의 행군이 시작 됩니다. 행군을 출발하기에 앞서 은 나팔을 이용한 신호 규정이 언급 됩니다. 전장의 구름 기둥을 통한 행군 규정이 큰 신호라면 나팔의 각종 신호는 질서유지에 따른 섬세한 순종을 훈련하는 것이라고 볼 수 있습니다. 성경에서 나팔은 하나님의 권위와 명령을 상징합니다(출 19:16). 신약의 성도들은 하나님 말씀의 나팔소리를 듣고 광야 같은 이 세상에서 인도함을 받는다고 볼 수 있습니다.

(시 119:105) "주의 말씀은 내 발에 등이요 내 길에 빛이니이다"

제사장만이 불 수 있는 나팔의 부는 방법과 소리의 종류(3-10절)는 백성들이 긴장하고 귀를 기울여야 혼란에 빠지지 않습니다. 이것은 우리가 말씀을 주의 깊게 듣고 분별하여 순종해야 실족하지 않는 신앙행진을 할 수 있다는 뜻입니다. 법궤를 맨 앞에 세워 행진하는 것은 하나님께서 주도권을 가지고 인도하셨다는 의미입니다(33절). 1진에 이어 회막 부품이 따르고 2진에 이어 고핫 자손에 의해 성물이 운반되는 순서는 정주할 때의 성막 건립을 위한 효율성 때문입니다(17-21절).

후반부에 나오는 '호밥의 눈' 이야기는 신앙 생활적 지혜의 오묘함을 보여줍니다(29-32절). 모든 것이 하나님의 뜻과 명령으로 이루어져야 하는 영역에서 인간재능의 역할이 들어왔기 때문입니다. 모세는 자기의 처갓집 식구(처남)로서 광야의 모든 환경을 꿰뚫고 있는 호밥에게 안내를 청합니다. 오직 하나님께만 의지하고 사람에게는 절대 의존하면 안 될 것 같은 모세가 이런 처세를 한 이유는 무엇일까요? 거절하는 호밥에게 간절함으로 정중하게 애청하는 것은 분명한 의미가 있을 것입니다.

힌트는 모세가 호밥에게 한 '우리(이스라엘)의 눈이 되리라'라는 말에 있습니다(31절). 모세의 이 행동은 하나님을 온전히 신뢰하지 않는 불 신앙적 처세가 아님을 알 수 있습니다. 능숙한 인간 안내자를 통해 험한 광야에서 선민에게 있을 작은 위험도 최대한 막아 보려는 모세의 인격을 볼 수 있습니다. 참 신앙인은 이적과 함께 하나님이 주신 인간의 환경과 은사를 잘 활용하라는 교훈을 주는 것이 호밥의 눈 이야기입니다.

1절	여호와께서 들으시기에 백성이 악한 말로 원망하매 여호와께서 들으시고 진노하사 여호와의 불을 그들 중에 붙여서 진영 끝을 사르게 하시매
29절	모세가 그에게 이르되 네가 나를 두고 시기하느냐 여호와께서 그의 영을 그의 모든 백성에게 주사 다 선지자가 되게 하시기를 원하노라

"가장자리의 사람, 중심의 사람"

요즈음 많이 쓰이는 사회 용어 중에 '아싸'와 '인싸'가 있습니다. 아웃사이더(outsider)와 인사이더(insider)의 준말인데 성공과 영향력의 유무에 따라 구분합니다. 인싸와 아싸는 교회생활에서도 실재하는 것은 분명합니다. 다만 세상의 가시적 기준에 의한 것이 아닌 영적 잣대에 의한 구분이 다를 뿐입니다. 세상에서 기분 나쁜 이 기준이 영적세계에서 적용된다고 기분 나쁠 필요는 없습니다. 세상과 기준이 다르고 최종 판단은 주님이 하시기 때문입니다.

구약은 이 기준을 눈으로 보게 하고 손으로 잡게 하여 알아보기 쉽게 교훈합니다. 광야 생활이 1년이 넘어가면서 이스라엘 백성들에게 원망하는 분위기가 팽배해 집니다. 죄와 노예에서 구원받은 이스라엘 백성의 원망은 하나님께 배은망덕한 행위이기에 즉각적인 불의 징벌이 임합니다. 11장의 다베라 사건은 율법이 수여되기 전의 원망에 대한 심판을 유보하신 것(출 16:2-8)과 전혀 다른 결과로 나타납니다. 젖먹이 신앙일 때는 유보되었던 심판이 율법이 주어져서 분별력이 생겼을 때에는 가차 없이 임한 것입니다.

주목할 것은 여호와의 불의 심판이 진의 끝을 먼저 사르는 장면입니다(1절). 진 전체를 한꺼번에 사르지 않으시고 가장자리의 처진 장막에만 징벌을 하시는데 모세의 중보기도로 불을 확산하지 않으셨습니다. 진의 중심에는 아무 피해가 없었습니다. 비록 작은 부분에 임한 불이었지만 백성들의 다급한 부르짖음으로 보아 그 위력이 대단했음을 알 수 있습니다(2절).

이 사건은 신약 성도의 신앙으로 적용할 때 하나님의 존전 앞에 거하는 생활(신전신앙)을 해야 함을 보여 줍니다. 신전신앙이란 예배와 기도와 말씀에 뿌리를 내려 영적감각을 살리고 의지를 드려 순종하는 것입니다. 가장자리에서 원망이 시작된 것에 대한 근거가 나오는데 4절입니다. 섞여 사는 무리의 탐욕이 다시금 원망의 불씨가 된 것을 증언합니다. 이들의 기원은 정통 이스라엘 백성이 아니라 출애굽 시에 함께 빠져 나온 자들입니다. 당연히 영적 아웃사이더이며 보이는 것에 집착하는 탐욕스런 무리입니다. 신자가 불신자나 안티 기독인이나 부정적 신앙을 가진 자들과 접하면 위험한 이유입니다.

11장의 모세는 영적 기복을 보이는데 백성들의 패역에 실망하여 불신앙의 모습인 죽기를 자청합니다(10-15절). 한편으로는 시기하는 여호수아를 책망하며 장로와 백성들의 선지자로의 도약을 응원하는 성숙함을 나타냅니다(26-30절). 영적 중심에 거함으로 주님 가까이에서 섬기는 일군이 되어야 하겠습니다.

♦ 민수기 12장 성경칼럼

1절 | 모세가 구스 여자를 취하였더니 그 구스 여자를 취하였으므로 미리암과 아론이 모세를 비방하니라

8절 | 그와는 내가 대면하여 명백히 말하고 은밀한 말로 하지 아니하며 그는 또 여호와의 형상을 보거늘 너희가 어찌하여 내 종 모세 비방하기를 두려워하지 아니하느냐

"비방, 권면, 기도"

인간관계와 공동체를 무너뜨리는 원인은 외부보다 내부에 의한 경우가 더 많습니다. 내부에서도 하부 조직이 아닌 상부의 지도자 그룹의 갈등과 충돌이 붕괴에 결정적으로 작용합니다. 비방과 참소는 본래 사탄의 주특기(창 3:1-5, 계 12:10)이기에 그 위력은 실로 막강합니다. 신뢰를 깨뜨리고 권위를 무너뜨리며 진위에 대한 규명을 막음으로 무식한 돌진을 하게 합니다. 바른 판단과 정확한 자료에 의하여 사랑으로 조언하는 권면과는 반대 방향으로 치달아갑니다.

권면보다 차원 높은 행동이 중보기도의 단계입니다. 기도는 자신의 영역을 벗어난 하나님의 도우심을 구하는 자세에서 출발하기 때문입니다. 인간의 비판과 논쟁과 충고에는 다양성의 요소가 숨겨 있어 아차 하는 순간 오해와 충돌의 위험성이 언제 불거질지 모릅니다. 그러나 영혼을 사랑해서 드리는 중보기도는 사람의 반응에는 문을 닫고 하나님의 간섭을 기다리는 것이기에 해결의 문이 열리게 됩니다.

12장의 주제는 이스라엘 지도층인 모세와 아론과 미리암의 권위에 대한 이야기입니다. 시기가 바탕이 된 비방과 중보기도가 이어지는 가운데 하나님의 주권이 선명하게 드러납니다. 인간적 시각에서 보면 이 사건은 모세가 구스 여인을 취한 것으로 시작됩니다(1절). 최고 지도자가 잘못하였을 때 주변의 유력자가 바로잡아 주는 것이 마땅하지 않느냐는 시각도 있습니다. 문제는 모세가 정말 용서받지 못할 잘못을 한 것인가 입니다.

구스는 아프리카 이디오피아이고 이 여인은 흑인일 것입니다. 배경은 설명되지 않았지만 아내 십보라와 사별한 모세가 이방여인과 재혼한 것으로 보입니다. 하나님께서는 가나안에 들어가서 혼혈결혼하지 말라(출 34:16, 신 7:3)고 명령하셨지만 이방인과의 결혼은 금한 적이 없었습니다. 이는 본 사건 속에 하나님께서 모세가 범한 잘못을 전혀 언급하지 않은 것으로 나타납니다. 하나님께서는 미리암이 주동하고 아론이 동조했던 모세에 대한 비방은 권위에 대한 도전의 성격으로 단번에 규정하십니다(4-7절). 모세만이 하나님과 대면할 수 있는 절대적 관계에 있음을 하나님께서 확인하십니다(8절).

예수님께서 가족들과 고향에서 평가절하 받으신 것(마 13:57)과 같이 모세를 만만히 본 누나와 형이 도전을 한 것입니다. 결국은 미리암의 나병 발병으로 권위에 대적하는 자가 얼마나 큰 벌을 받는지를 보여주십니다. 민족의 지도자인 모세의 권위가 무너졌을 때 이스라엘의 질서는 혼돈에 빠지고 말 것이기 때문입니다. 모세의 미리암을 향한 중보기도는 그의 온유함(3절)의 증거가 되고 미리암의 나병은 기도가 응답됨으로 치유됩니다(13-15절). 모세의 온유함은 선천적인 것이 아닌 하나님과의 바른 관계에 의하여 생성된 후천적 기질임이 그의 생애 속에 증거 됩니다. 권위의 귀함을 알게 하시고 온유함에서 나오는 중보기도를 배워야 하겠습니다.

♦ 민수기 13장 성경칼럼

27절 | 모세에게 말하여 이르되 당신이 우리를 보낸 땅에 간즉 과연 그 땅에 젖과 꿀이 흐르는데 이것은 그 땅의 과일이니이다
30절 | 갈렙이 모세 앞에서 백성을 조용하게 하고 이르되 우리가 곧 올라가서 그 땅을 취하자 능히 이기리라 하나

"그러나.. 그렇지만(nevertheless).."

이 접속사는 앞의 내용을 뒤집을 때 쓰는 것입니다. 남자를 소개하는 중매쟁이가 이런 말을 한다면 어떻게 하시겠습니까? '금수저이고 키도 크며 건강하고 잘 생겼고 매너도 최상급이야, 돈도 잘 벌고 지식도 폭이 넓어서 대화하면 즐거워지는 사람이야' 반짝이는 눈으로 기대하는 여자에게 그 다음 말을 툭 던집니다. '그러나 한 가지 문제가 있다면 여자가 너무 많아 오래가는 여자가 없어' 이제 판단과 선택을 어떻게 하시겠습니까?

13장은 세상 사람들도 아는 유명한 가나안 정탐꾼 이야기입니다. 메인(main) 주인공은 물론 여호수아와 갈렙입니다. 그들의 믿음과 용기는 가나안 진격을 이루게 하고 후세에까지 명성을 떨칩니다. 환경보다 하나님의 약속을 바라보고 담대한 실천을 통하여 열매를 맺습니다. 문제는 12명의 정탐꾼 중에 하나님의 마음에 맞는 사람이 이 두 명뿐이라는 것에 주목을 해야 합니다. 부정적인 정탐꾼 10명이 실재하고 우리도 어쩌면 이 부류에 속할 수 있음을 직시할 때 이들은 역설적 메인 주인공으로 충분합니다.

10명의 정탐꾼은 각 지파에서 선발된 지휘관(수령, 족장)으로서 신앙의 실력이 이미 인정된 사람이었습니다(2-3절). 하나님께서 모세를 통하여 정탐꾼을 파견한 목적은 가나안에 들어갈 수 있는지의 여부를 결정하기 위해서가 아닙니다. 가나안 입성은 약속에 의하여 이미 결정된 것이지만 백성들의 요청에 의하여 하나님께서 정탐을 허락하신 것입니다(신 1:19-23). 모세가 그들을 파송하며 내린 지령은 가나안 거민의 강약, 다소, 땅의 호불호, 방어막, 토지의 후박, 수목의 여부를 정탐하라는 것입니다(17-20절). 이어서 그 탐지한 내용에 주눅 들지 말고 담대하여 그 땅 실과를 가져오라는 것이었습니다.

이 명령대로 하였으면 좋았겠지만 40일간의 정탐기간은 저들의 믿음의 시각을 말살시키고 말았습니다. 보고의 시작은 땅의 비옥함과 실과의 풍성함으로 시작되었지만(27절) '그러나'라는 접속사를 사용하면서 비참함으로 가는 내리막길을 타고 맙니다(28절). 무리 좋은 조건이지만 그곳에 가는 순간 우리는 저들의 먹이 감이 될 것이라고 보고합니다. 하나님도 안보이고 약속도 망각하고 영적전쟁의 승부도 잊은 이 모습을 어찌합니까?

갈렙의 약속에 의한 강력한 승리의 보장(30절)을 듣고도 용수철이 튕기듯 더욱 반발합니다. 자기들의 주장을 굳히기 위해 상대방은 '네피림(거인) 같다'고 과대 포장을 하고 자신들은 '메뚜기'같다고 절대 비하를 합니다(33절). 이 이야기는 3,500년 전의 옛이야기로 흘릴 일이 아님을 눈치 채셨을 것입니다. 약속의 말씀과 내게 이루어진 구원의 증거에 둔감해진다면 큰 위기입니다. 10정탐꾼이 광야에서 쓰러져 갔듯이 나도 그 부류에 속할 수 있음을 경계로 삼아야 할 것입니다.

♦ 민수기 14장 성경칼럼

1절 | 온 회중이 소리를 높여 부르짖으며 백성이 밤새도록 통곡하였더라
5절 | 모세와 아론이 이스라엘 자손의 온 회중 앞에서 엎드린지라

"다수결의 원칙?"

첨예한 현안에 대해 빠르고 현실적인 결정을 할 때 쓰는 방법입니다. 아무리 의견이 엇갈려도 과반수에서 1표만 많아도 모두 따라야 하는 제도입니다. 다수결의 치명적 약점은 정의적인 소수가 어리석은 다수에 의해 짓밟히는 경우입니다. 특별히 다수결의 과정인 투표와 개표가 공정하지 않다면 선거를 하는 공동체는 독재자에 의해 피해를 당하게 됩니다. 선거의 방법에 있어도 4가지(직접, 보통, 비밀, 평등)중의 하나만 훼손되어도 자유민

주주의는 보존될 수 없습니다. 그러므로 다수결 제도는 방법의 차원에서 부분적 원칙은 될지언정 원리와 진리로까지 높아질 수는 없습니다.

현재 전 세계에 부정 투표와 개표 조작의 시비가 치열하게 전개되고 있습니다. 정의를 원하지만 저항할 조직을 만들 파워가 없기에 무기력하게 살 수밖에 없는 것이 현실입니다. 분명한 것은 역사에서 큰 불의를 저지른 자들이 하나님의 심판을 피한 적은 결코 없다는 사실입니다(시 82편). 다수결 원칙의 허점을 도입한 이유는 14장의 내용 때문입니다.

투표로 치면 무려 4명:2,000,000명으로 의견이 갈린 사건이 벌어졌습니다. '모세와 아론과 여호수아와 갈렙'을 뺀 나머지 이스라엘 백성 모두가 가나안 땅에 들어가기를 거부한 쪽에 선 것입니다. 10명의 정탐꾼에 의해 전해진 가나안의 정보는 본질이 왜곡되어 산불처럼 퍼져나가 밤새도록 부르짖고 울며 불평하게 됩니다(1절). 차라리 죽는 것이 나았을 것이라고 비아냥거리고 애굽을 그리워하여 새 지도자를 세워 돌아가자고 외칩니다(2-3절). 부정적 다수의 힘은 하나님의 약속을 까맣게 잊어버린 결과를 가져오고 진리의 대언(7-9절)을 업신여겨 버리는 광풍을 몰고 옵니다.

믿음은 위기 시에 빛나듯이 모세와 아론의 대처는 저들과 너무나 대조적입니다. 폭도가 된 이스라엘 온 회중 앞에 대항치 않고 엎드립니다(5절). 배를 땅에 대고 누운 것은 완전 항복하는 자세로 모든 상황을 하나님께 맡기는 기도를 한 것입니다. 하나님의 사람은 위기의 순간에 사람과 상황보다 하나님만 바라보고 하나님만 의지합니다.

(벧전 5:7) "너희 염려를 다 주께 맡기라 이는 그가 너희를 돌보심이라"

모세는 자기 사정은 전혀 고하지 않고 필사적으로 백성들의 죄를 용서해

달라고 중보기도하고 있습니다(13-19절.) 2주에 갈 수 있는 가나안 행이 40년이라는 기간이 걸린 이유가 나옵니다. 깊은 목적은 육을 벗어야 하는 것이지만 이 원망의 가데스 반역 사건이 결정적 원인이었습니다(31-35절). 하나님께서 주신 '귀에 들린 대로 행해 주시겠다'는 엄청난 경고에 원망만은 절대 하지 않겠다는 결단을 해야 합니다(27-28절). 원망의 불씨로서 사용된 열 정탐꾼은 재앙의 죽음(36-37절)을 당합니다. 우리는 이 본보기를 통해 창조적 소수의 길을 담대히 갈 수 있다는 용기를 낼 수 있습니다.

♦ 민수기 15장 성경칼럼

26절 | 이스라엘 자손의 온 회중과 그들 중에 거류하는 타국인도 사함을 받을 것은 온 백성이 부지중에 범죄하였음이니라

39절 | 이 술은 너희가 보고 여호와의 모든 계명을 기억하여 준행하고 너희를 방종하게 하는 자신의 마음과 눈의 욕심을 따라 음행하지 않게 하기 위함이라

"넌 지금 선을 넘은 거야!"

어떤 이유에서든 인간관계에서 이 말을 듣는다면 그 사이는 깨어질 가능성이 많습니다. 만약 생사여탈권을 가진 사람이 이 말을 던졌다면 절대 용서할 수 없어 징벌을 주겠다는 뜻이니 위기입니다. 우리는 매일 매순간 조심하고 살피며 살아야 할 항목들이 많습니다. 공기의 질을 살펴 행동의 범위를 정하고 음식도 유해성분을 따지며 먹을지를 결정합니다. 특별히 사람을 만나거나 사귈 때 해를 당하지 않을지 점검하는 것은 기본입니다. 그러나 이 모든 것보다 더 치명적이고 위협적인 요소가 있습니다. 바로 죄인데 사람은 이 죄 때문에 병에 걸리고 인생을 망치고 결국 지옥에 갑니다.

죄는 성격에 따라 여러 구분을 할 수 있는데 가장 큰 구분은 용서받을 수

있는 죄와 용서받지 못하는 죄로 양분할 수 있습니다. 부지중에, 잘 몰라서 지은 죄는 신분을 무론하고 용서받을 수 있습니다(24, 26절). 하지만 고의로(계획하여) 짓는 죄(30절)는 하나님께서 누구든지 용서하지 않겠다고 반복하여 말씀하십니다. 다윗은 고의로 짓는 죄를 고범죄(개역)라고 표현하며 평생의 기도제목으로 삼고 있습니다(시 19:13).

가나안 땅에 들어가서 지낼 제사 규례를 세밀히 말씀하는 중에 고범죄의 경계를 하시는 의도가 무엇일까요? 광야 생활이 육적 어린아이의 상태였다면 가나안의 생활은 지각을 갖춘 신앙을 의미하기 때문입니다. 출애굽 시에 20살이 넘은 사람은 여호수아와 갈렙 외에는 다 죽고 새 세대만 가나안에 들어가는 배경에서 이 말씀을 하시는 것입니다. 성인이 되어서 죄 인줄 알면서도 짓는 죄의 악랄함은 구제불능의 성격을 가지고 있어 제사로 용서가 안 됨을 선언합니다. 이것은 하나님을 훼방하는 것이고 말씀을 멸시하는 것이고 명령을 거부하는 것입니다(30-31절).

주님께서는 고범죄의 모습으로 '성령을 훼방하고 거역하는 죄'는 용서받을 수 없다고 말씀하셨습니다(마 12:31-32). 개인과 회중의 죄에 대한 속죄에 격차를 주는 내용도 우리의 생각과는 반대입니다. 우리가 단체가 범한 공동적인 죄에는 너그럽게 대하고 한 개인의 실수에 대하여는 엄격한 반면에 하나님은 그 반대로 처리하십니다(24, 27절). 고의로 짓는 죄의 위중함을 말씀하신 하나님께서 이 위험에 빠지지 않을 규례를 정해주십니다. 늘 입는 겉옷의 끝단에 술(장식)을 만들고 청색 끈으로 단단히 묶어 잘 보이게 치장하는 것입니다(38절). 이방인과 구별되는 술을 잘 보이도록 달고 이를 항상 확인함으로 하나님과 율법을 상기하도록 배려를 하십니다.

죄의 시작은 눈으로 시작하여 마음에 정착되고 행동이 뒤따르며 습관화하게 되어 있습니다(39절). 죄의 치명성을 인식하고 유입 통로부터 차단해야 합니다(벧전 5:8~9). 범사에 죄에 대한 경계를 철저히 하고 영적전쟁에서 피 흘리기까지 싸워야 승리할 수 있습니다(히 12:4).

♦ 민수기 16장 성경칼럼

1절 | 레위의 증손 고핫의 손자 이스할의 아들 고라와 르우벤 자손 엘리압의 아들 다단과 아비람과 벨렛의 아들 온이 당을 짓고
31절 | 그가 이 모든 말을 마치자마자 그들이 섰던 땅바닥이 갈라지니라

"사람은 고쳐 쓸 수 없다"

사람을 많이 겪어보거나 인간 경영을 해 본, 소위 일가를 이룬 사람들이 진리처럼 하는 말입니다. 이와 연결된 말로 '한번 배신한 사람은 또 배신 한다'도 있습니다. 그러면 이 주제에 대해 성경에서는 어떤 대답을 할까요? 1차적인 대답은 '맞다'입니다. 여기서 1차적이라 함은 또 다른 답이 있을 것이라는 여운을 주는 것입니다.

민수기가 16장에 들어서며 11장부터 시작된 이스라엘 백성들의 패역은 변할 줄을 모르고 더욱 강력해집니다. 만나에 싫증난 생활의 불평으로 시작하여 시기의 사건이 있었고 정탐꾼의 월권적 보고에 온 백성이 불신앙의 늪에 빠지기도 했습니다. 하나님의 징벌적 교훈과 자상한 배려의 손길에도 눈에 보이는 대로 행하는 것은 가속도가 붙습니다. 16장의 내용은 광야 40년 중 마지막 시기인 38년 이후의 1, 2년 동안 발생했던 사건입니다. 그렇다면 불순종의 대가로 광야의 훈련을 받을 만큼 받았음에도 변화는 없었고 고라 일당의 반역 사건은 오히려 악함의 정점을 찍습니다.

그 강퍅함은 사탄적인 속성인 욕심과 교만에 뿌리를 박고 있음을 목격할 수 있습니다(유 1:10-11). 성막에서 성물을 대하는 존귀한 일에 쓰임 받는 레위인 고핫의 증손자인 고라는 감사를 잃고 아론 계열만이 세습되는 제사장(종교권력)을 요구합니다. 야곱의 육적 장자인 르우벤의 후손인 '단과 아비람과 온'은 모세의 정치적 권력을 찬탈하려는 명분으로 분노를 품고 반란에 가담합니다. 악의 무리의 특징은 편을 모아 조직의 힘을 키우고 거짓 선전선동을 통해 여론을 장악하고 대중을 동원합니다(1절). 나아가 진영을 구축하고 생활에 스며들어 유물론적 악의 문화를 만들어 어리석은 대중들이 자신들도 모르게 따르게 합니다. 이 시대의 악의 축인 공산주의자가 하는 전략과 아주 유사합니다.

고라 일당이 유력한 족장 250명과 함께 모세와 아론에 대적하는 것은 영적전쟁이며 하나님을 부인하는 성격을 가지고 있습니다(3절). 하나님의 진노로 이들의 반역은 진압되고(31-35절) 구속사에 길이 남을 저주의 본보기가 됩니다(40절). 그러나 불행하게도 16장의 끝은 고라 일당의 진멸로 끝나지 않고 이스라엘 온 백성의 반역이 일어나고 염병의 진노(사망자 14,700명)가 덮칩니다(49절).

여기까지 보면 '아, 사람은 고쳐 쓸 수 없구나'라는 탄식이 나올 수밖에 없습니다. 서두의 논제에 2차적 대답을 할 때가 되었습니다. 사람은 그 자체로 두면 절대 고쳐 쓸 수 없지만 성경의 핵심에는 하나님의 은혜가 있음을 잊지 말아야 합니다(고전 15:10). 암울한 내용만 있는 것 같았던 16장에도 하나님의 은혜가 숨겨져 있습니다. 불의한 아버지를 따르지 않았던 고라의 자녀들과 어떤 이유인지는 모르나 후에 반란의 대열에서 이탈한 '온'을 주목해야 합니다. 온은 분명히 심판에서 이름이 빠졌습니다(24, 27절). 고라 자손은 이스라엘 역사의 여러 사역, 특히 찬송을 담당하는 영광을 누렸으니 하나님의 은혜는 가히 놀랍습니다(26:11, 11가지 시편 저작).

♦ 민수기 17장 성경칼럼

8절 | 이튿날 모세가 증거의 장막에 들어가 본즉 레위 집을 위하여 낸 아론의 지팡이에 움이 돋고 순이 나고 꽃이 피어서 살구 열매가 열렸더라

10절 | 여호와께서 또 모세에게 이르시되 아론의 지팡이는 증거궤 앞으로 도로 가져다가 거기 간직하여 반역한 자에 대한 표징이 되게 하여 그들로 내게 대한 원망을 그치고 죽지 않게 할지니라

"프레닝(planning), 피드백(feedback)"

전자는 사전의 '기획'을 말하고 후자는 과정이나 결과를 놓고 '점검'하는 것을 의미합니다. 기획은 그 수준에 따라 성과도 따라오기에 중요성은 말할 필요가 없습니다. 그에 비해 '피드백'은 대부분 잘 안하고 못하여 성취에 실패하고 사후 처리에 허점이 생깁니다. 단계마다 점검하고 수정하는 것을 잘 해야 변수에 대한 대처도 가능합니다. 또한 피드백은 기록을 남김으로서 노하우(know-how, 비결)를 쌓아 다음에 잘 할 수 있는 실력이 됩니다.

16장의 고라 일당의 반역 사건과 백성들에게 닥친 염병의 징벌은 엄청난 충격을 주었습니다. 국부적 지진으로 산 사람이 생매장되고 제사장 흉내를 낸 250명의 족장이 여호와의 불에 타 죽었습니다(16:31-35). 그 후에도 거역하는 백성들이 염병으로 죽는데 2백만 중에 14,700명이 죽는 현장은 무슨 말로도 표현할 수 없는 참극입니다(16:41-49). 문제는 문맥상으로 볼 때 백성들이 이 심판의 정확한 이유를 모르고 있는 것입니다. 영적으로 무지한 백성들은 이 참혹함이 하나님이 세우신 권력의 근원과 제사장의 권위 문제로 일어났다는 것을 깨닫지 못합니다.

그러므로 17장의 이야기는 16장의 충격적 사건을 다시금 조명하여 알게 하는 피드백이란 측면에서 접근해야 합니다. 종교권에 대한 반역은 레위지파 고핫 자손으로 아론의 사촌인 고라가 자신이 제사장직을 받을 수 없다는 사실에서 발원되었습니다(16:3). 이 항의는 현재적 시각으로 볼 때 차별당하는 자의 정당한 주장으로 보입니다. 하지만 영적인 세계에서는 하나님께 나아가는 길의 중보자인 제사장을 인간 편에서 자원하거나 선발해서 세울 수 없는 것입니다. 오직 아론의 직계만이 제사장직을 맡을 수 있는 이유는 이 제사장 직이 메시야 예수님을 예표하기 때문입니다(히 7장).

오직 예수님만 통하여 하나님께 나아갈 수 있다는 것은 하나님께서 정하신 방법 외에는 구원의 길이 없다는 의미입니다. 이제 아론과 그 직계만이 제사장의 직책을 주셨다는 것을 이적을 통해 보여 주십니다. 12지파 대표자의 이름을 쓴 지팡이가 어떻게 달라지는지를 보라고 하십니다(2-3, 6절). 아론의 지팡이만이 하룻밤 사이에 움이 나고 싹이 돋고 꽃이 피고 살구 열매가 열렸습니다(8절). 하나님의 능력에 힘입어 사망이 생명으로 바뀐 것입니다.

이 표적은 죽은 막대 같은 인생에게 참 대제사장 되시는 예수님의 대속으로 새 생명의 부활이 주어진다는 선포입니다. 아론의 싹 난 지팡이는 후세 레위인의 반역을 막기 위해 법궤 안에 보관되어 경고를 삼게 하십니다(10절). 이런 하나님의 강력한 피드백에도 불구하고 또 다시 차별에만 생각이 고정되어 자폭하듯이 불평하는 백성들의 모습은 패역한 인간의 실상입니다(12-13절). 주님의 자상한 피드백을 알아채는 감각을 구합니다.

♦ 민수기 18장 성경칼럼

1절 | 여호와께서 아론에게 이르시되 너와 네 아들들과 네 조상의 가문은 성소에 대한 죄를 함께 담당할 것이요 너와 네 아들들은 너희의 제사장 직분에 대한 죄를 함께 담당할 것이니라

7절 | 너와 네 아들들은 제단과 휘장 안의 모든 일에 대하여 제사장의 직분을 지켜 섬기라 내가 제사장의 직분을 너희에게 선물로 주었은즉 거기 가까이 하는 외인은 죽임을 당할지니라

"의무는 다하지 않고 권리만?"

어떤 공동체이든지 위와 같은 사람은 꼭 있습니다. 성인이라면 누구나 의무와 책임이 주어지는데 여기에 소홀하면 권리와 보장도 받을 수 없게 됩니다. 어떤 회의체이건 회칙, 또는 정관이 있는데 회원의 의무를 다하지 아니하면 제명처리를 합니다. 교회는 특별한 사유 없이 6개월 이상 출석하지 않은 교인은 발언권과 투표권을 주지 않도록 정관에 명시되어 있습니다.

18장에는 이스라엘 공동체의 영적 직임자에 대한 의무와 권리가 나옵니다. 민수기에서 유일하게 수신자가 아론으로 되어 있어 제사장과 레위인에 대한 규례임을 밝히고 있습니다(1절). 전장에서 싹 난 지팡이 이적을 통해 아론의 대제사장직이 공식적으로 인정된 것과 조화를 이룹니다. 제사장직을 수행함에 있어서 가장 근본이 되는 자세는 겸손입니다.

아론은 자신이 자질과 실력으로 제사장직을 받은 것이 아님을 철저히 인식했을 것입니다. 그는 금송아지 숭배 때(출 32장)와 미리암과 함께 모세를 시기한 사건(12장)으로 제사장 자격에 결격사유가 있었습니다. 제사장 직분은 인간의 행위에 대한 보상이 아니라 전적인 하나님의 은혜로 말미암은 선물입니다(7절). 제사장직에 대하여 자랑을 하거나 특권을 향유하려는

자세는 금물입니다. 이것은 제사장에게만 해당되는 것이 아니라 구원받은 모든 성도의 기본자세입니다(엡 2:8-9).

하나님께서는 제사장의 의무에 대하여 첫째로 성소와 제사장 직분에 대한 죄를 감당하는 것이 가장 중요함을 말씀하십니다. 성소에 대한 죄는 성소와 관련되어 발생할 소지가 있는 죄를 말하며 제사장 직분에 대한 죄는 직분을 수행하다가 짓는 직, 간접의 죄를 가리킵니다. 둘째는 신적 영광을 가지고 번제단과 장 안의 일을 성실하고 정확하게 할 것을 명령하십니다(7절). 아론은 초창기에 거룩한 성막의 사역을 만홀히 행하다가 즉사한 아들(나답과 아비후)의 사건을 경험했으니 이 명령의 중대함을 깊이 새겼을 것입니다. 셋째는 제사장은 일반 레위인의 독특한 임무를 지휘하고 관리할 책임이 있습니다(2-5절).

제사장과 레위인의 권리는 하나님의 영광에 가까이 하는 것과 생활의 공급과 보장입니다. 일하는 소에게 망을 씌우는 주인이 없듯이 하나님의 일을 올바로 하는 자가 핍절하는 경우는 없습니다(신 25:4, 고전 9:9-13).

(고전 9:14) "이와 같이 주께서도 복음 전하는 자들이 복음으로 말미암아 살리라 명하셨느니라"

하나님의 사역자들을 위한 공급은 백성들의 여러 모습의 헌물로 이루어집니다(8-20절). 하나님께 드려지는 지성물과 초태생과 십일조는 아주 지혜롭게 드려지고 사용됩니다. 일반 백성과 레위인과 제사장 모두가 정한 규례에 따라 십일조를 드림으로 하나님의 주권을 인정하는 신앙고백을 합니다(21-29절). 그리스도인으로서 온전한 의무를 다하고 하나님께서 주시는 축복된 권리를 누리기를 기도합니다.

♦ 민수기 19장 성경칼럼

9절 | 이에 정결한 자가 암송아지의 재를 거두어 진영 밖 정한 곳에 둘지니 이것은 이스라엘 자손 회중을 위하여 간직하였다가 부정을 씻는 물을 위해 간직할지니 그것은 속죄제니라

20절 | 사람이 부정하고도 자신을 정결하게 하지 아니하면 여호와의 성소를 더럽힘이니 그러므로 회중 가운데에서 끊어질 것이니라 그는 정결하게 하는 물로 뿌림을 받지 아니하였은즉 부정하니라

"때리는 시어머니보다 말리는 시누이가 더 밉다"

겉으로는 위하는 척 하면서 속으로는 해하고 헐뜯는 사람이 더 밉다는 속담입니다. 은근한 차별을 의미하는 '봄볕은 며느리를 쬐이고 가을볕은 딸을 쬐인다'라는 말도 있습니다. 인간이 얼마나 겉과 속이 다르고 차별이 몸에 배여 있는지를 실감합니다. 반면에 하나님을 알면 알수록 한량없는 사랑을 우리에게 변함없이 쏟아 주시는지를 깨닫게 됩니다. 이 사랑을 깊고 예민하게 느끼고 살기 위해서는 하나님의 진정한 의도를 속히 알아야 합니다.

성경은 하나님의 뜻을 정확히 알려 주는데 그 중의 하나가 죄의 해결 문제입니다. 하나님에 대한 가장 큰 오해는 범죄를 미워하시고 처벌하신다는 것입니다. 하나님께서는 죄를 벌하시는 것은 맞지만 정확히 말하면 '범죄하고도 회개하지 않는 자'를 벌하십니다(20절). 예수님을 믿는다는 것은 예수님의 대속을 믿는다는 것이고 대속을 믿는다는 것은 죄인임을 알고 죄를 회개 한다는 뜻입니다(요 16:9).

19장에는 이 속죄의 성격에 대한 놀라운 비밀을 말씀하고 있습니다. 가데아 사건으로 죄의 결과인 죽음이 엄청나게 발생하는 가운데 정결을 위한 잿물 제조법과 사용의 율례를 정해주십니다. 이 잿물의 재는 온전하고 흠

이 없는 붉은 암송아지를 잡고 백향목과 우슬초와 홍색실을 던져 태워 만든 것입니다(2-6절). 이 네 가지는 영적인 의미에서 속죄양이 되시는 예수님을 예표합니다.

(시 51:7) "우슬초로 나를 정결하게 하소서 내가 정하리이다 나의 죄를 씻어 주소서 내가 눈보다 희리이다"

암송아지를 잡는 곳과 잿물을 놓아두는 곳이 '진 밖'이라는 것은 예수님의 대속 장소에 대한 예언입니다.

(히 13:11-12) "이는 죄를 위한 짐승의 피는 대제사장이 가지고 성소에 들어가고 그 육체는 영문 밖에서 불사름이라 그러므로 예수도 자기 피로써 백성을 거룩하게 하려고 성문 밖에서 고난을 받으셨느니라"

태운 재를 진 밖 정한 곳에 둔 것은 쉽게 접근할 수 있게 한 것으로 부정한 일이 생길 때마다 가져가서 사용합니다(9절). 재를 물에 타서 정결케 하는 잿물로 사용하게 하였고 누구든지 사용 횟수도 제한하지 않았습니다. 이 잿물 율례는 참회하는 영혼에게 무한한 용서를 베푸시는 '은혜의 무한성'을 강조한 것입니다. 잿물 율례는 1차적으로 시체를 접한 자의 외적 정결에 대한 것이지만 내적 정결과 연결되고 전인격에 그대로 영향을 끼칩니다.

포항제철의 설립자인 박태준 회장은 세계 최고의 기업을 만든 비결중의 하나가 사원들에게 목욕하는 문화를 만든 것이라고 했습니다. 육적 청결은 의복도 깨끗하게 입고 노동 결과에 그대로 연결되며 삶의 질이 높아져 자부심을 갖게 하였다는 것입니다. 오직 예수님만 죄를 속죄할 수 있다는 원리를 언제든지 확인하는 잿물 의식은 하나님과의 교제를 늘 할 수 있는 근원이 됩니다. 오직 은혜(sola gratia)의 무한한 사랑에 감사드립니다.

♦ 민수기 20장 성경칼럼

8절 | 지팡이를 가지고 네 형 아론과 함께 회중을 모으고 그들의 목전에서 너희는 반석에게 명령하여 물을 내라 하라 네가 그 반석이 물을 내게 하여 회중과 그들의 짐승에게 마시게 할지니라

11절 | 모세가 그의 손을 들어 그의 지팡이로 반석을 두 번 치니 물이 많이 솟아나오므로 회중과 그들의 짐승이 마시니라

"배후를 보라"

세상을 움직이는 실세가 누구(무엇)인가에 대한 논란은 그 역사가 깁니다. 어느 말이 맞는지는 정확하지는 않지만 보이는 힘 외에 숨은 힘은 분명히 존재합니다. 20장은 광야 생활의 40년째에 일어난 사건을 다루고 있습니다. 이 해에 이스라엘의 세 지도자인 미리암과 아론과 모세가 죽습니다. 출애굽 40년 1월에서 4월 사이에 미리암이, 5월 1일에 아론이, 11월에 모세가 세상을 떠납니다.

세 명이 가나안에 입성하지 못하고 광야에서 이생을 마감하는 이유가 20장에 나옵니다. 므리바 물 사건에서 모세가 실수한 것이 그 이유라고 하는데 그냥 보아서는 이해하기가 쉽지 않습니다. 모세의 실수에 대한 내용이 반석을 쳐서 물을 낸 것이라고 하는데 그게 그렇게 큰 죄에 해당되는지 의아해지는 것입니다. 구속사적으로 여호수아와 갈렙을 뺀 구세대가 가나안에 들어갈 수 없게 하기 위해 하나님께서 엄히 징벌한 것이라고 오해할 수도 있습니다.

모세의 실수는 단순히 혈기를 부린 것 때문만이 아닙니다. 이스라엘 백성의 배후를 혈기 때문에 알아채지 못한 것이 결정적 실수이었습니다. 즉

40년 동안 변함없이 거듭거듭 불평하며 대항하는 그들의 배후에 하나님이 계셨습니다. 구제불능의 그들을 끝까지 인내하시며 사랑하셨습니다. 죽음 자체인 광야에서 40년 동안 2백만 명 중에 굶어 죽은 자가 없고 헐벗은 자가 한 명도 없다는 것은 하나님 사랑과 인내의 증거입니다(신 8:2-4).

그러나 모세는 끊임없이 원망하는 그들의 겉모습만 보았고 배후에 계신 하나님을 잠시 놓친 것입니다. 모세가 엎드려 받은 하나님의 명령은 분명히 반석을 명하여 물을 내라는 것이었습니다(6-8절). 그러나 모세와 아론이 회중을 모으고 한 행동은 달랐습니다. 첫째, 명하여 물을 내라는 말씀을 거역하고 반석을 두 번 쳐서 물을 내었습니다(11절). 둘째, 그의 말투는 자신의 힘을 의지하는 듯 자기 교만의 흔적이 드러나 있었습니다. '우리가 너희를 위하여 물을 내랴'라는 말속에는 하나님의 대행자로서의 정체성을 상실하고 자신의 힘을 과시하고 있습니다(10절).

셋째, 혈기를 부림으로 하나님의 거룩을 나타내야 할 본분을 떠났습니다(12절). 축복과 공로를 하나님께 두는 것이 아니라 자신에게서 찾는 모습이 역력합니다. 패역한 백성만 보고 배후의 하나님을 모르면 인내를 못하고 울분을 터트릴 수밖에 없음을 알게 합니다. 우리는 20장에서 모세의 모습을 비판하는 자세보다 반면교사로 삼는 지혜를 얻어야 합니다. 모세는 율법의 대표자로서 선지자 대표인 엘리야와 함께 예수님께서 변화산에서 조우한 영광을 얻었습니다(마 17:1-13). 실수에도 불구하고 자기 사람을 끝까지 책임지시는 하나님이 우리 주님이십니다.

♦ 민수기 21장 성경칼럼

6절 | 여호와께서 불뱀들을 백성 중에 보내어 백성을 물게 하시므로 이스라엘 백

성 중에 죽은 자가 많은지라

9절 | 모세가 놋뱀을 만들어 장대 위에 다니 뱀에게 물린 자가 놋뱀을 쳐다본즉 모두 살더라

"쉽고 간단하고 명쾌한 문제"

고등교육을 받은 사람은 학교에서 수많은 시험을 치릅니다. 학교 시험 외에도 자격증과 취직을 위한 시험은 난이도가 높고 중요하여 압박감이 높습니다. 시험하면 첫 번째 떠오르는 단어가 스트레스인 이유는 그만큼 어렵다는 의미입니다. 여기서 구원의 이야기로 들어갑니다. 만약 구원받고 천국가고 영생을 얻는 것이 시험을 치르고 합격해야 갈 수 있다면 어떤 생각이 드십니까? 최고의 시험이라고 볼 수 있는 각종 고시와 의사 시험보다 더 어려워야 하는 것이 논리에 맞지 않겠습니까? 그런데 성경은 하나님의 구원의 방법은 쉽고 간단하고 명쾌하다고 선포합니다. 이것을 신학적으로 구원(교회)의 보편성이라고 칭합니다. 보편성이란 말은 일반적이란 뜻으로 누구나 어디서나 구원을 이해하고 받을 수 있다는 의미입니다.

1-2세기 때 대유행했던 영지주의(gnosticism)는 구원을 영적인 고급지식이 있어야만 받는다고 주장했으나 이단 반열에 등재되었습니다. 구원을 은혜로 받는다고 할 때 그 은혜의 성격은 선물이라는 것이며 받을 자격이 없는 자가 받는다는 뜻입니다.

(엡 2:8) "너희는 그 은혜에 의하여 믿음으로 말미암아 구원을 받았으니 이것은 너희에게서 난 것이 아니요 하나님의 선물이라"

이생과 영원세계에서 가장 고귀한 구원을 자격이 없는 자에게 거저 주시는 이유는 자랑하지 못하게 하기 위함입니다.

(엡 2:9) "행위에서 난 것이 아니니 이는 누구든지 자랑하지 못하게 함이라"

이런 구원의 성격을 압도적으로 보여주는 사건이 21장의 불뱀과 놋뱀 사건입니다. 이 유명한 사건은 예수님께서 친히 구원의 방법을 말씀하시면서 예를 드셨습니다.

(요 3:14-15) "모세가 광야에서 뱀을 든 것 같이 인자도 들려야 하리니 이는 그를 믿는 자마다 영생을 얻게 하려 하심이니라"

그칠 줄 모르는 원망과 불평으로 하나님의 진노를 산 이스라엘 백성들은 불뱀(등에 불타는 무늬가 있음)의 습격으로 수많은 사람이 죽어갑니다. 이에 백성들은 긴급히 모세에게 중보기도를 요청하는데 이전에는 없었던 이례적인 일입니다. 이에 대한 하나님의 치유가 바로 놋뱀을 만들어 장대에 달아 높이 들라는 것입니다. 이 놋뱀을 바라보면 살고 거부하면 죽는다는 명쾌한 방법입니다. 하나님의 속죄의 방법인 십자가를 믿고 바라보면 구원을 받고 거부하면 멸망으로 간다는 단순한 구도입니다(고전 1:18).

누구라도 어느 시대라도 알아들을 수 있는 구원의 방법을 보여 주신 것입니다. 구원은 자신이 실력을 키워 어려운 시험에 합격하여 받는 것이 절대 아닙니다. 하나님의 방법인 예수님의 속죄를 믿는 명쾌한 진리로 우리에게 와 있습니다(사 53:6절).

♦ 민수기 22장 성경칼럼

5절 | 그가 사신을 브올의 아들 발람의 고향인 강 가 브돌에 보내어 발람을 부르게 하여 이르되 보라 한 민족이 애굽에서 나왔는데 그들이 지면에 덮여서 우리 맞은편에 거주하였고

28절 | 여호와께서 나귀 입을 여시니 발람에게 이르되 내가 당신에게 무엇을 하였

기에 나를 이같이 세 번을 때리느냐

"쉬운 것을 어렵게 하는 사람"

알고 나면 정말 쉬운 일을 어렵게 하다가 망했다면 얼마나 억울하겠습니까? 반대로 정말 어려운 일인데 극적인 비결로 쉽게 해결했다면 대박입니다. 전자는 하나님을 믿지 않는 사람의 길이고 후자는 하나님께 속한 사람이 얻는 능력입니다. 22장에는 정말 쉬운 일인데 어렵게 하다가 망한 대표주자가 나오는데 정치가 발락과 선지자 발람입니다.

발락은 모압의 왕으로서 이스라엘의 승승장구하는 소식을 듣고 큰 고민에 빠졌습니다(2-3절). 21장에 기록된 아모리 족속 남북왕조인 시혼과 옥의 모든 성읍이 초토화된 것을 들었기 때문입니다(21:24, 35). 자신보다 센 시혼의 패퇴 소식에 두려움이 쌓인 발락은 묘책을 찾기에 급급합니다. 그런데 사실은 그럴 필요가 전혀 없었습니다. 이스라엘은 형제 민족이라는 점에서 모압에게는 적대 감정이나 살의가 없었기 때문입니다.

(신 2:9) "여호와께서 내게 이르시되 모압을 괴롭히지 말라 그와 싸우지도 말라 그 땅을 내가 네게 기업으로 주지 아니하리니 이는 내가 롯 자손에게 아르를 기업으로 주었음이라"

이스라엘의 목표는 가나안 입성으로 모압 정복의 의도가 없었습니다. 정말 쉽게 화친을 맺고 길을 열어 주면 되었는데 영적 분별력이 없어 고생을 사서 하게 된 것입니다. 고작 한다는 방법이 640km 떨어진 브돌의 복술가인 발람을 초빙하는 것이었습니다(5절). 발람의 명성이 자자했다는 것인데 나름의 초자연적 기적을 행했다는 뜻입니다. 발락은 발람을 불러 이스라엘을 저주하면 모압이 이스라엘을 이기고 위경에서 벗어날 것이라고 잘못 판단했습니다.

여기서 기독교인들이 놓치지 말아야 할 지식은 사단의 영역에서 일어나는 이적에 대한 분별입니다. 사탄은 세상의 권세와 속이는 이적은 있지만(엡 2:2, 6:12, 마 7:21-23) 하나님의 다스림 하에 있음을 알아야 합니다. 발람은 하나님의 간섭으로 거절을 하지만 결국 탐욕에 눈이 어두워 발락에게로 향하게 됩니다. 이 발람의 선택은 성경에서 그를 탐욕스런 인물의 상징으로 기록했습니다.

(유 1:11) "화 있을진저 이 사람들이여, 가인의 길에 행하였으며 삯을 위하여 발람의 어그러진 길로 몰려 갔으며 고라의 패역을 따라 멸망을 받았도다"

삯(돈, 물질)에 눈이 멀면 자신이 부리는 나귀가 보는 것도 못 보고 짐승에게까지 책망을 받는 수치를 당합니다(21-31절). 또한 하나님께서는 그 뜻을 전달하실 때 모든 만물을 다 사용하실 수 있다는 것을 확인할 수 있습니다. 그리스도인이 지혜와 실력을 갖추고 영안을 열게 되면 아주 어려운 일도 쉽게 할 수 있습니다. 하나님을 모르는 어리석음을 끝내고 하나님을 알고 순종하는 길을 가겠습니다(호 6:1-3).

♦ 민수기 23장 성경칼럼

5절 | 여호와께서 발람의 입에 말씀을 주시며 이르시되 발락에게 돌아가서 이렇게 말할지니라

11절 | 발락이 발람에게 이르되 그대가 어찌 내게 이같이 행하느냐 나의 원수를 저주하라고 그대를 데려왔거늘 그대가 오히려 축복하였도다

"세례 받을 때의 기도문을 기억하십니까?"

들으면 익숙하지만 진정한 의미를 깊이 생각하지 않는 것 중의 하나가 이 기도문입니다. 개신교의 정통적 기도문은 다음과 같습니다. '예수 그리스도를 믿어 하나님의 자녀가 된 000에게 내가 성부와 성자와 성령의 이름으로 세례를 주노라 아멘' 이 문장에서 가장 유의해야 할 단어는 집례자를 뜻하는 '내가'입니다. 세례를 삼위일체 하나님의 이름으로 집례자가 준다는 것인데 무언가 설명이 필요하다는 생각이 듭니다. 만약 세례를 주는 사람이 신뢰를 주지 못하는 사람이라면 큰일이라는 생각과 연결되기 때문입니다.

혹시 이단에게 세례를 받았다가 정통교회로 이적했다면 다시 세례를 받아야 하지 않느냐는 질문도 나옵니다. 이 주제는 교회사에서 심각한 '재세례파(메노파)' 논쟁을 가져오기도 하였습니다. 결론을 말씀드리자면 세례는 집례자의 자질에 근거한 것이 아니라 완전하신 삼위일체 하나님의 이름으로 받는 것이 핵심입니다. 그러므로 하나님께 한번 받은 세례는 상황에 따라 다시 받는 일은 기독교 정통교리에 어긋납니다. 만약 세례를 상황에 따라 몇 번이나 다시 받는다면 이전 세례 때의 삼위일체 하나님을 모독하는 것이 됩니다.

23장 칼럼에 세례 교리를 도입한 이유는 발람의 예언 때문입니다. 탐욕스럽고 간교한 발람이 하나님의 스피커(대언자)로 사용되는 모습이 긴 지면을 장식하고 있습니다(5절). 그의 본심은 발주자인 발락의 보상에 응하여 이스라엘을 저주하고 싶은데 그의 입은 이스라엘의 승리와 축복을 말하고 있습니다(11-12절). 하나님께서는 상황과 자질을 초월하여 상상도 못하는 오묘함으로 사람을 사용합니다.

발람의 사례는 극단적이지만 성경의 많은 인물들이 그들의 결격 사유에도 불구하고 때에 맞추어 사용되었습니다. 다시스로 도망하는 요나의 의지를 꺾으시고(욘 1-2장) 그리스도인을 맹 핍박하던 바울을 거룩한 사도가 되게 하셨습니다(행 9장). 하나님의 전능성은 수산 도성의 죽을 운명에 처한 이스라엘 민족을 살리시고(에 8:15-17) 사자 굴에서 다니엘의 생명을 보호해 주셨습니다(단 6:23).

장소를 바꿔가며(13, 27절) 저주를 종용한 발락 왕은 하나님의 상대가 될 수 없었습니다. 심지어 발람은 24장 15-16절에 메시야 예언까지 합니다. 발람의 복술이 하나님 앞에서 무가치하듯이 신자는 미신에 절대 속지 말고 말씀의 능력으로 살아야 할 것입니다. 발람은 초자연적 신탁(oracle)을 받아서 예언했지만 우리는 성경이라는 확실한 예언을 이미 받았습니다.

(벧후 1:19) "또 우리에게는 더 확실한 예언이 있어 어두운 데를 비추는 등불과 같으니 날이 새어 샛별이 너희 마음에 떠오르기까지 너희가 이것을 주의하는 것이 옳으니라"

매일 성경 읽고 기도하며 교제하는 것이 얼마나 큰 능력인지를 확인합니다.

♦ 민수기 24장 성경칼럼

5절 | 야곱이여 네 장막들이, 이스라엘이여 네 거처들이 어찌 그리 아름다운고
16절 | 하나님의 말씀을 듣는 자가 말하며 지극히 높으신 자의 지식을 아는 자, 전능자의 환상을 보는 자, 엎드려서 눈을 뜬 자가 말하기를

"속은 안 들켰어 휴"

타락한 인간의 실상은 허물과 죄로 찢기어 망가진 종이와 같습니다. 상처와 좌절로 허물어진 폐허 같은 집이라고도 볼 수 있습니다. 성경은 구원을 수리하고 고쳐서 쓰는 것이 아니라 거듭난 것(요 3:3-7)이라고 정의합

니다. 성도를 새로운 피조물(고후 5:17)이라고 부릅니다. 그리스도인이 되어서도 현실적으로 의를 이룰 수 없는 한계에 몸부림치며 삽니다(롬 7:15-25). 이런 삶의 사이클을 반복하다 보면 영적 자존감은 떨어질 수밖에 없습니다. 이른바 영적 포커페이스(바리새인적 신앙)가 되어가고 추악한 속마음을 들키지 않는 것이 숙제가 되어 있습니다. 이 숙제를 제대로 풀지 못한다면 신앙의 기쁨을 누리지 못하고 사역에도 제동이 걸립니다.

24장은 발람의 자화상과 함께 이스라엘을 보시는 하나님의 시각이 이중적으로 펼쳐집니다. 발람은 하나님의 영이 강권적으로 역사하여 이스라엘을 저주하라는 발락의 의도를 제치고 대언자로서 쓰임을 받습니다. 자신에 대한 소개를 최상의 하나님의 사람으로 할 정도입니다. 영안이 열리고 말씀을 듣고 최고의 지식을 알고 전능자의 이상을 보는 자라고 자부합니다(3-4, 15-16절). 그러나 이는 자신의 의지가 아니라 하나님의 지배를 받았기에 얻은 열매입니다. 사람의 변화는 그리 쉽게 되는 것이 아님은 이 사건 후의 그의 행로를 통해 알 수 있습니다.

이른바 발람의 꾀는 이스라엘을 범죄 하게 하여 하나님께서 버리도록 하자는 쪽으로 제안되었습니다(31:16). 신약성도들이 죄를 짓도록 하여 하나님께 징계 받도록 하자는 마귀의 궤계에 노출되어 있는 것의 예표입니다. 탐욕을 극복하지 못한 그의 말로는 비참하게 죽게 되고 후세의 삯꾼 선지자의 대표로 등재됩니다(계 2:14). 24장에 드러난 영적 아름다움을 지키지 못한 비극적 말로를 목격할 수 있습니다.

반면에 이스라엘에 대한 하나님의 시각은 반전을 이룹니다. 이스라엘에 적대적인 발람을 통해 본 이스라엘의 영적 실상은 획기적인 내용입니다(5-9절). 거칠고 메마른 죽음의 광야에서 원망을 내뿜고 대적하는 이스라엘의 겉모습과는 다르게 영적 실상은 풍요롭고 아름답습니다. 영적 실력은 탁월하여 대항할 자가 없습니다. 택한 성민이고 메시야를 잉태할 복된 태입니다(19절). 보잘 것 없는 술람미 여인을 사랑하며 칭찬하는 솔로몬의 마음이 떠오릅니다(아 1:5-17).

하나님의 무조건적인 사랑이 이스라엘에게 주어졌듯이 이 사랑은 예수님의 대속으로 완전하게 우리에게 도착되었습니다. 비록 연약한 모습이지만 성화의 길에서 몸부림치는 성도는 하나님의 사랑을 충만히 받고 있는 것이 확실합니다.

♦ 민수기 25장 성경칼럼

1절 | 이스라엘이 싯딤에 머물러 있더니 그 백성이 모압 여자들과 음행하기를 시작하니라

7절 | 제사장 아론의 손자 엘르아살의 아들 비느하스가 보고 회중 가운데에서 일어나 손에 창을 들고

"속이는 놈도 나쁘지만 속는 놈도 나쁘다"

속이는 놈은 원래 나쁘지만 속는 사람이 없다면 계속 속일 수 없다는 맥락에서 나온 속담입니다. 그런데 좀 바보 같아서 속는 것이 아니라 일부러 속는 경우가 있습니다. 바로 미인계에 걸렸을 때입니다. 감추어 두었던 음란의 욕망이 맞장구를 치며 마중 나오기 때문입니다. 하나님의 보호로 발락과 발람의 저주로부터 벗어난 이스라엘(22-24장)은 불행히도 음란과 우상숭배에 빠져들고 말았습니다. 25장에는 나와 있지 않지만 이 사건의 배경에는 발람이 있었습니다.

(민 31:16) "보라 이들이 발람의 꾀를 따라 이스라엘 자손을 브올의 사

건에서 여호와 앞에 범죄하게 하여 여호와의 회중 가운데에 염병이 일어나게 하였느니라"

이스라엘 내부 분란과 타락을 시킴으로 하나님의 진노를 불러일으키려는 계획이 실행된 것이 25장입니다. 그리스도인은 어떤 유혹이든 그 배경에 악한 존재가 있다고 전제하고 대해야 합니다. 사단의 최종 목표는 하나님을 떠나 우상숭배에 이르게 하는 것인데 그 입구가 바로 음행입니다. 모압 평지 싯딤에서 시작된 음행(1절)의 여파가 이방 여인의 유도로 우상숭배(2절)로 즉시 이어진 것이 그 증거입니다. 여호와께서는 극도의 분노를 발하시고 음란 의식에 참여한 수령들을 공개적으로 목매달아 처단하게 하였습니다(3-5절). 또한 일반 백성들은 치명적인 염병으로 24,000명이 죽었습니다(9절).

사실은 전체를 멸하실 정도로 진노하신 것인데 다행히 비느하스의 의로운 분노 실행으로 염병이 멈추었습니다(8절). 아론의 손자 비느하스는 이 행동으로 3대 대제사장이 되고 후손들에게 영영히 제사장 직임이 수여되었습니다(10-13절). 이와 반대로 저주를 받은 자는 시므온 지파의 시므이 족장입니다. 그는 미디안 여자 고스비를 진 안으로 끌어들여 음행을 하였고 현장에서 비느하스의 창에 의해 배가 꿰뚫어 둘 다 죽고 맙니다.

시므온 지파의 단체 척살은 1차 인구 조사 때의 창성함(59,300명)이 사라지고 2차 인구 조사 때는 63% 감소하여 비참한 수치를 당합니다(22,200명, 26:14절). 유다와 단 지파에 이은 세 번째 강성한 지파였지만 꼴찌로 떨어졌고 모세의 마지막 축복 시에도 제외되었습니다(신 33장). 히스기야 왕 이후 역사에서 사라졌다가 종말에 녹명(계 7:7)되었으니 음행의 대가가 얼마나 참혹한지를 웅변합니다.

이스라엘을 망치려 했던 반대편 세력들에게 임한 징벌 또한 가혹합니다. 모세의 지휘로 비느하스가 앞장선 미디안 정벌은 미디안 남자는 다 죽이고 다섯 왕과 함께 발람도 죽습니다(31:1, 6-8절). 이 바알브올의 음행과 우상숭배 사건은 쌍방과실죄로서는 설명이 부족한 살 떨리는 결말이 되었습니다. 그리스도인은 육체와 영혼이 불가분의 관계에 있음을 알고 몸의 순결에 예민하게 대처해야 합니다.

(고전 6:19-20) “너희 몸은 너희가 하나님께로부터 받은바 너희 가운데 계신 성령의 전인 줄을 알지 못하느냐 너희는 너희 자신의 것이 아니라 값으로 산 것이 되었으니 그런즉 너희 몸으로 하나님께 영광을 돌리라”

♦ 민수기 26장 성경칼럼

22절 | 이는 유다 종족들이니 계수된 자가 칠만 육천오백 명이었더라
34절 | 이는 므낫세의 종족들이라 계수된 자가 오만 이천칠백 명이었더라

"번성과 몰락"

역사는 개인과 집단과 민족은 번성과 몰락이 교차한다는 것을 증언합니다. 쇠락한 후에 다시 융성한다는 것이 얼마나 어렵다는 것도 능히 목도합니다. 성경은 인간이 하나님의 은혜로 산다는 것이 핵심 메시지입니다. 하지만 장기적 결과로 볼 때 사람의 행위에 의하여 영광과 치욕으로 갈라지는 것을 명확히 증거 합니다. 특별히 구약은 축복의 기준으로 자손의 번성과 땅의 다소로 결정하고 있습니다(시 127:3-5). 인간이라면 누구나 번성을 원하지만 마음대로 안 되고 번성을 이루었다 해도 유지하기는 더욱 어렵습니다.

대부분의 인간은 묘하게도 번성 이후에는 교만해져서 하나님을 잊고 잃어 타락하는 방향으로 치달아 갑니다. 이 타락의 대로를 타지 않고 하나님

중심으로 변함없이 정진한다면 특별한 존재가 됩니다. 성경은 창세기부터 계시록까지 땅의 기업을 못 받은 레위 지파를 포함한 13지파가 각축을 벌이고 있는 이야기라고도 볼 수 있습니다.

26장은 두 가지 목적(가나안 정복을 위한 군사정비, 가나안 땅의 분배 준비)을 위해 2차 인구 조사를 시행하고 있습니다. 여기에서 1차 인구 조사 때와는 다른 눈에 뜨이는 결과가 나옵니다. 바알브엘 사건으로 징계를 받은 시므온 지파의 쇠락(25장, 37,100명 감소)과 대조되어 번성을 이룬 므낫세 지파가 돋보입니다. 므낫세 지파는 1차 인구조사 때와 비교하여 64%(20,500명) 증가되었습니다(34절). 그 이유가 본문에는 나와 있지 않지만 성실한 경건생활로 하나님의 뜻을 거스르지 않은 것이었습니다.

우리가 가장 주목할 지파는 유다 지파입니다(22절). 지금까지 섭렵한 바대로 유다 지파는 영적 장자로 등극되어 쓰임 받았는데 그 위치를 견고히 지키고 있습니다. 최대의 인구 숫자(1,900명 증가)로서 선봉에 서고 이후에 최대의 땅과 주요 시설물을 관리하게 됩니다. 더 중요한 사역은 유대 왕통을 맡아 다윗부터 23대 왕인 시드기야까지 후손들이 잇게 됩니다. 영적으로 만왕의 왕이신 예수님께서 이 지파를 통해 탄생하심으로 영육 간에 가장 탁월한 가문이 됩니다. 우리는 이것이 시조인 유다의 노력과 행위로 된 것이 아님을 알고 있습니다. 일순간의 불륜의 사건이 있었지만 그의 효도와 형제애에 기초한 인격과 덕망은 후손에게 복이 되었습니다.

단 지파에 대한 성찰은 이후에 나오겠지만 반면교사로 삼기에 충분합니다. 두 번째 강성한 지파(1,700명 증가)를 연속 유지하며(43절) 진의 후방을 책임진 단 지파는 계시록의 마지막 구원의 족보(계 7장)에서 탈락합니다. 사사시대에 저지른 우상숭배의 죄악(삿 18장) 때문인데 그리스도인은 반드시 이를 경계로 삼아야 할 것입니다. 후손의 융성을 위해서라도 철저한 경건생활을 해야 하겠습니다.

♦ 민수기 27장 성경칼럼

4절 | 어찌하여 아들이 없다고 우리 아버지의 이름이 그의 종족 중에서 삭제되리이까 우리 아버지의 형제 중에서 우리에게 기업을 주소서 하매

7절 | 슬로브핫 딸들의 말이 옳으니 너는 반드시 그들의 아버지의 형제 중에서 그들에게 기업을 주어 받게 하되 그들의 아버지의 기업을 그들에게 돌릴지니라

"똑똑한(smart) 사람, 지혜로운(wise) 사람, 선한(good) 사람"

'저 사람 참 스마트해'라는 칭찬을 젊은 시절에 받는다면 앞날이 기대되는 사람입니다. 인생의 고비에서 지혜로운 생각과 행동을 하는 사람은 존경을 받습니다. 인생 전체에서 선한 열매를 맺어 인류에게 영향력을 끼치는 사람이 있다면 역사에 기록됩니다. 우리 그리스도인은 이 세 가지의 바람직한 인간의 모델 중에 어느 부분에 강점이 있는지 살펴서 쓰임 받으면 좋겠습니다.

27장을 묵상하면서 이 세 가지의 열매를 맺은 인물을 발견하게 되었습니다. 바로 슬로브핫의 딸로서 이름은 말라와 노아와 호글라와 밀가와 디르사 입니다. 당시의 관습을 뛰어넘어 이 5명의 여성 이름이 성경에 정확히 기록된 이유는 무엇일까요? 저들의 생각과 행동이 하나님께 옳다고 인정받았고(7절) 새로운 규례와 문화를 이끌어 냈기 때문입니다(11절).

이제 이 여인들의 총명과 지혜와 선한 영향력을 살펴보겠습니다. 2차 인구 조사(26장)의 목적은 이 자료를 근거로 가나안 땅을 분배하는 것이었습

니다. 계수된 20세 이상의 남자의 숫자를 기준으로 땅의 넓이가 결정됩니다. 이 때 발생한 문제가 남자가 없는 집, 즉 아버지가 딸만 낳고 죽은 가문은 땅 분배를 받지 못한다는 것입니다. 땅이 기업이었던 당시에 땅을 분배받지 못하는 가문은 이스라엘에서 사라져 버림을 의미합니다(4절).

슬로브핫의 딸들은 이 관습의 부당성을 인식하고 자기들에게도 땅을 분배해 줄 것을 모세에게 청원하였습니다. 이것은 여성의 인권이 무시되는 관습으로 볼 때 똑똑한 것이고 대단한 용기를 낸 것입니다. 어찌 보면 당돌하고 맹랑하다고 공격을 받을 수 있지만 그들의 제소에는 신앙이 담겨져 있었습니다. 아버지의 죽음에 대한 정의를 내리고 땅을 분배받을 수 있는 자격을 이야기합니다. 아버지는 일반적 죄의 결과로 죽은 것이지(롬 3:10-12) 고라의 반역에 참여하여 자격이 박탈되지 않았다고 주장합니다. 아버지가 받을 유업을 자신들이 받아야만 결혼 후에도 남편이 아닌 아버지의 이름으로 기업이 이어진다는 논리입니다.

그녀들의 주장은 단지 가문의 존속과 땅의 소유에 욕심을 내는 것만이 아니었습니다. 구약에서 가나안 땅을 분배받는 것은 언약의 실현이며 하나님 백성의 특권이라는 면에서 믿음의 추구가 되는 것입니다. 오랜 시간을 거친 광야에서 묵묵히 견딘 것은 약속의 가나안 땅을 차지하려는 일념 때문인데 포기할 수가 없는 것입니다. 이들의 지혜와 용기와 믿음으로 새로운 상속법은 제정되고 후세에 선한 영향력을 끼치게 됩니다(7-11절). 결국 우리는 하나님께서 슬로브핫의 딸들에게 주신 은혜(똑똑함, 지혜, 선함)로 새로운 율례가 정해졌다는 것을 눈치 챌 수 있게 되었습니다. 저들의 믿음과 지혜에 함께 하신 하나님이 우리에게도 하늘의 은혜를 주셨습니다.

♦ 민수기 28장 성경칼럼

2절 | 이스라엘 자손에게 명령하여 그들에게 이르라 내 헌물, 내 음식인 화제물 내 향기로운 것은 너희가 그 정한 시기에 삼가 내게 바칠지니라

31절 | 너희는 다 흠 없는 것으로 상번제와 그 소제와 전제 외에 그것들을 드릴 것이니라

"오늘 예배에서는 꼭 은혜를 받을 거야!"

내가 전도한 초신자가 이 말을 한다면 얼마나 갸륵하고 예쁘겠습니까? 그런데 교회 출석한지가 오래되고 임직을 받은 직분자가 이 말만 한다면 사정은 달라집니다. 예배는 은혜 받는 것도 중요하지만 그보다 더 귀중한 하나님께 영광을 돌리는 우선적인 가치가 있기 때문입니다. 은혜 받는 것이 예배드리는 나에게 오는 축복이라면 하나님께 영광을 돌리는 것은 예배의 본질에 속합니다. 예배의 본질을 거치지 아니하고 예배의 결과에만 집중한다면 잘못된 것이고 신앙의 위험신호입니다.

예배는 근본적으로 거룩하신 하나님께 대한 인간의 진실하고 겸손한 자세를 표현하는 것입니다. 그것을 하나님께 영광을 돌린다고 하는 것이고 그 후에 은혜와 축복이 임하는 것입니다. 그러나 미성숙한 아이가 부모를 사랑하고 감사하기보다 선물에만 눈길을 주듯이 예배자도 이 모습이 될 수 있습니다. 염불보다 잿밥이라는 모양새가 참된 예배자의 길을 이탈하게 하는 것입니다. 28장에는 제사의 제물에 대한 규례와 절기에 따른 제사 방식을 정해 주십니다. 구약의 제사는 신약시대 예배의 예표로서 연속성을 가지고 적용할 수 있는 요소가 많습니다.

첫째로 확인할 것은 제사(예배)의 주체가 누구인가입니다. 2절에 보면

제사를 드리는 주체는 인간인데 하나님께서는 내 헌물, 내 음식, 내 향기로운 것이라고 확정하셨습니다. 제물을 받으실 분은 하나님 한 분 뿐이며 이것은 경배를 받으실 분은 오직 하나님 한 분뿐임을 말씀하시는 것입니다(마 4:10). 인간은 예배의 대상이 아니며 이를 시도한 자는 징벌을 당합니다. 예배의 원어 '솨하(히)', '프로스퀴네오(헬)'는 두려워하며 엎드리어 높인다는 뜻입니다.

(행 12:23) "헤롯이 영광을 하나님께로 돌리지 아니하므로 주의 사자가 곧 치니 벌레에게 먹혀 죽으니라"

둘째, 제사와 예배는 하나님께서 정한 시기에 드려야 합니다(2절). 매일, 안식일, 월삭, 무교절, 칠칠절, 나팔절, 속죄일, 초막절을 지키어 하나님을 잊지 않고 섬기게 하였습니다. 이는 신약성도들에게 모든 시간과 사안을 하나님께 영광 돌리도록 한 명령의 원형입니다(고전 10:31). 매일 드리는 상번제가 항상 주님과 동행하는 의미라면 월삭과 절기는 특별한 제사를 드림으로 특별 헌신을 가르치고 있습니다.

셋째, 구약 제사의 정한 제물(6절)은 세상 죄를 지신 예수님의 대속을 예표 하는 것입니다. 그러므로 이제 구속이 완성된 신약시대에 사는 성도들은 기쁨과 감격으로 예배드릴 수 있게 되었습니다. 이것을 예수님께서는 짐승 제물로 드리는 제사가 아닌 영과 진리로 예배하는 자(요 4:23)라고 말씀하신 것입니다. 영광과 감사와 헌신과 교제와 축복이 있는 예배자가 되기를 소원합니다(31절).

♦ 민수기 29장 성경칼럼

1절 | 일곱째 달에 이르러는 그 달 초하루에 성회로 모이고 아무 노동도 하지 말라

	이는 너희가 나팔을 불 날이니라
7절	일곱째 달 열흘 날에는 너희가 성회로 모일 것이요 너희의 심령을 괴롭게 하며 아무 일도 하지 말 것이니라

"사기가 하늘을 찌른다"

여기서 사기는 사람을 속이는 것이 아닌 의욕이나 자신감이 충만한 것을 의미합니다. '이기는 군대는 이겨놓고 싸운다'는 말처럼 어느 집단이든 사기가 매우 중요합니다. 2002년 월드컵에 한국이 4강에 오르는 과정에서 전 국민의 사기가 얼마나 대단했는지 아실 것입니다. 이때의 하늘을 찌르는 듯한 국민적 사기가 선수들에게 전달되어 실력 이상의 성적을 낸 것이 틀림없습니다. 이토록 사기는 승패와 성취에 중요하기에 조직이든 개인이든 간에 진작시키려고 온갖 노력을 다 합니다. 신앙생활에서도 영적 사기가 떨어지면 심각한 후유증이 생깁니다. 영적 사기는 세상의 방식에서 오는 것이 아니라 하나님께서 주시는 것입니다.

29장은 이스라엘 종교력으로 7월에 일어나는 세 가지 절기를 지키는 규례에 대한 명령을 기록하고 있습니다. 이 7월은 민간력으로 새해를 시작하는 1월에 해당되며 다른 달과 구별되어 지키도록 제정하셨습니다. 이 달은 추수와 파종의 중간기에 위치하여 농사와 겹치지 않아 하나님께 가까이 할 수 있는 절호의 기간이 되었습니다. 세 절기 모두 노동금지 조항을 둠으로서 사람의 기본인 노동을 떠나 하나님을 영화롭게 하는 것에 전념하도록 하십니다.

첫 번째 절기인 나팔절은 7월 1일인데 신년의 첫날에 해당됩니다(1절). 매일 드리는 상번제와 월삭의 특별한 제물과 나팔절의 특별한 제사와 제물이 하루에 다 드려지고 집례 됩니다. 나팔을 부는 날이라는 뜻에서 나팔절인데 나팔은 영적으로 큰일과 중요한 일이 있을 때 부는 것입니다. 나팔을 하루 종일 일정한 간격으로 길고 우렁차게 부는데 기쁨과 영광과 소망을 주는 것입니다. 현재에서 미래를 바라보고 지상에서 천상을 소망하는 감격의 나팔소리임을 알 수 있습니다. 우리에게 나팔절의 현재형은 예수님의 재림의 나팔 소리로 언제 들릴지 준비하고 있어야 합니다(마 24:31).

7월의 두 번째 절기는 7월 10일의 대속죄일입니다(7절). 대제사장이 1년에 한 번, 자신과 온 백성 및 성소의 죄를 속하기 위해 지성소에 들어가 속죄제를 드립니다(레 16:29). 이 때 모든 백성들은 철저히 통회 자복하며 속죄의 은총을 기원하게 됩니다. 세상의 사기 진작은 흥분시키는 코드이지만 영적 세계의 사기는 심령을 괴롭게 하며(7절) 자신을 부인하는 것(눅 9:23)이 근원입니다.

7월의 세 번째 절기는 15일부터 한 주간 지켜지는 초막절(장막절, 수장절)입니다. 한 주간 동안 총 215마리의 희생 제물이 드려지고 감사의 절정을 이루는 성회로 모입니다. 초막절은 영적으로 성도들이 미래에 그리스도와 더불어 영원히 하나님을 찬양하며 살게 될 복된 천국생활을 예표 합니다(계 21:1-4). 우리에게 최후 승리가 보장되어 있는 것을 안다면 영적 사기는 높아질 수밖에 없습니다(고전 15:57-58).

♦ 민수기 30장 성경칼럼

2절 | 사람이 여호와께 서원하였거나 결심하고 서약하였으면 깨뜨리지 말고 그가 입으로 말한 대로 다 이행할 것이니라

8절 | 그러나 그의 남편이 그것을 듣는 날에 허락하지 아니하면 그 서원과 결심하려고 경솔하게 입술로 말한 서약은 무효가 될 것이니 여호와께서 그 여자를 사하시리라

"특례법"

특례법이란 어떤 법에 대한 내용에서 특별한 예를 규정하여 제정된 법률을 말합니다. 법에 의하여 처벌받아야 하는 것이 마땅한데 상황에 따른 참작을 법적으로 해주는 것입니다. 하나님께서는 서원에 대한 법을 이미 레위기 27장과 본서 6장에서 말씀하셨습니다. 누구든지 하나님께 서원했을 경우 반드시 지켜야 하는 것이 성경의 가르침입니다. 하나님 자신이 신실하심으로 하나님의 백성인 우리도 신실하기를 원하시기 때문입니다. 차라리 서원하지 않으면 죄가 되지 않았으나 서원하고 지키지 않으면 죄가 됩니다.

서원은 하나님께 약속보다 강한 의미의 맹세를 하는 것이기에 조금도 어기거나 숨길 수가 없습니다. 성경의 서원에 대한 가르침이 있는 문화권(유대교, 기독교)에서 약속이 비교적 잘 지켜지고 언어의 신뢰성이 높은 이유가 여기에 있습니다. 반대로 성경을 압살하는 공산주의 문화권의 약속과 언어는 전혀 믿을 것이 못 된다는 것을 역사가 증언합니다.

30장의 서원에 대한 특례법은 여자의 서원이 해제되어 지키지 않아도 될 것을 정해주고 있습니다. 출가 안한 딸은 아버지의 권위 아래에 있고 결혼한 여자는 남편의 권위 아래에 있습니다. 즉 권위자가 허락하지 아니한 여자의 서원은 지키지 않아도 용서하시는 것입니다(5, 8, 12절). 그러나 이 규례가 아버지와 남편에 의하여 하나님의 법이 무시되어도 된다는 뜻이 아닙니다. 이 보기 드문 특례법의 목적은 가정을 소중히 여기시는 하나님의 의지의 표현입니다. 하나님께서 서원 불이행을 용서하시기까지 하시면서 가장의 권위를 인정하신 것은 가장이 지어야 할 책임도 크다는 사실을 보여줍니다(15절).

과부나 이혼한 여자는 본인이 가장이 되므로 서원을 자신이 책임지게 하는 것은 약속의 중대함을 강조하는 것입니다. 주목할 것은 남편이 아내에게 서원을 해제시키며 자유를 주는 장면입니다. 이것은 신랑 되신 예수님이 신부인 우리에게 주시는 자유를 연상 시킵니다. 복음과 진리와 성령님이 함께 하는 우리는 영적 자유를 얻어 비상할 수 있는 존재가 되었습니다. 예수님의 공로로 우리는 율법(갈 3:24~25)과 사망(롬 6:9)과 사탄(행 26:18)과 심판(요 5:24)으로부터 자유를 얻었습니다.

서원의 일반적 유익을 잘 배우고 실천하면 신앙의 큰 축복을 받을 수 있습니다. 서원은 각성과 절제를 하도록 하고 소망과 감사가 넘치게 하며 정성과 헌신을 할 수 있게 합니다. 서원은 율법의 영역과 자발적 영역을 넘나드는 독특한 신앙의 모습이기에 잘 적용하면 경건의 능력으로 이어 집니다. 당시에 인권 사각지대에 있던 여성에 대한 자상한 배려를 통해 율법의 근본에 사랑이 있음을 알게 해 주셨습니다. 나의 처지를 나보다 더 잘 아셔서 최고의 배려를 해 주시는 주님께 영광을 올려드립니다(고후 3:16-17).

♦ 민수기 31장 성경칼럼

3절 | 모세가 백성에게 말하여 이르되 너와 함께 있는 사람들 가운데서 전쟁에 나갈 사람들을 무장시키고 미디안을 치러 보내어 여호와의 원수를 갚되

17절 | 그러므로 아이들 중에서 남자는 다 죽이고 남자와 동침하여 사내를 아는 여자도 다 죽이고

"진검승부"

모든 걸 걸고 사생결단을 하고 양보는 전혀 없는 싸움을 말합니다. 죽이지 않으면 죽기 때문에 냉엄하고 매정하고 살벌합니다. 우리는 세상의 전

쟁이 이럴 것이라는 선입견이 있습니다. 하지만 의외로 세상의 싸움은 목적에 따라 휴전도 있고 상생의 타협도 있습니다. 31장에 나오는 미디안 족속과의 전쟁은 초신자가 이해하기 어려운 진검승부와 같은 내용이 줄비합니다. 웬만한 성경 통찰력과 신학적 역사의식을 갖추지 않고서는 해석하기가 쉽지 않습니다. 구약적 특징이라는 측면과 이스라엘 민족에 국한된 하나님의 섭리만으로 접근하기에는 무언가 미흡합니다.

제일 먼저 눈에 띄는 것이 전쟁을 명령하시는 하나님의 단호함입니다. 미디안을 여호와의 원수라고 하시며 갚으라고 명령하십니다(3절). 신약은 다른 차원이라 하더라도(롬 12:19) 바로 앞의 레위기의 말씀과 정반대의 명령입니다.

(레 19:18) "원수를 갚지 말며 동포를 원망하지 말며 네 이웃 사랑하기를 네 자신과 같이 사랑하라 나는 여호와이니라"

전쟁의 구체적 실행의 명령은 더욱 놀랍습니다. 남자를 다 죽이고 다섯 왕과 발람까지 죽이고 거대한 탈취물을 거두고 돌아오는 승전군에게 모세는 화를 냅니다. 왜 여자들과 남자 아이를 살려 두었느냐는 질책을 합니다(15, 17절). 나아가 남자를 안 여자는 죽이고 남자를 모르는 여자는 너희가 취할 목적으로 살리라는 것입니다(17-18절). 여기까지 보면 하나님의 명령은 아주 잔인하고 이기적인 것처럼 아니 보일 수 없습니다.

과연 하나님의 섭리는 이스라엘 위주이고 성품은 잔혹할까요? 해답은 이 전쟁이 성전, 즉 거룩하고 공의로운 공동체의 영적전쟁이라는데 있습니다. 우리는 25장에서 미디안에 대한 영적 정체를 이미 배웠습니다. 이스라엘에게 미인계를 써서 우상숭배를 하게 한 저들은 사탄의 도구였고 하나님을 대적한 존재였습니다. 이 죄악으로 24,000명의 이스라엘 백성이 죽었습니다(25:9). 미디안을 철저히 진멸시키지 아니하면 가나안에 들어가서도 같은 도전에 넘어갈 수 있는 것입니다. 결국 미디안의 잔재를 남겨 둠으로(15절) 사사시대에 미디안으로부터 시련을 당하게 됩니다(삿 7:14).

이 전쟁이 영적 전쟁임을 알려주는 증언은 미디안 사람은 약 십만 명이 죽었지만 이스라엘 12,000명의 군사 중 한 명도 죽은 자가 없다는 사실입니다(49절). 죄에 대한 철저한 단절을 의미하는 이 전쟁은 지금 우리에게 성결에 대한 싸움으로 다가와 있음을 말씀하십니다.

(마 18:9) "만일 네 눈이 너를 범죄하게 하거든 빼어 내버리라 한 눈으로 영생에 들어가는 것이 두 눈을 가지고 지옥 불에 던져지는 것보다 나으니라"

♦ 민수기 32장 성경칼럼

1절 | 르우벤 자손과 갓 자손은 심히 많은 가축 떼를 가졌더라 그들이 야셀 땅과 길르앗 땅을 본즉 그 곳은 목축할 만한 장소인지라

32절 | 우리가 무장하고 여호와 앞에서 가나안 땅에 건너가서 요단 이쪽을 우리가 소유할 기업이 되게 하리이다

"안개, 암초, 지뢰"

하늘과 바다와 땅에서 위험한 요소를 꼽아 보았습니다. 공통점은 시야를 흐리고 숨겨져 있어 알아보기 어렵다는 것입니다. 인생에서 진정으로 위험한 것들은 가려져 있고 쉽게 파악할 수 없는 성격을 가지고 있습니다. 신앙생활의 적들도 역시 정체를 드러내지 않고 슬며시 다가와 어느 순간 죄를 짓게 만들고 인생을 갉아 먹습니다.

에덴동산에서는 먹음직하고 보암직하고 지혜롭게 할 만큼 탐스러운 열

매로 유혹했습니다(창 3:6). 신약에서는 육신의 정욕과 안목의 정욕과 이생의 자랑이라고 해석하고 있습니다(요일 2:16). 성경은 이 세 가지를 하나로 묶어서 탐심이라고 하며 멸망의 죄인 우상숭배와 동의어로 정의합니다.

(골 3:5) "그러므로 땅에 있는 지체를 죽이라 곧 음란과 부정과 사욕과 악한 정욕과 탐심이니 탐심은 우상 숭배니라"

31장의 미디안 전쟁은 대승리와 함께 사람과 짐승과 노획물이 전리품으로 주어졌습니다(31:32-47). 사람이란 참 신기해서 배부르고 등 따뜻하면 눕고 싶다는 말대로 풍부함은 사명을 잊게 하고 변심하는 경향이 있습니다. 32장의 부정적 주인공인 르우벤 자손과 갓 자손이 그 부류입니다. 축복의 상징인 심히 많은 가축의 떼가 저들의 눈을 멀게 한 것입니다(1절). 목축민의 후예인 그들의 눈은 가축업의 최적지인 야셀 땅과 길르앗 땅에 꽂혀 버렸습니다. 가나안 정복을 향한 하나님 나라의 사명도 다른 지파들에 대한 공평도 사라져 버렸습니다. 이토록 기득권적인 판단과 탐심과 안일한 이기주의는 가나안에 안 들어가겠다는 당돌한 요구로 이어집니다. 어쩌면 이전의 열 정탐꾼의 비 신앙적 보고(가면 죽는다)가 저들의 사고에 깊이 각인되어 있었을지도 모릅니다.

모세의 벼락같은 책망 속에 가네스 바네아의 반역과 멸망의 역사적 사건을 상기시키면서 잘못을 돌이키게 됩니다(6-15절). 모세가 조건부 수락을 하면서(16-32절) 후에 요단 동편을 차지한 두 지파와 므낫세 반 지파는 영욕의 기복을 당하게 됩니다. 이때의 판단과 결정이 후세에 얼마나 큰 영향을 끼쳤는지 구속사는 증명합니다. 이곳은 왕정 초기(사울 다윗 시대)에는 영광의 무대가 되었지만(삼하 2:8-9) 결국 아모리 족의 위협과 이방의 침략으로 곤고한 땅이 됩니다(암 1:3, 9).

이 사건은 롯의 사례(창 13장)처럼 하나님의 약속과 비전을 놓치는 순간 파생될 후유증이 얼마나 심각한 것인지를 보여 줍니다. 성경에는 고멜(호 2:5-6)과 부자 청년(눅 19:22)과 데마(딤후 4:10)처럼 보이는 것을 쫓아 간 자들의 말로를 비극적 여운으로 남겨 놓았습니다. 우리는 영적 안개를 걷어내고 곳곳에 숨겨진 신앙의 암초와 지뢰를 제거해야 합니다. 신앙생활의 함정과 올무를 분별하는 실력도 키워야 합니다(고전 12:8-11). 모세처럼 하나님께서 주시는 축복을 향해 견고하게 나아가는 신앙의 항로가 되기를 소원합니다(히 11:24-29).

♦ 민수기 33장 성경칼럼

2절 | 모세가 여호와의 명령대로 그 노정을 따라 그들이 행진한 것을 기록하였으니 그들이 행진한 대로의 노정은 이러하니라

55절 | 너희가 만일 그 땅의 원주민을 너희 앞에서 몰아내지 아니하면 너희가 남겨 둔 자들이 너희의 눈에 가시와 너희의 옆구리에 찌르는 것이 되어 너희가 거주하는 땅에서 너희를 괴롭게 할 것이요

"거룩한 긴장(Holy tension)!"

신앙생활을 한 마디로 정의하라고 한다면 저는 '거룩한 긴장'이라는 말로 표현하겠습니다. 일반적 긴장은 스트레스를 가져오고 몸과 마음에 해를 끼칩니다. 하지만 거룩한 긴장은 두려운(경외) 신앙을 갖게 해주고 하나님의 뜻을 순종하도록 만들어 갑니다. 문제는 이 거룩한 긴장을 하기 까지 많은 시간이 걸리고 수많은 대가를 치러야 만 한다는 사실입니다.

민수기 33장에는 출애굽 후에 모압 평지에 이르기까지 광야의 여정을 숙영지를 중심으로 기록하고 있습니다(2절). 일반 여행자의 걸음으로 두

주 내외 걸리는 거리를 40년을 허비한 이유는 무엇일까요? 직접적 이유는 하나님께 대한 이스라엘의 불순종과 반역입니다(14장). 하나님을 향해 불신앙과 불평으로 가득 찬 그들을 하나님 나라의 상징인 가나안으로 그냥 입국시킬 수는 없었던 것입니다.

두 번째는 저들에게 광야 생활은 선민으로서의 거룩한 공동체 훈련이었습니다. 인간의 죄와 허물을 뼈저리게 느끼며 하나님과의 온전한 관계를 인식하는 과정이 필요했습니다. 저들은 징벌의 굴욕을 당하는 역사 속에서 고난과 절망을 맛보았습니다. 그럼에도 불구하고 지속적으로 베푸시는 하나님의 은혜와 사랑으로 위로도 받았습니다. 여기에 나오는 41개의 처소는 강팍한 원망과 세운 권위를 거역함으로 죽어 넘어져 갔던 공동묘지명이라고 볼 수 있습니다.

지금 이 땅에 사는 우리도 하나님께서 주신 말씀을 불평하며 거역한다면 그 곳이 자신의 무덤이 된다는 것을 명심해야 합니다. 구약의 광야 여정은 광야 같은 세상길을 행진해 가는 우리의 여정으로 보아야 합니다. 죄와 허물로 매일 광야의 세찬 모래 바람을 이겨 나가는 것이 인간의 자화상입니다. 다만 그리스도인이 세상 사람과 다른 것은 하나님의 거룩한 계획 속에 연단의 목적이 있다는 것입니다. 성경이 신자를 나그네와 이방인으로 정의한 것은 이 땅에 영구 정착할 수도 없고 세상을 떠나 살 수도 없다는 의미입니다.

(벧전 2:11) "사랑하는 자들아 거류민과 나그네 같은 너희를 권하노니 영혼을 거슬러 싸우는 육체의 정욕을 제어하라"

나그네와 이방인이 늘 긴장하며 살듯이 그리스도인은 이 땅에서 거룩한 긴장을 하며 살 수밖에 없는 존재입니다. 두 세상(엡 1:21)을 사는 성도의 진정한 정체를 아는 순간 하나님의 뜻을 순종하려는 거룩한 긴장을 할 수 있습니다. 가나안 입성을 앞두고 주어지는 가나안 종족의 완전한 추방과 우상 제거 명령이 떨어집니다(51-55절). 이에 순종하지 못하면 저들은 눈에 가시가 되고 옆구리를 찌르게 될 것이라고 경고합니다. 이 예언은 후대의 이스라엘에게 비극적으로 이루어집니다(삿 2:11-15, 대하 36:20). 크고 작은 죄에 대한 단호한 대처는 영적 긴장을 하고 있는 신자만이 가능함을 새기게 됩니다.

♦ 민수기 34장 성경칼럼

2절 | 너는 이스라엘 자손에게 명령하여 그들에게 이르라 너희가 가나안 땅에 들어가는 때에 그 땅은 너희의 기업이 되리니 곧 가나안 사방 지경이라

13절 | 모세가 이스라엘 자손에게 명령하여 이르되 이는 너희가 제비 뽑아 받을 땅이라 여호와께서 이것을 아홉 지파 반 쪽에게 주라고 명령하셨나니

"주인을 모르면?"

일상에서 일어나는 사고나 사건들은 주인을 제대로 몰라볼 때 일어납니다. 소유권자와 결정권자에 대한 정확한 정보를 모르고 일을 진행하면 낭패를 당합니다. 이것이 영적세계로 들어오게 되면 모든 만물이 하나님의 주권 아래 있다는 고백을 하게 됩니다.

(대상 29:11) "여호와여 위대하심과 권능과 영광과 승리와 위엄이 다 주께 속하였사오니 천지에 있는 것이 다 주의 것이로소이다 여호와여 주권도 주께 속하였사오니 주는 높으사 만물의 머리이심이니이다"

고백이 신앙으로 다져지고 생활의 실천까지 이루어지면 성숙한 일군으로 사용됩니다. 주인과 소유권 이야기를 도입한 이유는 민수기 34장을 잘

이해하기 위해서입니다. 본장에는 이스라엘 백성이 들어갈 가나안 땅의 사방 경계가 나오고 분배 방식이 하나님께로부터 모세에게 계시 됩니다. 가나안 땅에는 육안으로 볼 때 이미 강대한 원주민이 주인으로 자리 잡고 있었습니다. 그들을 완전히 쫓아내고 그 땅을 차지해야 하는데 인간 생각으로는 이스라엘이 침입자가 아니겠습니까?

그러나 이것은 순전히 인간 생각이고 가나안 땅은 완벽하게 하나님의 소유권 아래 있고 선민에게 약속한 기업이라고 말씀하십니다(2절). 믿음의 조상 아브라함에게 거듭 언약한 땅(창 12:5, 13:15, 15:18-21)이었습니다.

(창 17:8) "내가 너와 네 후손에게 네가 거류하는 이 땅 곧 가나안 온 땅을 주어 영원한 기업이 되게 하고 나는 그들의 하나님이 되리라"

이 약속은 이삭과 야곱에게 이어졌고 모세에게 재확인됨으로서 원주민을 몰아내는 명분이 정당화되는 것입니다. 하나님께서 가나안 땅의 경계를 분명히 알려 주신 목적은 이미 그 땅이 이스라엘의 기업임을 확증하고 담대히 정복하라는 사인이기도 합니다. 분배의 방식에 있어서 제비뽑기를 명하신 것도 오직 그 땅을 나누신 분이 하나님이심을 가르친 것입니다(13절).

구약의 제비뽑기의 결정은 하나님의 직접계시가 필요한 상황에서 사용되었습니다(수 7:14, 삼상 14:42, 행 1:26, 잠 16:33). 신약성도들이 제비뽑기의 적용을 조심해야 하는 것은 무속행위의 성격으로 하면 안 되기 때문입니다. 신약성도들은 말씀과 성령을 받았으므로 영적 지혜를 가지고 인격적인 결정을 할 수 있는 영역에 있습니다. 하나님 앞에서 하나님의 뜻대로 살고자 하는 연습을 꾸준히 할 때 경건한 신자로 나아갈 수 있습니다.

34장의 숨어 있는 주인공은 유다지파의 대표인 갈렙입니다. 그는 그나스 사람(32:12, 창 36:11)으로 정통 유대인이 아닌 출애굽 시에 함께 나온 잡족(출 12:38)출신입니다. 할례를 받고 귀화하여 유다 지파에 흡수되었고 덕망이 높아 영적 장자 지파의 수장이 된 것입니다. 이는 이스라엘 공동체가 배타적인 혈통 연합체가 아닌 것과 함께 신앙으로만이 존귀한 자가 될 수 있음을 보여줍니다(롬 2:28-29, 갈 3:7). 갈렙은 존귀한 신앙을 가질 수 있는 비결이 진정한 주인인 하나님을 알아보고 의뢰하는 것임을 알게 합니다.

♦ 민수기 35장 성경칼럼

4절 | 너희가 레위인에게 줄 성읍들의 들은 성벽에서부터 밖으로 사방 천 규빗이라

12절 | 이는 너희가 복수할 자에게서 도피하는 성을 삼아 살인자가 회중 앞에 서서 판결을 받기까지 죽지 않게 하기 위함이니라

"볼매"

누가 나에게 볼매 라고 부른다면 대단한 칭찬입니다. 당신은 볼수록 매력적이라는 뜻이기 때문입니다. 알면 알수록, 사귀면 사귈수록 좋아지는 사람이 있다면 행복한 관계입니다. 그러나 현실에서 그런 사람은 만나기 어렵고 내가 그런 사람이 되는 것도 자신이 없습니다. 그런데 완벽한 볼매가 있는데 바로 성경입니다. 정확히 말하자면 성경에서 계시된 삼위일체 하나님이십니다.

35장에 계시된 레위인 성읍과 도피성에 대한 이야기는 하나님의 성품이 얼마나 매력적인지를 보여 줍니다. 하나님을 매력적이라고 표현하는 것이 불경스럽다고 생각할 수도 있겠지만 의미가 그렇다는 것입니다. 레위인은 구속사에서 두 번의 사건으로 수치와 영광이 교차 됩니다. 레위는 누이인 디나의 강간 사건의 복수로 시므온과 함께 세겜 성을 잔인무도하게 말살합니다(창 35장). 야곱은 마지막 예언에서 레위 지파가 한 지파로서 군집하지 못

하고 이스라엘 중의 흩어져 살 것이라는 저주성 예언을 합니다(창 49:5-7).

이 예언은 35장에 가나안 땅에 들어가서 레위지파가 각 지파 속에 48개 성읍으로 분산되는 것으로 성취 됩니다. 그러나 이 성취의 내용은 레위인이 저주를 받은 것이 아닌 영광스런 축복의 사명으로 나타납니다. 금송아지 우상숭배자들을 단호히 처단한 사건을 계기로 영광스런 종교적 사명이 주어졌기 때문입니다(출 32:26-29). 땅을 기업으로 받지 못했지만 각 지파 속에 들어가 성읍을 가지고 영적 사역을 하도록 하신 것입니다. 하나님께서는 허물을 싫어하시지만 인간의 허물을 통하여서 당신의 경륜을 이루어 가시는 것을 알 수 있습니다.

레위 지파는 전국에 48개 성읍을 세우는데 그 중 6개의 도피성이 핵심 위치를 차지합니다. 도피성의 목적은 고의로 살인하지 않은 자가 바로 복수당하지 않고 피하여 재판을 받기 위함입니다. 그러기 위해서는 누구나 하루 안에 도착할 수 있도록 33km 거리 안에 세우고 성벽을 높게 하여야 합니다. 가는 길의 넓이는 14m로 넓게 하고 '이정표(도피성:미클라트)'를 확실하게 세우며 성 안에는 생필품들은 완벽하게 갖추어 놓았습니다. 살인자는 응보의 법칙에 의하여 복수를 당해야 하지만 실수로, 부지중에, 우발적으로, 의향 없이 살인한 자에 대한 은혜의 법이 주어진 것입니다.

재판 과정에서의 공정함의 규례(2명의 증인, 배심원 성격의 회중)는 현대 형사법의 원조입니다(12, 24, 30절). 나아가 대제사장의 죽음과 연계되어 사면이 되는 것은 도피성의 영적 의미를 나타냅니다(28절). 도피성은 공의의 법에 의해 죽어야 마땅한 죄인이 예수님의 대속으로 구원에 이르는 것을 예표 합니다. 이스라엘에 우거하는 타국인도 이 제도의 시혜자가 될 수 있다는 것은 누구나 예수님을 믿고 구원받을 수 있다는 것입니다(롬

10:12). 레위인의 흩어져 사명을 감당하는 모습은 그리스도인들이 흩어져서 매력적인 영적 지도자 역할을 해야 할 사명을 보여줍니다(마 5:13-16).

♦ 민수기 36장 성경칼럼

6절 | 슬로브핫의 딸들에게 대한 여호와의 명령이 이러하니라 이르시되 슬로브핫의 딸들은 마음대로 시집가려니와 오직 그 조상 지파의 종족에게로만 시집갈지니
10절 | 슬로브핫의 딸들이 여호와께서 모세에게 명령하신 대로 행하니라

"좋은 잠이 쌓이면..."

에이스 침대의 광고 카피중의 전반부입니다. 몇 초 뜸을 들인 후에 후반멘트가 나오는데 의외입니다. '좋은 잠이 쌓인다'입니다. 의미가 금방은 전달되지 않지만 한번만 생각하면 잊지 못할 명문장입니다. 좋은 일은 좋은 일로 연결 된다는 원리를 적용해서 침대의 가장 중요한 기능인 좋은 잠을 부각시키고 있습니다.

36장에는 27장에 나왔던 여성 상속법을 보완하는 내용이 나옵니다. 27장에서 이미 슬로브핫의 딸들이 이룬 선한 영향력을 보았습니다. 가나안 땅을 기업으로 받는 것은 언약과 축복의 보증이라는 것도 확인했습니다. 그녀들의 믿음을 근거한 지혜와 용기로 아버지의 기업이 딸에게도 상속될 수 있는 법적제도가 성립되었습니다. 이 좋은 일이 진행되면서 그녀들에게 분배된 땅이 다른 지파에게 넘어갈 수도 있는 변수가 생겼습니다. 즉 슬로브핫의 딸들이 타 지파 남자와 결혼을 하면 땅도 넘어가고 본래에 지파에게 할당된 기업이 줄어들게 되는 심각한 일이 생기는 것입니다.

이에 문제점을 파악한 므낫세 지파의 수령들이 모세에게 청원을 합니다

(1-4절). 모세를 통하여 주어진 하나님의 뜻은 간단하였습니다. 아버지의 기업을 물려받은 여자는 반드시 아버지가 속한 지파 내에서만 결혼해야 한다는 보완규례를 마련해 주셨습니다(5-9절). 이익과 자존심이 달려있는 복잡한 갈등의 사안이 공평하신 하나님 앞에서 해결되었습니다. 이 사건은 여성 상속법의 보완이라는 지엽적 의미를 넘어 하나님의 축복을 보존하는 측면에서 적용될 수 있습니다. 신약성도들은 구원과 함께 은사와 선물로 주어진 축복을 잘 관리하고 보존할 책임이 있습니다.

(약 1:17) “온갖 좋은 은사와 온전한 선물이 다 위로부터 빛들의 아버지께로부터 내려오나니 그는 변함도 없으시고 회전하는 그림자도 없으시니라”

슬로브핫의 딸들이 하나님의 명령에 순종하여 지파 안에서 결혼한 모습은 좋은 일이 쌓인 것으로 볼 수 있습니다(10-12절). 하나님의 질서에 순종하여 자신의 자유를 절제하는 실천은 영적 아름다움의 열매로 성경에 기록되어 우리에게 왔습니다. 저들은 하나님의 울타리 안에 거하고 규례를 순종하여 시비를 피하고 지파를 지켰습니다. 신약성도는 율법의 울타리에는 갇히지 않았지만 주님께서 설정한 사랑의 울타리 안에서 안전을 누리고 선한 공급을 받을 수 있게 되었습니다.

민수기의 마지막 절(13절)은 모든 말씀이 하나님께로부터 온 것임을 명확히 하고 있습니다. 모세는 자신의 주인공 됨을 거부하고 하나님께 모든 영광을 돌리는 모범을 보입니다. 우리의 일생이 좋은 일(하나님의 일)을 계속함으로 좋은 일(하나님의 축복)로 이어지기를 원합니다.

신명기

♦ 신명기 1장 성경칼럼

5절 | 모세가 요단 저쪽 모압 땅에서 이 율법을 설명하기 시작하였더라 일렀으되
8절 | 내가 너희의 조상 아브라함과 이삭과 야곱에게 맹세하여 그들과 그들의 후손에게 주리라 한 땅이 너희 앞에 있으니 들어가서 그 땅을 차지할지니라

"꼭 들어야 할 말씀"

모세오경 중의 마지막 책인 신명기에 들어섰습니다. 저자는 모세이고 내용은 모압 평지에서 모세가 죽기 전에 한 3편의 설교입니다. 듣는 대상은 출애굽 1세대가 광야에서 죄악으로 말미암아 죽은 이후 율법에 익숙하지 않은 신세대입니다. 그들이 가나안의 주역으로 등장함에 따라 율법의 재교육이 필요하게 되었습니다.

책의 제목도 말씀들(히, 데바림), 율법의 반복(헬, 듀테르노미온)이라는 뜻입니다. 신명기란 계명을 자세히 설명하는 책이라는 것을 함축한 뜻입니다. 신세대가 꼭 들어야 할 말씀이고 모세가 죽기 전에 꼭 교육시켜야만 하는 상황이었습니다. 성경의 역사에서 모세는 예수님의 모형에 가장 근접한 인간이라고 볼 수 있습니다. 모세 자신도 메시야의 출현을 자기와 연결하여 예언합니다.

(신 18:15) "네 하나님 여호와께서 너희 가운데 네 형제 중에서 너를 위하여 나와 같은 선지자 하나를 일으키시리니 너희는 그의 말을 들을지니라"

모세가 예수 그리스도의 예표라는 것은 이스라엘 통치자로서의 왕직, 변론자로서의 제사장직, 말씀의 메신저로서의 선지자직의 3대 사역을 한 것으로 나타납니다. 모세는 위기의 출생 사건과 인간적 영화를 버린 비하의 삶과 40주야의 하나님과의 동거함으로 주님의 성육신의 예표가 되었습니다. 중보자로서의 사역과 성화의 열매와 죽음 후의 현현 등이 그리스도의 사역과 품성을 보여줍니다. 신명기는 예수님이 마귀에게 시험당할 때 인용하셨고 사도들도 많이 인용하였습니다. 구약의 선민 이스라엘이 영적 이스라엘인 신약 성도들과 동일시되는 표현들이 많다는 것은 신명기의 내용을 우리가 청종할 이유가 됩니다. 1장에는 출애굽 이후 호렙산까지의 여정이 생략된 채 호렙산에서 겪은 두 사건이 부각됩니다.

첫 번째는 가나안 입성에 대한 하나님의 명령이 주어진 것입니다(6-8절). 이는 조상들에게 주어진 약속의 선물일 뿐만이 아니라 신세대가 성취해야 할 당면과제였기 때문입니다. 두 번째는 이스라엘이 행정조직을 준군사 체계로 재정비한 사건을 언급합니다(9-18절). 육적 전쟁이 영적 전쟁으로 전환되기 때문에 철저한 전투를 준비하는 조직의 질서가 필수입니다. 신약교회가 마귀를 대적하는 십자가 군병의 태세를 갖추어야 하는 이유입니다(눅 9:23).

(딤후 2:4) "병사로 복무하는 자는 자기 생활에 얽매이는 자가 하나도 없나니 이는 병사로 모집한 자를 기쁘게 하려 함이라"

가네스바네아의 반역으로 40년의 광야 유랑을 회고하는 모세의 마음을 신세대는 전달받습니다(19-46절). 모세의 유언이 되는 구속사의 대언설교는 시대를 뛰어넘어 꼭 들어야 할 말씀이 됩니다. 1차 청중들의 반응이 어떠할 것인지를 주목하며 어떤 자세로 듣는지를 살펴보기를 원합니다.

♦ 신명기 2장 성경칼럼

5절 | 그들과 다투지 말라 그들의 땅은 한 발자국도 너희에게 주지 아니하리니 이는 내가 세일 산을 에서에게 기업으로 주었음이라

31절 | 그 때에 여호와께서 내게 이르시되 내가 이제 시혼과 그의 땅을 네게 넘기노니 너는 이제부터 그의 땅을 차지하여 기업으로 삼으라 하시더니

"엉뚱한 상대와 싸우고 있네"

싸움만큼 많은 힘이 소비되는 것은 드물 것입니다. 그런데 싸우는 상대를 잘못 알고 쓸데없이 막대한 힘을 쓴다면 어리석은 일이고 망하는 수도 있습니다. 같은 편끼리 다투어서 공멸하는 일도 많습니다. 사랑해야 할 상대를 적으로 돌려 행복을 상실하는 우를 범하기도 합니다. 영적으로 세상 속에 살고 있는 그리스도인이 세상과 어떤 관계설정을 할 것인지는 매우 중요한 주제입니다.

성경은 세상과 성도를 분별하며 멸망 받을 자와 구원 받을 자로 확실히 구분하고 있습니다(요 3:18). 그런데 이 영적인 구분을 잘못 적용하여 세상 사람들을 싸워야만 하는 대상으로 보면 문제가 생깁니다. 이 땅에서 필연적으로 사고파는 관계를 맺어야만 하고 공존해야 하는 상대이기도 한 것입니다(6절). 세상과 타협하고 유혹받아 살라는 것이 아니고 그들을 화평의 대상으로 보라는 권고입니다.

(고전 5:10) "이 말은 이 세상의 음행하는 자들이나 탐하는 자들이나 속여 빼앗는 자들이나 우상 숭배하는 자들을 도무지 사귀지 말라 하는 것이 아니니 만일 그리하려면 너희가 세상 밖으로 나가야 할 것이라"

그리스도인은 세상과 분쟁을 피하고 선과 사랑을 가지고 평화를 이루는

사명이 있습니다(빌 2:3, 롬 12:18). 이삭이 다툼을 피하려고 여러 번 장막을 옮겨 가며 우물을 판 것은 하나님의 영광을 위한 성숙한 자세였습니다(창 26:22). 38년 만에 가데스에 이른 모세는 가나안 입성을 앞둔 다음 세대에게 싸울 대상에 대한 하나님의 명령을 전합니다. 에돔과 모압과 암몬 족속과는 싸우지 말고 아모리 사람 헤스본 왕 시혼은 정벌하도록 하십니다. 에돔 족속은 야곱의 형 에서의 후손으로 긍휼과 언약에 근거하여 보호한 것입니다(창 25:23). 모압 족속은 아브라함의 조카 롯과 롯의 큰 딸 사이에서 난 후손으로 이스라엘과는 형제 민족입니다. 구속사적으로는 유다 족의 엘리멜렉(나오미)의 며느리가 된 모압 여자 룻이 다윗의 증조모가 되어 그리스도의 조상이 됩니다(룻 1:1-4, 4:13-22).

모압 족속의 보호는 그리스도의 조상을 나오게 하신 하나님의 특별한 경륜과 연결됩니다. 암몬 족속은 롯과 그의 둘째 딸 사이에서 난 후손입니다. 하나님께서 롯에게 베푼 사랑과 아브라함의 중보기도(창 19:29)에 응답된 보호입니다(출 20:6). 이와 대조적으로 시혼에 대한 교전 명령과 정복은 완벽하게 실행됩니다(31절). 본래 의도는 이 땅을 조용히 통과하려고 했지만 완악한 시혼이 먼저 대적하므로 결국 진멸된 것입니다.

‘완고 죄’에 해당되는 시혼의 멸망은 교만한 자는 반드시 징벌을 받는다는 것을 보여줍니다. 만물의 주관자가 되시는 하나님의 오묘한 손길을 지금 우리도 체험하고 있습니다.

(잠 29:1) “자주 책망을 받으면서도 목이 곧은 사람은 갑자기 패망을 당하고 피하지 못하리라”

♦ 신명기 3장 성경칼럼

6절 | 우리가 헤스본 왕 시혼에게 행한 것과 같이 그 성읍들을 멸망시키되 각 성읍의 남녀와 유아를 멸망시켰으나

25절 | 구하옵나니 나를 건너가게 하사 요단 저쪽에 있는 아름다운 땅, 아름다운 산과 레바논을 보게 하옵소서 하되

"룰(rule)을 모르면 ( )."

룰이란 지키기로 정한 질서나 법칙입니다. 이 규칙을 잘 알고 지키면 좋겠지만 모르는 규칙이 많고 새로운 것이 추가됩니다. 교통 규칙을 몰라서 못 지켰다고 하여도 범칙금이 면제되지 않습니다. 그리하여 제목의 괄호 안을 채우는 말은 '손해 본다', '당 한다', '망 한다', '후회 한다'입니다.

신명기 3장에는 영적 규칙이 주어지는데 일반적 상식에서 생각하면 이해가 힘든 항목입니다. 첫째는 아모리 북 왕국 바산 왕 옥을 정복한 기사에서 나옵니다. 요단 동편의 강력한 토착민의 왕인 시혼과 옥을 정벌하는 승리 속에 주어진 살육 행위입니다. 이는 이스라엘이 독자적으로 감행한 것이 아니라 사랑의 하나님이신 여호와께로부터 명령을 받아 수행한 것이기 때문입니다. 무고한 자의 피 흘리기를 원치 않으시고(19:10) 죄인조차도 돌이켜 살기를 원하시는(겔 33:11) 하나님께서 여자와 젖먹이 아이까지도 진멸하신 것입니다(6절).

이것을 이스라엘에 대한 편파적인 애정만으로 해석하면 안 됩니다. 이 심판은 가나안 족속들의 양심 마비로 인한 우상숭배와 각종 음란죄와 구제 불능적인 방종에 대한 처벌이었습니다. 이 죄의 요소를 근원적으로 제거하지 않으면 그들 후손은 물론 이스라엘에게도 전염될 것이 자명합니다. 하

나님의 잔혹함이 아니라 죄악의 참혹함으로 진멸을 가져온 것입니다. 이 원리는 시대와 공간을 초월하여 끝까지 회개하지 않는 자는 결국 공의의 심판을 받는다는 것을 말합니다.

두 번째 룰은 응답되지 않는 기도에 대한 것입니다. 모세는 이미 가나안 입성 금지 조치를 받았지만(민 20:2-13) 아름다운 땅과 산과 레바논을 보고 싶다는 소원을 아뢰게 됩니다(25절). 그러나 하나님께서는 한 치 재고도 없이 단칼에 거절하십니다(26절). 여기서 모세의 가나안 입성 거절의 이유를 살피기 전에 기도의 본질을 확인할 필요가 있습니다. 기도란 엄밀히 정의하자면 응답받기 위해서 드리는 것이 아니라 '하나님의 뜻을 묻기 위한 행위'입니다. 자신의 성취 욕구를 채우는 수단이 아니라 하나님의 계획에 굴복하며 자신을 수정하는 자리입니다.

모세에게 주어진 하나님의 응답은 '네 죄 때문에 안 된다'는 외적 이유와 '네 받은 은혜가 족하다'는 내적 이유입니다(26절). 지도자의 죄책은 공동체에 중대한 영향을 주는 것이기에 엄히 경계해야 합니다. 더욱 심오한 하나님의 뜻은 모세의 역할은 율법의 대표자이므로 그리스도로 말미암아 이루어지는 가나안(천국) 입성이 거절된 것입니다. 신약성도들이 복음의 능력으로 그리스도와 연합하여 천국에 앉은 것이 얼마나 영광스러운지를 알게 합니다(엡 2:5-6). 모세가 그 사명을 다하고 광야에서 부르심을 받은 것이 하나님의 뜻이고 그 은혜는 그에게 족한 것입니다(고후 12:7-9).

♦ 신명기 4장 성경칼럼

6절 | 너희는 지켜 행하라 이것이 여러 민족 앞에서 너희의 지혜요 너희의 지식이라 그들이 이 모든 규례를 듣고 이르기를 이 큰 나라 사람은 과연 지혜와 지식이 있는 백성이로다 하리라

"원인을 파악하라"

하루에도 수도 없이 일어나는 사고에는 원인이 있습니다. 어떤 성취를 이루었을 때도 성공의 원인이 반드시 있습니다. 사고의 원인은 속히 파악하여 재발을 없애야 하고 성공의 원인은 학습하여 적용하는 지혜를 가져야 합니다. 그렇다면 영원세계에까지 이어지는 신앙의 지혜를 얻는 비결(원인)은 과연 무엇일까요? 성경은 한 마디로 정리하여 선포합니다. '하나님의 말씀을 듣고 지켜 행하라'입니다. 다른 곳은 제외하더라도 4장에서만도 여러 번 듣고 지켜 행함을 강조합니다(1, 2, 5, 6, 13, 14, 40절).

말씀 청종과 순종의 행함이 신앙의 성패를 가르는 원인이며 비결임이 틀림없습니다. 하나님께서는 듣기만 하고 순종하여 지키지 않는 자가 대다수이기에 이 두 항목을 병행하여 명령하셨습니다. 주님께서는 순종의 중요성을 극단적인 두 아들 비유(마 21:28-32)를 통해 교훈하셨습니다.

(마 21:30) "둘째 아들에게 가서 또 그와 같이 말하니 대답하여 이르되 싫소이다 하였다가 그 후에 뉘우치고 갔으니"

모세의 반복된 강조는 자신이 아무리 계명을 잘 가르친다 하더라도 백성들이 순종하지 않는다면 헛것이 된다는 사실을 뼈저리게 경험했습니다. 그러면 인간은 왜 이리 지독하게 하나님의 말씀을 거부하고 듣더라도 지키지 않는 것일까요? 첫째는 하나님 말씀의 가치를 모르기 때문입니다. 현세가 중요하고 코앞의 현안에 매인 인간에게 보이지 않는 영생의 말씀이 와닫지 않는 것입니다. 둘째는 죄에 오염되어 있어 하나님에 대한 감각이 상실되어 있기 때문입니다. 구름(죄악)이 있는 곳에 햇빛(진리)이 비출 수 없는 상황과 비슷합니다.

(사 59:2) "오직 너희 죄악이 너희와 너희 하나님 사이를 갈라놓았고 너희 죄가 그의 얼굴을 가리어서 너희에게서 듣지 않으시게 함이니라"

셋째는 하나님이 계실 마음과 생활공간에 우상을 세워 놓았기 때문입니다. 우상이란 단어는 구약에서만 20가지가 있을 정도로 다양한 형태와 매력을 자랑하는 만만치 않은 존재입니다. 우상은 영적 성숙을 이룬 자에게는 허무하고 무능력하고 무가치하지만 일반인에게는 가증스런 영향을 끼칩니다. 자기 이익이 없으면 단 한 걸음도 내딛지 않는 인간이 말씀을 지켜 장기적 복을 선택한다는 것이 얼마나 어려운 일인지가 실감됩니다.

그리스도인은 이 모든 장벽을 부수고 말씀을 듣고 지켜 행해야 할 이유를 각인해야 합니다. 소극적으로는 질투하시는 하나님을 두려워하여 재앙을 피하려는 차원에서라도 순종해야 합니다(24절). 적극적으로는 하나님을 경외하는 자는 보호와 동행과 공급과 복락과 행복이 대대로 주어진다는 것을 알고 믿어 누려야 할 것입니다(29-40절).

♦ 신명기 5장 성경칼럼

1절 | 모세가 온 이스라엘을 불러 그들에게 이르되 이스라엘아 오늘 내가 너희의 귀에 말하는 규례와 법도를 듣고 그것을 배우며 지켜 행하라

29절 | 다만 그들이 항상 이같은 마음을 품어 나를 경외하며 내 모든 명령을 지켜서 그들과 그 자손이 영원히 복 받기를 원하노라

"열어 봐, 무엇이 들었는지.."

선물을 주고받을 때 나오는 말입니다. 포장 속에 담겨진 선물의 종류와

의미가 궁금해서 속히 전하고 알고 싶은 것입니다. 정말 마음에 드는 선물이라면 기쁜 리액션(반응)을 해야 하고 보답이 이어져야 합니다. 하나님께서 인간에게 수많은 선물(자연, 양심, 환경, 재능 등)을 주셨는데 그 중의 으뜸이 십계명이라는 사실은 놓치고 있습니다. 율법이라는 포장지에 쌓여 있어 열어서 자세히 살펴보지 않으면 좋은 선물임을 알지 못합니다.

5장은 모세가 신세대들에게 39년 전에 호렙산에서 받았던 언약에 대하여 재 언급하는 내용입니다(1절). 언약의 근간이 되는 십계명을 강론하면서 가나안 땅에 들어가서 지킬 '신국법(the laws of the kingdom of God)'임을 강조합니다. 십계명이 엄청난 선물이 되는 이유는 3가지의 목적이 있기 때문입니다.

첫째, 십계명은 만인에게 하나님의 거룩성과 온전하신 뜻을 알게 하는 것입니다(사 5:16, 롬 12:2). 영적으로 무지한 인간이 하나님의 뜻을 알 수가 없는데 그 길이 열렸습니다. 둘째, 십계명은 인간의 무능성과 부패성을 자각시켜 구세주를 절박하게 찾게 해주는 역할을 합니다(롬 3:20, 7:9, 갈 3:21-22). 나아가 최후 심판 때에 불신자가 핑계치 못하게 합니다(롬 1:20). 셋째, 십계명은 누구도 성취할 수 없는 계명의 요구들을 그리스도가 대신 성취하셨다는 사실을 깨닫게 하여 감사와 순종의 삶을 살게 합니다(골 1:12-14). 신자가 하나님을 어떻게 경배하며 살 것인지를 정확하게 보여 주는 것이 십계명입니다.

1계명은 오직 한 분 하나님만을 경배할 것을, 2계명은 옳은 방법으로 경배할 것을 명령합니다. 3계명은 사적으로 경배의 정신을 강조하고 4계명은 공적으로 경배 시간의 엄수를 명령합니다. 신명기 5장의 안식일 성수의 4계명은 출애굽기 20장의 창조의 하나님을 기념하는 것에서 이제 구속의 하나님을 경배하는 내용으로 진전되어 있습니다(15절). 이것은 주일을 지키지 아니하면 하나님의 창조주 되심과 구원주 되심을 거부하는 것이 된다는 것을 경고하는 것입니다 .

5-10계명은 하나님을 사랑함으로 이웃을 사랑하고 보존하는 것으로 나아가게 합니다. 윗사람을 공경하는 것으로 하나님을 경배하고(5계명) 이웃의 생명을 존중함으로 하나님을 경배하게 합니다(6계명). 7계명은 나와 이웃의 정조를 통한 경배를 말씀하고 8계명은 이웃 재산을 존중하는 경배를 명령합니다. 9계명은 진실을 통한 경배를 통해 이웃의 명예를 존중하고 10계명은 욕망을 조절하는 경배를 통해 이웃의 가정을 존중하는 것입니다. 십계명을 겉 포장지만 볼 때는 인간의 행동반경을 얽매여 놓은 의무 규정 같았지만 열어보니 하나님이 보입니다. 하나님의 크신 사랑과 놀라운 은혜가 담겨 있고 주님의 뜨거운 보혈이 흐르고 있습니다. 경외하고 지켜서 영원히 복을 받는 방향으로 가기를 원합니다(29, 33절).

♦ 신명기 6장 성경칼럼

4절 | 이스라엘아 들으라 우리 하나님 여호와는 오직 유일한 여호와이시니
5절 | 너는 마음을 다하고 뜻을 다하고 힘을 다하여 네 하나님 여호와를 사랑하라

"하나님을 아는 길"

'길가의 조그마한 꽃이라도 그 꽃에 대하여 모든 것을 안다면 하나님이 어떤 분인지 알 수 있다.' 영국 시인 아르페드 테니슨이 한 의미심장한 말입니다. 길가에 아무렇게 핀 꽃이라도 그 속에는 하나님의 오묘하신 창조의 숨결이 깃 들여 있습니다. 하나님께서는 모든 피조 세계의 주인이시기에 그 분을 떠나 존재할 것은 이 우주 안에 하나도 없습니다. 모세는 하나

님을 '오직 하나인 여호와'라고 고백하고 찬양합니다(4절). 유일하신 하나님의 창조와 섭리는 완전하고 무한하고 영원합니다. 하나님의 유일성은 인간의 머리에서 나온 다신론과 범신론과는 비교할 수 없고 단일신론과도 양립할 수 없는 절대적인 것입니다. 그렇다면 과연 우리는 하나님을 어떻게 대하며 어떻게 섬겨야 할까요?

이 질문에 신명기 6장 4-9절은 정확한 대답을 하고 있어 기독교교육헌장으로 불립니다. 소위 쉐마 본문으로 일컬어지고 있는데 쉐마는 '들으라'라는 뜻입니다. 하나님의 백성으로서 삼가 듣고 배우고 지켜야 할 가장 중요한 것을 말씀하시는 것입니다. 그에 앞서 모세는 율법을 주신 목적(1-2절)과 그것을 지킬 때 주어지는 축복(3절)을 소개함으로 긴장과 기대를 일으킵니다. 우리는 자세가 갖춰지지 않은 자에게는 어떤 보물도 소용이 없다는 것을 알고 말씀을 받을 준비를 해야 합니다(마 7:6).

모든 율법의 대강령은 하나님을 사랑하는 것입니다. 사랑하는 수준은 마음과 뜻과 힘을 다하여 사랑하는 것입니다. '마음(히, 레밥)'은 지정의를 포함하는 인간의 내적, 정신적 본질을 말합니다. '뜻(히, 네페쉬)'은 성품과 영혼과 생명과 호흡의 전인격을 의미합니다. '힘(히, 메오드)'은 육체적, 정신적 활동력 및 모든 능력을 가리킵니다. 사실 이 단어들은 인간의 전인격과 모든 노력을 강조하는 중언법적 표현이라고 볼 수 있습니다. 신자가 하나님을 사랑한다는 것은 전적인 헌신을 뜻하고 있습니다.

주님께서 말씀하신 대로 인간은 그 마음에 두 주인을 섬길 수 없다는 것과 같은 맥락입니다.

(마 6:24) "한 사람이 두 주인을 섬기지 못할 것이니 혹 이를 미워하고 저를 사랑하거나 혹 이를 중히 여기고 저를 경히 여김이라 너희가 하나님

과 재물을 겸하여 섬기지 못하느니라"

오직 하나님만을 마음 중심에 모셔 그 분만을 경외(히, 야레-두려워 하다)하라는 의미입니다.

(마 10:37) "아버지나 어머니를 나보다 더 사랑하는 자는 내게 합당하지 아니하고 아들이나 딸을 나보다 더 사랑하는 자도 내게 합당하지 아니하며"

인간의 상식으로는 이해할 수 없고 행할 수도 없는 이 대강령을 실현하려면 어떻게 해야 할까요? 3가지를 명령하는데 마음에 새기는 것과 어린 시절부터 가르치는 것과 언제 어디서나 말씀을 가까이 하는 것으로 가능합니다(6-9절). 보너스 방법이 있다면 하나님께서 모든 축복을 다 예비해 놓았다는 것을 알고 믿고 경험하는 과정입니다(10-11절).

♦ 신명기 7장 성경칼럼

3절 | 또 그들과 혼인하지도 말지니 네 딸을 그들의 아들에게 주지 말 것이요 그들의 딸도 네 며느리로 삼지 말 것은

5절 | 오직 너희가 그들에게 행할 것은 이러하니 그들의 제단을 헐며 주상을 깨뜨리며 아세라 목상을 찍으며 조각한 우상들을 불사를 것이니라

"우리 애는 착해요, 나쁜 친구를 만나서 그런 거예요"

어린 나이에 범죄 하여 붙잡힌 자녀에 대하여 선처를 구하며 경찰에게 하는 말입니다. 그런데 상대방 아이의 엄마도 똑같이 말합니다. 따져보면 주범과 종범의 차이는 있겠지만 처하는 환경과 만나는 사람의 영향력이 중차대하다는 것은 분명합니다. '맹모삼천지교'라는 고사성어가 틀렸다고 할 수 없는 이유입니다. 주변 환경이 죄에 오염되어 극도로 부패하다면 선하게 살려 하는 사람도 영향을 받을 수밖에 없습니다.

7장은 하나님께서 가나안에 입성하려는 백성들에게 그 땅의 죄악 된 환경을 알려주시고 대처 사항을 말씀하시는 내용입니다. 가나안 족속과의 만남은 필연적인데 어떻게 대할 것인지가 주제입니다. 여기서 가나안은 영적으로 타락한 세상의 악한 문화를 상징합니다. 보는 것이 전부이고 이익이 되는대로 행동하고 음란한 쾌락을 추구하는 마귀적인 속성을 가지고 있습니다(약 3:15). 그러므로 저들을 대하는 방법은 경계하고 멀리하는 소극적 자세로는 안 됩니다. 적극적으로 그 우상들을 헐어버리고 깨뜨리며 찍으며 불살라서 흔적을 없애라고 명령하십니다(5절).

신약 시대를 살아가는 우리들은 변형된 우상을 파악해야 합니다. 하나님보다 더 신뢰하거나 의지하는 것이 있다면 그것이 바로 우상임을 직시해야 합니다(눅 16:13). 가나안 족속과 타협하고 화평을 구하며 동정하다가는 어느새 우상 숭배의 죄악에 물들어 버리고 맙니다. 죄악의 속성 중에 '처음이 문제지 한번 하고 나면 자연스러워진다'라는 말이 있습니다. 이 자연스러워지는 단계가 습관인데 습관은 환경을 적시어 문화화 되고 이를 되돌리기는 거의 불가능합니다.

죄악의 문화가 스며드는 통로가 바로 혼혈 결혼이었기에 하나님께서는 절대금지를 명령합니다(3-4절). 성경에서 결혼의 실패자가 있다면 사사 입산입니다. 아들 30명, 딸 30명을 모두 이방인과 정략결혼을 시켜 평화를 누렸지만 영적 족보는 하나님의 유기입니다(삿 12:8-10). 세상을 향한 선교적인 유연성은 필요하지만 죄에 대해서는 수동적 방어가 아닌 공격적 능동성을 가지고 나가야 할 것입니다.

7장은 지금 나를 둘러싸고 있는 환경을 분별하여 변화시키는 과제를 주었습니다. 또한 이 영적 전투는 하나님께서 시행하시는 것이므로 승리가 보장되어 있다는 것이 확인되었습니다(21-24절). 죄악은 당장에(즉석에서, 생전에, 공공연하게) 처벌하시는 것을 알 때 거룩한 긴장을 할 수 있습니다(10절). 계명을 지키는 자에게 천대까지(불변성, 지속성), 인애(은혜, 긍휼)를 베푸시는 하나님을 바라보며 찬양을 올려 드립니다(9절).

♦ 신명기 8장 성경칼럼

2절 | 네 하나님 여호와께서 이 사십 년 동안에 네게 광야 길을 걷게 하신 것을 기억하라 이는 너를 낮추시며 너를 시험하사 네 마음이 어떠한지 그 명령을 지키는지 지키지 않는지 알려 하심이라

17절 | 그러나 네가 마음에 이르기를 내 능력과 내 손의 힘으로 내가 이 재물을 얻었다 말할 것이라

"남의 공을 가로채는 사람"

저의 경험에 의하면 모인 사람이 12명 정도가 되면 위와 같은 유형이 꼭 있습니다. 일단 얄미운 사람에 속하지만 명예욕 속에 숨겨진 열등감이 분출된 것이고 실상은 불쌍한 사람입니다. 맹인이 안내자의 도움을 받아 산을 넘었는데 큰 소리로 내가 이 산을 넘었다라고 외치는 것과 같은 우스운 모습이기도 합니다. 기독교 신앙의 핵심은 하나님의 창조와 섭리를 믿고 순종하는 것입니다. 우주의 셀 수 없는 별들을 보며 운행하시는 분을 만나고 흥망성쇠의 인간 역사를 보며 이면에서 조종하시는 하나님의 손길을 느끼는 것입니다.

(행 17:26) "인류의 모든 족속을 한 혈통으로 만드사 온 땅에 살게 하시고 그들의 연대를 정하시며 거주의 경계를 한정하셨으니"

인간이 하나님의 위대하심과 능력을 고백하면서도 때에 따라 신앙의 갈

등이 있고 교만의 기복이 있는 이유는 무엇일까요? 바로 시험 때문입니다. 여기에서 시험은 마귀가 주는 유혹의 시험(헬/페이라조, temptation)이 아닌 연단의 시험(헬/도키마조, test)을 말합니다. 이 두 시험을 이론상으로는 분리할 수 있지만 현실적인 감각에서는 고통스럽고 좌절과 낙심을 가져오기에 좋아할 신자가 드문 것입니다.

신명기 8장의 주제는 성도의 시련 속에 담긴 하나님의 연단입니다. 우리는 하나님께서 심술을 내셔서 고난을 주시지 않았다는 것은 정확히 알고 있습니다(애 3:33). 그러나 죄악과 패역으로 똘똘 뭉쳐 있는 이스라엘 백성들을 깨우쳐 바른 길로 가게 하기 위해서는 광야 40년의 시험이 필요했습니다. 광야의 역경은 완악하고 오만한 그들을 겸손하게 하기 위한 사랑의 매이었습니다. 우리는 하나님의 말씀을 순종하는 것이 자연인 상태에서는 절대 안 된다는 것을 너무나 잘 압니다. 마치 풀무불로 은을 단련하는 것처럼 신앙의 시험은 필수코스입니다.

(시 66:10) "하나님이여 주께서 우리를 시험하시되 우리를 단련하시기를 은을 단련함 같이 하셨으며"

신자는 하나님의 시험에 대해 이상하게 여기지 말고 피하려 해서도 아니 되고 오히려 기뻐하라고 권면합니다(벧전 4:12-13). 이 놀라운 수준으로 가기 위한 하나님의 훈련이 바로 광야 생활이었고 이는 신약성도들도 성화의 과정에서 받습니다. 40년 동안의 공급과 돌보심은 부족함이 없었지만 하나님의 주권을 인정하고 의지하는 골인지점에는 당도하지 못한 모습을 보게 됩니다(3-4, 17절).

그러나 신약성도에게는 말씀과 성령의 법이 주어져 생명에 이르게 하는 능력이 주어졌습니다.

(롬 8:2) "이는 그리스도 예수 안에 있는 생명의 성령의 법이 죄와 사망의 법에서 너를 해방하였음이라"

자기의 능력을 자랑하지 말고 자신의 업적의 근원을 바로 알기를 원합니다. 늘 예수님의 공로(덕택)로 살며 감사하는 일군으로 나아가야 하겠습니다(13-19절). 공부를 잘하는 학생이 시험이 기다려지듯이 하나님을 경험하는 정해진 길에서 기뻐하는 신자로 살겠습니다.

♦ 신명기 9장 성경칼럼

6절 | 그러므로 네가 알 것은 네 하나님 여호와께서 네게 이 아름다운 땅을 기업으로 주신 것이 네 공의로 말미암음이 아니니라 너는 목이 곧은 백성이니라

24절 | 내가 너희를 알던 날부터 너희가 항상 여호와를 거역하여 왔느니라

"성공이 그를 망쳤다"

어떤 목표를 정하고 성취하여 성공으로 나가는 모습은 인간으로서 멋지고 아름답습니다. 문제는 성공, 그 이후입니다. 성공의 기쁨과 자부심을 갖는 것은 당연하지만 인간은 그것에 도취되어 안하무인이 되기가 쉽습니다. 눈 아래 사람이 없다는 뜻이니 그 자만심은 누구도 못 말리게 됩니다. 자만심은 인간에게 있어 치명적인 독으로서 성공은 올무가 되고 실패의 입구가 되는 셈입니다.

성경은 교만이 멸망의 선봉임을 명확하게 선포합니다(잠 16:18). 인생 불행의 3대 항목 중에 청년출세가 중년상처와 노년무전과 함께 들어간 것은 의미심장한 것입니다. 젊은 시절 벼락출세를 한 사람은 자만할 수밖에 없어 불행의 폭탄을 안았다는 의미입니다. 나이를 떠나 인간은 본질적 교만을 가지고 있다는 증거가 이스라엘의 역사입니다. 백성들의 패역에 이은

하나님의 징계, 그로 인한 백성들의 회개에 새롭게 주어지는 하나님의 축복, 또 다시 전개되는 백성들의 패역이 악순환으로 이어 집니다. 자신과 주변을 살펴보아도 이 어리석고 간사한 인간의 모습은 감출 수가 없습니다.

신명기 9장에 나오는 모세의 강론은 이 주제에 대한 것입니다. 400년의 노예 생활을 거친 광야의 이스라엘 군대는 가나안 군대에 비하면(1-2절) 오합지졸입니다. 그런데 가나안 정복 전쟁의 승리는 보장되어 있습니다(3절). 당연히 이스라엘의 능력이 아니고 상대방보다 도덕적으로 우월해서도 아닙니다. 가나안 후기 7족속은 아브라함 이후 700년의 죄악의 결과로 하나님의 심판을 받는다고 말씀하십니다(4절). 결코 이스라엘의 승리가 물리적 군사력 때문이 아니고 저들보다 공의롭고 정직해서 주어진 것도 아님이 명확합니다(5-6절).

거대한 적을 이긴 이스라엘이 자만에 빠질 것이 틀림없기에 모세는 예방 조치로 지나간 역사를 돌이키며 강론을 하고 있습니다. 특히 금송아지 우상숭배 사건(출 32장)을 자세하게 언급한 것은 패역의 극치이기 때문이고 당시 이 사건을 경험하지 못한 신세대를 위함이기도 합니다. 어마어마한 돌보심과 은혜의 손길을 체험했음에도 모세가 산에서 지체했다는 한 가지 이유만으로 언약을 파기하고 하나님을 배반한 사건입니다.

거듭된 거역의 사건들(22-24절) 속에 모두가 진멸되어야 마땅할 이스라엘이 용서받을 수 있었던 것은 모세의 중보기도 때문이었습니다. 모세는 하나님의 언약을 붙들고 하나님의 영광을 위해서 구원해 달라고 기도합니다(5, 19-20, 25-29절). 이것은 모세가 그리스도의 구약적 모형임을 안다면 우리가 예수님의 대속으로 구원받은 것의 그림자가 됩니다. 옆의 불신자를 바라보며 내가 저보다 좀 나아서 구원받은 것은 아닌가라는 생각이 든다면 아직 은혜의 본질을 깨닫지 못한 것입니다. 나의 의로움이 아닌 하나님의 은혜와 사랑에 잇댄 구원생활의 열매를 간구합니다.

♦ 신명기 10장 성경칼럼

3절 | 내가 조각목으로 궤를 만들고 처음 것과 같은 돌판 둘을 다듬어 손에 들고 산에 오르매

13절 | 내가 오늘 네 행복을 위하여 네게 명하는 여호와의 명령과 규례를 지킬 것이 아니냐

"흉터, 흔적, 표징, 훈장"

누구나 몸에 흉터를 가지고 있습니다. 작은 여드름 자국부터 큰 수술 흉터까지 많고 다양합니다. 놀라운 성형의 효과로 보이는 흉터는 없앨 수 있으나 그 상처의 흔적은 기억 속에 간직되어 있습니다. 흉터와 흔적이 아픈 기억을 소환하는 것이라면 사건 속에 주어지는 표징과 훈장은 자부심을 갖게 합니다. 좋은 표징(sign)과 큰 훈장일수록 명예를 지키며 살 수 있는 원동력이 될 수 있습니다.

신명기 10장은 두 번째 십계명 돌판의 이야기로 시작됩니다. 전장에서는 금송아지 숭배 사건을 중심으로 결코 자만하거나 교만심에 빠져서는 안 된다는 것을 말씀했습니다. 첫 번째 주어진 두 돌판은 깨뜨려졌고 이는 하나님의 진노와 함께 언약의 파기를 의미합니다. 진멸될 수밖에 없는 긴박함 속에 단호한 정결 작업과 모세의 목숨을 건 중보기도로 위기를 극복합니다. 하나님의 회복으로 두 번째 돌판을 받게 되는데 특이한 사항이 발생합니다. 첫 번째 돌판은 하나님께서 직접 준비하셨는데(출 31:18) 두 번째 돌판과 그것을 보관할 궤를 모세가 준비하도록 조치하시는 것입니다. 모세가 돌판

과 궤를 준비하면서 든 생각은 무엇일까요? 금송아지 사건의 죄악을 떠올리며 이스라엘 공동체가 치명상을 입은 흔적을 되새겼을 것입니다(16절).

두 번째 돌판은 하나님의 언약의 회복임과 동시에 다시는 하나님 자리에 어떤 것도 대체할 수 없음을 뼈저리게 새기는 표징이 된 것입니다. 우리의 신앙생활에서도 이와 비슷한 사례가 생깁니다. 죄악으로 인한 징계의 흔적을 보고 표징을 상기하며 다시는 그 죄의 돌 뿌리에 넘어지지 않겠다는 결심을 하는 것입니다. 두 번째 돌판을 조각목으로 만든 법궤에 넣어 간직하게 한 것은 영구히 전수되어야 한다는 것을 보여줍니다. 대제사장외에는 아무도 손댈 수 없게 함으로 수정하거나 가감할 수 없는 순정성을 나타냅니다(마 5:18). 언약궤에 넣어 백성들이 물리적으로 볼 수 없게 함으로 우상 숭배를 막고 계명을 마음판에 새기게 하는 것입니다.

이것은 지금 우리가 하나님의 말씀을 대할 때 두려움과 떨림으로 대하며 정확무오한 내용으로 받아야만 할 것을 교훈하는 것입니다(계 22:18-19). 법궤에 함께 들어 있던 아론의 싹 난 지팡이와 만나 항아리의 교훈도 흔적과 표징의 맥락으로 보면 신앙의 경계가 됩니다.

하나님의 전능성과 주권성은 하나님의 '자제한(self limitation)'까지 포함되어 있습니다(17절). 하나님의 '자제한'이란 하나님의 주권 행사는 강제적이 아니라 자유성이 있다는 것입니다. 모든 것을 다 하실 수 있는 하나님께서 거짓말과 변절과 모순되는 행위 등은 못하시는 역설을 이해해야 합니다. 어떻게 하든지 하나님께 순종하며 살겠다는 신자는 정말 행복한 사람입니다(12-13절).

♦ 신명기 11장 성경칼럼

1절 | 그런즉 네 하나님 여호와를 사랑하여 그가 주신 책무와 법도와 규례와 명령을 항상 지키라
26절 | 내가 오늘 복과 저주를 너희 앞에 두나니

"껌 딱지"

한 사람이 다른 사람에게 들어붙어 떨어지지 않는 상태를 비유한 단어입니다. 아주 절친한 관계와 엄마와 아이 같은 절대의존관계가 떠오르지만 생사를 건 최상의 밀착된 모습을 말합니다. 외국 여행을 갔을 때 가이드를 놓치면 안 되는 여행객도 나름의 껌 딱지입니다. 대개의 경우 신념이 일치할 경우나 생사여탈권의 관계에서 일어나는 현상입니다. 이와는 반대로 각자가 선택이 존중되고 인격적 균형을 가지고 책임 있게 사는 자율의 세계도 있습니다. 그러나 완전한 능력을 가진 사람은 아무도 없기에 선택과 자유의 결과를 책임질 인간은 드뭅니다.

신명기 11장에는 이 두 가지의 신앙 영역에 대한 이야기가 펼쳐집니다. 모세는 하나님의 말씀에 대한 순종과 불순종이 생명과 죽음, 축복과 저주, 번성과 파멸로 갈라진다고 역설합니다. 출애굽 과정의 권능 체험과 광야에서의 징벌 사례를 회고하며 증거로 내 세웁니다. 하나님의 계획은 반드시 성취되고(3절) 하나님께서는 당신의 백성들을 끝까지 사랑하십니다(4절). 권위에 도전하여 반역하는 자에게 닥치는 파멸을 통해 범죄자는 반드시 심판하시는 하나님을 선포합니다(6절).

이 모든 사실은 성경의 역사에만 있는 것이 아니라 민족과 공동체와 개인에게 준엄하게 일어납니다. 신앙인을 잘못되게 하여 끌어가려는 영적 원

수들에 대한 분별이 필요합니다.

(엡 6:12) "우리의 씨름은 혈과 육을 상대하는 것이 아니요 통치자들과 권세들과 이 어둠의 세상 주관자들과 하늘에 있는 악의 영들을 상대함이라"

강력한 권세로 우는 사자처럼 무섭고 간교하게 미혹하는 적을 이기려면 어떻게 대처해야 할까요? 어느 때이든지, 어느 곳이든지 말씀을 붙들고 있어야 한다고 말씀합니다(1, 18-19절). 이스라엘 백성들은 이 명령대로 순종하려 하였지만 마음이 따르지 않는 외식으로 흘러가며 실패했습니다(마 23:23). 여기서 마음이 따르지 않았다는 것은 진실로 하나님을 사랑해서 순종한 것이 아니었다는 의미입니다. 모세는 하나님과의 관계를 사랑하여 지키라고 하면서 실천사항으로 '의지하고'를 사용합니다(1, 22절).

개역성경에는 '부종하고'로 번역되었는데 원어(다바크)의 뜻은 '달라붙다', '굳게 매달리다', '바싹 뒤따르다'입니다. 쉽게 말하면 하나님의 말씀과 껌 딱지가 되라는 뜻입니다. 하나님과 전인격적으로 연합하여 친밀한 교제를 하는 신자가 되라는 것입니다. 그 결과로서 '하나님의 것(은혜, 축복, 행복, 사명)'을 누리는 것은 너무나 당연합니다. 여기서 신자의 자유의지가 주어지는데 바로 26절입니다. 복과 저주의 선택을 우리 앞(한 걸음 앞)에 둠으로서 자발적인 순종을 허락하셨습니다. 한 걸음을 내디디어(결단하여) 하나님이 기뻐하시는 것을 나의 복됨을 위하여 선택할 수 있는 초대장이 도착되었습니다.

♦ 신명기 12장 성경칼럼

1절 | 네 조상의 하나님 여호와께서 네게 주셔서 차지하게 하신 땅에서 너희가 평생에 지켜 행할 규례와 법도는 이러하니라

14절 | 오직 너희의 한 지파 중에 여호와께서 택하실 그 곳에서 번제를 드리고 또

내가 네게 명령하는 모든 것을 거기서 행할지니라

"기독교인과 조증(mania)"

우울증의 반대인 조증은 흔히 100%의 행복감이라고 설명하면 금방 이해할 수 있습니다. 기분이 비정상적으로 들떠 병적일 정도로 행복감이 있지만 대부분 우울증으로 전환됩니다. 이 둘 사이를 오가며 불안정한 병명이 조울증입니다. 저는 주님을 만나기 전에 기독교인들의 모습을 관찰하며 조울증 환자라고 생각한 적이 있었습니다. 울며 회개하는 모습이 우울증으로 보였고 천하를 다 가진 것 같은 자신감은 그 처지로 볼 때 조증 환자 같았습니다.

그러나 믿음을 갖고 성경을 읽으면서 기독교인은 육적인 조울증이 아닌 영적 조울증의 모습일 수 있다는 분석을 할 수 있었습니다. 예를 들어 오늘 12장 1절에 나오는 '네게 주셔서 차지하게 하신 땅'이라는 구절을 들 수 있습니다. 아직 가나안 땅은 들어가지도 않았는데 하나님께서는 그 땅을 이스라엘에게 이미 주셨다는 완료시제(하신)를 쓰셨습니다. 이는 경기를 앞둔 스포츠 선수와 전쟁에 출정하는 군인이 싸워 이기자라는 구호 대신 우린 이겼다라고 외치는 것과 같습니다. 현실을 외면하고 미래의 소원을 외상으로 가져다 쓴 모양입니다.

가나안 땅을 이미 차지한 것이라는 선언의 실상은 언약적 측면에서 사용한 것입니다(창 17:1-8, 26:1-5, 28:10-15). 또한 히브리적 사고와 문체적 특징인 '확신의 완료법(perfects of confidence)'을 사용하였습니다. 세상의 조증은 불확실한 근거에 의한 것이지만 이스라엘의 영적 조증은 하나님의 언약과 능력에 근원을 두고 있다는 의미입니다. 신약성도의 대표적 미래 가져다 쓰기는 그리스도와의 연합 사상입니다.

(엡 2:5-6) “허물로 죽은 우리를 그리스도와 함께 살리셨고 (너희는 은혜로 구원을 받은 것이라) 또 함께 일으키사 그리스도 예수 안에서 함께 하늘에 앉히시니”

완전한 구원(십자가와 부활)을 영원세계(하나님 보좌 우편)까지 이미 완료하여 받았는데 영적 감격과 행복을 안 갖는 것이 오히려 이상한 일이 아니겠습니까? 이런 전제 아래 모세는 가나안에 들어가서 필수적으로 해야 할 사명을 설교합니다. 첫째, 2계명의 실천으로 우상을 인정사정없이 철저하게 진멸하여 없애라는 것입니다(2-3절). 사람은 자신이 믿는 것을 구체화하고 감각적인 형태로 감지하려고 보이고 잡을 수 있는 형상을 만들고 싶어 합니다(요 14:8, 행 17:29). 만일 가나안 땅에 만연한 우상들을 먼저 송두리 채 뿌리 뽑지 아니하면 순식간에 물들어 버릴 수 있는 것입니다.

둘째, 제사(예배)를 드리는 장소와 방법에 대한 명령입니다(4-14절). 정해진 장소에서 정해 주신 방법대로 드리라는 것은 신앙의 유일성과 순수성과 단일성을 보호하고 유지하기 위함입니다. 결국 하나님께 나아갈 수 있는 길은 오직 예수 그리스도로만 가능하다는 진리를 예표 하는 것입니다(요 2:21, 14:6). 셋째, 피를 먹지 말라는 명령은 생명의 주권을 인정하는 면과 구별된 백성으로서 살아야 하는 책임을 준 것입니다(23-24절). 하나님께서 의롭다고 한 일을 행한 자는 자신은 물론이고 후손에게 복이 이어진다는 사실을 잊지 말아야 합니다(25절).

♦ 신명기 13장 성경칼럼

2절 | 그가 네게 말한 그 이적과 기사가 이루어지고 너희가 알지 못하던 다른 신들을 우리가 따라 섬기자고 말할지라도

6절 | 네 어머니의 아들 곧 네 형제나 네 자녀나 네 품의 아내나 너와 생명을 함께 하

는 친구가 가만히 너를 꾀어 이르기를 너와 네 조상들이 알지 못하던 다른 신들

"심플 라이프(simple life)"

원래의 뜻은 단순하고 검소한 생활을 의미하지만 허식과 허황을 덜어내는 방향의 삶을 말합니다. 집안에 안 쓰는 물건들을 덜어내고 복잡한 인간관계도 단순화해야만 진실한 행복을 누릴 수 있다는 판단도 심플 라이프에서 나온 것입니다. 이것은 육적 사물과 정신적인 측면에만 적용되는 것이 아니라 영적생활에도 꼭 필요합니다. 나이가 들고 확률적 생존시기가 줄어들면서 버릴 것은 버리고 내려놓을 것은 내려놓아야 한다는 것입니다.

저의 넷째 형이 죽음을 예감하고 수면상태에서 깨어날 때마다 아내와 딸을 부른 것이 아니라 목사인 저를 간절히 찾았습니다. 재산과 가족보다 구원을 확증해 줄 목사가 필요했던 것입니다. 인생의 마지막에 이르면 다른 것은 다 버려도 구원의 하나님만은 꼭 붙들어야 하는 것이 인간입니다. 우리가 믿지 않는 자를 향해 당장 열매가 안 보여도 열심히 복음을 전해야 하는 이유입니다.

신명기 13장은 최고최상의 가치가 있는 여호와 신앙을 위해서는 그 어떤 것이라도 하위 가치에 놓아야 함을 알려 줍니다. 전장의 철저한 우상 타파를 명령하신 하나님께서는 이제 거짓 종교의 유혹을 근절시키라고 명령하십니다. 첫째는 거짓 선지자에 대한 분별과 대처입니다. 거짓 선지자는 1차적으로는 예언의 성취와 이적의 진위성으로 구별할 수 있습니다. 하지만 이 두 가지를 통과한다 할지라도 여호와 외의 다른 신을 섬기도록 유혹한다면 틀림없이 거짓 선지자입니다(1-3절). 참된 기독교 신앙은 기적과 기사 자체가 아니라 그것을 통하여 나타나는 결과가 하나님께 영광이 되느

냐로 결정됩니다. 최고의 지성을 가진 교수들이 이단에 넘어간 원인은 재물의 유혹과 이적에 속았기 때문입니다.

(고후 11:15-16) "이것은 이상한 일이 아니니라 사탄도 자기를 광명의 천사로 가장하나니"

나아가서 우리는 거짓 선지자를 허락하신 하나님의 뜻을 이해해야 합니다. 하나님을 진정으로 경외하는지를 시험하는 것이며(3절) 이는 신약성도들에게도 유효합니다(계 3:9-10). 둘째는 거짓 신앙으로 인도하는 자에 대한 척결의 명령입니다. 특별히 강조하는 것은 인간적으로 아무리 가까운 사이라도 예외가 없다는 것입니다. 피를 나눈 가족과 우정 깊은 친구도 단연코 버려야 하는 이유는 영생과 바꿀 수는 없기 때문입니다(마 16:26). 아담은 하와로 말미암아 돌이킬 수 없는 죄를 범했고 삼손, 엘리, 헤롯, 아나니아와 삽비라 등이 가까운 사이에서 유혹되어 타락한 자들입니다(눅 14:26-27).

셋째는 한 공동체(성읍)가 우상숭배 죄에 빠졌을 경우에 대한 대응입니다(12-16절). 당연히 성읍의 거민은 물론 가축과 재산까지 진멸하는데 이는 악의 요소를 제거하고 전염성을 차단해야 하기 때문입니다. 말씀을 잘 지켜서 가정과 사회와 국가에 대한 복음의 사명을 감당하는 자에게는 번성의 축복이 주어진다는 약속으로 13장은 마감됩니다(17-18절).

♦ 신명기 14장 성경칼럼

2절 | 너는 네 하나님 여호와의 성민이라 여호와께서 지상 만민 중에서 너를 택하여 자기 기업의 백성으로 삼으셨느니라

28절 | 매 삼 년 끝에 그 해 소산의 십분의 일을 다 내어 네 성읍에 저축하여

"척 보면 안다, 아무리 봐도 모르겠다"

우리 교회가 있는 동네에는 중동에서 온 아랍 계열의 외국인이 많이 출입하는데 자동차를 자국에 수입하는 딜러와 관련업종 종사자들입니다. 대화를 안 나누어도 알 수 있는데 특별히 여성인 경우에는 '히잡(두건)과 긴 옷' 때문에 이슬람교 교인임을 한눈에 알 수 있습니다. 대개 저등 종교일수록 외적 표식을 하는 비율이 높아 한 눈에 알아 볼 수 있습니다.

신명기 14장은 구약의 이스라엘 백성이 이방인과 어떤 점에서 구별되어야 하는지에 대한 명령이 나옵니다. 이스라엘 백성들은 선민(선택된 백성)이자 성민(거룩한 백성)이기에 반드시 이방인과 달라야 하고 다른 생활을 해야 합니다(2절). 구약은 율법으로 보이는 구별을 정해주고 생활에 적용되어 문화가 되게 합니다. 신약은 외면적 구별이 많이 사라지지만 그 정신을 이어 받아 내적인 성별을 요구합니다(갈 5:22-23, 벧후 1:4-7). 신약성도가 구약의 백성과는 다르게 한참을 겪어 보아야만 진실한 그리스도인임이 증명되는 이유입니다.

14장에는 성민으로서의 세 가지 구별점이 나오는데 풍습과 식생활과 재물에 관한 것입니다. 첫째, 풍습의 구별 점으로 등장하는 것이 죽은 자에 대한 애도 문제입니다. 당시 이방 종교의 장례식은 고인의 죽음에 대한 지극한 애도로서 자해를 일삼았습니다(1절). 이는 고행주의로 동정심을 얻는 목적과 저승의 신들을 달래기 위한 방편이었는데 하나님께서는 철저히 금하셨습니다. 기독교인의 죽음은 이 세상의 수고로운 삶을 끝내고 하나님 나라로 가는 복된 첫걸음입니다. 가족과 일시적 이별을 하는 것이기에 슬픔을 이길 수 있고 산 자가 성전 된 자기 몸을 상하게 하는 일은 있을 수 없습니다. 몸을 상하게 하지 않는 교훈은 엘리야의 기도에서 보여 주었고(왕상 18:28, 37) 주님께서도 기도를 가르치실 때 인용하셨습니다(마 6:7).

둘째, 인간의 기본인 식생활에서의 정결 규례를 행하도록 하셨습니다(3-21절) 사람이 판단하는 음식의 호불호가 아닌 철저히 하나님께 순종하는 차원에서 식생활을 이방인과 구별되게 한 것입니다. 셋째, 재물에 대한 구별로서 십일조의 규례를 명령하셨습니다. 특히 14장에는 제 2, 제 3의 십일조를 드리는 방법과 쓰는 목적을 분명히 가르치십니다.

1차 십일조는 백성의 모든 소출에서 1/10을 드려 레위인의 기업이 되고 그 레위인의 1/10을 십일조로 드려 제사장의 생계를 보장해 줍니다(민 18:26-29). 2차 십일조는 1차 십일조를 드린 나머지 1/9에서 1/10을 드리는데 안식년을 기준으로 1, 2, 4, 5년에 감사 축제용으로 사용하는 것입니다(22-27절). 3차 십일조는 2차 십일조와 같은 방법으로 안식년을 기준으로 3, 6년 차에 모아 들여 기업이 없는 레위인, 나그네, 가난한 자, 고아, 과부 등을 위한 구제비로 사용하였습니다(28-29절).

돈이 우상인 일반적 인간은 산술적 계산만으로는 십일조를 드리기 어렵습니다. 모든 것이 하나님의 소유요, 모든 것을 하나님께서 주셨다는 실상을 알고 고백할 때 십일조 신자가 될 수 있습니다(대상 29:11-12). 모세가 십일조 생활을 권면한 후 순종하는 자는 모든 일에 복을 받는다는 선포는 신앙성장에 큰 동력이 됩니다(28절, 말 3:8-12).

♦ 신명기 15장 성경칼럼

3절 | 이방인에게는 네가 독촉하려니와 네 형제에게 꾸어준 것은 네 손에서 면제하라

4절 | 네가 만일 네 하나님 여호와의 말씀만 듣고 내가 오늘 네게 내리는 그 명령

을 다 지켜 행하면 네 하나님 여호와께서 네게 기업으로 주신 땅에서 네가 반드시 복을 받으리니 너희 중에 가난한 자가 없으리라

"거지가 없는 나라?"

평화와 부요함이 충만했던 에덴동산에 죄가 들어오면서 변화가 생기게 됩니다. 사람의 마음에는 시기와 미움이 자리 잡고 환경은 고통과 가난이 생성되었습니다. 특히 가난은 인간이 사는 땅이라면 당연히 항상 있게 되었습니다(11절). 가난한 자는 어쩔 수 없이 있지만 생계의 막바지에 이르는 거지만은 없어야 한다는 점은 누구나 인정할 것입니다. 저는 거지가 많은 나라를 여행하면서 정말 불편했었던 경험이 있습니다. 모세 율법에 거지란 단어가 한 군데도 없다는 것은 이스라엘 공동체에는 거지가 존재하지 않았다는 증거가 됩니다.

왜 이스라엘에는 가난한 자는 있어도 거지는 없었을까요? 신명기 15장에 그 힌트가 있습니다.

거지와 가난한 자가 되는 가장 큰 이유는 채무를 갚지 못해서입니다. 한계상황에서 빚을 지어 채무자가 되면 빚과 이자를 상환하고 재기하기는 매우 어렵습니다. 이 과정에서 외부의 도움이 없으면 거지로 추락하게 되는데 율법은 제3의 십일조를 구제용으로 사용하도록 하였습니다(14:28-29).

모세는 이어지는 본장에서 그와 관련된 적극적이고 구체적인 구제 대책을 언급합니다. 매 7년마다 돌아오는 안식년에는 이웃의 채무에 대한 독촉을 면제해 주라는 규례를 세웁니다(1-2절). 일을 안 하여 소출이 없는 안식년에 빚을 독촉하게 되면 고통을 당하며 안식년을 범할 수 있기 때문입니다. 반면에 종교적으로 무관한 순수 외국인은 안식년에도 일을 하기에 채

무 면제 대상에서 제외되었습니다(3절). 문제는 안식년에 소득이 없는 채권자입니다. 하나님께서는 단연코 저들이 이 규례를 지키면 복을 받을 것이라고 확언하십니다(4-5절).

(잠 11:24) "흩어 구제하여도 더욱 부하게 되는 일이 있나니 과도히 아껴도 가난하게 될 뿐이니라"

나아가 명령을 다 행하면 가난한 자가 없는 사회가 되고 열방의 지도자 국가가 될 것이라고 선언합니다(6절). 인간이 자연스럽게 긍휼과 구제를 베푸는 것은 어렵지만 율법을 통한 강제력이 발동되면 제도와 문화로 정착될 수 있습니다. 유대 공동체가 이 제도를 응용하여 유대인은 모두 어린 시절부터 재물관리를 훈련하도록 하며 자립(사업) 기금을 적립하여 성년에 이르러 수여하는 전통을 시행하는 것은 주목할 만합니다.

가난한 자에 대한 규례는 하나님만이 만물의 주인이심을 인정할 때 나오는 능력입니다. 자신이 하나님께 빚진 자임을 알 때 비로소 나에게 빚진 자를 돌보는 것으로 나아갈 수 있습니다(마 18:23-35). 이 정신은 히브리 종에 대한 안식년 해방 규례로 진전되는데 인간에 대한 평등이 핵심 사상입니다(12-18절). 천부 인권과 종교적 권리가 보장된 이 규례는 인간이 하나님의 형상대로 지음 받은 존귀한 존재임을 선포합니다(시 8:4-9, 약 3:9).

♦ 신명기 16장 성경칼럼

3절 | 유교병을 그것과 함께 먹지 말고 이레 동안은 무교병 곧 고난의 떡을 그것과 함께 먹으라 이는 네가 애굽 땅에서 급히 나왔음이니 이같이 행하여 네 평생에 항상 네가 애굽 땅에서 나온 날을 기억할 것이니라

16절 | 너의 가운데 모든 남자는 일 년에 세 번 곧 무교절과 칠칠절과 초막절에 네

> 하나님 여호와께서 택하신 곳에서 여호와를 뵈옵되 빈손으로 여호와를 뵈옵지 말고

"신약교회에서의 구약율법 해석에 대한 성경신학적 고찰"

저의 신학대학원 학위논문 제목입니다. 이 논문 주제를 정한 이유는 초신자 때부터 가졌던 구약 율법에 대한 어려움 때문이었습니다. 구약 율법 명령은 엄위한데 신앙현실에서는 너무 생소하므로 이 간격을 어떻게 해석하고 적용할 것인지를 연구하고 싶었습니다. 수많은 책과 관련 논문들을 참고하면서 법의 세계에 잇대어 있는 하나님의 뜻을 통찰하게 되었습니다. 여기서 '법의 세계'라는 표현을 쓰는 것은 법은 수많은 분류를 하고 있다는 의미입니다.

현대인들이 실감하는 법에 대한 감각은 실정법으로서 현실적 사회 유지를 위한 법입니다. 그러나 하나님이 수여하신 성경의 법은 겉으로는 실정법 같지만 하나님의 거룩한 뜻을 성취하는데 있습니다. 하나님의 뜻은 예수님을 통한 구원에 있기에 구약의 율법은 그리스도의 성품과 사역에 근거하여 접근해야 된다는 것입니다. 그러므로 구약 율법을 해석하는 키워드는 예수 그리스도의 대속입니다.

예수님의 대속이 완성됨으로 구약의 율법은 연속되는 것과 불연속적인 것으로 나눌 수 있습니다. 연속되어 지켜야 하는 것은 도덕법(moral law)으로 십계명이 대표입니다. 히브리 종에 대한 규례 등은 시민법(civil law)에 속하여 시대와 상황에 따라 주어진 것이지만 법 제정의 정신은 이어갈 수 있습니다. 마지막의 의식법(ceremonial law)은 각종 제사와 절기 등에 관한 것으로 그리스도의 예표에 해당되어 성취가 된 신약 시대에서는 문자적으

로 지킬 필요는 없습니다. 지금 우리가 구약 율법에 따라 유월절의 무교병을 먹지 않고 초막절에 일주일 동안 장막 생활을 하지 않는 이유입니다.

그렇지만 하나님께서 의식법을 통해 의도하신 성별된 삶의 원리와 정신은 반드시 쫓아야 하는 것입니다. 예를 들어 무교병(누룩이 없는 떡)을 먹지 말라는 것은 죄(누룩)를 짓지 말고 생명의 말씀인 예수님을 먹고 사는 삶을 의미합니다(3, 4, 8절, 계 3:20). 바울은 절기와 월삭과 안식일과 같은 것은 장래의 예수님 그림자로서 이것을 가지고 논쟁하며 비판하지 말라고 합니다.

(골 2:16~17) "그러므로 먹고 마시는 것과 절기나 초하루나 안식일을 이유로 누구든지 너희를 비판하지 못하게 하라 이것들은 장래 일의 그림자이나 몸은 그리스도의 것이니라"

신약성도들은 모든 것을 하나님의 영광을 위하여 하는 것에 집중해야 한다는 교훈입니다(롬 14:5, 고전 10:31). 3대 절기에는 반드시 몸을 드려 중앙 성소에 모이는 것(16절)은 하나님이 정하신대로 철저한 예배생활을 해야 한다는 뜻입니다. 하나님께 나아갈 때 빈손으로 나갈 수 없고 반드시 예물을 준비해야 한다는 규례(16절)도 예물이 상징하는 예수님의 공로로만 나아갈 수 있다는 원리를 알려 줍니다.

헌금할 때에 예수 그리스도가 주님 되심을 고백하는 것과 함께 선한 행실의 열매를 드리는 것이 온전한 헌신 자세입니다. 하나님께서 주신 복을 따라 최고의 힘을 다하는 순종자가 되기를 소원합니다(17절).

(빌 2:17) "만일 너희 믿음의 제물과 섬김 위에 내가 나를 전제로 드릴지라도 나는 기뻐하고 너희 무리와 함께 기뻐하리니"

♦ 신명기 17장 성경칼럼

1절	흠이나 악질이 있는 소와 양은 아무것도 네 하나님 여호와께 드리지 말지니 이는 네 하나님 여호와께 가증한 것이 됨이니라
14절	네가 네 하나님 여호와께서 네게 주시는 땅에 이르러 그 땅을 차지하고 거주할 때에 만일 우리도 우리 주위의 모든 민족들 같이 우리 위에 왕을 세워야겠다는 생각이 나거든

"가뭄에 콩 나듯.."

매우 드물게, 어쩌다가 한번일 때 쓰는 숙어입니다. 영어로는 '파란 달이 뜨는 경우(once in a blue moon)'라는 더 과격한 말이 있습니다. 우리가 불가능한 일이 일어날 때 쓰는 '하늘이 두 쪽 난다'는 말과 유사합니다. 신앙세계에서 가뭄에 콩 나듯 하는 일이 있다면 어떤 경우인가를 생각해 보았습니다. 제 생각의 답은 모든 것을 다 가진 사람이 하나님의 뜻을 순종하며 사는 것입니다. 사실 이것은 저의 답이 아니라 성경이 증명하는 정답입니다(롬 3:10~12).

의인은 한 사람도 없다는 이 근본적인 인간관에 하나님의 개입(성령의 역사)이 들어와 변화가 생겼습니다(롬 8:3-11). 불가능했던 하나님의 마음에 꼭 드는 사람이 가뭄에 콩 나듯이 생겼습니다. 이스라엘의 왕을 추적해 보면 다윗(행 13:22)과 요시야(왕하 23:25)를 들 수 있습니다. 없는 자가 신실한 신앙을 가지기도 어렵지만 다 가진 자가 하나님의 마음에 쏙 드는 신앙생활을 하기는 훨씬 더 어렵습니다.

17장은 신정국가인 이스라엘에게 가나안에 들어가서 지킬 규례를 가르치고 있습니다. 흠 있는 짐승을 제사 제물로 드려서는 안 된다는 명령(1절)

은 제물은 예수님을 예표하기 때문입니다(히 9:14). 이는 교회 시대에 들어와서 헌신의 정신에 있어서 주님을 섬기는 마음으로 가장 귀한 것을 드려야 하는 것으로 적용됩니다(고후 8:2-5, 9:1-8). 우상 숭배자를 근절하라는 반복된 명령은 유일 신앙의 전수를 위한 것이고 그 처벌의 신중함은 증거 재판주의를 규정한 것입니다(2-7절).

본장에 처음 등장하는 이스라엘의 상급 재판정 제도는 모세 사후의 최고 권위 기관의 설립을 통해 공적 질서를 유지하는데 목적이 있습니다(8-13절). 이 제도는 후에 산헤드린, 즉 예루살렘 공의회(제사장 24명, 장로 24명, 랍비 22명)로 발전됩니다. 선한 왕이 나오기가 거의 불가능에 가깝다는 사실은 왕정제도가 하나님께서 먼저 원하셔서 형성된 제도가 아닌 것에 맞닿아 있습니다(14절). 인간 왕이 세워지는 순간 하나님 통치는 무시되고 보이는 왕에 의한 통치가 집행되기 때문입니다. 그럼에도 불구하고 모세는 주변 국가들에 영향 받아 왕정제도를 모방하려는 인간적인 욕구를 예언하고 있습니다.

필요악으로 등장하는 왕이 지켜야 할 규범을 정해 주시는데 이는 왕 같은 제사장인 신약성도에게도 적용됩니다. 첫째, 말을 많이 두지 말라는 것은 강한 군사력으로 오만과 과신을 방지하라는 것입니다(16절). 둘째, 아내를 많이 두지 말라는 것은 향락에 몰두하거나 하나님의 통치보다 정략결혼으로 치세하지 말라는 의미입니다(17절). 셋째, 자기를 위하여 은금을 쌓지 말라는 것은 하나님보다 재물을 의지하지 말고 백성의 고혈을 짜내지 말라는 뜻입니다(17절). 넷째, 가장 중요한 명령은 율법책을 등사하여 늘 가까이 두고 읽고 배우며 실천하는 것입니다(18-19절).

이 명령을 순종하지 않은 후세 왕들의 징계가 얼마나 참혹했는지 역사는 증명합니다(렘 52:9-11). 은혜 받은 말씀 한 구절을 지키기 위해 몸부림치는 신자는 '가뭄에 콩 나듯 하는 신실한 신자'의 길을 내딛는 것입니다.

♦ 신명기 18장 성경칼럼

1절	레위 사람 제사장과 레위의 온 지파는 이스라엘 중에 분깃도 없고 기업도 없을지니 그들은 여호와의 화제물과 그 기업을 먹을 것이라
15절	네 하나님 여호와께서 너희 가운데 네 형제 중에서 너를 위하여 나와 같은 선지자 하나를 일으키시리니 너희는 그의 말을 들을지니라

"사람은 무엇으로 사는가?"

러시아의 대문호 톨스토이의 유명한 단편 소설 제목입니다. 버려진 천사 미하일이 3가지 의문을 푸는 스토리인데 인간에 대한 깊은 성찰이 들어 있습니다. '인간의 내부에는 무엇이 있는가?', '인간에게 허락되지 않는 것은 무엇인가?', '사람은 무엇으로 사는가? 입니다. 톨스토이는 인간이 스스로의 힘으로 살고 있다고 생각하지만 실은 사람과의 관계, 즉 사랑에 의하여 산다는 것을 전해줍니다. 그 사랑은 하나님께서 주신 것이고 사람의 속에 있을 때 그 힘으로 살 수 있다는 메시지를 실어 놓았습니다. 사랑이 가득 찬 사람은 하나님의 세계에 살고 있는 것이고 반대일 경우에는 지옥을 살고 있다는 것입니다.

신명기 18장에는 재판장(16장)과 왕(17장)과 같은 사회적, 정치적 지도자들에 관한 규례에 이어서 종교 지도자들에 대한 규례가 나옵니다. 제사장과 레위인에게는 하나님을 섬기고 성소에서 봉사에 전념하게 하기 위해 분깃(토지)이 주어지지 않았습니다(1절, 신 12:12). 그들은 생업에 필요한 기업을 할당받지 못했지만 하나님께서는 모든 생계를 책임지시겠다는 소금언약을 주셨습니다(민 18:19-20). 이것은 주님께서 복음의 일군들에게 하신 말씀의 예표입니다.

(마 6:33) “그런즉 너희는 먼저 그의 나라와 그의 의를 구하라 그리하면 이 모든 것을 너희에게 더하시리라”

모든 사람이 하나님의 사랑으로 사는 것이듯이 하나님의 일을 하는 사람은 하나님께서 주신 몫으로 사는 원리를 세우신 것입니다(마 10:10). 이 몫(히:미쉬파트, 개역:응식)이라는 단어는 당연히 취하는 권리라는 뜻입니다. 하나님께서는 이 정당한 몫에 대한 시비를 근본적으로 차단하기 위해 아주 구체적 몫을 규정해 놓았습니다(3-4절, 민 18:8-20). 백성들로 하여금 아무런 불평이 없게 하기 위함이고 제사장들도 정당한 몫 이외의 것은 더 요구하지 못하도록 한 것입니다.

본 규례는 참된 봉사자로서의 자세와 예의 바른 대접의 정신이 조화를 이루는 교회를 제시해 줍니다(벧전 4:8-11). 또 다시 언급되는 이방인의 가증한 풍습 제거의 명령은 그만큼 중요하기 때문입니다(9절). 순수한 여호와 신앙에 치명적인 해독이 되고 방심하는 순간 물들어 버리는 마력이 있다는 것을 잊지 말아야 합니다. 마력이라는 표현을 쓰는 것은 현대에까지 공공연히 자행되는 영향력이 있다는 뜻입니다. 모세는 오직 하나님의 온전한 뜻을 대언하는 선지자를 주실 것인데 그 완성이 바로 예수 그리스도이심을 예언합니다(15절).

신약의 교역자들은 확실한 소명과 말씀의 인격화를 이루고 순수한 말씀만을 전하는 책임을 다해야 할 것입니다. 여기서 구약의 이스라엘 백성이나 현대의 신약성도가 절대 접근을 금하고 미혹되지 않아야 할 대적의 종류를 예시합니다(10-12절). 불 가운데로 지나게 하는 자, 복술자(점), 길흉을 말하는 자, 요술하는 자, 무당, 진언자(주문술), 신접자(영매술), 박수, 초혼자(교령술), 점성술, 사술 등입니다.

하나님께 속한 미래를 인간의 영역에 넣고 이익을 챙기는 것은 교만하고 가증한 행위입니다(잠 27:1, 약 4:13-16). 창조질서를 파괴하는 이 죄악은 징계와 멸망으로 가는 첩경임을 분별할 때 물리칠 수 있습니다.

♦ 신명기 19장 성경칼럼

14절 | 네 하나님 여호와께서 네게 주어 차지하게 하시는 땅 곧 네 소유가 된 기업의 땅에서 조상이 정한 네 이웃의 경계표를 옮기지 말지니라

19절 | 그가 그의 형제에게 행하려고 꾀한 그대로 그에게 행하여 너희 중에서 악을 제하라

"주머니 전쟁"

타인의 주머니에 있는 것을 내 주머니로 옮기는 것을 말합니다. 돈 버는 일이 세상의 수많은 어려운 일 중에 상위권에 속해 전쟁이라고 표현해 보았습니다. 이 어려운 일을 비정상적으로 쉽게 하기 위해서 사람들은 범죄를 저지릅니다. 세상 법정에서 다투는 사건 중에 그 뿌리를 캐면 돈과 소유권에 연결되지 않은 것이 거의 없을 것입니다. 십계명 중에서 인간관계에 관한 8, 9, 10계명이 이 문제에 대한 직접적인 율례입니다.

19장은 이웃 사랑의 계명(5-10계명)에 관련된 제반 규례들에 대한 언급이 시작됩니다. '살인하지 말라'는 6계명과 관련된 도피성 제도를 통해 살인한 자가 찾는 은혜의 길을 제시합니다(1-13절). 도피성은 영적으로 예수 그리스도를 예표하는 것으로 영벌에 처한 인간이 용서와 구원을 받을 수

있는 복음이 담겨 있습니다(행 2:21, 16:31, 롬 10:9-10). 구원받은 하나님의 백성은 수직적으로는 하나님을 사랑하고 수평적으로는 인간에 대한 사랑을 해야 합니다. 보이지 않는 하나님에 대한 사랑은 보이는 인간에 대한 사랑의 열매로서 증명됩니다.

(갈 5:14) "온 율법은 네 이웃 사랑하기를 네 자신 같이 하라 하신 한 말씀에서 이루어졌나니"

14절의 경계표를 옮기지 말라는 명령은 이웃의 재산을 강탈하고 도적질하는 범범 행위를 금하는 것입니다. 당시는 측량 기술과 문서 제도가 발달되지 않았기에 경계표는 소유권에 대한 표식이었습니다. 이 돌로 된 경계표를 몰래 이동하는 것은 지금으로 말하자면 문서 위조와 거짓 수단으로 사기를 쳐서 이웃의 재산과 권리를 빼앗는 것과 비견됩니다. 오늘날 재산 증식에 혈안이 되어 온갖 부정적 방법을 쓰는 세상의 탁류에 성도들은 휩쓸리지 말아야 할 것입니다.

또한 경계표는 하나님께서 언약에 따라 분배한 가나안 땅의 고귀한 분깃의 의미를 가지고 있었습니다. 타인에 의하여 그 땅이 침해받는다면 언약의 백성으로서 그만큼의 특권을 상실하는 것이 됩니다. 그리스도인은 부여받은 영적 기업의 분깃을 원수에게 뺏기지 않도록 잘 지켜야 합니다. 탐심으로 시작된 인간의 범죄는 도적질(8계명)을 합리화하기 위해 거짓과 위증과 증거조작과 증거인멸(9계명)로 치달아갑니다.

재판 제도에 2명 이상의 증인이 일치해야 한다는 것은 무고나 위증을 방지하는 공정성의 장치입니다(15절). 위증한 것이 발각되면 상대방이 받을 형벌을 도리어 받게 하는 동해보복법이 작동되게 합니다(16-21절). 거짓이 판치고 불의가 횡행하는 사회는 결코 허용해서는 안 된다는 강력한 규례입니다. 증인에 대한 조작과 매수는 나봇의 포도원 사건처럼 흔히 일어나지만 결국은 하나님의 징벌로 끝이 난다는 것을 명심해야 합니다(왕상 21:1-25). 사람을 속이는 것은 하나님을 속이는 것과 같다는 원리를 깊게 새겨야 합니다(신 32:4). 우리가 가난과 부를 다스리며 깨끗한 사람으로 살기를 힘쓸 때 하늘이 주시는 복을 받게 될 것입니다(빌 4:11~13).

♦ 신명기 20장 성경칼럼

2절 | 너희가 싸울 곳에 가까이 가면 제사장은 백성에게 나아가서 고하여 그들에게
10절 | 네가 어떤 성읍으로 나아가서 치려 할 때에는 그 성읍에 먼저 화평을 선언하라

"이해와 적용"

이해가 안 되고 믿을 수도 없는 것이 있고 믿을 수는 있는데 적용하기 어려운 것이 있습니다. 성경을 읽으면서 나오는 반응을 생각해 보았습니다. 초신자 시절에 처음으로 성경을 대할 때 잠시 전자의 반응이 있었던 것 같습니다. 그러나 이내 인간의 작품이라면 이런 거짓말을 지어낼 수 없고 2천년 동안 진리로 전수될 리가 없다는 결론이 나왔습니다. 문제는 후자의 반응입니다. 하나님의 전지전능성과 사랑의 속성에 근거하여 구원의 기적과 신앙생활의 계명은 분명히 믿어집니다. 그러나 이 놀라운 기적을 현실에서 적용하기에는 너무 큰 장벽이 생깁니다.

대표적인 것이 바로 전쟁의 기사들입니다. 성경에는 인간의 생각으로는 감히 엄두도 못 낼 전쟁을 승리로 이끈 내용이 너무나 많습니다. 머리에 금방 떠오르는 것만 적어보겠습니다. 〈출애굽 때의 최강국 애굽의 바로와의 전쟁〉, 〈기드온 용사 3백명으로 미디안 12만명 이상을 죽인 전쟁〉, 〈아말렉과의 전쟁에서 모세가 손을 들었을 때 승리한 것〉, 〈광야에서 미디안과

의 전쟁에서 이스라엘 군사 12,000명이 한 명도 죽지 않고 승리한 것〉, 〈엘리사와 게하시가 아람 왕과의 전쟁에서 불말과 불병거를 영안으로 본 일〉, 〈소년 다윗이 거대한 골리앗을 죽인 승리 사건〉, 〈여호수아의 여리고성을 비폭력으로 함락한 것〉 등입니다

이 전쟁의 공통점은 전력상 상대가 안 되었는데 하나님의 명령을 순종하여 승리했다는 점입니다. 지금으로 비유하면 티벳이 중국과 전쟁해서 이긴 것과 같은 것입니다. 동네 구멍가게가 대형 마트와 싸움을 했는데 하나님이 편드셔서 너끈히 이겼다고 상상해 보십시오. 핵과 미사일과 탱크로 무장된 군대에 달랑 권총만 들고 싸우라면 순종하겠느냐는 송곳 같은 질문입니다. 전쟁은 모든 것을 다 거는 것인데 인간의 확신으로만 밀어 붙이는 것이 아닌 다른 원리가 도입되어 적용되어야 한다는 뜻입니다.

성경의 전쟁이 현실에서 적용될 때에는 한 가지 렌즈를 끼어야 합니다. 바로 이 전쟁의 성격이 세속적인 것이냐 아니면 성전(거룩한 하나님의 전쟁)인가 입니다. 세상의 전쟁은 욕심의 충돌이 원인이지만 성전은 하나님의 뜻을 실현하는 것입니다. 우리는 가나안 정복 전쟁이 약속의 땅을 회복하고 죄에 오염된 가나안 족속을 징계하는 공의의 전쟁임을 누차 익혔습니다. 이 전쟁이 성전임을 증명하는 것이 제사장의 선포인데 하나님께서 싸우신다는 것이 핵심입니다(1-4절).

가나안 전쟁은 영적으로 볼 때 우리 성도가 어둠의 권세와 싸워 하나님의 의를 이루는 전투를 예표 합니다(엡 6:12). 예수님께서 최후 승리를 하신 것처럼 우리도 승리를 보장받고 영적전쟁을 하고 있습니다(고전 15:57). 이 믿음의 시각을 가질 때 성경의 전쟁이 우리가 예수님 안에 거하여 싸우는 영적 전쟁임을 깨닫게 되고 적용됩니다. 이 적용을 하면 먼저 화

평을 추구하는 것(10절)과 약자(14절)와 자연(19절)을 배려하는 것과 대적자를 전멸하라(13, 16절)는 명령까지 이해가 되는 것입니다.

♦ 신명기 21장 성경칼럼

4절	그 성읍의 장로들이 물이 항상 흐르고 갈지도 않고 씨를 뿌린 일도 없는 골짜기로 그 송아지를 끌고 가서 그 골짜기에서 그 송아지의 목을 꺾을 것이요
23절	그 시체를 나무 위에 밤새도록 두지 말고 그 날에 장사하여 네 하나님 여호와께서 네게 기업으로 주시는 땅을 더럽히지 말라 나무에 달린 자는 하나님께 저주를 받았음이니라

"법의 정신"

인간은 공기와 물을 접하지 않고는 한 시도 살 수 없습니다. 이같이 자연을 접하고 살듯이 인간이 피할 수 없는 것이 있다면 바로 법의 굴레입니다. 이 법의 주류는 문자로 되어 행사되는 실정법이지만 상식, 도덕, 정서 등도 광의적으로는 법의 기능을 합니다. 만약 나쁜 사람이 나쁜 목적을 위하여 법을 제정한다면 그 공동체는 피해를 당하고 멸망하게 됩니다. 권력자들은 세상법의 모태가 성경임을 인정하고 율법의 정신을 따라야 할 것입니다. 이것이 율법의 소극적인 역할이라면 율법의 적극적인 목적은 인간의 구원입니다. 성경의 율법에는 죄악 된 인간을 구원하는 정신을 심어서 제정된 법이 있습니다. 그 법을 자세히 보면 예수 그리스도가 보이게 되어 있습니다.

신명기 21장은 신정국가로서 성결을 이루어야 할 이스라엘이 지켜야 할 규례가 제시되어 있습니다. 그 내용을 보면 현실과 유리된 허황된 규범이 아닌 당시의 생활 관습에 배경을 두고 있음을 알 수 있습니다. 예를 들어 포로 된 여인을 아내로 삼는 행위(10-14절)와 일부다처제를 묵인하는 점(15-17절)이 눈에 뜨입니다. 그러나 그 속에 담겨진 하나님의 의도는 여성인권의 보호와 가정의 질서(장자 보호)입니다.

21장에는 메시야에 대한 놀라운 두 가지 은유가 등장합니다. 첫째는 미제사건으로 살인범이 잡히지 않았을 때 죽는 가엾은 암소 한 마리입니다. 살해당한 시체는 발견되었는데 살인자가 잡히지 않았다면 세상에서는 영구 미제사건으로 덮여집니다. 그러나 하나님의 공의에서는 반드시 누군가에 의한 대속이 이루어져야 합니다. 피 흘림이 없는 사하심이 없기에(히 9:22) 죄가 없는 상징인 암소가 피를 흘리고 목이 꺾이어 죽어야만 했습니다(3-4절).

이 암송아지의 모습과 역할에서 누가 보입니까? 살인자나 다름없는 우리를 위해 순결한 속죄양이신 예수님이 피를 흘리며 죽으신 것이 나타납니다(요 1:29). 암소를 '물이 항상 흐르는' 곳에서 죽이는 것은(4절) 죄를 완전히 떠나보내는 것입니다(시 103:12절). '갈지도 심지도 못하는 골짜기'인 것(4절)은 죄를 다시 되살리지 않게 하는 영원한 속죄가 이루어졌음을 보여줍니다(요 5:24).

둘째는 죽을죄를 범한 자의 시체를 나무에 달고 처리하는 규례입니다(22-23절). 이 규례는 범죄자와 공동체에 대하여 죄악에 대한 경고를 하고 부정함을 처리하는 1차 목적이 있습니다. 그런데 사도 바울은 하늘과 땅 사이에 매달려 있는 저주스런 시체의 치욕을 십자가의 오묘한 비밀로 드러내고 있습니다. 가장 참혹한 사건 속에 저주로부터 어떻게 속량 받았는지를 보여주는 메시야적 명구를 우리는 감동하며 목격하고 있습니다.

(갈 3:13) "그리스도께서 우리를 위하여 저주를 받은바 되사 율법의 저주에서 우리를 속량하셨으니 기록된바 나무에 달린 자마다 저주 아래에 있는 자라 하였음이라

♦ 신명기 22장 성경칼럼

4절 | 네 형제의 나귀나 소가 길에 넘어진 것을 보거든 못 본 체하지 말고 너는 반드시 형제를 도와 그것들을 일으킬지니라

5절 | 여자는 남자의 의복을 입지 말 것이요 남자는 여자의 의복을 입지 말 것이라 이같이 하는 자는 네 하나님 여호와께 가증한 자이니라

"하나를 보면 열을 안다"

이 속담은 반발할 요소는 있지만 경험상 맞는 경우가 많습니다. 작은 약속도 번번이 안 지키는 사람과 큰 약속을 할 수는 없지 않겠습니까? 같은 맥락에서 습관의 중요성을 강조한 속담으로는 '바늘 도둑이 소 도둑 된다'가 있습니다. 어릴 적에 도둑질을 안 하는 아이는 없는데 그 때 안 고쳐주면 큰일이 납니다. 결과에 대한 개념의 속담으로는 '될 성부른 나무는 떡잎부터 알아본다'가 있습니다.

속담으로 칼럼의 서언을 시작한 이유는 신명기 22장의 독특한 규례를 이해하기 위해서입니다.

이스라엘의 공동체가 성결을 유지하기 위해 지켜야 하는 율례가 이어지는데 매일의 생활 현장의 실천을 말씀하고 있습니다. 하나님을 사랑하고 뜻을 순종하는 것은 추상적이고 이지적인 차원이 아니라 구체적인 실천이라는 것을 보여 줍니다. 의식주의 작게 보이는 생활 습관을 통해 정신적 자세가 훈련되고 신앙의 열매로 이어진다는 것을 교육하고 있습니다.

이웃의 잃은 짐승을 찾아 주고 넘어진 가축을 일으켜 주는 자가 큰 이웃사랑도 행할 수 있습니다(1-4절). 반대로 곤경에 처한 대상을 못 본 척 하는 습관을 들이게 되면 이웃 사랑이 아닌 해를 끼치는 방향으로 가게 되어

있습니다. 현대의 '남녀 구분이 없이(unisex)' 옷을 입는 시각에서 보면 5절의 말씀은 우리와 아무 연관이 없는 것처럼 보입니다. 그러나 이방인의 풍습인 남여가 옷이 구별되지 않았을 때에 파생되는 결과는 심각합니다. 구별된 옷차림을 안 하게 된다면 남자와 여자를 구별되게 지으신 하나님의 창조질서를 어기는 것입니다. 하나님의 질서와 단순성을 위배하게 되면 무분별한 방종과 타락으로 가는 첩경이 됩니다.

아주 작은 일 같지만 이 시작은 동성애 등의 단초가 되기에 하나님께서는 우상숭배와 같은 급의 가증한 행위로 여기십니다(5절). '어미 새와 새끼를 함께 취하지 말라'는 명령은 인간의 자연계에 대한 청지기 사명을 주신 것입니다(6-7절). 인간은 하나님의 사랑과 긍휼을 맡은 자로서 자연계를 보전하고 관리해야 합니다. '서로 다른 두 가지를 혼합시키지 말라'는 규정(9-11절)은 신앙의 혼합과 타협주의를 단호히 배격하라는 교훈입니다.

신약의 성도는 그리스도의 피로 씻음을 받아 순결해진 존재입니다(계 7:14). 세속에 물들어서는 안 되고 혼합된 다른 씨(두 종자)를 받아들이다가는 다 뺏기는 수도 있습니다(마 13:19). 절대 거룩한 말씀에 인간의 허영과 호기심을 위한 이물질(신화, 철학)을 섞어서는 안 됩니다(딤전 4:7). '소와 나귀를 한 겨리로 하지 말라'는 규례는 불신자와는 힘과 보폭이 다르기에 접하여 동화되지 말라는 경고입니다(고전 7:14-16). '양털과 베실로 짠 옷'은 지금 표현으로는 혼방 옷인데 이를 입지 말라는 것은 혼합적인 이중생활을 하지 말라는 뜻입니다(롬 13:12). 쉽고도 일상적인 것의 훈련을 통해(12절) 그리스도의 장성한 분량에까지 이르게 되는 영적 원리(엡 4:13)를 배워 나가게 됩니다.

♦ 신명기 23장 성경칼럼

2절 | 사생자는 여호와의 총회에 들어오지 못하리니 십 대에 이르기까지도 여호와의 총회에 들어오지 못하리라

3절 | 암몬 사람과 모압 사람은 여호와의 총회에 들어오지 못하리니 그들에게 속한 자는 십 대뿐 아니라 영원히 여호와의 총회에 들어오지 못하리라

"교회 출석 자격증?"

듣는 순간 이게 무슨 뜻인가라고 생각될 것입니다. 보편성을 가진 교회는 어느 누가 와도 반갑게 맞이하고 사랑해야 한다고 배웠기 때문입니다. 보편성이란 모든 것에 두루 통하는 성질이기에 교회 출석 자격증이란 없다는 것이 논리적으로 맞습니다. 하지만 성찬식의 은혜에 참여하는 문제는 전혀 다른 차원의 자격증이 있어야 합니다. 성찬식 거행 시에 집례자가 세례교인이 아니면 참여할 수 없다고 선언합니다. 세례는 거듭난 자가 받는 것이고 거듭난 신자만 주님의 몸과 피에 참여할 수 있습니다. 성찬식에 참여하는 것은 교회의 회원이라는 것이고 구약적인 표현으로 여호와의 총회(8절)에 들어온 것입니다. 이 구별된 자격은 교회의 또 다른 속성인 거룩성과 통일성의 근원이 됩니다.

여기까지의 설명이 이해가 된다면 신명기 23장의 여호와의 총회에 들어올 수 없는 자에 대한 규정이 해석이 될 것입니다. 이스라엘 행군의 무리에는 더부살이(전쟁의 포로로 잡혀온 무리, 장사를 목적으로 합류한 상인, 가나안에 함께 살려고 이동하는 이방인들)하는 무리가 있었습니다. 그들은 예배 의식에 참여하고 선민의 혜택을 누릴 수 없었습니다. 현재로 말하면 기독교권에 있지만 진정한 하나님의 은혜와 축복을 누리지 못하는 사람이 있는 것과 유사합니다.

첫째, 남자로서의 기능을 상실한 사람으로 이것은 하나님의 창조 원형을 상실한 것이며 범죄 하여 찌그러진 인간상을 대변합니다(1절). 신자는 죄에 찌들어 추하게 문 들어지지 않고 흠 없고 거룩한 자로 하나님께 자신을 드려야 합니다(롬 12:1). 둘째, 비정상적인 상태(이방인과의 혼혈, 근친상간, 강간)에서 태어난 사생자입니다(2절). 결국 사생자란 인간의 정욕에 의한 음란성을 대표합니다. 음란은 자기 몸에 죄를 범하고 거하는 곳을 더럽히는 것으로 심판을 당합니다.

(엡 5:3) "음행과 온갖 더러운 것과 탐욕은 너희 중에서 그 이름조차도 부르지 말라 이는 성도에게 마땅한 바니라"

셋째, 암몬 사람과 모압 사람으로 아브라함의 조카인 롯의 후손인데 하나님은 알지만 실생활에서는 부인하는 자들을 상징합니다(3절). 이스라엘의 행군을 영접치 않고 방해하고 저주했는데 이는 곧 하나님을 대적한 것입니다(4-5절). 이 죄가 얼마나 중대한지 그 대가는 하나님의 총회의 영원한 제적으로 나타납니다(3, 6절). 하나님의 백성들과 교회를 핍박하는 자들이 얼마나 참혹한 형벌에 처해지는지를 보여 주는 장면입니다.

이와 대칭되는 것은 에돔과 애굽 사람으로서 회심의 절차(할례)를 거쳐 3대 후에 구원의 반열에 들어올 수 있게 하십니다(7-8절). 에돔은 이스라엘의 친형제국이었고 애굽은 한 때의 이스라엘의 안식처였음을 고려한 것입니다. 정통신앙을 가지고 주님의 몸 된 교회에 속하여 축복을 누리는 것이 얼마나 신비하고 놀라운 것인지 확인됩니다.

♦ 신명기 24장 성경칼럼

2절 | 그 여자는 그의 집에서 나가서 다른 사람의 아내가 되려니와

13절 | 해 질 때에 그 전당물을 반드시 그에게 돌려줄 것이라 그리하면 그가 그 옷을 입고 자며 너를 위하여 축복하리니 그 일이 네 하나님 여호와 앞에서 네 공의로움이 되리라

"나 때문에 복 받는 줄 알아"

이 말을 강자가 약자에게 좋은 것을 베풀면서 한 것이라면 논리상 당연합니다. 그러나 가난한 자가 부자에게 도움을 받으면서 한 말이라면 어떻게 생각하십니까? 일단 정서적으로 당돌하다는 생각이 들 것이고 한편으로는 무언가 속 깊은 의미가 있을 것이라는 느낌이 옵니다. 성경에는 '부자는 가난한 자 때문에 복을 받는다'라는 명확한 답이 나옵니다. 이 말은 부자는 가난한 자를 잘못 대하면 재앙이 임한다는 뜻이 됩니다.

신명기 24장은 이스라엘 공동체의 사회생활 규범을 제시해 주고 있습니다. 이혼에 대한 규례는 당시의 상황을 정확히 알아야만 이해가 됩니다(1-4절). 이혼 증서를 작성토록 한 것은 이혼에 대한 합법화와 장려가 아니라는 것은 성경 전체의 교훈으로 볼 때 인지할 수 있습니다(막 10:6-9). 여성 인권이 말살된 상태에서 남자들이 구두로 자유롭게 여자를 내쫓는 악습을 억제하기 위해서입니다. 이혼증서를 가지고 재혼할 수 있게 하여 여성의 인권과 인격을 보호해 주기 위한 조처입니다.

새로 장가를 든 남자의 경우 1년간 병역 및 공무의 의무를 특별 면제해 주는 것은 가정의 기쁨과 유대를 위해서이고 이로 인한 자녀 출산의 선물이 주어집니다. 사회적 약자에 대한 세밀한 규정은 강자의 욕심에 제동을 거는 효과가 있습니다. 생계를 위협하는 생활필수품은 절대 뺏거나 저당잡을 수 없게 하십니다. 식생활의 필수품인 맷돌과 이불 역할을 하는 겉옷

과 생명줄 같은 품삯은 절대 건드리지 말아야 합니다. 가난한 자가 주었더라도 밤이 오기 전에 돌려주어야 합니다.

이 규례를 지킬 때에 오는 결과가 아주 흥미롭습니다. 친절한 사랑을 입은 채무자가 채권자를 위해 축복의 기도를 해 주게 되고 부자는 그 혜택을 입게 되는 원리입니다(13절). 가진 자의 의무는 약자를 돕는 것이고 약자는 가진 자를 위하여 책임지고 축복하는 선순환이 사랑의 공동체를 이루게 됩니다. 서로 돕는 공동체는 실제적으로 나 때문에 당신이 복을 받는다는 원리가 모두에게 작동되고 있는 것입니다.

이 위대한 원리를 작동케 하는 원동력은 무엇일까요? 애굽에서 이스라엘을 속량해 내신 하나님을 기억하는 것에서 나옵니다(9, 18, 22절). 하나님의 구원하심과 공급하시는 은혜에 감사하는 마음은 이웃 사랑이 솟구쳐 나오게 되어 있습니다. 한 걸음 더 나아가 연좌제의 폐지로 인하여 죄 값이 유전되지 아니하는 약속(16절)은 선하신 하나님의 선물입니다.

(겔 18:20) "범죄 하는 그 영혼은 죽을지라 아들은 아버지의 죄악을 담당하지 아니할 것이요 아버지는 아들의 죄악을 담당하지 아니하리니 의인의 공의도 자기에게로 돌아가고 악인의 악도 자기에게로 돌아가리라"

우리를 잘 아셔서 가장 선하고 아름다운 규례를 제정하신 하나님의 성품을 기뻐합니다.

♦ 신명기 25장 성경칼럼

4절 | 곡식 떠는 소에게 망을 씌우지 말지니라

15절 | 오직 온전하고 공정한 저울추를 두며 온전하고 공정한 되를 둘 것이라 그리하면 네 하나님 여호와께서 네게 주시는 땅에서 네 날이 길리라

"진실과 거짓 분별법"

톨스토이는 '진실은 단순하고 명료하지만 거짓은 복잡하고 세밀하며 꾸밈이 많다'고 정리하였습니다. 사기를 당하지 않기 위한 금언이라고도 볼 수 있습니다. 교회에 여러 사기꾼들이 거쳐 갔는데 큰 사고가 없었던 것도 이 분별법이 기초가 되었습니다. 성경의 율법을 볼 때 공정성이라는 단순하고 명확한 원리로서 제정되었다는 것을 알면 큰 은혜가 됩니다. 사회의 질서를 유지하는 원동력이 바로 이 공정성에 있기 때문입니다. 법은 엄정하면서도 부당함과 억울함이 없을 때 순종하며 따르는 것입니다. 한국 국민들이 병역과 입시에 대한 범죄에 크게 분노하는 이유는 대다수가 관련된 공정성을 훼손한 죄이기 때문입니다.

25장에 나오는 공동생활법의 정신은 한쪽으로의 치우침이 없는 공정성 유지입니다. 악인은 매로 다스리지만 지나치게 때리지 않도록 장치를 마련합니다(1-4절, 재판장 입회, 40대 이하의 태형). 징벌은 개심을 위한 것이고 악인이라도 불구의 몸이 되는 것은 막아야 하기 때문입니다. 곡식 떠는 소의 입에 망을 씌우지 않는 법은 비록 짐승이라도 그 수고한 대가를 받는 것이 마땅하다는 것입니다(4절). 이 원리는 예수님께서 전도자의 생활 보장으로 인용하셨고(마 10:10) 바울사도는 교역자 대우의 정당함의 근거로 사용하였습니다(딤전 5:18). 오늘날 교회가 목회자의 생활 보장을 할 수 있는 공정성의 제도를 만드심으로 이에 대한 시비를 차단하신 것입니다.

계대 결혼 제도는 후사 없이 남편이 죽었을 때 동생과 결혼하여 형의 후사를 잇게 하는 법입니다(5-10절). 여성의 생활 인권과 함께 가문을 유지하고 이방 남자와의 결혼을 방지하기 위함입니다. 이 제도를 순종하지 않는 자들에 대한 엄한 제재(불명예)는 있지만 형사 처분을 없게 한 이유에 공정성이 자리하고 있습니다. 애정 없는 결혼을 거부하는 동생을 배려한 것이고 결국 이 제도는 도덕적 사랑의 의무 규정이 되었습니다.

남편의 편을 든다고 상대방 남자의 음경에 치명적 해를 끼치면 엄벌에 처해집니다(11-12절).

내 것이 소중하면 남의 것도 소중히 여겨야 하는 불문의 법칙을 생활화해야 하는 것입니다. 현대 법으로 비유하자면 주차가 맘에 안 든다고 차를 부수어 버린다면 벌을 받는 것과 같은 것입니다. 공평한 도량형기(저울)에 대한 법은 공정한 상거래와 신뢰가 있는 공동체를 세우는 법입니다(13-14절). 자기 양심과 이웃을 속이는 것은 하나님을 기만하는 것임을 분명히 하고 그 순종 여부에 따른 상벌을 분명히 하고 있습니다(15-16절, 빌 2:4).

이스라엘을 야비하게 괴롭힌 아말렉(17-18절)에 대한 진멸의 저주는 역사 속에서 점진적으로 완벽히 이루어집니다(삼상 15장, 대상 4:39-43, 에 7:9-10, 8:11-13). 아말렉 기사가 공정성 법에 이어 나온 이유는 하나님께 미움 받는 것의 처절한 결과를 증명하는 것입니다. 눈앞의 이익에 신앙을 팔지 말게 하시고 이웃을 섬기는 것이 주님의 뜻입니다.

♦ 신명기 26장 성경칼럼

18절 | 여호와께서도 네게 말씀하신 대로 오늘 너를 그의 보배로운 백성이 되게 하시고 그의 모든 명령을 지키라 확언하셨느니라

19절 | 그런즉 여호와께서 너를 그 지으신 모든 민족 위에 뛰어나게 하사 찬송과 명예와 영광을 삼으시고 그가 말씀하신 대로 너를 네 하나님 여호와의 성민이 되게 하시리라

"나에 대한 평가"

누구나 자신이 어떻게 불리 우고 평가받는지에 대한 관심은 높습니다. 특별히 자신이 비중을 두는 사람과 소속된 조직체에서의 평가는 더 신경이 쓰입니다. 세상에서의 평가는 가치를 결정하고 메리트(이익)가 됩니다. 인간은 이 평가를 좋게 하고 자신의 가치를 올리기 위해 온갖 노력을 하고 분투합니다. 그러면 영적인 세계에서 신자의 가치는 어떤 것이며 그 혜택은 무엇일까요? 모세는 본장의 제2 설교의 결론(16-19절)에서 이 문제를 다루고 있습니다.

결론을 맺기에 앞서 두 가지 규례를 언급하는데 그와 연결되는 내용임이 분명합니다. 첫째는 이스라엘이 가난한 땅에서 첫 소출을 거두어 하나님께 바칠 때 제사장 앞에서 하는 신앙고백입니다(1-11절). 구별된 만물(첫 열매)은 모든 것이 하나님의 주권 아래 있고 소유임을 고백하는 것입니다. 애굽의 비참한 생활에서의 구원을 감사하고 거친 광야에서의 인도하심을 기억하며 감사를 드립니다. 현재의 풍성한 축복을 기뻐하며 주변인들과 함께 나누고 겸손히 섬깁니다.

이 모습은 신약교회 예배의 말씀선포와 교육, 친교와 봉사, 헌금과 구제의 요소들이 다 들어 있습니다(행 2:42-47). 둘째는 제 3의 십일조의 용도 및 그 십일조를 바칠 때 행하는 신앙고백입니다(12-15절). 레위기 27장의 재교육으로서 선한 용도로 드리는 목적헌금의 의무와 축복을 확인할 수 있습니다.

이제 율법의 대강령인 하나님 사랑과 이웃 사랑을 실천한 자에게 하나님의 4가지 평가가 주어집니다. 첫째, 하나님의 보배로운 백성으로 인정받습니다(18절). 보배로운 존재로 창조되었고(창 1:26-29) 보배로운 피로 사주셨고(벧전 1:19) 보배로운 말씀(고후 4:7)과 믿음(벧후 1:1)을 소유하여 하나님의 성품(벧후 1:4)을 닮아가게 하십니다. 둘째, 하나님의 말씀을 지킬 수 있도록 인도받습니다(18절). 우리는 연약하지만 성령님께서 도우시고 역사하셔서 열매를 맺게 하시는 것입니다(요 15:5, 16:13).

셋째, 말씀을 지키는 자는 모든 사람보다 뛰어나게 하십니다(19절). 찬송(칭찬)과 명예(높은 지위)와 영광(아름다움)이란 단어는 하나님께만 합당한 수식어인데 이를 나눠 주시는 것입니다. 넷째, 하나님의 성민(거룩한 백성)이 되게 하십니다(19절). 구별되어 보배로운 백성이 되는 것은 택함 받은 자의 최종 결과임을 알 수 있습니다. 먼저 하나님의 보물이 된 성도가 한 영혼을 전도한다면 보물을 발굴한 것이 된다는 동기부여로 모세의 제 2설교는 마무리됩니다. 부지런히 내 곁에 숨겨진 보물을 찾아내시길 바랍니다.

♦ 신명기 27장 성경칼럼

2절 | 너희가 요단을 건너 네 하나님 여호와께서 네게 주시는 땅에 들어가는 날에 큰 돌들을 세우고 석회를 바르라

6절 | 너는 다듬지 않은 돌로 네 하나님 여호와의 제단을 쌓고 그 위에 네 하나님 여호와께 번제를 드릴 것이며

"원수는 물에 새기고 은혜는 돌에 새기라"

물에 새긴다는 것은 흐르는 세월에 모두 잊으라는 것이고 돌에 새기라는 것은 변하지 말고 고마워하라는 의미입니다. 이 속담의 실천이 얼마나 어려운지는 모두 알고 있습니다. 오히려 정반대로 은혜를 원수로 갚는 사례도 흔합니다. 신명기 27장 모세의 제 3차 설교는 돌비와 돌단의 규례로 시작됩니다.

이스라엘 백성들이 가나안 땅에 들어가서 제일 먼저 해야 할 중요한 일이 이것이었던 것입니다. 큰 돌에 글씨를 새기기에 좋게 석회를 발라 율법을 새겨 언약 백성이 확실히 보도록 한 것입니다(2절). 이 돌비는 책이나 통신 수단이 없었던 시대에 하나님의 말씀(뜻)을 전달하는 수단이었습니다. 후에 사도바울은 이 돌비를 예수님의 구속의 성취로 신자의 심비(마음판)에 새겨진 말씀으로 해석하였습니다.

(고후 3:3) "너희는 우리로 말미암아 나타난 그리스도의 편지니 이는 먹으로 쓴 것이 아니요 오직 살아 계신 하나님의 영으로 쓴 것이며 또 돌판에 쓴 것이 아니요 오직 육의 마음판에 쓴 것이라"

율법을 새긴 돌비가 하나님께서 말씀을 인간에게 내려주신 것이라면 돌단은 인간이 희생 제사를 통하여 하나님께 나아가는 것을 상징합니다. 돌단을 쌓을 때는 다듬지 않는 돌이여야 하는데 이는 외양의 아름다움에 눈을 뺏겨서는 안 된다는 뜻입니다(6절). 또한 쇠 연장을 대지 않아야 하는 것은 인간이 만든 어떤 부정한 도구로서 거룩한 제단을 만들 수 없다는 뜻입니다(5절). 자연석을 그대로 사용하듯이 하나님의 말씀은 가감이나 변조나 혼잡이 없는 절대 권위가 있음을 선포하고 있습니다.

(고전 4:6) "..이는 너희로 하여금 기록된 말씀 밖으로 넘어가지 말라 한 것을 우리에게서 배워 서로 대적하여 교만한 마음을 가지지 말게 하려 함이라"

돌단을 저주의 산인 에발 산에 쌓으라는 명령은 죄와 저주가 희생제사로 말미암아 속함을 받게 된다는 것을 나타내 줍니다(4절). 이것은 저주의 언덕인 골고다에서 인류의 죄를 지시고 십자가 고통을 당하신 예수님의 대속 사역의 모형이라고 볼 수 있습니다. 에발 산의 희생 번제를 드린 후에 화목제가 이어지는 의미는 말씀과 더불어 모두가 감사하고 기뻐하는 예배의 속성을 보여주는 것입니다(7절, 렘 15:16, 시 1:2, 시 119:111). 이어지는 그리심 산과 에발 산에서의 축복과 저주의 의식은 돌비와 돌단의 시각적 교육에 이은 청각적 효과로서 깊은 인상을 심어줍니다. 여섯 지파씩을 양편에 나눠 율법 순종 여부로 축복과 저주가 선포됩니다(11-13절).

27장에는 12가지 저주(하나님께 버려짐)가 언급되는데 인간의 죄악 된 심성을 고려한 강력한 경각심을 일깨워 타락을 미연에 방지하기 위해서입니다(14-26절). 12가지 죄악의 공통점은 인간의 눈에 잘 드러나지 않으므로 교묘히 법망을 빠져 나갈 수 있는 성질을 가지고 있습니다. 그러나 하나님의 눈앞에서는 확연하게 드러나기에 저주가 두려워 경성하는 맹세를 아멘으로 복창하고 있습니다. 아멘의 원어 '아만'은 확실하다, 신실하다는 뜻인데 문장이나 대화의 끝에서 사용될 때는 과연 그렇습니다, 그렇게 이루어지기를 빕니다 로 사용됩니다. 율법을 완벽하게 지킬 자는 아무도 없지만 고의로 범죄 치 아니하려는 의지와 노력은 아주 귀하고 아름다운 것입니다(26절). 악함이 쌓이면 재앙을 피할 수 없지만 선한 끈기는 하나님이 반드시 도우십니다.

♦ 신명기 28장 성경칼럼

2절 | 네가 네 하나님 여호와의 말씀을 청종하면 이 모든 복이 네게 임하며 네게 이르리니

15절 | 네가 만일 네 하나님 여호와의 말씀을 순종하지 아니하여 내가 오늘 네게 명령하는 그의 모든 명령과 규례를 지켜 행하지 아니하면 이 모든 저주가 네게 임하며 네게 이를 것이니

"수단인가? 의무인가?"

같은 두 글자의 단어이지만 그 의미와 결과는 엄청난 차이가 납니다. 특

히 신앙생활에 적용되면 흥망성쇠와 영원 세계에서의 갈라짐까지 연결됩니다. 율법을 순종하면 온갖 복을 받는다는 것은 성경의 일관된 메시지인데 문제는 그 다음입니다. 누구나 복을 받고 싶어 율법을 순종하게 되는 것까지는 괜찮아 보입니다. 하지만 인간이란 존재는 보이는 것에 약해서 현실적 복에만 마음을 빼기게 되고 복을 주시는 하나님을 놓치게 됩니다. 율법을 지키는 것이 복을 받기 위한 수단으로 전락하는 순간입니다. 모든 타종교가 기복종교에 잡아 먹혔는데 기독교도 예외가 되지 않는 이유입니다.

그러면 성경에서의 복은 어떤 의미가 있고 어떻게 하여야 받을 수 있을까요? 성경에서 복은 두 가지 차원이 있다고 말씀합니다. 첫째는 물질적이고 현세적인 것으로 이 복은 상대적이며 일시적인 것입니다. 둘째는 영적이고 내세적인 복으로 절대적이고 영원한 것입니다. 구약은 외형적인 물질의 복이 강조되었지만 계시가 완성된 신약시대에는 내적이고 영적인 복(엡 3:16-21)을 말씀합니다.

복(베라카)은 히브리어 동사 '바라크'에서 나온 것으로 '무릎을 꿇다'라는 뜻이며 참된 복의 개념은 인간의 추구로 얻는 것이 아닌 하나님께서 주신다는 것입니다. 순종에 의한 하나님과의 올바른 관계정립에서 복이 주어짐을 확인할 수 있습니다. 복은 인간이 얻는 어떤 유익이 아니라 하나님이 복의 근원이자 복 그 자체라는 결론을 내리고 있습니다(창 15:1).

(시 73:28) "하나님께 가까이 함이 내게 복이라 내가 주 여호와를 나의 피난처로 삼아 주의 모든 행적을 전파하리이다"

그렇다면 율법에 대한 순종은 복을 받기 위한 수단이 아니라 하나님께서 나의 복이 되어 주신 데 대한 의무로 바뀌게 됩니다. 연단 끝에 이 사실을 깨달은 신앙의 위인들은 하나님만을 사랑하며 감사하는 고백을 하게 됩니다(시 62편, 고전 15:10). 신앙생활에서 말씀 순종을 수단이 아닌 의무로 놓을 때 오는 효과는 안전함과 함께 폭발적인 능력을 발휘하게 됩니다. 신명기 28장의 축복과 저주의 선포를 복을 받고 재앙을 피하는 수단이 아닌 하나님을 향한 의무로 볼 때 신앙의 개혁은 일어납니다.

축복(1-14절)보다 저주(15-68절)의 내용이 전율할 정도로 끔찍한 것은 예방 차원을 넘어 의무를 다하지 못한 결과를 강조합니다. 질병, 가뭄, 흉년, 전쟁, 황폐, 빈곤, 재난, 이산으로 괴로움을 당하는데 결국 인간 이하로 떨어집니다. 불순종한 이스라엘에게 자식을 잡아먹는 예언(53-57절)은 실제로 이루어졌고(왕하 6:24-33, 애 2:20) 망국(36-46절)과 방랑(64-65절)은 역사가 증명합니다. 이스라엘의 배신과 회복이 이방 민족에게 은혜를 베푸심과 경고가 되었다는 바울의 언급은 하나님의 신비한 경륜입니다(롬 11:30-31). 말씀의 은혜를 받은 자의 책임과 의무를 뼈저리게 느끼게 됩니다.

♦ 신명기 29장 성경칼럼

13절 | 여호와께서 네게 말씀하신 대로 또 네 조상 아브라함과 이삭과 야곱에게 맹세하신 대로 오늘 너를 세워 자기 백성을 삼으시고 그는 친히 네 하나님이 되시려 함이니라

29절 | 감추어진 일은 우리 하나님 여호와께 속하였거니와 나타난 일은 영원히 우리와 우리 자손에게 속하였나니 이는 우리에게 이 율법의 모든 말씀을 행하게 하심이니라

"그 때가 참 좋았는데.."

과거를 회상하며 나빠진 현재의 모습을 안타깝게 생각하며 던지는 말입니다. 이 상황이 환경 때문이 아니라 사람과의 관계에 관련되었다면 상처와 슬픔은 배가됩니다. 허물과 죄로 점철된 인간관계에서 좋아지는 관계보

다 악화되는 관계가 훨씬 많기에 인생은 고달플 수밖에 없습니다. 그런데 사람과 하나님과의 정상적 관계에서는 점점 좋아지는 관계로 가는 것을 성경은 증거합니다.

신명기 29장에는 모압 평지 언약이 나와 있습니다. 40년 전에 있었던 호렙 산 언약이 출애굽 1세대에게 주어진 것이라면 이 언약은 이스라엘 신세대에게 수여됩니다. 구약의 언약(베리트)이란 동등한 쌍방 약속이 아닌 절대적 힘을 가진 하나님께서 일방적으로 인간과 체결한 것을 뜻합니다. 인격적인 하나님께서 인간의 의지를 무시한 것처럼 보이지만 실상은 하나님의 깊은 인간 사랑이 들어 있습니다. 맨 처음의 하나님과 인간 사이는 창조물과 피조물 관계로 시작되었기 때문입니다. 자유의지를 가진 인간의 불신앙과 불순종은 하나님의 형상을 잃고 전적 타락으로 치달아가고 하나님의 구원의 언약이 시작되었습니다. 그리하여 두 번째의 관계가 하나님이 왕이 되시고 인간은 그의 백성이 되는 언약입니다(13절).

(레 26:12) "나는 너희 중에 행하여 너희의 하나님이 되고 너희는 내 백성이 될 것이니라"

이스라엘에게 율법이 수여되어 구원의 수준은 알게 되었지만 율법을 지킬 수 없는 한계에 메시야를 소망하게 됩니다. 신약에서 예수 그리스도께서 성취한 새 언약으로 모든 죄를 담당하시고 죽으시고 부활하신 결과로 이루어진 것이 아버지와 아들 관계입니다(마 5:9, 롬 8:14-15, 갈 3:26). 율법을 순종하면 축복받는 관계에서 주 예수를 믿으면 구원받는 새 언약의 원리가 수여된 것입니다(행 2:38-39).

모압 평지 언약은 겉으로는 신세대들을 향한 율법에 대한 수여이지만 새 언약의 원리가 담겨 있고 적용되어 있습니다. 첫째, 구원의 백성이 되는데 있어서 신분의 제한이 없는 보편성이 주어졌습니다. 직위, 직업, 나이, 민족, 혈통에 상관없이 차별 없는 구원의 선포(10-13절)는 신약교회의 그림자입니다(롬 10:11-13, 골 3:13). 둘째, 하나님의 구원 언약에는 시간과 공간을 초월하는 통일성을 가지고 있습니다. 위로는 아담으로부터 태어나지 않은 자들까지 언약에 동참하는 자는 누구나 구원의 반열에 오르게 됩니다(14-15절). 하나님께서 율법의 언약에는 없었던 보증물과 보증인으로 예수님을 내어주셨기에 새 언약은 완벽한 능력이 되었습니다(히 7:22).

처음부터 끝까지 책임져 주시는 하나님의 은혜로 인해 우리는 하나님과 더 좋은 관계로 나아갈 수 있는 것입니다. 다만 우리가 경계할 것은 하나님께서 허락한 계시(나타난 일)는 힘써 알아야 하고 감추어진(오묘한) 신적 영역은 하나님의 주권에 맡기는 지혜를 가져야 합니다(29절). 지나친 영적 호기심은 사단이 쳐 놓은 올무일수도 있습니다. 날이 갈수록 주님이 더 좋아 집니다.

♦ 신명기 30장 성경칼럼

11절 | 내가 오늘 네게 명령한 이 명령은 네게 어려운 것도 아니요 먼 것도 아니라
14절 | 오직 그 말씀이 네게 매우 가까워서 네 입에 있으며 네 마음에 있은즉 네가 이를 행할 수 있느니라

"쉬운 일을 어렵게, 어려운 일을 쉽게"

세상의 일을 굳이 분류하자면 쉬운 일, 어려운 일, 쉽기도 하고 어렵기도 한 일로 나눌 수 있습니다. 그러면 하나님께서 주신 율법에 대한 인간의 순종은 어디에 속할까요? 바로 튀어 나오는 대답은 어려운 일이다 일 것입니다. 성경의 역사나 신앙경험으로 볼 때 순종의 실패를 너무나 많이 목격

했기 때문입니다. 그러나 하나님의 말씀을 순종하는 것이 어렵다는 사실적 사고에 혁명을 일으킬 내용의 설교가 30장에 나옵니다.

이해가 어려워서, 지키기 힘들어서 순종에 실패했다는 변명이 통하지 않도록 모세는 강력한 메시지를 선포합니다. 인간의 한계성을 내세워 말씀을 준행할 수 없다는 핑계는 틀렸다고 대못을 박습니다. 첫째, 하나님의 말씀은 깨닫기 쉽고 이해하기 쉬운 '평이성'을 가지고 있다고 설파합니다(11절). 세상의 어떤 가르침보다 수준이 높고 준엄하지만 순수한 믿음을 가지고 대할 때 어린 아이도 알 수 있는 평이함으로 다가 옵니다.

(마 11:25) "그 때에 예수께서 대답하여 이르시되 천지의 주재이신 아버지여 이것을 지혜롭고 슬기 있는 자들에게는 숨기시고 어린 아이들에게는 나타내심을 감사하나이다"

나아가 성령의 감동으로 주어진 믿음을 가진 자는 말씀을 송이 꿀보다 더 달게 먹을 수 있고(시 19:10) 깨달을 수 있습니다(요 14:26). 둘째, 하나님의 말씀은 거리나 시간이나 친밀도에서 아주 가까이 위치하는 '인접성'을 가지고 있습니다. 하늘 멀리, 바다 밖에 있는 것이 아니라 바로 앞에 다가와 있다고 선언합니다(12-13절). 말씀을 저 먼 곳에 있다고 하는 자와 바로 여기 있다고 하는 자의 결과는 하늘과 땅 차이가 납니다.

말씀을 가까이 느끼고 실재화하기 위한 전제조건은 회개입니다. 30장에만 회개를 뜻하는 '돌아와'라는 문장이 무려 6차례나 나옵니다. 하나님의 말씀과 사랑이 바로 앞에 있는데 알아채지 못하는 이유는 회개가 없었기 때문입니다. 셋째, 말씀의 평이성과 인접성을 실용화하는 '반복성'이 있어야 합니다. 귀에 들린 말씀을 묵상으로 마음에 담아두는 것을 반복하는 자는 반드시 행할 수 있다고 확언합니다(14절). 생활공간에 말씀을 만날 수 있도록 조성하고(신 6:6-9, 테필린) 매일 규칙적인 시간을 정해 기도하는 것이 중요합니다(단 6:10).

넷째, 어려운 일인 율법의 준행을 쉽게 할 수 있는 원동력은 '선택성'입니다. 우리는 생명과 복을 주시기 위해 모든 방법을 동원하시는 하나님을 기억할 때 사망과 화를 피하는 선택을 할 수 있습니다(15-19절). 마치 눈앞의 돈 놓고 돈 먹기 같은 단순 구도의 선택에서 재앙을 버리고 생명을 취하는 것은 너무나 쉽고 당연할 것입니다(20절). 탕자의 뉘우침과 행동하는 회개를 기뻐하며 설레어 달려오시는 하나님의 은혜가 바로 우리 눈앞에 와 있습니다(눅 15:11-24). 어려운 일을 쉽게 해낼 수 있는 힘을 주신 삼위일체 하나님을 기뻐합니다(롬 8:3-4).

♦ 신명기 31장 성경칼럼

8절 | 그리하면 여호와 그가 네 앞에서 가시며 너와 함께 하사 너를 떠나지 아니하시며 버리지 아니하시리니 너는 두려워하지 말라 놀라지 말라

18절 | 또 그들이 돌이켜 다른 신들을 따르는 모든 악행으로 말미암아 내가 그 때에 반드시 내 얼굴을 숨기리라

"자의적 사고, 사실적 사고"

어느 sns 프로필에 나온 문장에 '나는 내 마음이 시키는 것만 하기로 했다'를 본 적이 있습니다. 아마 타인을 의식하고 살면서 마음고생을 모질게 한 끝에 위로를 얻고자 한 것 같습니다. 이 흐름은 얼마 전의 베스트셀러 영향이기도 하지만 인본주의 상담학의 행복론(개인주의 중시)과 연결되어 있습니다. 더 깊게 성찰하자면 선악과를 먹고 타락한 인간이 스스로 하나님의 자리에 올라 하는 자의적 사고에서 나오는 말이기도 합니다. 자의적

사고란 자기의 감정과 판단이 전부인 줄 알고 행하는 것을 말하며 다른 시각을 접수하지 못하는 단점을 가지고 있습니다.

죄(하탈티아)의 정의는 '과녁에 빗나가는 것'인데 이 과녁이 '하나님의 뜻(말씀)'입니다. 하나님의 말씀은 인간의 자의적 사고에서 나온 것이 아니라 사실적인 구속 역사를 의미합니다. 지금 우리는 기록된 구속 역사인 성경을 보고 있는 것이고 구약 백성들은 일어난 사실적 사건을 목격하고 있습니다. 신명기 31장을 묵상하며 인간의 사고의 두 형태를 도입한 것은 믿음의 변혁을 위해서입니다. 제가 만나 본 수많은 교인 중에 자의적 사고를 고수하는 사람은 거의 믿음의 길에 들어오지 못했습니다. 반면에 성경의 내용을 사실적 역사로 받아들여 고민을 하는 사람은 영적 갈망이 생기고 믿음의 선물을 받게 되는 것을 목도하였습니다.

모세는 30장까지의 3차에 걸친 긴 설교를 마치고 이제 그의 사후의 조치를 행합니다. 첫째는 후계자인 여호수아에 대한 권위를 온 회중 앞에서 세우고 권면을 하는데 그 핵심은 하나님의 동행입니다(3-7절). 특히 하나님께서 그의 모든 길에 앞서 행하신다는 약속(여호와이레, 창 22:14)은 담대함을 갖기에 충분합니다(8절). 둘째는 율법서를 기록하고 전수하여 교육할 수 있는 시스템을 구축한 것입니다. 모세의 중요한 사역과 모범은 여러 가지이지만 가장 큰 업적은 모세오경을 후대에 물려준 것입니다.

제사장과 장로들에게 이 책을 위탁하면서 공중에게 낭독하고(안식년 초막절) 개인적으로는 힘써 가르치라고 명령합니다(10-13절). 사실적 사건과 율법의 순종 여부에 따라 복과 저주가 따라온다는 것을 분명히 합니다. 그러나 모세는 불행히도 이스라엘이 가나안 땅에 들어가서 배교할 것을 예언합니다(16절). 그리고 그 대가는 하나님의 외면이라고 통탄하며 말씀합니다(17-18절).

"아, 얼굴을 돌리시고, 숨기시고, 침묵하시는 하나님"

허다한 재앙과 고통의 환란과 징계의 채찍을 앞둔 은총의 단절은 정말 저주의 전율을 느끼게 합니다. 이 저주를 피하기 위해서라도 하나님보다 더 중요시하는 것을 의미하는 우상을 절대 섬기면 안 됩니다(16, 18절. 하나님의 언약을 어기는 것은 하나님을 멸시하는 것으로 예민한 감각을 가지고 피해야 합니다(20절, 겔 16:59). 불경건한 악행을 할 때 하나님의 은총은 멈추고 재앙이 임함을 잊지 말아야 합니다(18절, 사 64:7, 유 1:18). 모세의 백성을 향한 사랑은 사실적 사건을 '증거의 노래'를 지어 후대에 부르게 하는 32장으로 이어집니다(19, 22, 30절).

신명기

♦ 신명기 32장 성경칼럼

6절 | 어리석고 지혜 없는 백성아 여호와께 이같이 보답하느냐 그는 네 아버지시요 너를 지으신 이가 아니시냐 그가 너를 만드시고 너를 세우셨도다

11절 | 마치 독수리가 자기의 보금자리를 어지럽게 하며 자기의 새끼 위에 너풀거리며 그의 날개를 펴서 새끼를 받으며 그의 날개 위에 그것을 업는 것 같이

"주목, 집중, 몰입"

학교와 군대와 직장에서 많이 듣던 구호 같은 단어입니다. 눈을 똑바로 뜨고 보아야 하고, 정신을 차려서 마음을 다 해야 하고, 뼈를 깎는 자세로 애써야 한다는 뜻입니다. 주목하고 집중하고 몰입해야만 하는 그 일은 당연히 중대하고 꼭 필요한 일이 틀림없습니다. 모세의 노래로 불리 우고 있는 신명기 32장은 먼저 천지를 증인으로 채택하면서 시작됩니다. 하늘과 땅이 증인이 된다는 것은 본 노래가 '불변성'을 가지고 있다는 선언입니다

(1절). 이 불변성은 '중대성'으로 연결되고 '절대필요성'으로 나아갑니다. 이 말씀을 기억하면 수분이 부족한 척박한 땅에 비와 이슬이 내려 결실을 맺듯이 신앙의 능력으로 나타납니다(2절).

이 내용을 노래로 만들어서 부르게 하는 이유는 이스라엘 백성들이 늘 잊지 않도록 지혜를 발휘하는 것입니다. 모세의 노래는 하나님의 사랑과 공의를 생활 속에서 늘 증거 하는 목적이 있기에 일명 '증거의 노래'로 불리어집니다. 이 노래의 특징은 하나님의 사랑의 속성을 기본으로 하지만 인간의 배교로 인한 진노와 심판의 내용이 훨씬 많습니다. 대중가요가 사랑의 기쁨보다 이별의 아픔에 대한 양이 아주 많은 것과 유사합니다. 경고의 내용이 많은 이유는 지나간 배은망덕한 행위를 적나라하게 고발하며 깨달음과 뉘우침을 주기 위함입니다.

이스라엘(교회, 성도)을 향한 하나님 사랑의 특징을 살펴보겠습니다. 첫째, 무조건적인 사랑으로 그들의 패역함에도 불구하고 은혜를 쏟아 주셨습니다(9절, 사 43:1). 둘째, 변하지 않는 사랑으로 이는 그들의 열조와 맺은 언약을 기억하셨기 때문입니다(10절, 창 17:7). 셋째, 대적들을 용납 치 아니하신 보호의 사랑으로 이스라엘 역사가 증명합니다(10절, 사 43:2, 출 14장). 넷째, 연단시키는 사랑으로 이스라엘을 더 강하고 존귀한 백성으로 만드는 방편입니다(11절, 욥 23:10). 다섯째, 자기 백성(자녀, 6절)을 존귀하게 높이는 사랑으로 하나님의 것인 칭찬과 명예와 영광을 나눠주십니다(13절, 26:19, 벧전 1:7).

이상과 같은 하나님의 놀라운 사랑은 시공간을 초월하여 우리에게도 축복과 연단의 형태로 주어집니다. 최고의 완벽한 보호인 눈동자처럼 '지키시는 사랑'이 언제나 나와 함께 하십니다(10절). 이와는 다른 성격인 독수리 새끼를 날게 하기 위해 어지러운 환경을 조성하시는 신비한 '연단의 섭리'도 있습니다(11절). 인간이 그토록 원하는 안주와 안정과 부요가 무능력한 신앙으로 가는 지름길일 수 있다는 것이 놀랍습니다.

이 노래는 구약에서는 드물게 하나님의 아버지 되심이 나오는데 완전한 보호와 양육을 보장하시는 것입니다(6절). 또한 반석은 견고한 방어 요새를 상징하고 모든 것의 기초가 되시고 생명의 물을 공급하는 하나님을 가르쳐 줍니다(4, 15, 18, 30, 31절). 불러도, 구해도 소용이 없는 허망한 우상을 과감히 파괴하고 주님의 사랑에 즐거이 응답하는 하나님의 사람으로 살아야 하겠습니다(37-43절).

♦ 신명기 33장 성경칼럼

3절 | 여호와께서 백성을 사랑하시나니 모든 성도가 그의 수중에 있으며 주의 발 아래에 앉아서 주의 말씀을 받는도다

6절 | 르우벤은 죽지 아니하고 살기를 원하며 그 사람 수가 적지 아니하기를 원하나이다

"하나님의 나라에도 우열반이 있나요?"

이 질문은 세상과 학교에서의 우열반이 탐탁하지 않다는 전제가 깔려 있습니다. 이 논란은 우열반의 유무에 대한 장단점이 있기에 결국 양비론으로 마무리됩니다. 그러면 하나님의 나라에서와 현세적 신앙생활에서 우열은 어떠할까요? 성경의 전체 내용을 볼 때 우열은 분명히 존재한다고 말씀합니다. 크게는 부활의 차등이 나와 있고(고전 15:35-44) 하늘의 장자 총회(히 12:24)를 소개하고 있습니다. 다스리는 권세는 열, 다섯, 한 고을로 주어지고(눅 19:15-25) 재능도 다섯, 둘, 한 달란트로 구별되어 주어집

니다(마 25:15). 개인을 볼 때에도 사울과 다윗, 베드로와 가룟 유다의 사용됨과 버려짐은 극과 극입니다.

모세 오경은 성경의 원조 압축판으로서 하나님 나라의 우열반을 눈에 확 띄도록 펼쳐줍니다. 신명기 33장은 모세의 임종 전에 이스라엘 12지파에게 유언적인 축도를 하는 내용입니다. 모세는 이 축복의 근원이 하나님께로부터 온 것임을 확실히 하기 위해 하나님의 시내 산 현현(2절)과 율법 수여(3-4절)와 통치자 되심(5절)을 상기시킵니다.

우등반에 속한 지파는 정치적으로는 유다 지파이고 종교적으로는 레위 지파이며 물질적으로는 요셉 지파입니다. 열등반에 속하는 지파는 르우벤 지파와 시므온 지파와 단 지파인데 우등 지파와 반대급부로 영향을 끼치게 됩니다. 육적 장자이었지만 아버지의 침상을 더럽힌(창 35:22) 르우벤 지파는 장자의 명분을 뺏기고 종족 보존만 냉정하게 허락됩니다(6절). 영적이고 정치적인 장자는 관용의 인물인 유다에게 돌아갑니다. 시므온 지파는 연속되는 죄악 때문에 축도에서 사라지고(민 25:14) 금송아지 사건에서 회개와 죄악 척결에 나선 레위 지파(출 32:25-29)가 종교권의 사명을 받게 됩니다.

단 지파는 유다 지파에 이어 두 번째로 강성했지만(민 26:42-43) 우상 숭배의 죄악(삿 18장)으로 말살되어 계시록의 구원 명단에서 삭제되는 비극을 당합니다(계 7장). 결국 이 자리는 요셉의 두 아들 에브라임과 므낫세 지파가 차지함으로서 요셉 지파가 실세적 장자가 됩니다(대상 5:1). 각 지파의 축복 가운데 평범에 속한 그룹이 반 이상 된다는 것은 신자들의 분포도 이와 같다는 것을 이해하는 힌트가 됩니다.

33장에서 특이한 장면은 레위 지파에 대한 축복의 내용입니다. 인구가 작고 토지가 없음에도 영육간의 풍성함을 예언하고 있는데 이 레위인은 신약성도의 예표입니다. 경건한 자이며 말씀을 준행하고 언약을 지키는 자로서의 축복을 받습니다(8-9절). 법도와 율례를 가르치는 교육자이며 분향과 번제를 드리는 예배자로서 영적 사역의 축복을 받고 있습니다(10절). 레위인의 축복은 신약 성도의 우선순위가 예배와 영적 헌신에 있음을 권고하는 말씀과 잇대어 있습니다(롬 12:1). 전적 주권 아래에서 순종하여 행복한 우등반에 거하기를 원합니다(22-29절).

♦ 신명기 34장 성경칼럼

6절 | 벳브올 맞은편 모압 땅에 있는 골짜기에 장사되었고 오늘까지 그의 묻힌 곳을 아는 자가 없느니라

7절 | 모세가 죽을 때 나이 백이십 세였으나 그의 눈이 흐리지 아니하였고 기력이 쇠하지 아니하였더라

"웰빙(well-being), 웰다잉(well-dying)"

인간은 누구나 편안하고 행복하게 살다가 품위 있고 존엄하게 생을 마감하기를 소원합니다. 웰빙도 어렵지만 웰다잉이 더 어려운 이유는 이 둘이 서로 연결되어 있기 때문입니다. 신명기의 마지막 장은 모세의 죽음과 장사와 그의 업적 평가로 마무리됩니다. 여기서 본장의 모세 죽음의 기사를 두고 학자들 간의 논란을 정리할 필요가 있습니다. 잘못하면 성경의 영감설과 무오성에 대한 믿음이 흩트려질 수도 있기 때문입니다.

모세가 자신의 죽음과 사후에 일어났던 일을 기록했을 리는 없습니다. 그렇다면 34장은 그 누군가가 모세의 사망 기사를 덧붙였음에 틀림없습니다. 학자들은 그 누군가의 유력한 후보로 후계자인 여호수아와 대제사장

인 엘르아살과 그 외의 사람으로 보고 있습니다. 이는 히브리 문학에서 위대한 고인의 작품 마지막 페이지는 저자의 사망 기사를 첨가시키는 관례를 미루어 추론하는 것입니다. 엉뚱한 흠을 잡아 성경의 권위를 허물려는 시비에 말려들지 말고 모세오경은 모세의 저작으로 받아들이는 것이 신자의 자세입니다.

모세는 본장에서 두 가지의 칭호가 붙는데 여호와의 종(5절)과 선지자(10절)입니다. 전자는 그의 생애가 자신의 삶과 쾌락보다 하나님의 뜻을 순종한 참 종임을 평가한 것입니다(히 11:24-26). 후자는 자신의 사상을 전한 것이 아닌 하나님의 말씀을 정확히 철저하게 전하는 중재자로 쓰임 받았다는 것입니다. 이 사명을 잘 감당한 모세는 최고의 평판인 그 역할에 있어서 전무후무하다는 칭찬을 받고 있습니다(10절).

모세는 므리바에서의 흠과 율법의 대표자로서의 이유 때문에 분명히 가나안 땅에 들어가지는 못했습니다. 하지만 그의 시체가 남아있지 않았다는 기록은 영적 메시지를 남기고 있습니다(6절). 120세의 나이에도 시력이 약하지 않았다는 것은 병고로 죽지 않았다는 의미입니다(7절). 이 두 가지 사실은 모세의 장례에 하나님이 직접 간섭하였음을 알려줍니다.

(유 1: 9) "천사장 미가엘이 모세의 시체에 관하여 마귀와 다투어 변론할 때에 감히 비방하는 판결을 내리지 못하고 다만 말하되 주께서 너를 꾸짖으시기를 원하노라 하였거늘"

이것은 모세의 무덤이 숭배 대상이 되는 위험성을 차단한 조치이기도 합니다. 예수님과 함께 한 변화 산의 모세 모습은 엘리야의 승천 원리와 연결되는 여운도 남기고 있습니다(마 17:3).모세가 비스가 산에 올라 약속의 땅을 소망하며 죽음을 품위 있고 기쁘게 맞이한 것은 신자의 웰다잉의 모델입니다. 바울(딤후 4:7)과 스데반(행 7:59-60)의 죽음을 맞이하는 모습도 주님과 사귄 신앙의 축적에서 나온 것입니다. 34장은 성경의 칭찬받는 위인들이 선천적 영적 천재가 아니라 하나님의 강요에 순종한 믿음의 사람임을 목격하게 합니다. 보잘 것 없는 주의 종을 강요하여 이끄소서!

여호수아

♦ 여호수아 1장 성경칼럼

5절 | 네 평생에 너를 능히 대적할 자가 없으리니 내가 모세와 함께 있었던 것 같이 너와 함께 있을 것임이니라 내가 너를 떠나지 아니하며 버리지 아니하리니

9절 | 내가 네게 명령한 것이 아니냐 강하고 담대하라 두려워하지 말며 놀라지 말라 네가 어디로 가든지 네 하나님 여호와가 너와 함께 하느니라 하시니라

"복종을 배움으로서 통치를 배웠다"

여호수아서에 들어오면서 떠오른 문장입니다. 복종의 사람 여호수아가 모세에 이은 이스라엘의 새 지도자로 세움을 받습니다. 세상 왕과 같은 코스가 아닌 하나님의 섭리에 따른 지도자이기에 세밀한 통찰이 필요합니다. 여호수아서는 기독교식 성경 분류법에 의하면 역사서(여호수아부터 에스더까지 12권)에 들어갑니다. 그러나 히브리인의 성경 분류법은 여호수아서를 예언서로 취급합니다. 이는 여호수아서가 하나님의 말씀과 뜻이 어떻게 성취되어 가는가 하는 예언적 측면에 초점을 맞춘 기록이라는 뜻입니다. 예언서는 선민으로서 언약 사상에 대한 복종과 불복종이 핵심입니다.

사람이 볼 때는 위대한 지도자인 모세가 죽고 여호수아가 대임을 물려받는 스토리로 보이겠지만 그것은 외적 모습입니다. 여호수아서는 하나님의 언약에 의한 가나안 입성과 정복과 정착이야기로서 주인공은 하나님입니다. 이런 맥락에서 지도자로 세워진 여호수아에게 주어진 첫 번째 메시지가 언약의 확인인 것은 당연합니다(2-4절).

모세가 여호와의 종(1절)이듯이 너도 종으로서 네게 주어진 사명을 받으라는 명령입니다. 모세 사후 1인자가 되었으나 교만하거나 사익을 취할 여지가 전혀 없습니다. 또한 강한 가나안 군대와의 거대한 전쟁을 앞두고 겁을 먹거나 주눅들 필요도 없다고 말씀하십니다. 강하고 담대할 수 있는 이유는 하나님께서 모세와 함께 있던 것 같이 너에게도 함께 하겠다는 약속입니다(5절). 하나님께서 함께 하는 자는 어느 누구도 당할 자가 없습니다.

우리는 이 약속을 철저히 믿는 여호수아를 목격하게 되는데 그 이유는 간단합니다. 바로 그는 모세의 부관으로서 하나님이 함께 한 모세의 많은 행적을 눈앞에서 목격했기 때문입니다. 그는 또한 직접적인 명령 순종으로 아말렉과의 '르비딤 전투'를 승리로 이끌기도 했습니다(출 17:8-16). 시내산의 율법 수여 시 모세와 동행했고(출 24:13-14) 가나안 정탐 때에 신앙적 보고를 한 당사자입니다(민 14:6-9).

하나님의 지명으로 후계자 훈련을 받은 그의 인생 결론은 순종하면 쓰임 받고 불순종하면 저주받는다는 것이었습니다. 하나님의 위로와 용기주심에 대한 그의 할 일은 담력을 얻는 것과 말씀을 붙드는 일입니다(6-9절). 이 내용의 성경적 짝은 주님께서 제자들(우리)에게 주신 지상명령입니다(마 28:18-20). 복음을 위해 헌신한 자는 세상 끝 날까지 주님이 동행합니다. 새 지도자인 여호수아의 첫 명령에 순종한 선봉 지파(12-15절)와 백성들의 순종(16-18절)은 영적 아름다움으로 빛이 납니다. '여호수아(여호와는 구원이시다)'의 신약의 이름은 '예수(자기 백성을 그들의 죄악에서 구원할 자)'인데 여호수아서의 묵상이 기대됩니다.

♦ 여호수아 2장 성경칼럼

11절	우리가 듣자 곧 마음이 녹았고 너희로 말미암아 사람이 정신을 잃었나니 너희의 하나님 여호와는 위로는 하늘에서도 아래로는 땅에서도 하나님이시니라
18절	우리가 이 땅에 들어올 때에 우리를 달아 내린 창문에 이 붉은 줄을 매고 네 부모와 형제와 네 아버지의 가족을 다 네 집에 모으라

"백색 거짓말"

'바보는 꿈도 안 꿀 것을 현명한 사람은 밤새도록 일어나 앉아 걱정 한다.' 여호수아 2장의 칼럼을 구상하면서 떠오른 금언입니다. 그 이유는 백색 거짓말, 즉 선한 뜻으로 둘러댄 거짓말 때문입니다. 백색 거짓말은 라합이 이스라엘의 두 정탐꾼을 숨기고 한 거짓말을 말하는데 예사롭지가 않습니다. 그저 목적이 선하여 과정상으로 거짓말하는 죄를 이해한다고 단정하면 고민할 이유가 없습니다. 감정적으로 동질감을 가지고 보면 되고 경험상으로는 상황윤리를 동원하면 이해가 됩니다. 백색 거짓말은 때로는 인간관계를 돈독하게 하고 불화와 분열을 예방하는 언어의 기술이 되기도 하기 때문입니다.

특별히 라합의 거짓말은 자신과 가족의 구원을 위한 목적이 있고 구속의 역사에서 쓰임 받는 지혜로도 평가됩니다. 신약에서 라합은 믿음의 사람으로 칭찬받고 있으며(히 11:31) 그리스도의 직계 조상이 되는 영광을 누리기도 합니다(마 1:4-6). 신학자들은 라합의 거짓말에 대하여 신앙적 동기로서 이해하고 용서해야 한다는 견해를 펼칩니다. 이스라엘 백성들에게 있어서 진실이란 사실과의 일치를 뜻하지 않고 '하나님께 대한 충실'에 있습니다.

구약적인 상황은 복음이 성취된 신약시대와 달라 선한 목적의 거짓말은 죄로 간주되지 않았다는 성경신학적 해석도 있습니다. 여기까지만 보면 하얀 거짓말은 인간이 필연적으로 갈 수밖에 없는 코스라는 결론을 내리게 됩니다. 여기서 현명한 사람의 고민이 제기 됩니다. 거짓 증거 하지 말라는 십계명의 9계명을 자의의 판단에 의하여 어길 수 있는 틈이 생기게 되는 것입니다.

거짓말을 백색과 흑색으로 인간이 판단한다면 결국 양심의 가책 없이 거짓말하는 것이 대세가 될 것입니다. 지금 우리가 사는 사회 모습이 이 흐름의 결과임을 알 수 있습니다. 백색 거짓말은 인간의 한계상황에서 필요악일지는 모르나 하나님의 허락이 있는 것이라고 합리화하는 것은 절대 있을 수 없습니다. 그러므로 이 사건의 본질은 거짓말을 할 것인가에 있는 것이 아니라 '절대가치에 대한 선택'으로 전환해야 합니다. 라합은 구원이라는 절대 가치를 위하여 백색 거짓말을 한 것으로 보아야 합니다. 그녀는 하나님께서 하신 일(홍해 도하와 아모리 두 왕 전멸 사건)을 듣고 믿었습니다(9-11절). 매국노가 될지언정 자기에게 온 구원의 기회를 굳게 붙잡은 영적 선택이 이 사건의 본질입니다(12-14절).

이 믿음의 기사를 우리 현실에서 보면 예수 믿고 구원받는 절대가치를 위해서는 그 어떤 것도 포기하는 행동으로 적용될 수 있습니다. 주님께서는 구원을 못 받게 하는 '어떤 것(신체부위, 가족, 목숨, 재물)'이라도 버리라고 과격하게 명령하십니다(마 5:29-30, 마 10:34-39, 마 6:24). 여리고성 정복을 위한 여호수아의 치밀한 작전(1절)과 두 정탐꾼의 세밀한 지혜(14-20절)는 라합의 선택이 영적 가치였음을 증명합니다. 오직 붉은 띠를 내린 라합 가문만이 구원받았듯이(6:17, 25) 우리도 예수님의 보혈로만 구원받았음을 믿습니다(벧전 1:18-19). 구원은 신분에 있지 않고 오직 예수님을 믿는 은혜에 있음을 증거하고 있습니다(행 16:31).

♦ 여호수아 3장 성경칼럼

5절 | 여호수아가 또 백성에게 이르되 너희는 자신을 성결하게 하라 여호와께서 내일 너희 가운데에 기이한 일들을 행하시리라

17절 | 여호와의 언약궤를 멘 제사장들은 요단 가운데 마른 땅에 굳게 섰고 그 모든 백성이 요단을 건너기를 마칠 때까지 모든 이스라엘은 그 마른 땅으로 건너갔더라

"그 때 내가 거기 있었더라면..."

이 말은 가정법이지만 잘 적용하면 큰 유익을 얻을 수 있습니다. 선인과 악인은 평소에는 함께 어우러지며 잘 구별되지 않지만 결정적인 순간에 진면목이 나옵니다. 세상의 평가와 비교할 수 없는 영적 선악의 갈라짐은 내세와 연결되기에 아무리 강조해도 지나치지 않습니다. 결정적인 시간에 진리의 선택을 하기 위한 훈련방법이 있다면 무엇일까요? 바로 성경의 사건 속에 들어가 자신을 대입하여 생각하고 적용하는 작업을 하면 됩니다. 기도 종류 중의 하나인 관상기도의 형태와 비슷합니다.

여호수아서 3장으로 보자면 요단 강 도하를 앞둔 '그 때에 내가 거기 있었다면 어떠했을까'로 들어가는 것입니다. 지금 40년의 광야생활이 마감되고 약속의 땅 가나안이 눈앞에 보입니다. 요단강이 앞을 막고 있는데 모맥을 거두는 시기여서 강물이 언덕에 흘러넘치고 있습니다(15절). 그런데 하나님께서는 배를 준비하신 것이 아니라 언약궤를 멘 제사장을 선두로 강물로 들어가라고 명령합니다(6절). 여기에 다른 선택은 없고 발을 내딛을 것인가와 아닌가의 두 길밖에 없습니다. 성경에는 이스라엘 공동체가 순종하였고 요단 강물이 멈추어 건너는 행복한 결과를 가져옵니다(14-17절).

이제 나의 차례인데 '나도 그렇게 순종했을까'라는 도전입니다. 대답은 각자의 몫이겠지만 이스라엘 200만 명의 순종 이유를 배우는 것이 중요할 것입니다. 첫째, 요단 강 도하전의 준비과정입니다. 지도자 여호수아가 아침 일찍부터 영적 준비를 하고 하나님의 명령을 받습니다(1절). 성급하게 도하하지 않고 3일간의 유숙 기간 동안 유사들을 통한 결속과 성결의 행동 지침을 교육합니다(2-5절). 둘째, 하나님의 임재와 인도를 상징하는 언약궤를 멘 제사장을 선두로 하여 따르게 한 것입니다. 홍해 도하 때는 모세가 지팡이를 들고 직접 사역했지만 요단 도하는 여호수아가 제사장들에게 명령하는 간접사역을 하도록 합니다. 이는 광야에서 훈련받은 신세대들이 말씀 순종의 기회를 인격적으로 받은 것과 믿음의 시스템이 갖춰진 것을 보여줍니다.

셋째, 발을 내딛는 순종의 행동을 통해 요단 강물이 완벽히 멈추고 마른 땅을 건너게 하십니다(17절). 만약 이 적극적인 믿음의 구사가 없이 기다리기만 했었다면 요단 강물은 멈추지 않았을 것입니다. 우리의 신앙생활에서도 말씀을 확실히 믿는다면 기다리는 것보다 행동해야 한다는 원리가 나옵니다.

(막 9:23) "예수께서 이르시되 할 수 있거든 이 무슨 말이냐 믿는 자에게는 능히 하지 못할 일이 없느니라 하시니"

홍해 사건을 통해 모세의 지도권이 확립되었듯이 요단 도하 사건은 여호수아의 권위를 세우는 결과를 가져옵니다(7절). 말씀을 믿고 명령에 순종하는 이스라엘 공동체의 성장된 모습을 보며 우리도 큰 도전을 받게 됩니다.

(전 11:1) "너는 네 떡을 물 위에 던져라 여러 날 후에 도로 찾으리라"

♦ 여호수아 4장 성경칼럼

6절	이것이 너희 중에 표징이 되리라 후일에 너희의 자손들이 물어 이르되 이 돌들은 무슨 뜻이냐 하거든
9절	여호수아가 또 요단 가운데 곧 언약궤를 멘 제사장들의 발이 선 곳에 돌 열둘을 세웠더니 오늘까지 거기에 있더라

"비가 오면 생각나는 그 사람.."

가수 심수봉의 히트송 '그 때 그 사람'의 첫째 소절 가사입니다. 비가 오면 생각나는 사람이니 비는 그 사람의 모토(moto)가 되는 셈입니다. 생각과 정서가 부호화되어 비와 개인의 추억이 연결되어 있습니다. 이 노래는 심수봉 개인에게는 떠난 그 사람이 주인공이지만 어떤 사람에게는 연상을 몇 번 거쳐 궁정동 안가를 떠오르게도 합니다. 육적 세계의 유물과 기념물은 세워질 당시의 의미를 후세에게 전해 교훈을 삼고자 하는 목적이 있습니다. 그렇다면 영적 세계의 기념물 이야기는 깊은 통찰을 할 때 놀라운 영적 유익을 줄 것은 당연합니다.

하나님께서는 영적인 망각이 극심한 인간에게 기념비라는 매개체를 교육의 도구로 사용하십니다. 특별히 성경(두루마리)이 보편화되지 않았던 구약시대에 시각적 기념비는 필수적인 것이었습니다. 3장이 요단 도하 사건의 언약궤에 초점을 맞춘 것이었다면 4장은 같은 기사이지만 기념비에 대한 내용을 강조합니다. 각 지파에서 1명씩 파송된 12명이 12개의 돌을 어깨에 메어 가져옵니다(2-5절). 강 가운데 언약궤를 멘 제사장들이 섰던 곳에서 가져온 돌로서 길갈에 기념비를 세우게 합니다. 기념비를 세운 목적은 요단강이 갈라져 마른 땅이 되게 하신 하나님의 구원의 전능성을 후세에게 증거하고 전하는 것입니다(6-7절, 21-24절). 과거의 중요한 사건이 오늘에 어떤 의미를 주기 위한 것으로 기념비가 사용되었습니다.

여기서 주목할 것은 9절에 나오는 요단 강 가운데 세워진 또 다른 12돌 기념비입니다. 물이 멈췄을 때 언약궤를 멘 제사장들이 섰던 곳은 다시 물이 덮일 것인데 왜 굳이 그 곳에 기념비를 세웠을까요? 여러 논란이 있지만 요단 강물속의 열두 돌은 비록 보이지는 않을지라도 이스라엘 백성들의 마음 가운데 세워진 효과가 있을 것이라는 해석입니다. 요단강을 볼 때마다 상기할 것이고 수심이 낮아질 때는 기념비의 상부가 보일 가능성도 있습니다.

요단 도하의 표징은 여호수아의 지도력에 대한 권위가 모세와 같아지는 결과를 가져오게 됩니다. 영적 세계의 권위는 공포심에 의한 두려움이 아닌 하나님께 잇댄 경외심에 의한 두려움임을 알 수 있습니다. 하나님의 기적은 구원에 대한 표징이 되고 이를 기념함으로서 하나님을 경외하는 목적으로 가게 합니다(24절). 구약의 기념비가 하나님께서 주신 신앙의 증거 표라면 신약의 성도는 말씀의 경험이 영적 기념비가 됩니다.

링컨은 9살 때에 어머니가 소천하면서 물려준 성경책이 기념비가 되었고 '위스키와 담배에 손대지 말라'는 유언을 마음판에 새기고 지킴으로 하나님의 종으로 쓰임 받았습니다. 저는 초신자 때 받았던 하나님의 약속을 잊지 않고 살아왔는데 함께 나누기를 원합니다.

(렘 32:41) "내가 기쁨으로 그들에게 복을 주되 분명히 나의 마음과 정성을 다하여 그들을 이 땅에 심으리라"

하나님께서 마음과 정성을 다해 우리를 가꾸시고 키우신다니 너무나 행복하고 힘이 납니다. 고난이 올 때도 배후에 하나님의 마음과 정성을 볼 수 있는 시각이 생겼습니다.

♦ 여호수아 5장 성경칼럼

3절 | 여호수아가 부싯돌로 칼을 만들어 할례 산에서 이스라엘 자손들에게 할례를 행하니라

14절 | 그가 이르되 아니라 나는 여호와의 군대 대장으로 지금 왔느니라 하는지라 여호수아가 얼굴을 땅에 대고 엎드려 절하고 그에게 이르되 내 주여 종에게 무슨 말씀을 하려 하시나이까

"범상치 않은 사람"

평범하지 않고 뛰어나고 대단한 무언가가 있는 사람에 대한 말입니다. 대체적으로 좋은 쪽의 평가로 쓰이지만 악한 면에서 쓰인다면 큰 경계를 해야 합니다. 인간은 자연인으로서는 악의 경향성이 강합니다. 그러나 하나님의 은총을 받으면서 선한 방향의 범상치 않은 사람으로 변화됩니다. 5장에 들어서며 여호수아는 영적으로 범상치 않은 행적을 보여줍니다. 이는 모세의 부관으로서 하나님의 섭리와 능력의 여러 유형을 선 체험한 결과라고 볼 수 있습니다. 요단강을 건너와 길갈에 진을 친 이스라엘은 지금 가나안 정복 전쟁을 앞두고 있습니다. 우리가 이미 섭렵해 온대로 이 전쟁은 세속의 일반 전쟁이 아닌 성전(Holy War)입니다. 이것을 너무나 잘 알고 있는 여호수아는 하나님의 명령에 따라 범상치 않은 몇 가지 실행을 합니다.

첫째는 언약 백성의 구별된 외적 표시인 할례(창 17:10-14)를 시행한 것입니다(2-8절). 광야에서의 불순종으로 중단되었던 할례를 시행함으로 가나안 땅에 들어간 그들로서는 반드시 성별된 백성임을 인식해야 했던 것입니다. 학자들은 이스라엘 인구 비율로 볼 때 약 70만 명의 남자가 이 때 할례를 받았을 것이라고 추론합니다. 인간적 계산으로는 몇 배나 강한 군사력을 가지고 있는 적군을 앞에 두고 대규모의 할례를 시행한다는 것은

무모한 일입니다. 우리는 과거 할례의 고통으로 몰살당했던 세겜족의 경우를 이미 알고 있습니다(창 34:15-25). 할례 시행이 요단 도하의 기적을 보고 사기가 꺾인(1절) 적군 때문일 것이라고 생각하면 오해입니다. 할례의 시행은 철저하게 하나님과의 올바른 관계 정립을 위한 율법 순종입니다. 우리는 신앙생활에서 하나님과의 관계에 얼마나 우선순위를 두고 있는지 점검해야 합니다.

둘째는 광야에서 두 번째 유월절(민 9:1-14)을 지킨 후에 중단되었던 유월절을 지키는 일입니다(10절). 할례와 마찬가지로 언제 기습당할지 모르는 상황에서 종교 행위는 무모하고 위험해 보입니다. 그러나 유월절의 원형은 절대 권력인 애굽에서 출애굽을 한 것이기에 가나안의 군대도 능히 이길 수 있는 확신을 주게 되는 것입니다.

셋째는 여호와의 군대 장관을 만난 여호수아가 엎드려 절하며 전심으로 겸손하게 헌신한 내용입니다(13-14절). 이스라엘의 최고 사령관은 사람이 아닌 하나님이심을 고백하는 것이며 그 힘을 얻어 지휘하겠다는 뜻입니다. 여호와의 군대장관은 13절에는 사람의 모습으로 묘사되었지만 6장 2절에는 하나님인 것으로 나타나 있습니다. 구약에서 간혹 육신을 덧입고 사람의 형상으로 찾아오신(창 16장, 창 22:11-18, 출 14장, 단 4:25) 제 2위의 성자 예수님의 현현을 여기에서 만나게 됩니다.

이제 유월절을 지나면서 광야의 만나 시대는 끝이 나고 가나안 땅의 소산을 먹는 새 시대가 시작되었습니다(10-12절). 이것은 신약 시대에서 성령을 받은 신자가 책임을 가지고(죄의 신을 벗고) 사역하는 것을 예표 합니다(15절) 신약성도는 성령을 따라 행하고 전신갑주를 취하는 실천의 책임이 주어졌습니다(갈 5:16, 엡 6:13).

♦ 여호수아 6장 성경칼럼

2절 | 여호와께서 여호수아에게 이르시되 보라 내가 여리고와 그 왕과 용사들을 네 손에 넘겨 주었으니

16절 | 일곱 번째에 제사장들이 나팔을 불 때에 여호수아가 백성에게 이르되 외치라 여호와께서 너희에게 이 성을 주셨느니라

"초월성의 믿음, 평범 속의 믿음"

현재 한국 개신교 생태계를 분석하면 마치 가시떨기 밭과 유사합니다. 가시떨기 밭에 씨가 뿌려지면 가시가 씨를 찔러 싹이 나지 못하게 합니다. 복음의 씨앗을 받지 못하게 하려는 강력한 준동이 작동하고 있습니다. 개신교 신앙의 모습을 우스꽝스럽게 만들고 조롱하는 분위기가 만연합니다. 언론과 문화계에 스며든 유물론과 실존주의와 실용주의는 개신교를 최대의 적으로 삼고 미련하다는 프레임(틀)을 씌우고 있습니다. 그런데 한번만 깊이 생각하면 기독교는 그 외면이 본질적으로 미련한 모양새를 가지고 있었습니다. 바울 사도는 십자가의 도가 세상 사람들에게는 미련하게 보인다고 이미 정의하였습니다.

(고전 1:18) "십자가의 도가 멸망하는 자들에게는 미련한 것이요 구원을 받는 우리에게는 하나님의 능력이라"

미련하게 보이는 복음은 믿는 신자에게는 하나님의 능력이 됩니다. 세상이 기독교 영적 세계를 미련하게 보는 이유는 하나님께서 인간이 이해하지 못하는 방법으로 일하시기 때문입니다. 아브라함에게 백세에 난 아들을 번제로 바치라고 하신 것이나 가나안 족속의 몰살을 명령하신 것은 인간의 머리로는 이해할 수 없는 것입니다. 위의 두 가지는 정말 깊이 묵상하고 연구해야 알 수 있는 대속의 복음과 죄의 정체를 통찰해야 알 수 있는 영역입니다.

6장의 이스라엘의 여리고 정복은 우리의 사유한계를 초월하여 영안이 열려야 볼 수 있는 경이로운 사건입니다. 결과로서는 초월적이고 경이로운 사건이지만 과정은 너무나 평범한 방법을 사용하셨습니다. 난공불락의 철옹성인 여리고성을 정복할 수 있는 인간적 전략은 막강한 군사력과 뛰어난 무기였을 것입니다. 그러나 하나님의 지시는 아주 간단하고 쉽고 평범합니다. 성을 침묵하며(10절) 6일 동안 돌고 7일째는 7번 돌고 마지막에 큰 소리로 외치라는 것입니다. 전제 조건이 있다면 제사장들이 일곱 양각 나팔을 언약궤 앞에서 불며 행진하는 것입니다(4절). 이를 정확하게 순종한 결과 여리고성은 한방에 무너져 내렸습니다. 결국 단순 구도로 보자면 이스라엘 공동체는 평범한 방법에 순종했고 하나님께서는 경이롭게 역사하셨습니다.

이스라엘이 순종할 수 있었던 힘은 바로 하나님의 약속을 붙든 믿음임은 신약은 해석해 주고 있습니다(히 11:30). 하나님께서는 일어나지 않을 일을 이미 일어난 것처럼 완료형으로 선언하셨습니다. 2절의 '네 손에 넘겨주었으니'와 5절의 '무너져 내리리니'는 주권적 승리의 확정 선포입니다. 조금도 미동이 없었던 여리고성의 철저한 무너짐과 일순간의 멸망은 마지막 세상 심판의 모형입니다(20절).

이 사건은 세상에서 세속의 성을 쌓고 기독교를 우습게보던 자들이 한순간에 멸망당하는 순간이 오고 있음을 보여줍니다(벧후 3:9-10). 세상에서 조롱받는 그리스도인의 미련함(예배, 기도, 헌신 등)이 하나님 앞에 드려질 때 얼마나 놀라운 결과를 가져오는지 체험하는 6장의 스토리입니다.

(고전 1:25) "하나님의 어리석음이 사람보다 지혜롭고 하나님의 약하심이 사람보다 강하니라"

♦ 여호수아 7장 성경칼럼

5절 | 아이 사람이 그들을 삼십육 명쯤 쳐죽이고 성문 앞에서부터 스바림까지 쫓아가 내려가는 비탈에서 쳤으므로 백성의 마음이 녹아 물 같이 된지라

18절 | 삽디의 가족 각 남자를 가까이 나아오게 하였더니 유다 지파 세라의 증손이요 삽디의 손자요 갈미의 아들인 아간이 뽑혔더라

"누울 자리를 보고 발을 뻗어라"

무슨 일이든 상황을 잘 봐가면서 분수에 맞게 행동하라는 뜻입니다. 이 말을 사기를 치려는 사람에게 적용하게 되면 살벌한 결과를 가져옵니다. 속을 사람이 아닌 강자에게 거짓말로 이익을 취하려 한다면 벼락같은 징벌이 떨어지기 때문입니다. 우리나라가 일본의 100배도 넘는 사기 사건이 벌어지고 있다는 사실은 경악할 일입니다. 왜냐하면 일본은 인구의 1%가 기독교인인데 우리나라는 적어도 기독교권 인구 비율이 20%는 되기 때문입니다. 기독교 윤리의 핵심이 정직(8, 9계명)인데 한국 기독교인의 대부분은 가짜이거나 아니면 영향력이 거의 없다는 결론에 이르게 됩니다.

기독교인이 도적질과 거짓말을 하는 원인은 하나님 앞에서 사는 신전신앙이 없어서입니다. 직설적으로 말하면 하나님을 속일 수 있다고 생각하는 것입니다. 소수의 사람은 잠시 속일 수는 있지만 많은 사람을 장기적으로 속이는 것은 불가능한데 감히 하나님을 어떻게 속이겠습니까?

(렘 16:17) "이는 내 눈이 그들의 행위를 살펴보므로 그들이 내 얼굴 앞에서 숨기지 못하며 그들의 죄악이 내 목전에서 숨겨지지 못함이라"

여호수아 7장은 아이 성 전투의 패배에 대한 이야기입니다. 연이은 승리에 고무되었던 이스라엘 공동체에 이 패배는 대 충격을 가져옵니다(2-5

절). 과연 패배의 원인은 무엇일까요? 작은 원인으로는 잇단 승리에서 나온 자만심과 작은 전쟁으로 본 방심입니다. 중간 원인은 여호수아가 전쟁은 하나님께 속하였다는 것을 잊고 하나님의 뜻을 묻지 않은 경솔함입니다. 핵심 원인은 공동체에 범죄의 덩어리인 아간을 품고 있었던 것입니다. 여리고성 전투에서 하나님께 바친 물건(6:17)을 도적질한 아간은 탐심 때문에 하나님을 속인 극악성의 범죄를 저질렀습니다(11절). 아간 한 명의 범죄가 이스라엘 전체 백성에게 심판으로 임한 이유는 언약 공동체이기 때문입니다(1절).

신약교회로서의 우리도 은혜와 부흥의 축복이 하나님의 능력에 의한 것이 아닌 인간의 노력으로 여기면 안 됩니다. 나아가 교회의 분위기를 범죄를 묵인하는 방향으로 조성하면 안 된다는 교훈도 받게 됩니다. 이는 범죄자 아간을 정확히 뽑아내는 제비뽑기의 위력을 실감하는 것에서 나온 것입니다. 네 차례(지파, 족속, 가족, 남자)의 제비뽑기로 아간이 지목된 것은 경이적인 확률입니다(16-18절).

하나님께서 이 과정 속에서도 자발적으로 회개할 기회를 주시기 위해 성결케 하는 시간(13절, 16절)을 주신 것은 깊은 은혜의 손길입니다. 하나님과의 정직한 관계가 얼마나 중요한지를 보여주는 이 사건이 후세에 기억되고 교훈이 되도록 아골 골짜기가 만들어집니다(24-26절). 진영 바깥 멀리 아골(고통, 괴로움, 슬픔) 골짜기를 조성함으로서 죄악을 단호하게 멀리 제거하시는 하나님을 만나게 됩니다. 죄악 가운데에서 통회 자복하여 정직한 영이 회복되는 다윗의 길을 사모합니다.

(시 51:12) "주의 구원의 즐거움을 내게 회복시켜 주시고 자원하는 심령을 주사 나를 붙드소서"

♦ 여호수아 8장 성경칼럼

23절 | 아이 왕을 사로잡아 여호수아 앞으로 끌어 왔더라
30절 | 그 때에 여호수아가 이스라엘의 하나님 여호와를 위하여 에발 산에 한 제단을 쌓았으니

"재빠른 사람"

좋은 의미로는 동작과 눈치가 빨라 능률을 내는 사람을 칭할 때 쓰입니다. 부정적으로는 나쁜 일을 냄새 맡고 이익에 약삭빠른 행동을 할 때 붙이는 말이기도 합니다. 일반적으로 부지런한 몸가짐과 생각으로 자기 역할뿐만 아니라 주변을 돌보는 사람은 업적을 내고 인정받게 됩니다. 하지만 그리스도인이 여기에서 멈춘다면 세상에서는 모범생으로 살지 몰라도 영적으로는 미흡합니다. 영적으로 재빠른 사람이란 표현이 낯설기에 '영적감각이 예민한 일군'으로 바꾸어 부르겠습니다.

7장의 아간이 탐심에 약삭빠른 사람이라면 8장의 여호수아는 영적으로 예민한 인물로 등장합니다. 아이 성 전투의 패배는 여호수아에게 치명적인 타격을 줍니다. 그에게 패배 자체보다 더 심각한 것은 하나님의 능력이 함께 하지 않으면 어떻게 할 것인가의 문제였습니다. 철저한 회개(7:6)와 죄악의 청산(7:16-26)이 이루어진 후에 하나님의 격려와 함께 아이 성 정복 명령이 주어집니다(1-2절). 영적 재소명과 함께 감각이 살아난 여호수아는 이제 철저히 명령에 따라 전쟁을 시행합니다. 하나님이 지시한 전쟁 방법은 고지대에 위치한 아이 성에 맞춘 복병전술이었습니다(2절). 여리고성 때와는 다른 주도면밀한 매복(4절)과 유도전술(6절)과 협공작전(19절)을 펼칩니다.

전심전력으로 치른 일사불란한 전투는 완벽한 승리를 가져오고 두 번 실수는 없었습니다(10-29절). 여기에서 여호수아와 이스라엘 공동체는 승리를 만끽하는 것으로 나아가지 않고 의외의 행동(?)에 들어갑니다. 장엄한 종교 의식을 집행하는데 에발 산에 단을 쌓고(30절) 제사를 드리고(31절) 율법을 돌에 새기고 백성들 앞에서 낭독합니다(32-35절). 이 행동은 결코 쉬운 것이 아니며 영적 감각을 가져야만 나올 수 있는 것입니다. 일반적 감각으로는 전쟁의 수습과 다음 전쟁 준비가 당연한 가운데 나온 영적 선택이기 때문입니다.

아이 성에서 에발 산까지는 20마일(32km)로 이틀이 걸려야 갈 수 있는 거리입니다. 이 모든 순종은 여호수아의 즉흥적인 결정이 아닌 모세에게 명령한 것을 실천한 것입니다(신 27:4-8). 여호수아는 가나안 땅의 불안한 정세에 신경 쓰는 것보다 하나님과의 관계에 우선순위를 두는 영적 선택을 하였습니다. 요새 대신 제단을 쌓고 승전비 대신에 율법을 새긴 돌비를 세움으로 이스라엘의 영적 사기를 북돋아 주고 있습니다.

이 모습은 현대 그리스도인들이 주일예배 대신 다른 일을 선택하여 영적 타격을 입게 되는 것에 대한 경계비입니다. 저주의 상징인 에발 산의 돌비와 제사(번제와 화목제)를 깊이 묵상하면 죄악의 세상을 속량하기 위해 오신 그리스도의 희생을 떠오르게 합니다(요 1:29). 황량한 산기슭에서 축복과 저주의 온 율법을 모든 사람이 조용하게 끝까지 듣고 있는 이 모습은 실패를 거쳤기에 나오는 영적 아름다움입니다(34-35절).

(시 107:20) "그가 그의 말씀을 보내어 그들을 고치시고 위험한 지경에서 건지시는도다"

♦ 여호수아 9장 성경칼럼

4절 | 꾀를 내어 사신의 모양을 꾸미되 해어진 전대와 해어지고 찢어져서 기운 가죽 포도주 부대를 나귀에 싣고

14절 | 무리가 그들의 양식을 취하고는 어떻게 할지를 여호와께 묻지 아니하고

"연극성 인격 장애"

얼마 전 전화 상담을 하다가 난감한 상황을 만났습니다. 영화와 드라마에 나오는 이야기와 인물과 대사까지 다 자기를 본 따서 꾸민 것이라고 하는 것입니다. 관심을 과하게 받아 주인공이 되고 싶은 '연극성 인격 장애'임을 알아차리고 상담을 마무리했습니다. 이런 심리적 이상 증세는 조심해야 하지만 성경을 읽으면서 자신을 대입하여 적용하는 일은 권장할 만합니다. 권장이라는 단어를 채택한 것은 적용을 너무 앞세우면 성경을 지나치게 풍유적으로 보거나 무리한 영적 해석을 하는 방향이 될 수도 있기 때문입니다.

여호수아 9장을 묵상하면서 이 내용은 다름 아닌 나와 우리의 이야기라는 생각이 들었고 귀한 적용이 마음에 들어왔습니다. 핵심 내용은 가나안 족속 중의 하나인 기브온 족속이 이스라엘과 우여곡절을 겪고 조약을 맺으며 화친한 것입니다. 다른 여섯 족속들이 동맹을 맺고 이스라엘을 공격하려는 것(1-2절)과 정반대의 길을 선택하였습니다. 기브온 족속들이 이 선택을 한 이유는 하나님과 함께 한 이스라엘과 대적하면 멸망할 것이 틀림없기 때문입니다(3, 9-10절).

기브온 족속이 꾸민 계략은 정체를 숨기는 거짓말과 그에 맞는 변장과 상황에 맞는 도구를 준비한 것입니다(4-13절). 저들의 거짓말과 술수는 잘

못되었고 그 대가도 치르지만 살아남기 위한 열심과 노력은 지혜로 평가될 수 있습니다. 예수님께서 유명한 불의한 청지기의 비유(눅 16:1-9)를 통해 행동은 책망하지만 그 지혜만은 칭찬하신 것을 소환할 수 있습니다. 그리스도인이란 미래의 영생을 위하여 현재를 잘 준비하는 성격의 삶을 사는 자라고 정의하신 것입니다.

이제 여호수아와 이스라엘 백성들의 모습으로 들어가 보겠습니다. 여호수아는 바로 전에 아이 성의 패배와 승리를 체험하면서 하나님의 뜻을 묻고 순종하는 훈련을 치렀습니다. 작은 범사와 모든 매사에 하나님의 뜻을 여쭙고 순종해야 마땅한데 이 큰 조약 사건에 다시 잊어버립니다(14-15절). 당시에는 대제사장에게 있는 우림과 둠밈을 통해 하나님의 뜻을 바로 알 수 있었는데도 말입니다. 하나님의 뜻을 놓친 결과는 속임수에 넘어간 것이었고 후유증으로 그들을 종으로 삼게 됩니다. 비록 본의가 아닌 조약이지만 하나님의 이름을 걸고 한 약속이기에 이스라엘 공동체는 기브온 족속을 영입하게 됩니다(18-21절). 하나님의 말씀과 언약은 나의 생각과 달라도 순종하는 자세를 배울 수 있습니다.

이 사건은 겉으로 볼 때는 매끄럽지 못한 모양으로 보이지만 하나님의 수습에는 은혜의 손길이 함께 하였습니다. 함의 아들 가나안의 후손들에게 예언한 형제를 섬기는 종이 되는 성취가 실제로 이루어졌습니다(창 9:25). 기브온 족속은 비록 허드렛일을 맡은 종이지만 그 일이 성막의 일(27절)이기에 영적인 영광으로의 인도가 되었습니다(시 84:10). 기브온 족속이 정직하게 구원에 접근하지 않았음에도, 여호수아의 또 한 번의 경솔함에도, 하나님께서는 합력하여 선을 이루셨습니다(롬 8:28). 나의 연약함과 허물에도 끝까지 책임지시는 주님께 신실한 지혜를 구합니다.

♦ 여호수아 10장 성경칼럼

13절 | 태양이 머물고 달이 멈추기를 백성이 그 대적에게 원수를 갚기까지 하였느니라 야살의 책에 태양이 중천에 머물러서 거의 종일토록 속히 내려가지 아니하였다고 기록되지 아니하였느냐

42절 | 이스라엘의 하나님 여호와께서 이스라엘을 위하여 싸우셨으므로 여호수아가 이 모든 왕들과 그들의 땅을 단번에 빼앗으니라

"수상 소감"

인생에서 찬란한 시간 중의 하나가 상을 받을 때일 것입니다. 노벨상과 최고 권위의 영화와 음악, 스포츠 분야에서 원톱의 상을 받는다면 그 영광은 황홀할 것입니다. 최고의 상을 받게 되면 수상 소감을 하게 되는데 멋진 대사와 최상의 제스처가 나오게 되어 있습니다. 그런데 세상 영광을 받는 자리에서 하나님께 영광을 돌리는 수상 소감이 많은 이유는 무엇일까요? 그들은 인생의 최고 업적은 하나님께서 주시는 힘이 아니면 이룰 수 없다는 것을 체험한 그리스도인이기 때문입니다.

여호수아 10장에 나오는 가나안 남부 점령 기사는 하나님께 붙들려 사는 자의 능력을 극적으로 보여줍니다. 하나님의 능력에 인간의 믿음과 용기가 화답할 때 어떤 위대한 일이 일어나는지 선연히 증거 합니다. 여호수아의 생애 속에 이처럼 영광스런 경험은 없었을 것입니다. 전대미문의 전무후무한 승리의 기사가 휘감기는 내용(14절)이 압도적입니다. 여호수아가 이때를 기억하며 수상소감을 한다면 상상 이상의 형용사가 동원될 것입니다.

먼저 기브온 족속의 구원 요청으로 시작된 벧호론 전투에서 태양이 종

일토록 멈춘 사건입니다(13절). 인간은 불가능한 일을 말할 때 태양을 동원하여 증거 하는데 그 태양을 하나님께서 종일토록 멈추게 한 것입니다. 이 기적은 하나님께서 여호수아의 기도에 응답하셔서 일어났습니다. 적군이 하나님께서 보내신 우박을 맞고 많이 죽었지만 살아서 도망가는 자들을 완전 섬멸하기 위한 낮의 길이를 늘려 달라는 기도에 응답하신 것입니다(11-12절). 천지만물을 주관하시는 주권자이심을 계시함과 함께 가나안인들(자연인들)이 섬기는 일월성신(우상)의 무력함도 일깨워 주십니다. 이 기적은 적군의 섬멸이 최종 목표가 아닙니다. 하나님께서 신자의 기도에 어떠한 기적을 베풀어서라도 응답해 주시는 분이심을 꼭 알려주시고 싶으신 것입니다(눅 17:6).

두 번째의 영광스런 간증은 8번에 걸친 이스라엘 군대의 승리 행진입니다(28-42절). 산지와 평지를 가리지 않고 싸웠다 하면 승리했는데 승리의 요인은 아주 간단합니다. 여호수아에게 하나님의 지혜와 능력이 함께 했고(8절) 하나님의 도구로서 붙잡혀서 전심전력을 다했기 때문입니다(40절). 하나님 나라의 사역 원리는 우리는 비록 약하지만 우리를 능하게 하시는 하나님으로 인해 능력을 나타내는 것입니다.

(고전 1:25) "하나님의 어리석음이 사람보다 지혜롭고 하나님의 약하심이 사람보다 강하니라"

신자의 빛나는 일생은 얼마만큼 자신의 욕망을 제어하고 하나님의 능력에 힘입는지와 비례합니다. 무식한 어부 베드로도, 겁쟁이 기드온도, 의심 많은 도마도, 위기 속의 한나도 하나님을 붙잡는 믿음으로 인생역전을 이룹니다. 기적을 이루는 믿음의 기도자로 나아가겠습니다.

♦ 여호수아 11장 성경칼럼

4절	그들이 그 모든 군대를 거느리고 나왔으니 백성이 많아 해변의 수많은 모래 같고 말과 병거도 심히 많았으며
9절	여호수아가 여호와께서 자기에게 명령하신 대로 행하여 그들의 말 뒷발의 힘줄을 끊고 그들의 병거를 불로 살랐더라

"우리는 누구나 다 아기였다"

만약 누가 자신은 태어날 때부터 뚜벅뚜벅 걸었고 솥단지도 번쩍 들었다고 한다면 어떻게 반응하시겠습니까? 제 정신이 아니라고 웃어 버릴 것입니다. 인간의 신비는 처음부터 강하게 태어나지 않았다는데 있습니다. 누군가가 돌봐야 하고 지극한 사랑을 받지 아니하면 살 수 없는 존재가 인간입니다. 육신이 자랐다고 사람 구실을 하는 것이 아니라 소위 철이 들어야 인간 역할을 하게 되어 있습니다. 성경의 대 주제는 하나님과 인간입니다. 하나님에 대해 바로 알아야 하듯이 인간에 대해서도 정확히 배워야 합니다.

여호수아 11장은 중부(6-8장)와 남부(10장) 지역에 이어 북부 점령 사건으로 그토록 갈망하던 가나안 전체 땅의 정복이 실현되는 내용입니다. 이 전쟁의 곳곳에 이전의 철부지 어린 아이 같던 이스라엘 공동체가 철이 든 성인이 된 모습들이 발견됩니다. 물론 이 모습들은 영적으로 성숙해졌다는 의미입니다.

영적인 어린아이의 특징(고전 3:1-3)은 자기 생각을 앞세우고 자기 좋을 대로 행하고 자기 힘으로 할 수 있다고 하는 것입니다. 이것에 어긋나면 불평하고 핑계대고 자폭하기도 합니다. 출애굽 제 2년에 있었던 가나안 정탐꾼 10명과 동조한 이스라엘 백성들의 모습이었습니다. 가나안 땅의 아낙 자손을 보고 자신들은 메뚜기 같다고 외친 장면이 소환해 보겠습니다.

(민 13:33) "거기서 네피림 후손인 아낙 자손의 거인들을 보았나니 우리는 스스로 보기에도 메뚜기 같으니 그들이 보기에도 그와 같았을 것이니라"

이제 45년이 흘러 가나안 족속 중에서 가장 먼저, 크게 두려움을 주었던 아낙 사람을 맨 마지막에 진멸하는 흥미로운 장면이 펼쳐집니다(21-22절). 자기 힘을 의지할 때는 불가능한 것을 하나님의 능력으로 할 수 있다는 것으로 전환된 것입니다. 신앙의 장성함의 척도는 과거에 어렵다고 생각한 일이 이제 하나님의 힘으로 쉽게 할 수 있는 상태가 되는 것입니다. 가나안 왕 31명을 완악하게 하여(방임하여) 온갖 방법으로 대항하도록 한 것(4절)은 이스라엘이 하나님의 역사를 체험케 하는 과정입니다. 만약 그들이 조약을 맺어 화친의 상황을 만들었다면 인간의 수완으로 되었다고 착각할 수도 있는 것입니다.

영적 성인의 증표가 하나님의 능력만을 의지하는 것이라면 결정적인 실천이 9절에 나옵니다. 전쟁의 전리품인 말의 뒷발 힘줄을 끊고 병기를 불태우는 순종입니다. 예전 같으면 전력의 실체인 말과 병기를 없애는 것은 상상도 못할 일이 아니겠습니까? 여호수아에게 주어졌던 하나님의 위로와 격려(1:5-6)와 승리(23절)가 지금 우리에게도 임합니다. 전제는 나의 재능과 지식과 재물보다 하나님을 더 의지하는 것입니다.

♦ 여호수아 12장 성경칼럼

6절 | 여호와의 종 모세와 이스라엘 자손이 그들을 치고 여호와의 종 모세가 그 땅을 르우벤 사람과 갓 사람과 므낫세 반 지파에게 기업으로 주었더라

24절 | 하나는 디르사 왕이라 모두 서른한 왕이었더라

"정리의 달인"

정리란 혼돈을 질서 있게 하는 것이고 문제를 바로 잡으며 나아가 분류하고 종합하는 것을 말합니다. 물건 정리를 잘 하는 것부터 난제를 지혜롭게 처리하는 능력까지 사용 범위가 넓습니다. 정리를 잘 하는 사람이 선하고 못하는 사람은 악하다고 하면 오류가 납니다. 오히려 정리에 약한 사람이 착한 사람이 많기에 정리는 선악의 기준보다 능률에 관한 것으로 보는 것이 맞습니다. 그러므로 리더는 능률을 내야 하는 사명이 있기에 지도자 자질의 하나로서 정리하는 훈련은 꼭 받아야 합니다.

광범위한 정리의 분야가 있겠지만 가장 중요한 분야는 인생 전환에 대한 정리입니다. 예를 들어 학창시절의 낭만을 결혼생활에도 지속하려고 하면 정리가 안 된 사람이 됩니다. 신앙생활에서 가장 중요한 정리는 세상과의 관계를 정리하는 것입니다. 세상과 하나님을 동시에 섬길 수 없는 인간의 한계를 절감해야 합니다(마 6:24).

(고후 6:15) "그리스도와 벨리알이 어찌 조화되며 믿는 자와 믿지 않는 자가 어찌 상관하며"

여호수아 12장은 가나안 정복을 마치고 가나안 땅의 분배를 앞둔 상태에서 전쟁의 역사를 정리하는 내용입니다. 왜 지금 과거의 사건을 회고하며 정리하는 것이 필요했을까요? 가나안 정복사를 기술하는 것은 전쟁의 전체를 살펴봄으로서 온갖 악조건 속에서 오직 하나님의 도우심으로 승리했음을 확인하는 목적이 있습니다. 과거에 함께 하셨던 하나님의 절대 주권을 알고 믿을 때 앞으로도 하나님과 동행할 수 있는 것입니다.

먼저 정리한 요단 동편의 두 왕(아모리 시혼, 바산 옥)을 징벌한 전쟁은 모세의 지도하에 치러진 것입니다(1-5절). 이 전쟁은 택한 백성을 해하는 자들의 멸망을 보여주는 의미가 있습니다(민 21:21-35). 이 전쟁의 대승은 후에 이스라엘에게는 가나안 본토 전쟁에서의 사기를 높여주고 가나안 거민들에게는 두려움과 공포를 안겨주는 효력을 끼치게 됩니다. 이어서 여호수아가 정복한 요단 서편 땅의 범위와 왕의 이름이 순서에 따라 나옵니다(7-24절). 남부 지역의 16명의 왕과 북부 지역의 15명의 왕의 이름을 상세히 기록하고 있는 이유는 무엇일까요? 하나님께서 가나안 땅을 주시겠다는 신실한 언약의 실현을 보여 주시는 것입니다. 비록 자그마한 성읍 국가들이긴 하지만 이토록 많이 운집되어 있는 땅을 어찌 이스라엘의 힘으로 정복할 수 있겠습니까?

이 가나안 정복 사건은 신약의 성도들에게 영적 전쟁의 원형과 그림자를 보여줍니다. 우리에게는 영적 가나안인 천국이 약속되어 있고 현재형으로도 펼쳐져 있습니다(눅 17:20-21). 이스라엘의 고군분투처럼 우리들도 의의 싸움을 해야 한다는 것입니다(엡 6:10-18). 여호수아서의 기자가 정복사를 총 정리한 것은 세상 것으로만 살지 말고 하나님이 주시는 것으로 살고 분투하라는 단순 메시지입니다.

여호수아

♦ 여호수아 13장 성경칼럼

1절 | 여호수아가 나이가 많아 늙으매 여호와께서 그에게 이르시되 너는 나이가 많아 늙었고 얻을 땅이 매우 많이 남아 있도다

6절 | 또 레바논에서부터 미스르봇마임까지 산지의 모든 주민 곧 모든 시돈 사람의 땅이라 내가 그들을 이스라엘 자손 앞에서 쫓아내리니 너는 내가 명령한 대로 그 땅을 이스라엘에게 분배하여 기업이 되게 하되

"두 집 살림"

듣는 순간 나쁜 사람의 이미지가 생성됩니다. 집은 가정을 뜻하기에 두 마음을 가지고 이중생활을 하는 것이 떠오르기 때문입니다. 이런 세속의 이미지와는 다르게 그리스도인은 영적인 두 집 살림을 하는 것으로 성경은 말씀합니다.

(엡 1:21) "모든 통치와 권세와 능력과 주권과 이 세상뿐 아니라 오는 세상에 일컫는 모든 이름 위에 뛰어나게 하시고"

'이 세상'과 '오는 세상'의 주권자가 되시는 주님을 따라 사는 존재가 그리스도인입니다. 이것을 어거스틴은 '하나님의 도성'으로 표현했습니다. 성도는 육신은 분명히 땅을 딛고 의지하며 살지만 마음의 소망은 하늘나라를 절실히 소망하는 자입니다.

(빌 3:20) "그러나 우리의 시민권은 하늘에 있는지라 거기로부터 구원하는 자 곧 주 예수 그리스도를 기다리노니"

신학적인 용어로는 천국의 성격을 '이미(already) 왔는데 아직(yet)' 오지 않은 것으로 정의합니다. 성경은 구원받은 과거 완료(히 9:12)와 함께 구원받을 것의 미래형(롬 5:9-10)을 함께 쓰고 있으며 그 과정을 성도의 성화(롬 6:6-7)라고 말씀합니다. 성화의 과정이 바로 신앙생활이라면 그 자세가 어떠해야 할 것인지는 매우 중요합니다. 여호수아 13장의 가나안 땅의 분배 과정은 이 주제에 대한 힌트를 주고 있습니다. 7년간의 가나안 정복 전쟁은 이제 마무리가 되어서 땅의 분배와 정착의 수순으로 들어갑니다. 그런데 하나님께서는 앞으로 얻을 매우 많은 땅이 남아 있다고 말씀하십니다(1절). 아직 정복할 땅이 많음에도 분배와 정착을 지시하시는 이유가 무엇일까요? 상황적 이유로는 전쟁의 후유증으로 공동체가 재충전을 해야 하고 여호수아가 전쟁 수행을 쉬어야 할 나이가 된 것을 들 수 있습니다.

그러나 본질적 원인은 이스라엘이 정착에서 오는 영적 해이로 매너리즘과 퇴폐에 빠지는 것을 방지하기 위함입니다. 미정복지를 남겨 두어 계속 이스라엘이 긴장하고 경성하며 협력하여 분투해야 할 것을 원하신 것입니다. 하지만 하나님께서는 그 땅의 소유권을 이미 확인하심으로 정복을 기정사실화 하였습니다(6절). 이는 우리의 구원이 예수님의 완벽한 대속으로 이미 성취된 것과 같은 의미입니다.

(요 5:24) "내가 진실로 진실로 너희에게 이르노니 내 말을 듣고 또 나 보내신 이를 믿는 자는 영생을 얻었고 심판에 이르지 아니하나니 사망에서 생명으로 옮겼느니라"

나이가 든 여호수아를 향한 하나님의 배려는 마치 자상한 어버이의 모습을 연상하게 됩니다. 인생 황혼기에 후세대들에게 남은 정열과 경륜을 바쳐 순종하는 여호수아의 모습은 그리스도인의 롤모델입니다. 우리 모두 앞서간 믿음의 선배를 따라 정진하여 분투하는 성화의 과정이 되기를 기도합니다.

(빌 3:12) "내가 이미 얻었다 함도 아니요 온전히 이루었다 함도 아니라 오직 내가 그리스도 예수께 잡힌바 된 그것을 잡으려고 달려가노라"

♦ 여호수아 14장 성경칼럼

2절 | 여호와께서 모세에게 명령하신 대로 그들의 기업을 제비 뽑아 아홉 지파와 반 지파에게 주었으니

12절 | 그 날에 여호와께서 말씀하신 이 산지를 지금 내게 주소서 당신도 그 날에 들으셨거니와 그 곳에는 아낙 사람이 있고 그 성읍들은 크고 견고할지라도 여호와께서 나와 함께 하시면 내가 여호와께서 말씀하신 대로 그들을 쫓아내리이다 하니

"남의 떡이 커 보인다"

사람의 심리는 참 묘해서 분명히 같은 크기의 떡임에도 다른 사람에게 있는 것이 더 커 보입니다. 이 마음까지는 그럴 수 있다고 넘어가는데 문제는 남보다 내가 더 많이 가져야 속이 편해지는 심보에 있습니다. 인간의 욕구는 자연스러운 것이지만 타인보다 우월하려는 방향을 타면 탐욕의 죄가 되어 부작용이 일어납니다(골 2:5). 신앙생활의 우상이라고 볼 수 있는 탐심에 대한 경계는 경건생활의 주요 과목입니다. 이 훈련을 통과하지 못하여 열등감을 계속 표출하면 대인관계를 망치기 쉽습니다.

여호수아 14장은 요단 서편의 땅을 분배하는 내용이 나오는데 인간의 탐욕에 대한 주제와 연결되어 있습니다. 땅이 기업이 되는 구약시대에 각 지파는 분배되는 땅의 크기와 위치에 신경을 곤두세우고 있을 것이 분명합니다. 이를 너무나 잘 알고 있는 지도자(종교:엘르아살, 정치:여호수아, 혈연:족장들)들이 택한 방법은 제비뽑기입니다. 이 방법은 인간의 지혜에서 나온 것이 아니라 하나님께서 여러 번 지시하신 것입니다(2절, 민 26, 33, 36장).

만약 상의와 타협에 의해 기업의 분배가 이루어졌다면 많은 시간이 걸리고 온갖 후유증이 발생했을 것입니다. 세상에서의 제비뽑기는 운명에 맡긴다는 측면에서 도박성 행위로 나아가기가 쉽습니다. 그러나 성경의 제비뽑기는 하나님의 절대주권을 나타내고 결정된 내용을 절대 순종하는 신앙고백으로 가게 됩니다.

(잠 16:33) "제비는 사람이 뽑으나 모든 일을 작정하기는 여호와께 있느니라"

하나님의 절대주권은 신약에서 하나님을 토기장이로, 인간을 진흙으로 비유함으로 확인하고 있습니다(롬 9:19-21). 나아가 이 사상은 유대인에게만 적용되는 것이 아니라 이방 나라와 모든 인류에게 미치고 있음을 성경은 증거 합니다(단 4:35). 그런데 하나님의 절대주권을 강조하는 제비뽑기와 대조되는 반전의 이야기가 14장에 등장합니다. 갈렙이 유다 자손과 함께 여호수아에게 와서 헤브론 땅을 제비뽑기 없이 취할 수 있도록 요구합니다(6절). 이 장면을 단순히 보면 특권의식의 소산으로 보이지만 성경을 통전적으로 보면 희생정신의 발로로 위대한 신앙 행위입니다. 갈렙은 가까이는 45년 전의 모세로부터 받은 약속을 성취하기를 원한 것입니다(민 14:24, 30). 멀리는 아브라함에게 약속한 헤브론 땅(창 13:15)에 아낙 자손이 거하는 상태(민 13:27-33)를 속히 격멸하겠다는 열정을 보인 것입니다(12절).

가나안 정탐꾼 시절(40세)의 기개를 45년의 세월(85세)이 흘렀음에도 더욱 강하게 하여 실현하는 갈렙의 신앙은 너무나 멋있고 훌륭합니다. 나이가 들고 의욕이 떨어지는 보통 사람의 급이 아닌 말씀의 약속을 붙든 신앙의 사람을 목격하고 있습니다. 바울 사도도 나이는 들었지만 더욱 연단된 믿음으로 빛나는 사역을 할 수 있음을 간증합니다. 하나님의 뜻이라면 절대순종하고 나에게 맡겨진 사명이라면 목숨 다해 충성하는 길을 가기를 원합니다.

(고후 4:16) "그러므로 우리가 낙심하지 아니하노니 우리의 겉 사람은 낡아지나 우리의 속사람은 날로 새로워지도다"

♦ 여호수아 15장 성경칼럼

1절 | 또 유다 자손의 지파가 그들의 가족대로 제비 뽑은 땅의 남쪽으로는 에돔 경계에 이르고 또 남쪽 끝은 신 광야까지라

17절 | 갈렙의 아우 그나스의 아들인 옷니엘이 그것을 점령함으로 갈렙이 자기 딸 악사를 그에게 아내로 주었더라

"꿈은 이루어진다?"

꿈은 안 이루어진다는 것을 누구나 압니다. 꿈 대신 소원과 갈망과 신념을 집어넣으면 어느 정도의 성취를 이룰 수도 있습니다. 어느 정도라는 뜻은 불확실한 성취도를 말하는데 그나마도 희망이 되기에 적극적인 사고방식은 위력이 있습니다. 이와는 반대로 하나님의 약속은 완전하고 그 성취는 실제화 됩니다. 인간의 죄악과 불성실로서 수많은 곡절을 겪지만 결과적으로는 성취됩니다. 인간의 연약함에도 불구하고 하나님의 언약이 이루어지는 이유는 바로 하나님의 열심 때문입니다. 만약 인간의 의지와 노력과 행위에만 기인했다면 살아남을 사람은 아무도 없었을 것입니다.

여호수아 15장에 들어서면서 드디어 가나안 땅의 분배가 실행됩니다. 계모를 범하므로 영적 장자 권을 잃은 르우벤 지파를 건너뛰고 유다 지파가 영광스럽게 선두로 제비를 뽑습니다. 우리는 여기에서 야곱의 열 두 아들에 대한 예언과 유다에 대한 장자 권 축복이 완벽하게 성취되는 것을 확인할 수 있습니다.

(창 49:8) “유다야 너는 네 형제의 찬송이 될지라 네 손이 네 원수의 목을 잡을 것이요 네 아버지의 아들들이 네 앞에 절하리로다”

분명히 무작위의 제비뽑기로 했는데 하나님의 전적 주권이 함께 한 것입니다. 종교와 정치의 요충지(예루살렘, 헤브론, 베들레헴)와 좋은 땅을 차지한 것도 예언의 실현입니다(창 49:11-12). 하나님의 축복은 인간(유다 지파)의 행위보다는 하나님께서 그 약속을 지키시는 것에 근거한 것입니다. 구속사의 획기적 사건들(이삭 출생, 성령강림, 교회의 영광)은 하나님의 약속에 의한 것으로 지금 우리에게까지 와 있습니다. 다만 온 마음으로 갈망하는 주의 종들의 그릇에 은혜와 축복들이 부어집니다(왕상 8:23).

15장에도 우리의 모델이 될 만한 한 인물이 등장하는데 갈렙의 딸 악사입니다. 갈렙은 헤브론 미 정복지인 드빌을 쟁취하는 자에게 딸을 아내로 주겠다고 선언합니다(14-19). 용감한 웃시엘이 나섰고 그 뜻을 이루게 되었는데 그는 후에 초대 사사로 쓰임 받습니다. 여기서 악사가 시집가면서 아버지에게 많은 것을 요구하는 장면은 중요한 의미가 있습니다. 철없고 이기적인 어린아이 같은 모습이지만 어디선가 많이 본 광경이 아닙니까? 나아가 갈렙의 인자한 눈길과 자비와 복 주심은 누가 떠오르지 않습니까?

하나님 앞에 서서 무조건 달라고 조르고 고집부리는 우리의 모습이 오버랩 되고 있습니다. 허물 많은 우리의 신앙생활은 어쩌면 결핍에 몸부림치며 거룩한 욕심을 부리는 과정이라고도 볼 수 있습니다.

(눅 11:13) "너희가 악할지라도 좋은 것을 자식에게 줄 줄 알거든 하물며 너희 하늘 아버지께서 구하는 자에게 성령을 주시지 않겠느냐 하시니라"

♦ 여호수아 16장 성경칼럼

4절 | 요셉의 자손 므낫세와 에브라임이 그들의 기업을 받았더라
10절 | 그들이 게셀에 거주하는 가나안 족속을 쫓아내지 아니하였으므로 가나안 족속이 오늘까지 에브라임 가운데에 거주하며 노역하는 종이 되니라

"초신자 때 필수적으로 해야 할 일"

흥미진진한 주제입니다. 처음 예수님을 믿고 교회에 다니는 사람을 기신자와 구별해 초신자라고 부릅니다. 흔히 교회는 다니지만 예수님을 인격적으로 영접하지 않은 사람도 이에 속합니다. 초신자의 기준을 교회 출석 기간으로 재는 것이 아님은 눈치 채셨을 것입니다. 초신자가 믿음의 성숙을 이루어 훌륭한 일군으로 쓰임 받는 것은 현세와 내세의 양면에서 최고의 축복입

니다. 성경에는 이 축복을 받고 처음부터 나중까지 유지한 부류와 그렇지 못한 부류로 나누어집니다. 그 갈림길은 처음부터 크게 차이 난 것이 아니라 아주 미세한 그 어떤 차이점에 의하여 영향을 받고 결과로 나타납니다.

저수지 둑이 간혹 작은 개미들의 잦은 왕래에 의하여 무너질 수도 있듯이 죄의 침투도 이럴 수 있다는 것입니다. 수풀 속에 은밀히 감추어진 위장된 올무가 짐승을 잡듯이 영적 대적자의 함정이 우리 주변 어디 있는지 찾기 어렵습니다. 이스라엘 백성들이 가나안에 정착하는 것은 광야 생활과는 다른 차원이 열린 것을 의미합니다. 자율적인 생업으로 하나님의 뜻을 구현하는 책임이 주어진 것입니다. 이스라엘은 초창기의 영적 선택과 습관이 장기간의 신앙 양식으로 굳어지는데 초신자도 초기에 어떤 방향성을 잡는가가 중요합니다.

여호수아 16장은 유다 지파에 이어 요셉지파가 두 번째로 제비뽑기를 합니다. 요셉지파는 에브라임과 므낫세 두 지파의 기업을 받게 되는데 차자이지만 장자의 명분을 차지한 에브라임 지파가 먼저 언급됩니다. 에브라임 지파의 출발은 요셉에게 준 축복(창 48:17-22)으로 가나안 중앙 지역의 비옥한 땅을 분배받음(5-9절)으로 창창하게 시작됩니다. 이후의 에브라임 지파는 유다 지파와 쌍벽을 이루는 힘으로 예언의 성취가 이루어짐을 알 수 있습니다.

문제는 에브라임 지파가 정착 과정에서 한 가지 중대한 실수를 저지르는데 이것은 두고두고 화근이 됩니다(10절). 하나님께서 귀에 못이 박히도록 강조했던 가나안 족속을 완전히 쫓아내는 일을 안 한 것입니다.

(민 33:55) “너희가 만일 그 땅의 원주민을 너희 앞에서 몰아내지 아니하면 너희가 남겨둔 자들이 너희의 눈에 가시와 너희의 옆구리에 찌르는

것이 되어 너희가 거주하는 땅에서 너희를 괴롭게 할 것이요"

그 이유는 '게셀의 가나안 사람들'이 사소하게 보여 교만한 관용을 베푼 것일 수도 있고 종으로서의 이용가치를 감안한 실용적 사고일 수도 있습니다. 하지만 하나님의 명령을 분명히 어긴 대가는 차츰차츰 우상숭배에 빠져 버렸고 왕국 시대에 이르러 북이스라엘의 참혹함을 불러오게 됩니다(왕상 12:25-33). 에브라임 지파가 중심에 섰던 북이스라엘은 압도적인 10지파로 시작되었지만 우상숭배에 빠져 선한 왕이 거의 없었고 남유다보다 126년 일찍 멸망했습니다. 작은 죄와 불순종 같았지만 신앙의 여정에서는 이것이 막대한 불행으로 진행됨을 볼 수 있습니다. 초신자 때의 말씀 순종의 결단을 실천하지 아니할 때 하나님께서 사용하시는 용사로 나아갈 수 없음을 배우게 됩니다. 내 주변의 불신앙 문화와 미혹하는 사람을 쳐내는 행동의 시급함을 과제로 받습니다.

♦ 여호수아 17장 성경칼럼

6절 | 므낫세의 여자 자손들이 그의 남자 자손들 중에서 기업을 받은 까닭이었으며 길르앗 땅은 므낫세의 남은 자손들에게 속하였더라

18절 | 그 산지도 네 것이 되리니 비록 삼림이라도 네가 개척하라 그 끝까지 네 것이 되리라 가나안 족속이 비록 철 병거를 가졌고 강할지라도 네가 능히 그를 쫓아내리라 하였더라

"경쟁, 상부상조, 사랑할 사람"

컴퓨터나 휴대폰에는 '설정'이란 프로그램이 있습니다. 이 설정에 맞추어서 기계는 돌아가기에 원하는 것을 해 놓지 않으면 작업을 할 수가 없습니다. 인간관계에서도 설정은 매우 중요해서 잘 맞춰 놓아야 합니다. '서로

도와서 살아야 하는 관계(상부상조)'를 '경쟁의 상대'로 맞추어 놓으면 큰 일이 나고 불행할 수밖에 없습니다. 사랑의 관계인 부부와 신뢰할 친구 사이를 경쟁상대로 설정해 놓으면 행복을 누릴 수 없습니다. 이런 사실을 잘 알고 있음에도 이 설정이 잘 안 되는 이유는 하나님께서 주신 뜻을 잊거나 이기주의에 함몰되어 있기 때문입니다.

여호수아 17장에는 이스라엘 공동체의 상부상조가 잘된 사례와 시행착오를 겪는 경우가 나와 있습니다 . 전자의 사례는 므낫세 자손인 슬로브핫의 딸들에 대한 기업의 분배가 순조롭게 실행된 것입니다. 이미 지나온 칼럼(민 27장, 36장)에서 배운 것처럼 여성에 대한 상속법이 완성되어 실시가 되었습니다(3-6절). 여성 인권이 찬란하게 열매 맺는 순간이고 이스라엘 공동체의 어느 누구도 이의를 제기하지 않습니다. 하나님의 뜻이라면 순종하는 상부상조의 문화가 형성된 것이고 이는 기독교가 전파된 곳에서 여성의 권익이 향상되는 원형이 됩니다.

후자의 사례는 요셉지파가 두 지분임을 강조하며 한 기업으로서 제비뽑기를 한 것에 대한 불평을 여호수아에게 한 기사입니다(14절). 이 불평의 근거는 상대적 빈곤을 생각하며 지파 진영 논리만 의식한 근시안적 사고입니다. 므낫세 반(half) 지파는 이미 요단 동편의 기업을 받았고 서편의 땅도 다른 지파에 비해 결코 작지 않았습니다. 그럼에도 항의를 한 것은 험지를 배분받았다는 것과 철병거를 가진 가나안 군대에 대한 두려움이 생겼기 때문입니다(16절). 믿음이 떨어지면 생기는 현상으로 우리의 현실에도 이 도전은 수도 없이 생깁니다. 이에 대한 여호수아의 대처는 이들의 시각을 반전시키는 지혜를 발휘합니다. 먼저 믿음이 약화된 것을 보고 하나님의 옛 언약을 상기시킵니다(17절).

(창 48:22) "내가 네게 네 형제보다 세겜 땅을 더 주었나니 이는 내가 내

칼과 활로 아모리 족속의 손에서 빼앗은 것이니라"

어떤 곳이든지 하나님과 함께 하는 담대함으로 정복하여 가지라는 권면입니다(18절). 우리의 언어로 표현하면 주어진 환경이 험할지라도 그 곳을 복음의 미개척지로 알고 개간하라는 뜻입니다. 내게 주어진 지경의 형세가 험하고 상대방이 강하게 보여도 십자가의 군병은 능히 정복할 수 있다는 것입니다. 우리의 믿음생활의 성패는 하나님을 바라보는 믿음의 용기에 달려 있음을 보게 됩니다.

여호수아가 불평하는 요셉 지파에게 정복할 땅을 제시한 것은 그리스도의 남은 고난을 성도에게 허락하신 주님의 뜻과 유사합니다. 우리에게 주어진 상대를 경쟁이 아닌 사랑으로 보는 시각은 위대한 교회로 나아가게 합니다.

(골 1:24) "나는 이제 너희를 위하여 받는 괴로움을 기뻐하고 그리스도의 남은 고난을 그의 몸된 교회를 위하여 내 육체에 채우노라"

♦ 여호수아 18장 성경칼럼

3절 | 여호수아가 이스라엘 자손에게 이르되 너희가 너희 조상의 하나님 여호와께서 너희에게 주신 땅을 점령하러 가기를 어느 때까지 지체하겠느냐

11절 | 베냐민 자손 지파를 위하여 그들의 가족대로 제비를 뽑았으니 그 제비 뽑은 땅의 경계는 유다 자손과 요셉 자손의 중간이라

"그림자도 이렇게 절묘한데 실체는 어떨까?"

그림자는 실체를 어렴풋이 보여주는 것입니다. 그런데 그림자만 보았는데도 그 절묘함에 감탄했다면 실체의 수준은 무어라 형용할 수 없을 것입니다. 성경의 구약은 신약의 그림자 같은 성격을 가지고 있습니다. 구약의

사물과 인물과 사건은 구원의 실체인 신약의 예수님을 보여주는 그림자라는 의미입니다. 그렇다고 구약의 모든 내용을 그리스도의 풍유(allegory)로 해석하면 무리수를 두게 되고 오석 할 수도 있습니다. 구약 해석은 1차 독자의 시각을 이해하기 위해 기록 당시의 언어, 사고, 풍습, 문화, 종교 등을 선이해해야 할 수 있는 작업입니다. 나아가 세속의 지식이 아닌 하나님의 경륜을 믿는 믿음과 고백으로 나아가야 작게나마 영적 광맥에 접근할 수 있습니다. 제가 쓰고 있는 성경 칼럼도 구약은 신약보다 몇 배의 연구를 해야 쓸 수 있는 이유도 여기에 있습니다.

여호수아 18장에 들어서며 성경 해석의 서론을 도입한 이유는 제비뽑기의 절묘함 때문입니다. 가나안 땅의 분배를 진행하는데 있어서 제비뽑기는 하나님의 명령이었습니다. 그러나 성경 전체로 볼 때 제비뽑기는 구약 초기에 실행되어 차지하는 비중은 아주 제한적입니다. 구약에서도 선지자의 등장 이후에는 거의 사용된 적이 없고 사도 시대(행 1:26)에 잠깐 사용되었을 뿐입니다. 결론적으로 신약 시대의 성경이 완성된 이후에는 제비뽑기 대신 성경만이 하나님의 뜻을 판단하는 유일한 기준이 되었습니다(계 22:18-19).

이렇게 그림자의 성격을 갖고 제한적이었던 제비뽑기가 베냐민 지파의 땅을 분배하는 결과에서 절묘한 섭리를 보여 줍니다. 지금까지 요단 동편(모압 평지)과 서편(길갈)의 분배에서 제외되었던 7지파가 여호수아의 책망을 받고(3절) 지도를 그려옵니다(4-9절). 이제 새로운 성막이 세워진 실로에서 제비뽑기에 들어갑니다(10절). 베냐민 지파가 분배받은 영토에 대한 소개가 나오는데 남으로는 유다 지파와 접하고 북으로는 요셉 지파 사이의 동편에 위치합니다(11절). 이 땅을 분배받은 베냐민 지파는 동복형인 요셉 지파의 곁에서 유대감을 돈독히 하게 됩니다. 또한 이 땅은 전략적 도로가 있는 요지로서 베냐민 지파는 호전적 기질을 가지게 되는데 일찍이 야곱의 예언에 대한 성취로 볼 수 있습니다(창 49:27).

유다 지파와 접하게 된 것은 남북 왕국 분열 시에 유일하게 유다 지파와 결속하게 되는 요인으로 작용합니다. 남유다에 참여한 것은 정통인 다윗 편에 서고 하나님의 성전을 고수하는 축복을 누린 것입니다. 더 깊은 광맥은 이 내용은 이미 모세의 예언에 있었고 때가 되어 그대로 적중되었다는 사실입니다.

(신 33:12) "베냐민에 대하여는 일렀으되 여호와의 사랑을 입은 자는 그 곁에 안전히 살리로다 여호와께서 그를 날이 마치도록 보호하시고 그를 자기 어깨 사이에 있게 하시리로다"

구약 초기의 하나님의 뜻을 알려준 제비뽑기의 영광이 그림자라면 실체인 성경 말씀의 영광과 권능은 어떠할지 기대가 넘칩니다.

(딤후 3:16-17) "모든 성경은 하나님의 감동으로 된 것으로 교훈과 책망과 바르게 함과 의로 교육하기에 유익하니 이는 하나님의 사람으로 온전하게 하며 모든 선한 일을 행할 능력을 갖추게 하려 함이라"

♦ 여호수아 19장 성경칼럼

9절 | 시므온 자손의 이 기업은 유다 자손의 기업 중에서 취하였으니 이는 유다 자손의 분깃이 자기들에게 너무 많으므로 시므온 자손이 자기의 기업을 그들의 기업 중에서 받음이었더라

50절 | 곧 여호와의 명령대로 여호수아가 요구한 성읍 에브라임 산지 딤낫 세라를 주매 여호수아가 그 성읍을 건설하고 거기 거주하였더라

"가족을 건드리면 안 참는다!"

영화와 드라마의 대사로 익숙하지만 우리 삶의 현장에서 우러나온 체험적 원리입니다. 정상적인 사람이라면 이 말에 이의를 제기하지 않는 이유는 가족의 가치가 아주 높다는 반증입니다. 이 가치는 그리스도인이 신앙의 성숙을 이루기 위해서 사용되는 동기부여이기도 합니다. 역으로는 가족과 자손의 재앙을 막기 위해서 하나님의 뜻을 순종하며 살겠다는 경계용으로도 사용됩니다. 많은 방법을 통해서도 그토록 안 바뀌던 미꾸라지 형 신자가 자식이 저주받으면 안 된다는 것을 알고 변화가 시작되는 것을 보았습니다.

성경의 전체적 기조는 가계의 저주보다 축복이 강조되어 있지만 조상의 죄악으로 피해를 보는 역사는 분명히 존재합니다(겔 18:1-4, 출 20:4-6). 여호수아 13장부터 시작된 가나안 땅의 분배를 통해 조상들의 행위가 예언의 근거가 되고 결국 후손들에게 성취가 되는 것을 목격했기 때문입니다.

19장에서는 남은 여섯 지파가 기업을 받게 되는데 주목할 것은 시므온 지파로서 안타깝게도 저주의 유형에 속합니다. 시므온 지파가 뽑은 땅은 지경에 대한 언급이 없이 성읍만 소개되고 있습니다(1-8절). 그 이유는 이 성읍들이 모두 유다 지파의 지경 내에 위치한 것들이기 때문입니다(9절). 여호수아의 조정과 유다 지파의 형제애가 이면에 있었겠지만 결국 시므온 지파에게는 야곱의 예언이 성취된 것입니다.

(창 49:7) “그 노여움이 혹독하니 저주를 받을 것이요 분기가 맹렬하니 저주를 받을 것이라 내가 그들을 야곱 중에서 나누며 이스라엘 중에서 흩으리로다”

시므온 지파는 이후 유다 지파에 융화되어 갔고(삿 1:17) 히스기야 왕 때에 각 지역으로 분산되고 말았습니다(대상 4:39-43). 시므온 지파는 원래부터 지파 중에 가장 작은 인구(22,200명)가 아니었습니다. 야곱의 저주성 예언의 근거는 디나 사건에서의 사악성에 의한 것이었습니다. 24,000명의 인구 감소는 모압 싯딤에서의 시므온 지파와 시므이 족장의 음행과 우상숭배가 원인이었습니다(민 25장). 유다 지파의 넉넉한 풍요와 시므온 지파의 핍절하는 대조적 모습을 통해 죄악의 파생력을 보게 됩니다. 나의 신실함과 죄악이 후손들에게 어떤 영향을 끼칠는지를 깊이 생각하는 자는 경건한 사람의 조상으로 초대된 것입니다.

모든 지파의 기업 분배가 종결된 후 이제 여호수아가 기업을 받습니다(49절). 특이한 것은 맨 처음의 기업은 갈렙에게 주고 실권자였던 자신은 마지막에 받은 것입니다. 지도자로서의 겸손함과 청렴함과 이타적 인품을 나타내고 있습니다. 그가 청한 딤낫 세라는 '빛나는 땅'이란 뜻으로 새로 그가 건설했다고 나와 있습니다(50절). 백성들에게는 건축된 성을 분배하고 자신은 황무지에 새로운 성읍을 건설하는 수고를 성실히 한 것입니다. 하나님의 나라는 희생하기를 기뻐하고 덕을 세우는데 앞장서는 사람들에 의해 진흥되는 것을 목격합니다.

♦ 여호수아 20장 성경칼럼

4절 | 이 성읍들 중의 하나에 도피하는 자는 그 성읍에 들어가는 문 어귀에 서서 그 성읍의 장로들의 귀에 자기의 사건을 말할 것이요 그들은 그를 성읍에 받아들여 한 곳을 주어 자기들 중에 거주하게 하고

6절 | 그 살인자는 회중 앞에 서서 재판을 받기까지 또는 그 당시 대제사장이 죽기까지 그 성읍에 거주하다가 그 후에 그 살인자는 그 성읍 곧 자기가 도망하여 나온 자기 성읍 자기 집으로 돌아갈지니라 하라 하시니라

"듣다 보니 내 이야기이네!"

사람의 본성은 이기주의와 자기중심적이어서 자신과 관련된 것은 기

가 막히게 알아차립니다. 이 본성이 성경을 읽을 때와 설교를 들을 때 발휘된다면 영성의 사람이 될 수 있습니다. 반대로 성경의 내용을 예민하게 자신과 연결하지 못하는 사람은 영적인 비극에 다다를 수 있습니다. 가나안 정복사(1-12장)와 그 땅의 분배 과정(13-19장)을 통해 하나님의 약속(창 12:7, 출 3:8)은 외적으로 성취되었습니다. 이제부터는 약속의 땅에 살면서 하나님의 선민으로 생활하는 일이 남았습니다. 하나님께서는 이미 가나안 땅에서 생활할 때 갖추어야 할 각종 체제와 제도, 사회 규범과 율법을 지시해 주셨습니다.

20장에 그 첫 번째 재 명령이 도피성 제도인데 아주 중요한 의미가 있음을 직감할 수 있습니다. 도피성 제도는 한 마디로 부지중에 실수로 살인한 자를 보호하는 규례인데 이미 두 차례(민 35장, 신 19장)에 걸쳐 지시하셨습니다(3절). 여기서 질문이 들어갑니다. '도대체 살인자와 내가 무슨 상관이 있는가?' 또는 '나는 살인자가 될 가능성이 있는가?'입니다. 사람에 따라 여러 가지 대답이 나올 것이므로 세부적 질문으로 들어갑니다. '당신은 계획적으로나 고의로 살인하지는 않겠지만 실수로 살인할 가능성은 있습니까?'입니다. 여기에 '나는 절대 그럴 가능성은 없습니다'라고 대답할 사람은 없을 것입니다. 그렇다면 부지중에 실수로 살인하여 도피성으로 피하는 자는 바로 내가 될 수 있는 것입니다.

도피성의 1차적 의미는 하나님의 자상한 인간 사랑으로 보복의 악순환을 끊는 것입니다. 그러나 이 제도는 궁극적으로 예수 그리스도 안에 있는 구원의 길을 함축하고 있습니다. 인간은 만물의 영장이기도 하지만 연약한 육체와 흔들리는 정신을 소유한 존재입니다. 얼마든지 부지중에 예상치 못한 실수로 살인할 수 있다는 인식을 해야 합니다. 나아가 살인은 신약의 정신으로는 노하거나 미워하는 마음이라고 정의하기에 그 누구도 피할 수 없는 성격을 가지고 있습니다(요일 3:15, 마 5:21-22).

도피성으로 피하는 살인자가 나라고 인식한다면 도피성은 예수님을 예표합니다. 그 근거는 도피성에 피한 자가 온전히 자유롭게 되는 것은 대제사장의 죽음에 의해서이기 때문입니다(6절). 이는 하나님께서 심판자로서 대제사장의 죽음을 살인죄의 속전(죄 값)으로 받아들이셨다는 것을 의미합니다. 이는 인류의 영원한 대제사장 되시는 예수 그리스도의 대속 죽음(히 9:28, 10:10)의 모형입니다.

오직 도피성만이 살 길이기에 절박하게 전력 질주하는 살인자는 오직 예수님에게만 구원이 있다고 안겨버리는 우리의 모습입니다. 도피성 앞에 이르러 장로의 귀에 죄를 고백해야 도피성 안으로 들어갈 수 있는 것(4절)은 신자의 통회 자복하는 회개와 닮았습니다. 불쌍한 죄인이 안전하고 뜨거운 주님의 품에 깊숙이 안깁니다.

♦ 여호수아 21장 성경칼럼

3절 | 이스라엘 자손이 여호와의 명령을 따라 자기의 기업에서 이 성읍들과 그 목초지들을 레위 사람에게 주니라

41절 | 레위 사람들이 이스라엘 자손의 기업 중에서 받은 성읍은 모두 마흔여덟 성읍이요 또 그 목초지들이라

"흩어지는 레위인, 흩어지는 교회"

일반적인 느낌으로 볼 때 뭉치는 단결은 멋져 보이고 흩어지는 모습은 힘이 없어 보입니다. 그러나 어떤 사명을 받고 일하기 위해 흩어진다면 사정이 달라집니다. 특별히 그 사명이 하나님의 뜻을 받드는 일이라면 진리

의 사역자가 됩니다. 21장은 가나안 땅의 분배와 도피성 제도를 마친 후에 마지막으로 레위인의 성읍이 정해지는 내용입니다. 성경의 레위인에 대한 가장 큰 정의는 하나님의 일을 위하여 택한 지파입니다. 즉 땅의 기업을 분배받지 않고 이스라엘 백성들의 종교적 제의와 교육을 맡은 것입니다. 여기까지 보면 이들이 다른 지파보다 무언가 우월해서 종교적 권위를 입었다고 생각할 수 있는데 전혀 그렇지가 않습니다.

레위는 야곱과 레아 사이에서 태어난 셋째 아들로서 본래의 성격은 거칠고 잔인했습니다(창 49:5-6). 이 기질은 누이 디나 강간 사건에서 형 시므온과 함께 세겜 족속에게 속임수를 써서 복수한 것으로 나타납니다(창 34:25-31). 야곱의 유언적 예언에서 레위 지파를 모여 있게 아니하고 이스라엘 중에 흩을 것이라는 예언이 나오는 원인이 됩니다(창 49:7). 동전에 양면이 있듯이 레위의 과격한 성격은 그의 후손들에게 악을 진멸하는 열심으로 나타납니다. 바로 이스라엘 공동체의 치명적인 죄악인 금송아지 우상숭배 사건에서 심판의 칼로 쓰임 받습니다(출 32:25-30). 심리학의 방어기제에서 가장 좋은 반응인 '승화(나쁜 힘을 좋은 에너지로 바꿈)'를 이루어 축복의 지파가 되었습니다.

땅의 기업은 받지 못했지만 여호와가 기업이 되었고 성막 봉사와 제사장 가문으로 선택된 것입니다(민 3:12). 야곱의 흩어지리라는 예언의 성취가 약 500년 만에 이제는 하나님의 일을 하는 효과적 방법으로 성취된 것이 여호수아 21장입니다. 이제 레위 지파는 도피성 6개를 포함한 48개 성읍을 전국에 분배받아 흩어지게 됩니다(3, 41절). 만약 종교적 사명을 맡은 자들이 한 곳에 모여 있었다면 전 백성의 신앙 교육은 제대로 수행될 수 없었을 것입니다.

흩어진 그들이 이스라엘에게 하나님과의 관계를 성숙시켰듯이 신약의 교회가 이 사명을 맡게 됩니다. 교회의 원형인 예루살렘 초대교회가 핍박으로 인해 흩어져서 복음을 전하는 모습은 후대의 교회에게 선교 사역의 본보기가 됩니다(행 1:8). 이 원리는 각 지교회의 성도들이 교회에 모여 양육 받고 머물러 있는 것이 아니라 세상에 파송되어 영향을 끼치는 복음 전도의 명령으로 적용됩니다(마 28:19-20). 흩어진 레위인들의 사명과 흩어지는 십자가 군병들의 용기로 세상은 하나님의 은총을 전달받게 됩니다.

이제 가나안 땅을 주시고 대적자를 멸하시겠다는 하나님의 약속은 하나도 남음이 없이 이루어졌습니다(43-45절). 그렇다면 우리를 향한 새 언약(눅 22:20, 고후 3:6-9)도 완벽하게 이루어질 것이 틀림없습니다. 독생자를 십자가에 내어 주신 사랑(요일 4:10)과 어느 곳이든 항상 동행하신다는 약속(마 28:10)과 영원한 천국으로 들이시겠다는 소망(요 14:3)과 속히 재림하시겠다는 약속이 성취될 것입니다(계 22:20).

♦ 여호수아 22장 성경칼럼

3절 | 오늘까지 날이 오래도록 너희가 너희 형제를 떠나지 아니하고 오직 너희의 하나님 여호와께서 명령하신 그 책임을 지키도다

22절 | 전능하신 자 하나님 여호와, 전능하신 자 하나님 여호와께서 아시나니 이스라엘도 장차 알리라 이 일이 만일 여호와를 거역함이거나 범죄함이거든 주께서는 오늘 우리를 구원하지 마시옵소서

"으~~리!"

의리를 멋있게 외치는 배우가 떠오릅니다. 그러나 이 외침이 멋있어 보이는 것은 의리를 지키기가 어렵다는 반증이기도 합니다. 중국 대륙에서

존경을 넘어 신의 경지에까지 올라 사당까지 있는 인물은 관운장(관우)입니다. 동대문구에 있는 동묘는 관우를 섬기는 사당입니다. 유비가 주군이지만 후대의 사람들은 의리의 사나이인 관우를 추앙합니다. 인간관계에서 의리는 사랑과 우정의 분모와 같은 역할을 합니다. 의리는 바로 신뢰(믿음)의 다른 말이기 때문입니다. 신뢰의 관계가 어려운 만큼 의리를 지키기 어려운 이유는 이 둘은 장기간에 걸쳐야 이루어지는 속성 때문입니다.

여호수아 22장은 요단 동편으로 돌아가는 두 지파 반(르우벤, 갓, 므낫세 반)에 대한 이야기입니다. 이 이야기는 결과적으로는 해피엔딩이었지만 과정으로는 일촉즉발의 동족상잔의 비극으로 나아갈 수도 있었습니다. 이 비극을 막을 수 있었던 힘이 바로 신뢰에서 나온 의리였음이 곳곳에 증거되어 있습니다.

먼저 요단 동편의 세 지파는 모세와의 약속(민 32:16-19)을 모세 사후에도 변함없이 지키는 책임을 다 하였습니다. 4만 명의 군사(4:12-13)가 7년 동안 가족을 떠나 가나안 정복 전쟁에 목숨을 걸고 끝까지 참전한 것을 여호수아는 칭찬하고 있습니다(1-3절). 여호수아가 소유지와 가족이 있는 동편으로 가라고 하며 권면하는 내용이 압권입니다. 여호수아는 땅의 개간과 정복의 권고보다 신앙생활의 경건을 강조합니다. 하나님을 사랑하고 율법을 지키는 것이 안 되면 모든 것이 허사가 된다는 것을 분명히 하고 전리품을 주며 축복을 합니다(5-8절).

길르앗으로 가는 요단 언덕 가에 이르러 큰 단을 쌓으면서 문제가 발생합니다(10절). 이 소식을 들은 요단 서편의 지파들이 분개하며 동족간의 전쟁을 불사하며 나서기 시작합니다(11-12절). 그 이유는 하나님의 제단은 신앙의 단일성을 위해 한 곳에 설치해야 하는 것(신 12:11-14)을 어겼다는 것입니다. 이대로 가면 큰일이 날 것을 아는 이스라엘 지도부는 진상 조사단(비느하스와 각 지파 대표 10명)을 파견하게 됩니다(13-14절). 책임 있게 의리를 지켰던 저들의 진실 된 사정을 정확히 파악하여 대처하려는 지혜를 볼 수 있습니다.

진상 조사단이 우상 숭배의 단이 아니냐는 질책(15-20절)에 목숨을 건 두 지파 반의 해명(21-29절)이 나옵니다. 하나님의 세 가지 성호(엘, 엘로힘, 여호와)를 두 번 반복하여 부르며(22절) 제단이 아닌(23, 26절) 후세를 위한 기념비(24-25절)임을 설명합니다. 분쟁은 해결되었고 일치된 신앙의 힘은 전 이스라엘의 즐거움으로 전환됩니다(30-33절). 세상의 의리는 신뢰를 전제로 이루어지지만 영적 세계는 단일 신앙의 고백과 경험으로 하나가 되는 것을 목격합니다. 하나님께는 신앙의 절개를 지키고 이웃에게는 경건한 의리를 지키는 능력을 사모합니다.

♦ 여호수아 23장 성경칼럼

2절 | 여호수아가 온 이스라엘 곧 그들의 장로들과 수령들과 재판장들과 관리들을 불러다가 그들에게 이르되 나는 나이가 많아 늙었도다

6절 | 그러므로 너희는 크게 힘써 모세의 율법 책에 기록된 것을 다 지켜 행하라 그것을 떠나 우로나 좌로나 치우치지 말라

"최후의 순간에..."

최후의 순간이란 죽음을 앞둔 때를 말합니다. 이 때 하는 말은 자기가 가장 사랑하는 것에 대하여 말하기 마련입니다. 흔히 살아온 세월에 사랑했던 돈과 가족과 신념에 대한 말을 남기며 후회하는 내용도 있을 것입니다. 23장은 여호수아가 백성의 대표들(장로, 수령, 재판장, 관리)을 모으고 고

별사를 하는 내용입니다(2절). 여기에서 여호수아는 오직 하나님에 대한 말씀만을 남기고 있습니다. 과연 하나님의 사람다운 모습이며 그러하기에 고별사의 내용은 진리의 보석처럼 빛납니다.

인간적인 지도자로서는 이스라엘 백성들에게 안보와 경제 등에 대한 현안을 이야기하는 것이 유익할 것이라는 관점도 있을 것입니다. 그러나 여호수아는 아무리 좋은 정책과 전략도 하나님께서 함께 하시지 않으면 허사가 될 수 있음을 너무나 잘 알고 있었습니다. 서두를 하나님께서 하신 일을 먼저 상기하는 것으로 시작한 이유입니다. 하나님께서 싸우신 여리고 성 함락(6장)과 기브온 전투(10장)를 눈앞에서 목격한 여호수아의 말은 매우 강력한 힘이 실려 있습니다.

하나님만을 절대 의지하는 것과 함께 하나님을 떠나면 절대 안 된다는 양면의 메시지입니다. 망각이 때로는 행복의 조건이 되지만 하나님을 잊어버리는 것은 절대 파멸임을 명심해야 합니다.

(사 51:13) "하늘을 펴고 땅의 기초를 정하고 너를 지은 자 여호와를 어찌하여 잊어버렸느냐 너를 멸하려고 준비하는 저 학대자의 분노를 어찌하여 항상 종일 두려워하느냐 학대자의 분노가 어디 있느냐"

과거의 하나님 역사를 기억할 때 앞으로의 하나님의 도우심을 확신할 수 있습니다(5절). 불교를 폄하하는 의도는 아니지만 부처의 변색된 송곳니를 숭배하기 위해 수많은 불교도가 실론의 칸디에 있는 이빨신전을 지금도 찾고 있습니다. 기독교는 보이는 어떤 사물에 가치를 두면 우상숭배가 되기에 우상이 될 만한 성전과 무덤 등을 없애 버렸습니다. 여호수아는 오직 말씀의 순종(6절)과 함께 우상숭배를 원천적으로 차단하기 위한 지침을 내리고 있습니다. 이방 문화와의 교류를 금하고 섞여 살지 말 것을 권고합니다(7절). 우리는 이 말씀을 현실 도피적 삶을 추구하라는 것으로 해석하면 안 됩니다. '검은 먹을 가까이 하면 검어진다(근묵자흑)'는 것으로 세상 유혹에 접촉하면 자연스럽게 하나님과 멀어져 타락한다는 경고입니다.

세상의 죄를 멀리 할 수 있는 명쾌한 방법은 오직 하나님과 친근히 하는 생활입니다(8절). 이 명령을 정면 거부하는 것이 이방인과의 통혼과 왕래입니다(12절). 그 결과는 인생이 온통 올가미와 함정으로 덮이고 옆구리를 채찍이 치고 눈이 가시로 찔리는 저주인데 상상만 해도 끔찍합니다(13~16절). 그런데 이 끔찍한 저주는 여호수아 사후에 이스라엘이 가나안의 우상숭배에 빠져들게 됨으로서 현실이 됩니다(삿 2:2~3). 말씀을 붙들고 씨름하고 하나님만을 사랑하는 삶의 능력을 실감합니다.

♦ 여호수아 24장 성경칼럼

14절 | 그러므로 이제는 여호와를 경외하며 온전함과 진실함으로 그를 섬기라 너희의 조상들이 강 저쪽과 애굽에서 섬기던 신들을 치워 버리고 여호와만 섬기라

24절 | 백성이 여호수아에게 말하되 우리 하나님 여호와를 우리가 섬기고 그의 목소리를 우리가 청종하리이다 하는지라

"회색지대는 없다?"

회색은 흰색과 검은색을 합치면 나옵니다. 흰색과 검은색은 정반대의 색이므로 그 중간색인 회색을 좋아할 수 있고 실제적으로 세련된 이미지도 줍니다. 회색은 중립을 의미하며 여기서 나온 중용은 바람직한 중립적 사조로 인정받기도 합니다. 사람을 분류할 때 한쪽으로 치우친 사람보다 중립적인 사람과 그 의견을 지혜롭게 보기도 합니다. 중립지대와 양비론(둘 다 틀리다)과 양시론(둘 다 옳다)은 세상에서는 합리적인 처세이기에 회색

지대에 있는 사람의 비율이 제일 많습니다.

신앙의 중립지대는 타종교에서는 얼마든지 허용되고 장려하지만 기독교 신앙에서는 절대 금지된 영역입니다. 하나님과 우상(이방신)은 둘 다 안 섬길 수도, 둘 다 섬길 수도 없습니다. 하나님을 섬기지 않으면 우상을 섬기는 것이며 혼합은 있을 수 없습니다(고후 6:15-18).

(마 6:24) "한 사람이 두 주인을 섬기지 못할 것이니 혹 이를 미워하고 저를 사랑하거나 혹 이를 중히 여기고 저를 경히 여김이라 너희가 하나님과 재물을 겸하여 섬기지 못하느니라"

여호수아가 임종을 앞두고 한 마지막 사역은 여호와 신앙의 유일성에 대한 고백과 백성들의 결단을 촉구한 것입니다. 언약의 장소인 세겜에 이스라엘 백성을 모은 후에 하나님께서 아브라함의 소명부터 가나안 정복과 정착까지 하신 구원의 역사를 회고합니다(1-13절). 역사의 주권자이신 하나님께서 이스라엘을 얼마나 간섭하시고 사랑하셨는지를 보여줍니다. 여호수아의 촉구는 세 가지의 특징을 가지고 있습니다. 첫째는 강압적으로 명령하지 않고 인격적 결단을 요청합니다. 감정이나 환경에 휩싸여서 하는 결단이 아닌 성실함과 진정함으로 선택하라고 합니다.

둘째는 한 번의 맹세로 끝나지 않고 몇 번의 반복적인 결단의 과정을 거칩니다(16, 18, 21, 22, 24절). 인간이 얼마나 변하기 쉽고 유혹에 취약한지를 알기 때문에 신중한 과정을 아끼지 않는 모습입니다. 셋째는 선택의 시기를 내일로 미루지 않고 결단이 확고할 때 하도록 합니다(15절). 마치 토기장이가 진흙의 반죽 상태가 가장 좋을 때 원하는 모양을 만들듯이 은혜의 때는 놓치면 안 됩니다(롬 9:20-24).

(고후 6:2) "이르시되 내가 은혜 베풀 때에 너에게 듣고 구원의 날에 너

를 도왔다 하셨으니 보라 지금은 은혜 받을 만한 때요 보라 지금은 구원의 날이로다"

여호수아의 단호한 신앙의 결단과 함께 전 이스라엘 공동체의 뜨거운 선택은 당대의 세대가 신앙을 변절하지 않게 하는 영향을 끼치게 됩니다(31절). 다음 세대에 이르러 바로 우상숭배에 빠진 역사(삿 3:5-6)를 보면서 올바른 신앙의 지구력이 얼마나 힘든 것인지를 실감합니다. 거룩하지 못한 인간이 거룩하게 될 수 있는 길은 오직 하나님과의 관계에 있음이 분명해집니다(레 11:45). 모세(1:1)와 같은 여호와의 종이란 최고의 호칭(29절)이 붙여진 여호수아는 복종의 사람으로 우리가 본받아야 할 롤모델입니다. 회색지대에 거하지 아니하고 오직 주님만 섬기기로 결단하는 자가 되기를 원합니다.

사사기

♦ 사사기 1장 성경칼럼

3절 | 유다가 그의 형제 시므온에게 이르되 내가 제비 뽑아 얻은 땅에 나와 함께 올라가서 가나안 족속과 싸우자 그리하면 나도 네가 제비 뽑아 얻은 땅에 함께 가리라 하니 이에 시므온이 그와 함께 가니라

21절 | 베냐민 자손은 예루살렘에 거주하는 여부스 족속을 쫓아내지 못하였으므로 여부스 족속이 베냐민 자손과 함께 오늘까지 예루살렘에 거주하니라

"그 후에 행복하게 잘 살았대유"

어린 시절 동화의 마지막은 대부분 이렇게 끝납니다. 주인공들이 절절한 사연과 극적인 위기를 딛고 승리와 행복을 누리는 것을 바라기 때문입니다. 권선징악과 인과응보의 인류 보편적 가치를 어린 시절에 가져야 하기에 동화는 이 결말을 맺어야만 합니다. 하지만 성인을 대상으로 한 이야기는 이 싱거운 결말보다 다양한 것을 요구합니다. 인간의 근본이 죄인이라는 인죄론에 의해 선함과 함께 악함의 실상을 놓치면 걸작이 될 수 없기 때문입니다.

여호수아서에서의 이스라엘 승리와 행복의 이야기가 역사 속에서 계속 이어지면 얼마나 좋겠습니까? 하지만 여호수아가 죽은 이후로 이스라엘은 모세와 여호수아 같은 걸출한 지도자가 나오지 않았습니다. 350년간의 암흑시대인 사사시대가 시작된 것입니다. 그런 의미에서 사사기는 읽고 묵상하기에 유쾌하지 않은 책일 수도 있습니다. 그러나 신실한 하나님의 은혜와

나약한 인간의 죄악성을 직면하기에는 이보다 유익한 책은 드물 것입니다. 사사의 원어는 '쇼페트'로서 지도자, 재판관이라는 뜻으로 이스라엘의 정치, 군사적 실권자일 뿐 아니라 재판관과 종교적 임무까지 맡은 최고 지도자입니다. 사사기의 핵심 주제를 보여 주는 구절은 바로 17장 6절입니다.

"그 때에는 이스라엘에 왕이 없었으므로 사람마다 자기 소견에 옳은 대로 행하였더라"

여기서 왕이란 인간을 의미하는 것이 아니라 이스라엘의 왕이신 하나님을 가리킵니다(시 145:1). 하나님의 통치를 거부하고 자신이 왕이 되어 자기 소견대로 하는 것이 죄인데 사사시대에는 이것이 대세였다는 것입니다. 죄의 결과는 징계의 고통(노예화)이 오고 견딜 수 없어 회개(간구)하게 되고 하나님의 도움으로 구원이 임합니다. 여기서 끝이 아니라 다시 하나님을 망각하고 나태해지며 죄를 짓는 악순환이 반복되는 것이 사사시대의 역사입니다.

이 과정에서 신실하신 하나님께서 허물은 있지만 하나님께 헌신한 자를 사사로 세워 이스라엘의 영적 지위를 유지시켜 나갑니다. 사사기 1장부터 하나님께 붙잡혀서 쓰임 받는 지파(유다, 요셉)와 그렇지 못한 지파(베냐민, 므낫세, 에브라임, 스블론, 아셀, 납달리, 단)의 대조가 나옵니다. 그런데 승리한 지파마저 가나안 사람들을 완전 진멸하라는 명령(신 7:2)을 어김으로 후환을 남기고 있습니다(19절).

이후에 그들이 떨군 죄악의 씨앗이 얼마나 큰 번식력을 가지고 이스라엘을 잠식했는지를 성경은 증거 합니다. 사사기는 신앙의 온갖 시행착오를 보여주는 거울로서 성도가 얼마나 영적인 각성을 해야 하는지를 알게 해주는 책입니다.

(시 127:1) "여호와께서 집을 세우지 아니하시면 세우는 자의 수고가 헛

되며 여호와께서 성을 지키지 아니하시면 파수꾼의 깨어 있음이 헛되도다"

행한 대로 갚아지는 형벌의 본보기로서 등장하는 '아도니 베섹의 기사(5-7절)'는 섬뜩하지만 주님 뜻대로 살고자 하는 결단에 동기부여를 합니다. 내 소견이 하나님과 얼마나 다른지 늘 점검해야 하겠습니다.

♦ 사사기 2장 성경칼럼

2절 | 너희는 이 땅의 주민과 언약을 맺지 말며 그들의 제단들을 헐라 하였거늘 너희가 내 목소리를 듣지 아니하였으니 어찌하여 그리하였느냐

10절 | 그 세대의 사람도 다 그 조상들에게로 돌아갔고 그 후에 일어난 다른 세대는 여호와를 알지 못하며 여호와께서 이스라엘을 위하여 행하신 일도 알지 못하였더라

"실패는 성공의 어머니?"

인생을 살면서 수도 없이 듣고 말한 문장입니다. '성공이라는 열매를 분해해 보니 실패라는 작은 조각들이 쏟아졌다'라는 멋진 표현도 있습니다. 이 말은 쉽게 하고 훌륭한 인생의 원리이지만 이의 제기를 하려면 너무나 많습니다. 성공할 때까지 실패를 계속할 수 있는 사람은 드물고 실패의 대미지로 당하는 고통에 지치기 때문입니다. 사사기를 대하면서 이스라엘의 신앙의 실패와 그 대가가 너무나 엄청나서 놀라고 이 내용이 바로 나(우리)의 이야기라는 것에 전율을 느끼게 됩니다. 타락과 회개와 구원과 배교의 끊임없는 순환에 우리들도 절대 자유롭지 못하기 때문입니다.

이 고리를 끊고 하나님과 화평을 누리고 축복의 일군으로 쓰임받기 위한 길은 무엇일까요? 죄를 짓고 타락하는 요인을 파악하여 대처해야 한다는 결론에 다다르게 됩니다. 모세 오경의 일관된 메시지는 말씀에 대한 순

종만이 완악함과 패역함을 막을 수 있다고 선언합니다.

(신 6:3) "이스라엘아 듣고 삼가 그것을 행하라 그리하면 네가 복을 받고 네 조상들의 하나님 여호와께서 네게 허락하심 같이 젖과 꿀이 흐르는 땅에서 네가 크게 번성하리라'

나아가서 어떻게 하나님의 말씀을 배우고 순종하느냐는 방법까지 세밀하게 지시하십니다.

(신 6:6-7) "오늘 내가 네게 명하는 이 말씀을 너는 마음에 새기고 네 자녀에게 부지런히 가르치며 집에 앉았을 때에든지 길을 갈 때에든지 누워 있을 때에든지 일어날 때에든지 이 말씀을 강론할 것이며"

말씀(율법)을 언제나, 어디서나 자신의 마음에 새기고 반드시 후손들에게 가르치라는 명령입니다. 우리는 여기에서 사사시대의 신앙실패 원인을 발견하게 됩니다. 신앙의 과정으로 볼 때 하나님의 기적이 이끌었던 모세와 여호수아 시대는 어떤 의미에서 과도기라고 볼 수 있습니다. 가나안에 정착한 후(신 6:3)에는 카리스마적인 두 지도자보다 오직 하나님만이 지도자(왕)가 되십니다. 여호수아 같은 지도자를 구할 것이 아니라 주어진 말씀을 순종하여 가나안의 악과 타협하거나 동화되어서는 안 되었던 것입니다(2절).

또 한 가지의 실패 요인은 다음 세대에게 말씀 교육과 전수가 안 되었습니다(10절). 교육의 부재는 세상에서도 치명적 실패이지만 영적인 세계에서는 거의 전부에 해당됩니다. 타락한 세상과 부딪쳐 사는 신자에게 철저한 신앙의 무장은 필수적입니다. 예수님께서 이 땅에 계실 때 하신 사역은 복음전파, 말씀 교육, 치유가 핵심이었습니다. 이적을 보고 믿을 수 있지만 이적을 안 보고도 하나님의 말씀을 인격적으로 믿는 자가 가장 복된 자입니다.

(요 20:29) "예수께서 이르시되 너는 나를 본 고로 믿느냐 보지 못하고

믿는 자들은 복되도다 하시니라"

가나안 땅에 정착한 이스라엘 백성은 신약시대를 사는 그리스도인의 모형입니다. 저들의 실패를 경계삼아 말씀을 순종하고 후손들에게 결사적으로 교육하는 것이 우리의 사명입니다.

♦ 사사기 3장 성경칼럼

6절 | 그들의 딸들을 맞아 아내로 삼으며 자기 딸들을 그들의 아들들에게 주고 또 그들의 신들을 섬겼더라

31절 | 에훗 후에는 아낫의 아들 삼갈이 있어 소 모는 막대기로 블레셋 사람 육백 명을 죽였고 그도 이스라엘을 구원하였더라

"작은 것의 위험성, 한 사람의 위대성"

세상은 큰 것과 많은 것에 가치를 두고 그것에 의하여 성과를 냅니다. 그러나 하나님의 나라는 작은 것을 주목하는 원리와 소수에 의해서 사역이 성취되는 원리가 주도하는 것을 목도하게 됩니다. 세상의 논리에 익숙한 사람이 성경을 읽다가 깜짝 놀라는 이유는 이 영적 원리가 너무 낯설기 때문입니다. 작은 것을 무시하는 세상의 관습은 작은 죄를 자연스럽게 수용하는 신앙으로 가게 되는데 아주 위험합니다.

사사기 3장에서 가나안에 정착한 이스라엘이 원주민들을 쫓아내지 않는 불순종을 저지릅니다. 이는 하나님의 경륜인 연단(시험)의 도구로서 남겨두신 것이며 전쟁을 알지 못한 3세대가 정복할 대상입니다. 말씀을 교육받지 못한 세대가 저지르는 죄악이 이방인과 더불어 살다가 통혼하는 것이었습니다(5-6절). 이것은 세상 기준으로 볼 때 아주 작고 자연스러운 관습입니다. 인간은 하나님의 말씀을 마음에 새기지 않는 순간 아무렇지도 않게

죄를 선택합니다. 우상숭배만 안하면 결혼 정도야 괜찮을 것이라고 방심한 것이 얼마 가지 않아 바알과 아세라를 섬기게 됩니다(7절). 이방 여인을 취한 것은 작은 죄처럼 보였지만 우상숭배로 가는 첩경이 되기에 하나님께서는 엄격하게 금하신 명령입니다(신 7:3).

우상숭배의 저주는 '구산 리사다임'을 8년이나 섬기는 비참한 결과를 가져옵니다(8절). 성경은 작은 것의 대표인 겨자씨(눅 17:6)는 생명의 성장으로, 누룩(마 16:12)은 죄악의 전파로 비유하고 있습니다. 우리의 신앙생활에서 작은 죄에 대한 위험성을 무시하다가 큰 죄로 파생되어 실족하는 사례는 너무나 흔합니다. 알곡보다 가라지의 성장이 훨씬 빠른 것은 죄의 성장력이 강하다는 것을 비유한 것입니다.

두 번째의 원리인 한 사람을 통한 하나님의 사역은 3장의 핵심 메시지입니다. 3명 사사의 공통점은 이방족속에게 지배되어 있던 이스라엘을 구원하는 과정에서 단독으로 쓰임 받았다는 점입니다. 이것은 그들이 잘나서가 아니라 성령의 충만함을 받은 자로서 하나님께서 쓰셨다는 표식을 보여줍니다(10절). 신분상으로 택함 받은 것이 아닌 증거는 신앙의 명문 출신(갈렙의 사위)인 옷니엘과 아웃사이더인 에훗과 삼갈이 함께 쓰임 받은 것으로 증명됩니다.

에훗이 왼손잡이라는 것을 굳이 강조하는 것은 구약적인 표현으로는 신체에 장애가 있는 것을 상징합니다(15절). 소 모는 막대기로 600명을 죽인 삼갈도 신분은 비천했지만 하나님의 능력이 함께 했음을 나타내줍니다(31절). 백성들의 탄원과 사사들의 활약으로 태평세월이 40, 80년 있었다는 평가(11, 31절)는 하나님께서 백성들을 얼마나 사랑하시는지를 웅변합니다. 교회도 하나님만 의지하는 소수의 충만한 성도들에 의하여 사역한다는 이 원리가 그대로 적용됩니다. 작은 일에 충성하는 그 한 사람이 되기를 소원합니다(눅 16:10).

♦ 사사기 4장 성경칼럼

3절 | 야빈 왕은 철 병거 구백 대가 있어 이십 년 동안 이스라엘 자손을 심히 학대했으므로 이스라엘 자손이 여호와께 부르짖었더라

9절 | 이르되 내가 반드시 너와 함께 가리라 그러나 네가 이번에 가는 길에서는 영광을 얻지 못하리니 이는 여호와께서 시스라를 여인의 손에 파실 것임이니라 하고 드보라가 일어나 바락과 함께 게데스로 가니라

"하기에 달렸다"

모든 것을 가진 강자는 약자에게 줄 수 있는 것이 많습니다. 이 때 줄 것인가와 줄 수 있는 분량을 정할 때에 하는 말이 '너 하기에 달렸다'입니다. 강자가 줄 수 있는 마음과 능력이 있어도 약자의 받을 수 있는 자세가 없으면 허사가 되는 사례는 너무나 흔합니다. 어떡하든 주려고 하는 사랑의 하나님과 애써 외면하는 이스라엘의 불순종의 모습은 바로 우리의 안타까운 실상이기도 합니다.

이스라엘의 (　　)하기에 따라서 하나님의 생명과 축복이 주어집니다. 이스라엘이 (　　)하기에 따라서 죽음과 징벌이 주어집니다. 괄호에 들어갈 단어는 전자는 순종이고 후자는 불순종입니다. 노아와 아브라함과 모세와 여호수아는 인간적으로 판단할 때 순종할 수 있는 환경이 아니었음에도 하나님을 신뢰하고 순종하여 축복의 사람이 되었습니다. 나답과 아비후와 아간과 광야의 이스라엘 백성과 사울은 배후의 하나님을 무시함으로 징계와 버림을 받았습니다.

사사기의 반복되는 악순환의 고리가 4장에도 계속되고 있습니다. 에훗으로 인한 80년의 태평세월은 이스라엘의 악행으로 가나안 왕 야빈의 20년 통치아래 심한 학대를 불러옵니다(1-3절). 안정과 평화가 하나님을 떠나게 하는 이 인간실존의 아이러니를 어찌해야 할지 난감합니다. 이 때 하나님을 전혀 모르는 이방나라라면 불행의 진로로 계속 가겠지만 하나님을 아는 이스라엘은 다행히도 여호와께 부르짖게 됩니다. 그리스도인은 바닥에 떨어져 살아도 하늘을 바라볼 수 있는 신비한 존재입니다.

여기에서 하나님께서는 여선지자 드보라를 세워 이스라엘을 구하게 합니다(4-5절). 하나님의 일에 쓰임 받는 기준은 순종에 있고 남여가 차별되지 않는다는 것이 성경의 일관된 증언입니다. 남자인 바락은 드보라의 조력자로 등장하는데 그 역시 철저한 순종의 사람임을 보여줍니다(6-10절). 남존여비가 문화인 당시의 상황에서 바락의 헌신은 빛이 나고 성경에 그가 사사라는 언급은 없지만 사사라는 것이 통설입니다(히 11:32). 바락이 승리의 영광과 상관없이 드보라에게 순종하는 모습은 대가를 바라지 않고 헌신하는 신앙 모델이 됩니다(9절).

야빈의 대장군 시스라를 실제로 피살한 헤벨의 아내 야엘의 무시무시한 활약은 믿음의 여인의 능력을 입증하고 있습니다(17-22절.) 야엘의 속임수와 잔혹한 살해방법을 비난해야 하는 것 아니냐는 의견이 있지만 이 전쟁이 성전(거룩한 영적 전쟁)이라는 전제에서 해석되어야 할 것입니다. 이 성전 원리는 드보라의 개선가에서 야엘을 칭찬하고 축복하는 것에서 증명됩니다. 야엘은 하나님을 절대 신뢰하여 순종하는 자는 절대 위기를 축복의 기회로 역전시키는 것을 보여줍니다(약 2:26).

(삿 5:24) "겐 사람 헤벨의 아내 야엘은 다른 여인들보다 복을 받을 것이니 장막에 있는 여인들보다 더욱 복을 받을 것이로다"

♦ 사사기 5장 성경칼럼

2절 | 이스라엘의 영솔자들이 영솔하였고 백성이 즐거이 헌신하였으니 여호와를 찬송하라

31절 | 여호와여 주의 원수들은 다 이와 같이 망하게 하시고 주를 사랑하는 자들은 해가 힘 있게 돋음 같게 하시옵소서 하니라 그 땅이 사십 년 동안 평온하였더라

"찬양의 맛(멋)!"

음식에만 맛이 있는 것이 아니라 여러 분야에도 맛(멋)을 붙일 수 있습니다. 좋은 맛은 잊을 수가 없어 매니아가 되고 전문가도 될 수 있습니다. 반대로 나쁜 맛에 잘못 걸리면 인생을 망치기도 합니다. 그리스도인에게 있어 가장 좋은 것은 말씀과 찬송의 맛을 아는 것입니다. 이 두 가지의 맛은 하나님을 경험하게 하고 은혜생활로 이끌어 갑니다. 말씀을 깊이 새기고 경험하는 신자는 자연스럽게 찬송의 사람으로 나아가게 되어 있습니다.

(골 3:16) "그리스도의 말씀이 너희 속에 풍성히 거하여 모든 지혜로 피차 가르치며 권면하고 시와 찬송과 신령한 노래를 부르며 감사하는 마음으로 하나님을 찬양하고"

세상의 노래는 세상의 애환이 담겨 있지만 찬양은 하나님의 하신 일(말씀)을 기뻐하는 것입니다. 그러므로 찬양은 당연히 세상이 줄 수 없는 신령한 은혜를 주기에 그 맛은 아는 자만 알 수 있습니다. 성경에는 수많은 노래의 종류(파수꾼, 노래하는 자, 벙어리, 잉태하지 못한 자, 죽은 자, 새, 나무, 새벽 별)가 나오는데 가장 귀중한 것은 구속받은 성도의 노래입니다. 자연과 불행한 자도 하나님을 노래하는데 구원받은 자가 어떤 지경에서도 찬양하는 것은 당연합니다.

사사기 5장은 유명한 드보라의 노래입니다. 성경에서 여성으로서 노래가 기록된 것은 4명으로 나머지 3명은 미리암(출 15장)과 한나(삼상 2장)와 마리아(눅 1장)입니다. 드보라는 가나안 왕 야빈의 압제로부터 벗어나는 전쟁을 승리한 기념으로 개선가 성격의 노래를 부르고 있습니다. 이스라엘에게 승리를 주신 하나님께 반복하여 감사하며 찬양하는 것은 찬송의 영광은 오직 하나님께만 돌려야 함을 보여줍니다(2-5, 9, 11, 13, 31절).

이어서 이 전쟁에 헌신적으로 참가한 여러 지파(에브라임, 베냐민, 스불론, 잇사갈, 납달리)를 축복합니다(2, 9, 14, 15, 18절). 하나님의 나라는 즐거이 헌신하는 자들로 인해 보존되고 번성하는데 우리도 이 반열에 서야 합니다. 반대로 방관하고 불참한 지파(아셀, 르우벤, 므낫세, 단)에 대한 책망은 받지 말아야 하기 때문입니다(16-17절). 핑계 없는 무덤은 없지만 불참의 이유가 통하지 않는 곳이 하나님 나라입니다. 일상사인 양을 돌봐야 하고, 거리가 멀어서 어렵고, 무역을 위해 하나님의 뜻을 거부하는 것은 시대를 뛰어넘어 비슷합니다.

(마 22:5) "그들이 돌아보지도 않고 한 사람은 자기 밭으로, 한 사람은 자기 사업하러 가고"

하나님의 일은 기회가 있을 때 참여하면 영광과 즐거움이 주어지지만(13절) 불참하면 낭패와 수치를 당하게 됩니다(23절). 신앙의 여정은 어떤 의미에서 하나님을 경험하는 노래를 지어가는 과정이라고도 볼 수 있습니다. 나의 신앙의 노래(찬양)는 과연 어떤 내용으로 지어져 갈 것인지 묵상하게 하는 사사기 5장입니다.

(시 117:2) "우리에게 향하신 여호와의 인자하심이 크시고 여호와의 진실하심이 영원함이로다 할렐루야"

♦ 사사기 6장 성경칼럼

12절 | 여호와의 사자가 기드온에게 나타나 이르되 큰 용사여 여호와께서 너와 함께 계시도다 하매

17절 | 기드온이 그에게 대답하되 만일 내가 주께 은혜를 얻었사오면 나와 말씀하신 이가 주 되시는 표징을 내게 보이소서

"연약함이 강력함보다 낫다"

세속의 원리로 볼 때 연약함이 강력함보다 더 좋을 일은 별로 없습니다. 그러나 하나님 나라의 일군으로 쓰임 받는 원리는 반대입니다. 타락한 인간 본성상 강력한 자는 대부분 교만함으로 치달아 가는데 교만한 자는 자기 인생에 하나님의 개입을 수용하지 않습니다. 모든 인간은 그 누구라도 하나님과 함께 하지 않으면 비참한 인생으로 흘러갑니다.

연약한 자라고 해서 모두 하나님의 쓰임을 받는다는 뜻은 아닙니다. 연약하여 다른 길이 없기에 오직 하나님만 의지하는 자세가 나온 자들만이 하나님의 능력을 얻고 사용을 받습니다. 이 원리를 경험한 바울은 자신의 신앙 간증으로 늘 연약함을 고백합니다.

(고후 12:10) "그러므로 내가 그리스도를 위하여 약한 것들과 능욕과 궁핍과 박해와 곤고를 기뻐하노니 이는 내가 약한 그 때에 강함이라"

사울이 왕으로 세움 받은 이유가 자신을 작게 여겼을 때인데 교만해지면서 버림을 받았다고 사무엘은 지적했습니다(삼상 15:17). 사사기 6장부터 8장까지의 긴 이야기의 주인공 기드온은 연약한 자가 하나님의 손길로 강하게 쓰임 받는 원리를 잘 보여 줍니다. 일단 기드온은 므낫세 자파의 약한 가문 출신이고 자기 집에서도 작은 자였다고 고백합니다(15절). 미디안

의 7년 약탈 속에 주눅 들어 숨어서 밀 타작을 하는 비겁함도 보입니다(11절). 이스라엘 백성이 미디안과 맞설 생각도 못하고 도망하여 산에 굴을 파고 웅크리고 있는 모습은 하나님을 떠난 인생의 피폐함을 실감하는 장면입니다(1-6절).

기드온이 하나님의 소명을 받고 의심을 품으며 한 행동의 배경에는 이런 환경이 작용한 것입니다. 기드온이 던진 현실적 고통의 의미와 과거 구원에 대한 의심과 하나님 사랑에 대한 의문(13절)을 풀어 주시는 하나님의 자비가 펼쳐집니다(16-24절). 하나님께서는 우리 인생의 고통과 질곡의 현장에도 찾아 오셔서 기드온에게 하듯이 대해 주십니다. 다만 기드온에게는 징조를 주셨지만 우리에게는 그보다 더 확실한 말씀으로 하시는 것이 다를 뿐입니다.

(벧후 1:19) "또 우리에게는 더 확실한 예언이 있어 어두운 데를 비추는 등불과 같으니 날이 새어 샛별이 너희 마음에 떠오르기까지 너희가 이것을 주의하는 것이 옳으니라"

하나님의 명령을 순종하여 우상을 제거한 기드온은 백성들을 소집하고 승리의 표징을 구합니다(33-40절). 이때의 기드온은 하나님을 시험하는 차원이 아닌 자신의 소명에 대한 재확인의 절차를 행한 것입니다. 인간의 연약함에서 나온 하나님을 향한 요구는 주님께서 믿음의 행위로 여겨 기쁘게 들어주시는 것을 성경은 증거 합니다. 히스기야에게 치유의 징조를 보여 주시고 도마에게는 부활의 의심을 풀어주시고 말라기에서는 십일조를 시험하라고 하셨습니다. 기드온에게 풍성하게 응답하시고 확신을 주신 하나님의 신실하심은 우리에게도 동일하게 임합니다(12절). 연약함을 고백하고 말씀을 순종하고자 하는 자에게..

6절 | 손으로 움켜 입에 대고 핥는 자의 수는 삼백 명이요 그 외의 백성은 다 무릎을 꿇고 물을 마신지라

22절 | 삼백 명이 나팔을 불 때에 여호와께서 그 온 진영에서 친구끼리 칼로 치게 하시므로 적군이 도망하여 스레라의 벧 싯다에 이르고 또 답밧에 가까운 아벨므홀라의 경계에 이르렀으며

"수치상으로, 이론상으로 불가능한 일"

불가능한 일을 언급할 때는 그 이유를 대야 합니다. 수치와 이론으로 가능성이 있어야 그 일은 진행됩니다. 일이야 될 수도 안 될 수도 있어 희비가 엇갈리겠지만 전쟁은 차원이 다릅니다. 내 생명이 걸렸고 나라가 멸망할 수도 있기 때문입니다. 작은 군사로 큰 군대를 무찌르고 승리한 역사적 사례를 찾아보았습니다.

알렉산더 대제가 36,000명의 군사를 가지고 60만 명의 바사 왕 고레스 3세의 군대를 가우가멜라 전투에서 이긴 전쟁입니다. 정말 대단한 승리가 아닐 수 없습니다. 그러나 성경을 아는 신자는 그 정도는 껌 씹는 정도라는 것을 알고 있습니다. 성경에는 하나님께서 치르신 숫자와 상관없는 엄청난 전쟁 승리가 있습니다. 최강의 애굽 바로 군대를 홍해 바다에 수장시켰습니다(출 14:26-31). 히스기야 왕의 기도응답으로 앗수르 군대 185,000명이 여호와의 사자가 치므로 밤새 몰살되기도 하였습니다(왕하 19:35).

둘 다 자국 군사 희생이 없었는데 7장에 나오는 기드온 용사 300명의 전쟁도 여기에 해당됩니다. 원래 이스라엘 군사 수는 32,000명(3절)이었고 상대방 미디안 연합군은 135,000명(삿 8:10)이었습니다. 당시의 오합

지졸 같은 이스라엘 군사로서는 세상 기준으로 볼 때는 필패의 전쟁입니다. 만약 저들이 다 참전하여 전쟁에 승리한다면 이스라엘은 자랑하며 하나님을 거역할 것이라고 말씀합니다(2절).

하나님의 정예 군사를 뽑는 기준은 너무나 명백합니다(3-8절). 첫째, 불신앙으로 두려워서 떠는 자는 돌아가게 함으로서 하나님만 의지하게 하십니다. 둘째, 무릎을 꿇고 물을 마시는 자는 돌려보내고 혀로 물을 핥는 자들을 선발했다는 것은 긴장을 풀지 않는 재빠른 순종의 군사가 요구됨을 알 수 있습니다. 기드온의 3백 용사는 하나님의 상상도 못할 전술(횃불, 항아리, 함성)에 순종하여 대승리를 거둡니다(15-25절).

여기에서 주목할 광경은 미디안 군대가 자기들끼리 죽이는 원리입니다(22절). 구약의 전쟁에서 이스라엘의 적은 영적으로 사단의 편이라고 설정할 수 있습니다. 그렇다면 사단의 세력이 겉으로 볼 때는 장대한 것처럼 보이지만 멸망할 때는 자중지난에 의해 끝장난다는 것을 이 장면은 보여 줍니다. 겁이 많았던 기드온이 변화되어 겁이 없는 3백 용사와 함께 한 이 과정은 우리의 신앙여정의 모습이기도 합니다. 우리가 사는 신앙의 현장은 영적 전쟁터이기에 십자가 군병의 태세를 가지고 임해야만 승리할 수 있습니다(고후 10:4).

♦ 사사기 8장 성경칼럼

3절 | 하나님이 미디안의 방백 오렙과 스엡을 너희 손에 넘겨주셨으니 내가 한 일이 어찌 능히 너희가 한 것에 비교되겠느냐 하니라 기드온이 이 말을 하매 그 때에 그들의 노여움이 풀리니라

23절 | 기드온이 그들에게 이르되 내가 너희를 다스리지 아니하겠고 나의 아들도 너희를 다스리지 아니할 것이요 여호와께서 너희를 다스리시리라 하니라

"공과(merits and demerits)"

공로와 과실을 아울러 이르는 말입니다. 훌륭하다고 정평이 난 사람도 잘한 것이 있고 잘못한 것이 있습니다. 일반적인 역사는 승리한 사람을 위주로 한 기록이기에 공로는 높이고 과실은 숨깁니다. 한 걸음 더 나아가 신화적 인물을 만들기 위해서는 극상의 조작을 하기도 합니다. 그러나 성경은 그 누구라도 공과에 대하여 사실적으로 냉정하게 기록하고 있습니다. 흠이 없는 인물의 대표인 노아와 욥과 다니엘(단 14:14)도 믿음과 순종의 본보기로서 예를 든 것이지 결코 완전한 의인이 아니었습니다(롬 3:10-12).

사사기 8장은 기드온의 공과에 대해 기록함으로서 인간의 양면성을 실증합니다. 기드온이 하나님께 붙잡혀 순종할 때의 위대성과 영적감각을 놓쳤을 때의 치욕을 나란히 보여줍니다. 먼저 기드온의 공로를 살펴보겠습니다. 첫째, 기드온은 겸손과 화평의 사람으로 쓰임 받았습니다. 에브라임 지파의 치졸한 불평을 누르기보다 치하함으로서 분쟁을 방지하였습니다(1-3절). 이 겸손은 후에 자신을 왕으로 삼으려는 백성들의 요구를 거절하고 하나님께 다스림을 받아야 함을 가르치는 것으로 나아갑니다(22-23절).

둘째, 미디안과의 전투를 방해를 뚫고 끝까지 완수하는 충성을 보입니다. 패잔병 15,000명도 300명의 50배가 넘는 숫자인데 전혀 위축되지 않고 궤멸시킵니다(10절). 중간의 숙곳과 브누엘 족속의 조롱에 처절한 보응을 함으로서 하나님의 사역에 불참하는 자들에 대한 형벌을 알게 합니다(13-17절).

이제 기드온의 과오에 대한 내용을 살펴보겠습니다. 첫째, 기드온은 왕이 되어 달라는 요청은 거부했지만 전리품인 금을 받아 에봇을 만듭니다

(24-26절). 에봇이란 대제사장이 입는 조끼 같은 것으로 우림과 둠밈으로 판결할 때 입었습니다. 본래는 좋은 의미의 기념품 같았으나 자기 성읍인 오브라에 둔 것이 실책이 되었습니다. 백성들이 실로에 있는 성막의 제사에 집중하지 않고 오브라에서 제사 드리며 무질서 속에 점차 우상숭배에 빠지게 되었던 것입니다(27절). 이것은 하나님의 뜻에 조금만 방심해도 악의 후환을 만들 수 있다는 경계의 사건입니다.

둘째, 기드온이 아내를 많이 두지 말라는 명령을 어겼습니다(신 17:17). 여러 아내에게서 낳은 70명의 자녀와 함께 세겜의 첩에게서 아비멜렉이란 아들을 낳았습니다(30-31절). 이것은 우연이 아니라 성공 후에 오는 도덕적 타락과 영적 무기력의 결과입니다. 9장에 나오는 아비멜렉의 말썽은 기드온이 뿌린 씨에서 파생된 것으로 가정의 영향력이 얼마나 큰지를 보여줍니다. 공과를 피할 수는 없지만 충성의 공은 세우고 치명적 과는 피하는 신앙의 분투가 되기를 원합니다.

♦ 사사기 9장 성경칼럼

5절 | 오브라에 있는 그의 아버지의 집으로 가서 여룹바알의 아들 곧 자기 형제 칠십 명을 한 바위 위에서 죽였으되 다만 여룹바알의 막내 아들 요담은 스스로 숨었으므로 남으니라

56절 | 아비멜렉이 그의 형제 칠십 명을 죽여 자기 아버지에게 행한 악행을 하나님이 이같이 갚으셨고

"거짓말, 허언증, 리플리병"

인간의 한계 중의 하나가 거짓말을 전혀 안하고 살 수 없다는 것입니다. 혹시 무인도에 들어가서 혼자 살면 거짓말에서 해방될 수 있을지 모르나

그전에 이미 해 놓은 거짓말에서 자유로울 수는 없습니다. 문제는 이 거짓말이 진화한다는 사실입니다. 거짓말을 계획적으로 하면 '허언증'으로 가고 더 심해지면 타인에게 피해를 끼치는 '리플리 증후군'으로 발전합니다. 리플리병은 스스로 지어낸 거짓말을 믿어 버리고 그 내용을 현실화시키기 위해 타인을 해치기까지 하는 것을 말합니다. 원조는 소설(재능 있는 리플리씨)이지만 많은 영화(태양은 가득히)와 현실(학력 위조)에 그 내용이 각색되어 펼쳐지고 있습니다.

수단과 방법을 가리지 않고 목적을 이루기 위한 인간 집착의 끝판왕은 정치권력입니다. 지금도 대단하지만 전체주의 하에서의 최고 통치자는 모든 것을 가질 수 있었습니다. 이 권력을 쟁취하기 위해서는 거짓말뿐만 아니라 권모술수와 살인까지 못할 것이 없는 존재가 인간입니다. 육신의 생명을 넘어 영혼도 사단에게 헌납하고 지옥도 기꺼이 선택합니다.

사사기 9장에 등장하는 기드온이 세겜의 첩에게서 낳은 아비멜렉이 여기에 해당되는 인물입니다. 기드온이 살아 있었던 기간의 40년 평화는 끝이 나고 이제 이스라엘 전역은 혼란으로 빠져듭니다. 하나님의 통치를 모르는 아비멜렉이 정권 찬탈을 위해 쓰는 수단방법은 매우 잔인합니다. 먼저 세겜 족을 자기편으로 만들기 위해 거짓과 궤변으로 마음을 빼앗아 버립니다(1-3절). 돈이라면 살인도 불사하는 건달패를 끌어들여 전위부대를 만듭니다(4절).

기드온의 70명의 아들들을 한 바위에 모아 놓고 끔찍한 살생을 하는데 막내인 요담만이 숨어서 살아남습니다(5절). 7절부터 시작되는 요담의 비유는 하나님이 세우지 않는 지도자(가시나무)는 파멸을 자초한다는 절대 메시지를 전합니다. 백성에게 유익을 주는 지도자(감람, 무화과, 포도나무)

를 세우지 못하고 인간의 취향과 욕구에 따라 세워진다면 그 찌르는 가시에 고통을 받을 수밖에 없습니다. 그리스도인들이 국가의 통치자를 하나님께서 세워 달라고 기도하는 것은 의무에 해당됩니다.

하나님께서 왕이라는 타이틀을 허락하지 않았기에 아비멜렉의 왕 직은 3년 만에 참혹한 죽음으로 마감됩니다. 하나님께서 아비멜렉의 정치적 기반이었던 세겜족에게 악한 신이 임하게 하여 쟁투를 벌이게 합니다(23절). 하나님의 악한 신의 파송은 하나님의 성품에 관련된 것이 아닌 악령의 허락을 의미합니다. 세속의 역사에서 악한 권력의 멸망은 자기편끼리의 쟁투를 징조로 보면 분별할 수 있습니다. 요담의 예언(20절)대로 두 진영 간의 전투는 세겜 족의 진멸을 가져오고 아비멜렉의 최후는 한 여인의 맷돌이 두개골을 깨뜨림으로 끝이 납니다(50-57절). 사특한 자의 형통이 부질없다는 것을 실감합니다.

♦ 사사기 10장 성경칼럼

4절 | 그에게 아들 삼십 명이 있어 어린 나귀 삼십을 탔고 성읍 삼십을 가졌는데 그 성읍들은 길르앗 땅에 있고 오늘까지 하봇야일이라 부르더라

16절 | 자기 가운데에서 이방 신들을 제하여 버리고 여호와를 섬기매 여호와께서 이스라엘의 곤고로 말미암아 마음에 근심하시니라

사사기

"오늘도 무사히.."

어린 시절 버스 운전석 앞의 액자에 소녀의 기도 모습과 함께 쓰여진 글귀입니다. 지금처럼 차량 성능이 좋지 않고 도로도 험한 시절에 운전 직업을 가진 가정은 하루를 무사히 마치는 것이 목표였던 것입니다. 보통 사람들의 삶은 안전하게 과오 없이 자기 책임을 다하는 것에 만족합니다. '모난

돌이 정 맞는다'는 말처럼 특별히 나대는 것을 경계하고 공무원들은 '복지부동(엎드려 몸을 사리다)'의 처세를 지혜롭다고도 합니다.

성경의 지도자 중에도 특별한 과오 없이 자기 책임을 마친 사람들이 나옵니다. 이들의 공통점은 아주 짧은 평가로 기록되는 특징이 있습니다. 대표적으로 사사 중에 입산, 엘론, 압돈을 소환하겠습니다(12:8-15). 3명의 사사에 대한 기록이 단 8절이고 그 내용은 통치 기간과 자녀 결혼이 전부입니다. 과오가 없고 백성들이 편안했다는 면에서 그들은 역할을 다 한 것처럼 보입니다. 그러나 내면으로 들어가면 정략결혼이 숨겨 있고 자신의 복락을 찾아 누렸음이 발견됩니다. 결국은 하나님의 구원의 역사인 구속사에 별다른 업적을 남기지는 못한 것입니다. 극단적인 적용 같지만 지금의 교회가 재미도 있고 예배당도 멋있게 건축했는데 시대적으로 교회에 맡겨진 사명은 잊고 말았다는 것과 흡사합니다. 성도 개인의 적용으로는 교인으로서의 외적 의무는 다 했지만 '영혼에 대한 열매(전도와 양육)'는 맺지 못한 것과 같습니다.

사사기 10장에 나오는 돌라와 야일에 대한 간략한 기사는 성경이 얼마나 하나님의 사역자에 대하여 냉정한 평가를 하고 있는지를 보여 줍니다. 야일의 30명 아들이 각기 자기 소유의 다른 나귀를 타고 다녔다는 것은 그의 가문이 부와 명예를 누렸다는 증거입니다(4절). 그들이 다스린 45년의 기간에 영적 부흥이 일어났다면 이어지는 타락과 징벌의 악순환이 반복되지 않았을 수도 있습니다.

우상 종교와의 혼합으로 범죄 한 이스라엘에게 다시 블레셋과 암몬의 18년 압제가 시작됩니다(6-9절). 말이 18년이지 그 곤고함이 얼마나 심했던지 회개할 수밖에 없었습니다. 그런데 다행히도 진정한 회개의 모습이 나타나는데 이는 하나님께서 근심하셨다는 언급에서 증명됩니다(16절). 그들은 자신들이 하나님 앞에 무엇을 잘못하였는지를 깨닫고 낱낱이 고백합니다. 하나님을 버리고 이방신인 바알을 섬긴 것이 하나님을 진노하게 한 것임을 알게 된 것입니다(10-14절). 나아가 다시는 그 올무에 빠지지 않도록 우상 타파의 실천에 나섭니다(16절).

회개의 헬라어는 '메타노니아'로서 그 뜻은 뉘우침을 넘어 '방향을 바꾸는 변화'를 의미합니다. 나의 회개가 내가 좋아하는 방향에서 하나님께서 원하시는 방향으로 전환한 것인지를 점검해 봅니다. 우리 모두 회개를 기뻐하시는 하나님(16절)앞에 회개를 실천한 탕자처럼 달려 나가기를 소원합니다(눅 15:18-24).

(시 51:10) "하나님이여 내 속에 정한 마음을 창조하시고 내 안에 정직한 영을 새롭게 하소서"

♦ 사사기 11장 성경칼럼

3절 | 이에 입다가 그의 형제들을 피하여 돕 땅에 거주하매 잡류가 그에게로 모여 와서 그와 함께 출입하였더라

36절 | 딸이 그에게 이르되 나의 아버지여 아버지께서 여호와를 향하여 입을 여셨으니 아버지의 입에서 낸 말씀대로 내게 행하소서 이는 여호와께서 아버지를 위하여 아버지의 대적 암몬 자손에게 원수를 갚으셨음이니이다 하니라

"이러면 저게 걸리고 저러면 이게 걸리고.."

어려운 문제를 쾌도난마처럼 해결하면 좋겠지만 그렇지 못한 경우에 나오는 말입니다. 성경해석의 핵심원리는 가장 중요한 한 가지 의미를 놓치면 절대 안 되는 것입니다. '비유 해석학'의 기본으로 부분적 나무만 보지 말고 전체적 숲을 봐야 하는 원리입니다. 서두의 말은 그 한 가지 의미를 찾아낼

때 걸리는 그 무엇에 대한 처리가 힘들 때가 있다는 뜻입니다. 제가 성경칼럼을 집필하면서 가장 신경을 쓰는 부분이기도 합니다. 누구에게 시비를 당하지 않도록 정통신학에 어긋나지 않아야 하고 평신도의 눈높이에 맞추되 깊은 신앙을 가진 분들에게 유익을 줄 수 있도록 수준을 정하고 있습니다.

영해(영적 해석)를 하고 싶은 마음이 굴뚝같으나 꾹 절제하는데 오늘이 그런 내용입니다. 입다는 믿음의 장에 나오는 인물(히 11:32)로 그 믿음은 인정받은 것이 분명합니다. 그는 암몬과의 전쟁에서 단판 외교 협상을 먼저 시도한 특징을 보입니다. 그 과정에서 입다는 훌륭한 구속사적 안목을 가지고 있음을 증거 해 줍니다. 기생의 소생으로 형제들에게 쫓겨나 이방의 땅인 돕에서 건달패들과 어울리고 살았지만 영적 내공을 쌓은 것이 드러납니다(3절). 이 이방에서의 경험은 강한 군사와 다양한 경험으로서의 훈련과정이었지만 결정적인 순간의 실책과 연결됩니다. 출정을 앞둔 이스라엘은 회개의 과정을 거쳤고 하나님의 신이 입다에게 임하였기에 승리는 명백했습니다.

여기서 입다는 개선하고 돌아올 때에 집 대문에서 영접하는 자를 번제로 바치겠다는 서원을 합니다(30-31절). 성경에서 인신 제물은 이삭의 미수 사건(창 22장)밖에 없고 율법에 금지(레 18:21, 20:1-5)되어 있는데 너무나 경솔한 서원이었습니다. 이전에 살았던 돕 땅과 인접한 모압 땅의 문화인 인신제물제사 영향을 받은 것이라고도 볼 수 있습니다. 입다는 무남독녀인 딸이 소고 치며 나오는 것을 보고 놀라 자빠지고 맙니다(34-35절).

서원을 지키지 않으면 안 되는 것을 너무나 잘 알고 있는 입다는 서원을 거둬들일 방법이 없습니다. 이 때 입다의 딸이 행한 순종의 행위는 여러 가지 생각을 하게 합니다. 원수를 이긴 민족적 승리에 대한 감사로 자신을 드린 것이라는 해석은 본문에서 나온 것입니다(36절). 또 한 가지는 아버지의 그릇된 열정으로 인한 잘못된 서원을 자신의 희생으로 갚으려는 것으로도 볼 수 있습니다.

또 다른 영해를 소개하자면 성경에서 행해진 유일한 인신제사인 이 사건은 마리아의 동정녀 임신(눅 1:38)과 짝이 된다는 해석입니다. 그 근거로 입다의 딸이 무명이고 처녀로 제물이 되었다는 3번(37, 38, 39절)의 반복된 기록 때문입니다. 입다가 마리아의 그릇을 준비하였다는 것은 너무 비약된 해석입니다. 하지만 절대위기 앞에서 두 처녀가 하나님의 뜻에 순종하는 자세는 '성경의 짝(사 34:16)'이 되기에 부족함이 없습니다.

(행 21:14) "그가 권함을 받지 아니하므로 우리가 주의 뜻대로 이루어지이다 하고 그쳤노라"

♦ 사사기 12장 성경칼럼

1절 | 에브라임 사람들이 모여 북쪽으로 가서 입다에게 이르되 네가 암몬 자손과 싸우러 건너갈 때에 어찌하여 우리를 불러 너와 함께 가게 하지 아니하였느냐 우리가 반드시 너와 네 집을 불사르리라 하니

6절 | 그에게 이르기를 쉽볼렛이라 발음하라 하여 에브라임 사람이 그렇게 바로 말하지 못하고 십볼렛이라 발음하면 길르앗 사람이 곧 그를 잡아서 요단 강 나루턱에서 죽였더라 그 때에 에브라임 사람의 죽은 자가 사만 이천 명이었더라

"기회주의자"

사람 중에는 얄미운 사람이 있는데 가능한 마주치지 않으면 됩니다. 그런데 피해서 해결되지 않는 것이 있다면 파렴치한 사람입니다. 파렴치한 부류의 대표 주자는 일할 때는 뒷전에 있다가 일이 성공되면 잽싸게 나서 공로를 가로채려는 기회주의자입니다. 실제 공로자를 시기하고 모함하여 제거하려는 시도를 하고 그 목적을 위해 파벌을 형성하고 분쟁을 일으킵니

다. 기회주의자들은 인류 역사를 얼룩지게 하였는데 각자 금방 머리에 떠오르는 사람이 있을 것입니다. 멀리 보지 않아도 우리 주변 아주 가까이에 이런 약삭빠른 사람은 반드시 있습니다.

사사기 12장에 등장하는 에브라임 지파는 입다가 암몬 지파와의 전쟁에서 승리하자 앙심을 품고 나섭니다. 왜 자신들을 전쟁에 부르지 않아 공을 세우게 하지 않았느냐고 대듭니다. 전쟁승리의 영광과 전리품을 받지 못한 것의 책임을 입다에게 덮어씌우고 집과 사람을 불로 다 사르겠다고 위협합니다(1절). 입다는 기회를 주고 요청을 했는데 나서지 않은 것은 너희가 아니냐고 통탄하며 반박합니다(2절).

결국 동족상잔의 비극으로 에브라임 지파는 42,000명이 죽고 멸절의 위기에 봉착합니다. 에브라임 지파의 지나친 우월감과 교만은 이미 기드온 시대부터 있어온 것(8:1-2)으로 그 때 이 약점을 교정했어야 했습니다. 에브라임 지파가 입다와 길르앗 사람을 대항한 것은 하나님께 대한 불신과 대항이 된 것입니다.

우리도 승리는 하나님께 있다는 전쟁관과 철저한 순종의 훈련이 안되면 얼마든지 에브라임 지파의 전철을 밟을 수 있음을 경계해야 합니다. 시기와 교만의 비극은 패잔병이 된 에브라임 지파의 잔당을 색출하는 발음 사건으로 절정에 이릅니다. 지금도 각 지방마다 사투리의 억양과 발음이 다르듯이 에브라임 지파는 '쉽볼렛'을 '십볼렛'으로 밖에 발음할 수 없었습니다(5-6절). 우리나라의 어떤 지역 사람들이 쌀을 살이라고 하는 것과 흡사합니다. 발음을 속일 수 없었던 에브라임 사람들은 이제 요단 강 나루터에서 죽게 되었습니다. 자긍심이 강한 에브라임 지파가 이제 에브라임 지파가 아니라는 자기 부정을 하게 되었습니다.

이 구별하기 힘든 약간의 발음 차이는 신앙인에게도 큰 경종을 울립니다. 이 사건은 교회에 다닐지라도 근본적인 영적 출신이 다를 수 있음을 보여 줍니다. 신앙의 고백에 따라서 하늘에 속한 영적 신자가 있고 땅에 속한 육적 신자가 있다는 것입니다. 요단을 건너야 하는 그들이 쉽볼렛을 발음하지 못하면 처형되듯이 거듭나지 못한 사람이 구원받을 수 없습니다. 성령과 물로 거듭나고 오직 은혜로 살려고 하는 자가 참 그리스도인입니다. 예수 그리스도를 온전히 구주로 영접하고 인생의 주인으로 섬기는 자가 하나님의 자녀입니다. 인격적으로 예수님을 믿고 섬기는 자의 복이 엄청난 것임을 확인합니다.

♦ 사사기 13장 성경칼럼

3절 | 여호와의 사자가 그 여인에게 나타나서 그에게 이르시되 보라 네가 본래 임신하지 못하므로 출산하지 못하였으나 이제 임신하여 아들을 낳으리니

18절 | 여호와의 사자가 그에게 이르되 어찌하여 내 이름을 묻느냐 내 이름은 기묘자라 하니라

"고지서"

법적 권한을 가진 행정기관에서 세금이나 부담금을 납부하도록 알리는 문서입니다. 예상한 것이라면 괜찮지만 의외의 것이 오면 불편한 감정이 생기기 쉽습니다. 특히 법적 조치에 앞서 보내는 내용증명을 받게 되면 후속 대처에 머리가 아픕니다. 성경에는 이런 고지와는 다른 기적적인 고지가 있는데 사사기 13장에 나오는 수태 고지입니다. 수태를 다른 말로 하면 '잉태이고 지금 우리가 보는 개정 성경은 '임신'이라고 번역했습니다.

성경에는 임신 전에 아이가 잉태될 것이라고 고지를 받은 인물이 삼

손 외에 4명이 더 있습니다. 아브라함과 사라(창 17:19, 이삭), 한나(삼상 1:17, 사무엘), 엘리사벳(눅 1:13, 세례 요한), 마리아(눅 1:31, 예수님)입니다. 이 모두의 공통점은 하나님의 사자, 곧 하나님(18절)을 통해 수태고지를 받았고 구속사의 중요한 사건과 연관되어 있습니다. 또한 자연적으로는 잉태하지 못하는 모태인데 기적으로 임신하여 하나님의 종으로 사용하시겠다는 의지를 나타냅니다(3절). 예수님을 예외로 하더라도 4명이 나기 전부터 나실인의 성격을 가지고 태어난 것을 알 수 있습니다.

나실인이란 거룩하게 구별된 자를 말하며 하나님께 전적으로 헌신하고 봉사하는 자입니다(민 6장). 남여 구별은 없고 부모와 자신의 서원으로 할 수 있고 평생 나실인과 한시적 나실인으로 나누어집니다. 나실인은 성별된 자로서 규례를 지켜야 하는데 그 의미는 신약성도들에게 큰 교훈을 줍니다. 포도나무 소산과 독주를 금하고 삭도를 머리에 대지 말고 시체를 가까이 하여 몸을 더럽히지 말아야 합니다. 세 가지의 규례가 각자 의미가 있는데 주목할 것은 머리에 삭도를 대지 않는 항목입니다. 한시적 나실인은 서원 기간이 지나 일반인으로 돌아가면 머리를 자를 수 있었습니다. 하지만 평생 나실인으로 드려진 자는 당연히 평생 머리에 삭도를 대면 안 되었습니다.

태중에서부터 나실인으로 구별된 자는 죽을 때까지 영원한 나실인이 되는 것입니다. 삼손이 여기에 해당되는데 이후에 나오겠지만 그는 여인의 유혹에 빠져 이 규례를 어기게 되었습니다. 수태고지를 받은 5명의 나실인들이 너무 대단해서 우리와 상관이 없다고 느낄 수가 있는데 절대 그렇지 않습니다. 거듭난 그리스도인은 창세전에 예지 예정된 '영적인 나실인'이라는 사실을 성경은 선포합니다.

(엡 1:4) "곧 창세전에 그리스도 안에서 우리를 택하사 우리로 사랑 안에서 그 앞에 거룩하고 흠이 없게 하시려고"

육적인 출생이 아니라 창세전에 이미 그리스도인으로 고지를 받은 우리 신분의 존귀함은 구약의 나실인보다 우위에 있습니다. 그 증거는 삼손 등의 나실인에게 주었던 성령의 덧입힘(25절)이 신약성도들에게는 성령의 내재로 더욱 깊어진 것입니다.

(요 14:17) "그는 진리의 영이라 세상은 능히 그를 받지 못하나니 이는 그를 보지도 못하고 알지도 못함이라 그러나 너희는 그를 아나니 그는 너희와 함께 거하심이요 또 너희 속에 계시겠음이라"

잘 알았으니 주님 뜻을 받들어 잘 살겠습니다.

♦ 사사기 14장 성경칼럼

2절 | 올라와서 자기 부모에게 말하여 이르되 내가 딤나에서 블레셋 사람의 딸들 중에서 한 여자를 보았사오니 이제 그를 맞이하여 내 아내로 삼게 하소서 하매

4절 | 그 때에 블레셋 사람이 이스라엘을 다스린 까닭에 삼손이 틈을 타서 블레셋 사람을 치려 함이었으나 그의 부모는 이 일이 여호와께로부터 나온 것인 줄은 알지 못하였더라

"미스터리, 불가사의, 신묘막측"

괴담이나 전설과는 다른 실재한 어떤 사물이나 사건 등이 이해할 수 없을 때 미스터리하다고 합니다. 이보다 한 차원 높여 인간이 헤아리거나 생각하지 못하는 영역을 불가사의하다고 합니다. 불가사의는 본래 불교 용어로 10의 64제곱의 숫자로 1경의 네 제곱이니 생각할 수조차 없다는 의미를 가지고 있습니다. 세상에서의 신비와 초월을 나타내는 불가사의라는 의미를 성경에서는 신묘막측이라고 다르게 표현합니다. 신묘막측은 불가사의와 의미는 비슷하지만 하나님의 신비로운 솜씨가 들어가는 것으로 차별화됩니다.

하나님의 섭리를 눈치 채게 하는 은혜의 적용으로 인간에게 다가 오는 것이 신묘막측이라고 볼 수 있습니다. 한 가지 예로 세상에서는 도저히 알 수 없는 인간태생의 비밀을 하나님의 창조로 깨달을 수 있을 때 신묘막측하다고 합니다.

(시 139:14) "내가 주께 감사하옴은 나를 지으심이 신묘막측하심이라 주의 행사가 기이함을 내 영혼이 잘 아나이다"(개역한글)

나를 지으신 분이 하나님이시라고 의심 없이 믿어지는 성도는 하나님의 신묘막측하심을 이미 체험한 것입니다. 여기에서 더 나아가 나의 나 된 것이 하나님의 은혜라고 알고 고백한다면 이미 하나님의 신비한 손길을 체험한 것입니다(고전 15:10). 신묘막측의 하나님을 고백하고 묵상할 때 삼손에게 일어난 일들이 해석이 됩니다. 사사기 14장부터 청년이 된 삼손은 당시의 세태(자기 소견대로 행함)에 따라 나실인의 규정(민 6장)을 하나씩 철저히 깨뜨려 나가고 있습니다. 이방 여인과 결혼하고(1-3절) 죽은 동물의 시체를 만지고(5-9절) 창녀와 관계를 합니다(16:1). 삼손의 비도덕적이고 목적을 위하여 야비한 수단을 동원하는 행태를 볼 때 하나님께서는 삼손을 즉각 징벌하고 버리는 것이 합당하다고 생각됩니다.

그러나 정말 이해할 수 없게도 하나님께서는 삼손의 비행과 약점에도 그것을 사용하셨다고 말씀하십니다. 블레셋 여인과 결혼을 안 하고도 하나님의 방법으로 그들을 이길 수 있는데 삼손은 인간적 꾀를 내었습니다(4절). 이 그릇된 선택에도 불구하고 하나님께서 그 선택을 사용하신 것은 신묘막측의 영역에서만 해석이 됩니다. 사사기는 인간의 도덕적 약점과 서투른 선택까지 사용하신 하나님을 역력하게 증거하고 있습니다. 암살자인 에훗, 배신자인 야일, 의심과 혈기가 많은 기드온, 건달패 두목 출신으로 경솔한 입다가 있습니다.

이로서 영적 암흑기였던 사사시대는 인간적 영웅에 의한 구원이 아닌 사사의 제한적 사용으로 하나님께서 역사하셨다는 것을 증거합니다. 이 원리를 오용하여 내가 범죄 해도 하나님은 나를 사용하실 것이라고 정당시하면 안 됩니다. 다만 나의 연약함에도 불구하고 합력하여 선을 이루시는 하나님께 겸손히 가까이하는 자세를 가지는 것이 바람직합니다(롬 8:28). 하나님의 신묘막측하심이 이해할 수 없도록 멀리 있는 것이 아니라 나의 신앙생활 여정 곳곳에 배여 있다는 것이 너무 놀랍습니다. 에벤에셀(여기까지 도우심)의 주님이 여호와이레(하나님의 예비하심)의 주님으로 함께 하실 것입니다.

♦ 사사기 15장 성경칼럼

7절 | 삼손이 그들에게 이르되 너희가 이같이 행하였은즉 내가 너희에게 원수를 갚고야 말리라 하고

15절 | 삼손이 나귀의 새 턱뼈를 보고 손을 내밀어 집어들고 그것으로 천 명을 죽이고

"정말 좋겠네, 정말 좋겠네"

누구나 아는 노래 가사로 시작해 보았습니다. 텔레비전에 내가 나오면 정말 좋겠고 2절에는 엄마가 나와서 나와 함께 춤추고 노래하면 얼마나 좋겠느냐는 내용입니다. 아이의 천진난만함이 그려지고 행복한 가정의 기쁨이 경쾌한 멜로디에 실려 있습니다. 우리에게 정말 좋은 일이 계속 생기기를 기원합니다. 그렇다면 그리스도인에게 정말 좋은 일이 연속으로 일어나는 방법이 있다면 무엇일까요?

일단은 그 일의 내용이 하나님의 일이어야 하고 반복되어야 하는 일상의 일이어야 합니다. 특별히, 어쩌다 일어나는 것이 아니라 내가 거하는 곳

에서 많은 시간에 하는 것이어야 합니다. 가정과 생업의 현장에서 하는 것이 하나님과 연결된 일이 되어야 하는 조건입니다. 나는 일상의 일을 하는데 그 일이 알고 보니 '하나님이 기뻐하시는 사역이었다'가 되는 것입니다. 반대의 경우는 전혀 생각하지 않았는데 나의 일상생활이 하나님의 사역을 훼방하는 것이었다면 정말 나쁜 일이 됩니다.

사사 중에서 가장 긴 내용(13-16장)을 기록하고 있는 삼손은 그만큼 중요한 메시지가 있다는 의미입니다. 15장에는 삼손이 사사로 인정받는 과정에서 나오는 맹활약이 그려지고 있습니다. 그런데 그 내용을 들여다보면 이상한 장면을 발견합니다. 14장에서 아내의 배신이 있었고 장인에 의해 아내는 친구에게 시집갔는데 삼손은 연정을 품고 다시 딤나로 돌아옵니다. 실상을 확인한 삼손은 분노하여 여우 3백 마리로 블레셋의 논밭을 불사르고(4-5절) 처가 집을 해한 블레셋 사람을 크게 도륙합니다(6-8절). 동족인 유다 사람 3천 명과 블레셋 사람의 협잡으로 삼손은 결박되어 호송이 되지만 실상은 일부러 잡힌 것입니다(12-13절).

이 싸움의 결과는 하나님의 권능이 임한 삼손에 의하여 나귀 턱뼈 하나로 블레셋인 일천 명을 쳐 죽이는 대승리를 거두게 됩니다(14절). 이 사건을 출발은 연인에 대한 연정으로 폭발해 버린 삼손의 복수극입니다. 삼손이 하나님과의 관계에서 사명을 가지고 싸웠다는 것은 나와 있지 않습니다. 하지만 이 전쟁은 자기 백성을 괴롭힌 블레셋을 향한 하나님의 복수전이 되고 말았고 삼손이 사용되었습니다. 삼손은 잉태될 때 받았던 사명(13:5)을 이룬 것이고 승리 후에 이것을 비로소 깨닫고 고백합니다(18절).

여기서 확인할 것은 모든 것은 하나님이 다 하시고 인간은 한낱 도구에 불과한 것인가라는 점입니다. 삼손은 비록 도덕적인 흠이 있었지만 인격체로서 민족을 향한 사명감이 있었고(14:4) 성령의 감동에 순종하는 행동이 있었다는 것(14절)을 주목해야 합니다. 나의 일상생활이 하나님의 뜻을 발견하고 순종한다면 내가 하는 범사가 하나님의 사역으로 되는 것이 틀림없습니다(살전 5:16-18).

♦ 사사기 16장 성경칼럼

17절 | 삼손이 진심을 드러내어 그에게 이르되 내 머리 위에는 삭도를 대지 아니하였나니 이는 내가 모태에서부터 하나님의 나실인이 되었음이라 만일 내 머리가 밀리면 내 힘이 내게서 떠나고 나는 약해져서 다른 사람과 같으리라 하니라

28절 | 삼손이 여호와께 부르짖어 이르되 주 여호와여 구하옵나니 나를 생각하옵소서 하나님이여 구하옵나니 이번만 나를 강하게 하사 나의 두 눈을 뺀 블레셋 사람에게 원수를 단번에 갚게 하옵소서 하고

"아아, 삼손!"

놀라거나 급할 때는 외마디 비명을 지르고 말을 만들어 할 수 없는 상황에서는 감탄사가 나옵니다. 사사기 16장을 읽으면서 만감이 교차하여 비명과 감탄사가 튀어 나오지 않을 수가 없습니다. 삼손의 최후가 기록되어 있는데 그 과정의 드라마틱함은 인간 영욕의 양극을 보여 줍니다. 그 뿐만이 아니라 이면에 흐르는 하나님의 역사와 섭리와 손길은 너무나 기묘합니다. 언뜻 보아도 몇 개의 칼럼 주제가 나오지만 그중에 삼손과 들릴라의 관계를 기초로 하나님의 사랑을 펼쳐 보겠습니다.

삼손은 인간 역사에서 가장 힘이 센 사람임이 틀림없습니다. 사자를 맨손으로 죽이고(14:6) 나귀 턱뼈로 일천 명을 죽이고(15:15) 거대한 성의 문짝을 번쩍 들어 가사에서 헤브론까지 62km를 옮겨 놓는 괴력을 보입니다(16:3). 하나님께서 허락하신 최고의 물리적인 힘은 역으로 그에게 두려움

을 없애고 교만의 입구로 들어서게 합니다. 육적 강함은 어디든지 거리낌 없이 가게하고 그 여파로 여인의 유혹에 노출되어 방탕으로 치달아 갑니다. 그는 들릴라에게 유혹되기 전에 이미 여러 차례의 성적 전과를 가지고 있었습니다(14:1, 16:1). 들릴라에게 유혹된 것은 우연이 아닌 육체의 관성에 따른 필연이었고 사단이 노리는 그의 약점이 되었습니다.

들릴라는 사단의 도구로서 하나님의 사람을 실족케 하는 역할을 하는데 그 도구는 거짓말이고 동기는 탐욕입니다. 그녀가 삼손의 약점을 캐내는 조건으로 받은 은 1,100세겔(은 1세겔이 장정 4일 일당)은 평생 먹고 살 수 있는 분량입니다. 들릴라가 삼손을 유혹한 사랑은 위장된 것이었지만 쾌락에 중독 된 자는 분별하기 어렵고 알면서도 끌려가고 맙니다. 삼손의 윤리적인 타락이 점차 나실인의 규례를 어기는 것과 사명을 망각하는 지경으로 가는 것은 당연합니다. 죄의 침투성이 점진적이듯이 죄의 영향력도 점진적으로 커져 최종 목표인 하나님과의 관계를 벌여 놓습니다.

세 차례의 들릴라의 요구는 이리저리 피했지만(6-14절) 들릴라의 침실을 피하지 못한 삼손은 결국 나실인의 상징인 머리를 깎이게 됩니다(17-19절). 이 비밀은 나실인인 삼손의 마지막 신앙의 보루였는데 허무하게 무너져 버렸습니다. 하나님의 권능이 떠난 삼손은 하나님의 종으로서의 자격과 능력을 잃었습니다. 하나님이 떠난 자는 불신자보다 더 비참해진다는 것이 성경의 증언입니다(마 12:43-45). 삼손은 원수에 의해 눈이 빠지고 노예가 되어 조롱당하며 짐승처럼 연자 맷돌을 돌리게 됩니다(21절).

삼손의 이야기가 여기에서 끝났다면 아찔해 하며 절망할 신자가 많을 것입니다. 하나님께서는 최후의 회개 기회를 주셨고 삼손은 이를 붙들었다는 것에 새 희망이 있습니다(28절). 블레셋의 멸망과 함께 한 삼손의 장렬

한 전사는 회개하는 자에게 주신 하나님의 복락입니다(29-31절). 믿음의 장에 기록된 삼손(히 11:32)은 육적 눈이 빠지는 대가를 치르고 영적 눈이 떠진 대표적 인물이 되었습니다. 교회 역사 속에 숨겨져 있는 '삼손의 후예'들에게 주님의 이름으로 격려를 보냅니다.

♦ 사사기 17장 성경칼럼

5절 | 그 사람 미가에게 신당이 있으므로 그가 에봇과 드라빔을 만들고 한 아들을 세워 그의 제사장으로 삼았더라

12절 | 미가가 그 레위인을 거룩하게 구별하매 그 청년이 미가의 제사장이 되어 그 집에 있었더라

"민도, 신앙도"

민도란 국민의 생활이나 문화 수준의 정도를 말합니다. 국민소득이 높다 해도 민도의 수준이 낮으면 선진국이 될 수 없습니다. 또한 민도는 소득이 따라 주어야만 바르게 형성된다는 현실론도 있습니다. 경제성장과 민도의 방정식을 잘 풀어 나갈 때 나라가 잘 되고 국민이 편안해 집니다. 세상에서 민도라 부르는 것을 영적세계의 용어로 바꾼다면 신앙도입니다. 타종교까지 이야기하면 너무 광범위하므로 '기독교 신앙도'만 살펴보겠습니다.

기독교 문화권에서 온 외국인이 '한국 기독교의 수준은 아직 멀었어'라고 평가한다면 어떤 생각이 드십니까? 일단 기분 나쁘지만 그 이유를 듣고 싶은 생각이 듭니다. 어떤 공동체든 안에서 보는 것보다 밖에서 보는 것이 정확할 때가 많기 때문입니다. 성경 원리중의 하나가 구원자는 외부(작게는 요셉과 모세, 크게는 예수님)에서 온다는 것입니다. 또한 성경은 신앙생활의 올바른 원리는 구체적으로 전부 나와 있지는 않지만 잘못된 방법은

분명하게 지적하고 있습니다.

사사기 17장의 이스라엘의 잘못된 신앙도를 통찰함으로서 우리의 신앙도를 점검하게 됩니다. 17장은 사사시대 당시에 미가 가문을 통해 지도층이 아닌 일반인의 신앙도를 보여줍니다. 저자는 하나님을 왕으로 모셔 통치를 받지 못하면 인간은 자기 소견대로 행하고 저주의 삶을 살 수밖에 없다는 것을 결론적으로 주석합니다(6절). 미가의 아들이 어머니의 재물을 도둑질하고 이에 어머니는 저주하고 아들은 돌려놓습니다(2절). 어머니는 그 돈을 아들이 저주를 피하고 복을 받기 위한 신상을 만드는데 투자합니다(3절). 이를 여호와께 드린다고 하며 한 아들을 세워 제사장으로 삼습니다(5절).

이것이 당시의 하나님을 섬기는 가정에서 일어난 일입니다. 우상을 만들지 말라는 2계명과 여호와의 이름을 망령되이 일컫지 말라는 3계명을 어겼습니다(3절). 주술과 미신이 흘러넘치고 우상이 하나님의 위치를 점거해 버렸습니다. 여기서 끝난 것이 아니라 일자리를 구하는 레위인을 가문의 제사장으로 앉힌 사건이 이어집니다(7-12절). 오직 아론의 후손만이 제사장이 될 수 있는 것을 어겼습니다(민 18:1). 타락한 가짜 성직자가 판을 치고 저주를 피하고 축복을 위해서라면 자기 소견대로 제도도 만들 수 있는 백성들의 신앙도를 목격하고 있습니다(13절).

한국교회와 성도가 과연 사사시대의 기복적 혼합신앙에서 얼마나 벗어나 있는지 반문해 봅니다. 경계를 허물고 권위를 무너뜨리는 포스트 모더니즘의 문화에 대항하여 절대 주권의 신앙을 지켜나가는 하나님의 군대로 쓰임받기를 소원합니다.

♦ 사사기 18장 성경칼럼

20절 | 그 제사장이 마음에 기뻐하여 에봇과 드라빔과 새긴 우상을 받아 가지고 그 백성 가운데로 들어가니라

31절 | 하나님의 집이 실로에 있을 동안에 미가가 만든 바 새긴 신상이 단 자손에게 있었더라

"일이 점점 커지네"

그냥 평범하게 넘어갈 일을 문제 삼다가 큰일로 비화되는 경우가 있습니다. 사실을 확인하면 될 것을 자기 소견만 주장하다가 감정이 상하여 큰 싸움이 되기도 합니다. 17장의 한 가정 우상숭배가 18장에서는 한 지파 우상숭배로 확대해 가는 사건을 보게 됩니다. 그리고 그 중간에 5명의 정탐꾼과 가짜 제사장이 결정적 역할을 하게 됩니다. 이 사건은 단순하게 끝나지 아니하고 구속사에서 단 지파가 제명되는 결정적 원인이 됩니다.

단지파는 구약에서 역대기의 족보에서 사라지고(대상 2장) 신약에서는 영적 족보로서 구원의 상징인 144,000명의 명단에서 빠집니다(계 7장). 우상을 세우고 하나님이라 부르는 죄악이 얼마나 큰 죄악인지를 역력히 보여 줍니다. 그런데 우상을 하나님이라 하는 이 죄악은 현대 그리스도인들에게서도 흔하고 넘치게 일어난다는 것에 놀라게 됩니다.

그러면 단 지파의 절대 저주는 무엇으로부터 시작되었을까요? 원래의 단 지파가 초기에 분배받은 땅은 가나안 중부의 지중해 연안이었습니다(수 19:40-46). 그러나 연약한 믿음의 결과로 그 땅을 차지하지 못하고 아모리 족속에 의하여 쫓겨 떠도는 신세가 됩니다(1:34). 단 지파는 그들이 정착하기에 적합한 땅을 찾기 위해 용맹한 5명의 정탐꾼을 파송하게 됩니다.

그러나 이스라엘 최북단의 라이스를 가기 전에 들른 미가의 집에 유숙하며 일이 시작됩니다(2절).

바로 미가 집안의 제사장으로 있는 레위 소년과 만나게 되었습니다. 율법을 어기고 세워진 가짜 제사장으로부터 예언을 받습니다. 겉모양은 여호와의 이름으로 주어졌지만 일종의 주술행위입니다. 이 모습은 현대 교회에서도 얼마든지 일어나고 있는 일이라는 것을 비쳐보아야 합니다. 가짜 성직자와 결탁된 정치권력은 가짜 하나님을 앞세워 이주하게 됩니다. 이주를 꺼림칙하게 여기는 지파내 사람들을 이끌어내기 위해 하나님을 빙자하고 종교 모양새를 갖춥니다. 그것이 바로 가짜 제사장의 옹립이고 우상을 탈취하여 하나님으로 세우고 거룩한 전쟁을 외치는 만행이었습니다(21-23절). 미가 집안의 제사장이었던 레위 소년에게는 벼락출세이었기에 신나는 배신을 한 셈입니다.

단 지파의 잘못된 작은 출발은 이제 전 지파로 퍼져 하나님의 법도는 사라지고 미가에게서 탈취한 우상을 숭배하게 됩니다(27-31절). 연약함은 무지함으로 진전되고 결국은 눈앞의 현실 복만 추구하다가 영적 맹인이 되는 것을 목격합니다. 삯꾼 목자와 종교의 의식주의가 정치의 도구로 사용될 때 공동체의 저주로 나아감을 알 수 있습니다. 가만히 들어온 죄의 독을 속히 끊어내는 신앙의 행동을 다짐합니다(벧후 2:1).

♦ 사사기 19장 성경칼럼

2절 | 그 첩이 행음하고 남편을 떠나 유다 베들레헴 그의 아버지의 집에 돌아가서 거기서 넉 달 동안을 지내매

29절 | 그 집에 이르러서는 칼을 가지고 자기 첩의 시체를 거두어 그 마디를 찍어 열두 덩이에 나누고 그것을 이스라엘 사방에 두루 보내매

"인간은 어디까지 망가질 수 있는가?"

'악마를 보았다'라는 영화가 있습니다. 악마 같은 살인자에게 복수하면서 악마가 되어가는 인간의 모습을 보여 줍니다. 하나님을 떠난 자의 쾌락추구는 죄를 낳고 그 끝은 양심의 마비로 이어 집니다. 하나님을 모셔야만 유지되는 인간의 양심이 화인을 맞게 되면 인간은 브레이크가 없는 기관차처럼 악 덩어리가 되어 돌진합니다. 누구도 말릴 수 없는 타락의 극한 사건이 사사기 19장에 일어났습니다. 이 기브아 사건의 실상이 얼마나 참혹하고 끼친 영향이 막대한지 후세는 악함의 대명사로 기록하고 있습니다.

(호 9:9) "그들은 기브아의 시대와 같이 심히 부패한지라 여호와께서 그 악을 기억하시고 그 죄를 벌하시리라"

기브아 사건은 종교인의 역할을 맡은 한 레위인의 가정에서 시작됩니다. 첩을 두는 사회타락의 평균치가 올라갔을 때 레위인도 함께 타락할 수 있음을 보여줍니다(1절). 이 첩이 바람을 피우고 아비 집으로 가서 넉 달을 기거했는데 남편이 찾아와 나흘 밤을 지내고 귀로에 오릅니다. 마침내 베냐민 지파 지경인 기브아에 이르렀지만 모두에게 유숙을 거절당하고 한 노인의 후의로 기숙을 하게 됩니다(15-20절).

이 상황은 기브아 성읍의 수준을 알려 주는 것으로 이 노인 외에는 의인이 없었다는 증거입니다. 친절한 노인의 배려로 안식을 누리고 있을 때 기브아의 불량배가 난폭하게 문을 두드립니다. 이 불량배의 원어는 '베네 벨리알'로서 '벨리알의 아들'이란 뜻이며 무익하고 악한 마귀 자식이라고 보면 됩니다. 그들이 레위인을 내 놓으라고 하며 외친 '관계하리라'라는 것은 남색의 성관계(동성애)를 말합니다.

어디서 보았던 장면인데 바로 소돔 성 기사(창 19:4-8)와 아주 흡사합니다. 사실 기브아 땅은 옛 소돔이 멸망한 사해와 가까운데 소돔의 멸망에 대한 많은 교훈이 있음에도 그 길을 따르고 있는 것입니다. 성적 타락의 치명성과 몰입성은 끊어내기가 거의 불가능함을 알고 미리 대처하는 수밖에 없습니다. 결국 밤새도록 기브아 비류들에게 윤간 당한 첩은 싸늘한 시체가 되고 맙니다. 집에 도착한 레위인이 첩의 시체를 열 두 덩어리로 나누고 이스라엘 12지파에게 보냅니다(29-30절).

이어지는 20장의 이스라엘의 내전은 한 개인과 한 가정의 타락이 도화선이 된 것임을 보여줍니다. 하나님의 일을 맡은 레위인은 오늘날로 표현하자면 그리스도인이고 압축하면 교회 지도자입니다. 한 명의 그리스도인이 세류에 따라 죄를 허용하고 죄악을 저지를 때 생기는 일파만파의 저주와 수난을 선명히 보여줍니다. 또한 우리가 사는 사회의 무디어가는 양심이 얼마나 위험한지도 강력히 경고하고 있습니다.

(갈 5:24) "그리스도 예수의 사람들은 육체와 함께 그 정욕과 탐심을 십자가에 못 박았느니라"

♦ 사사기 20장 성경칼럼

26절 | 이에 온 이스라엘 자손 모든 백성이 올라가 벧엘에 이르러 울며 거기서 여호와 앞에 앉아서 그 날이 저물도록 금식하고 번제와 화목제를 여호와 앞에 드리고

47절 | 베냐민 사람 육백 명이 돌이켜 광야로 도망하여 림몬 바위에 이르러 거기에서 넉 달 동안을 지냈더라

"이게 아닌데, 뭔가 잘못되었는데.."

계획이 좋고 추진력도 있으며 능력도 충분해 틀림없이 성공할 수 있는

일이 있습니다. 그러나 막상 진행한 결과 실패의 성적서를 받는다면 얼마나 황당하겠습니까? 이것이 공부나 사업이라면 충격이 덜 하지만 죽고 사는 전쟁이라면 사정이 달라집니다. 19장에서 이어지는 20장의 이스라엘의 내전 이야기에 위와 같은 사례가 발생합니다.

레위인의 동강난 첩 시체를 받아든 각 지파는 미스바에 모여 분노를 분출합니다. 칼을 빼는 보병이 40만 명이니 기브아 사건의 충격은 하늘을 찌를 기세입니다. 레위인의 보고를 받은 이스라엘 총회는 합심하여 베냐민을 치기로 결의합니다. 미스바 총회는 군사 모집과 군량미도 정하고 딸은 베냐민 지파에게 주지 않으며 총회에 불참한 지파는 멸할 것을 정합니다(1-11, 21:1-5). 이 결의를 전해 받은 베냐민 지파는 회개와 협상 대신 분노하며 항전을 결정합니다. 자원하는 베냐민 지파의 26,000명과 기브온의 700명이 단결하여 모이는데 그 중 700명을 왼손잡이로 소개하는 것은 용맹하다는 의미입니다.

전쟁은 시작되었고 전력상으로 15:1이니 이스라엘 연합군이 승리하는 것이 당연합니다. 하지만 이스라엘 연합군은 1차 접전에서 22,000명이 전사하고 연이은 접전에서 18,000명이 땅에 엎드려 집니다(17-25절). 이 패배로 이스라엘 연합군은 무언가 잘못되었다는 생각이 든 것은 당연합니다. 베냐민 지파가 옳고 자신들이 옳지 않은 차원의 문제가 아닌 다른 이유를 찾아내야 하는 것입니다. 첫 번째 원인은 베냐민 지파에 대한 형제애와 연대감을 상실한 것이었습니다. 그들의 죄를 자신들의 죄로 알고 회개하는 과정을 거치지 않고 이방인처럼 여겨 심판하겠다는 혈기를 앞세운 것입니다.

두 번째는 전쟁에 앞서서 반드시 회개의 제단을 쌓아야 하는데 이를 생략하고 군사력만 믿고 출정하였으니 연전연패를 당할 수밖에 없습니다. 세 번째의 원인은 베냐민 지파의 강성한 전투력과 결사적 항전에 있습니다. 이제 이스라엘 연합군은 금식하고 제사 드린 후에 겸손하게 되고 승리의 응답은 전쟁을 이기는 것으로 나아갑니다(27-28절). 그러나 이 승리는 기뻐할 것이 아니라 오히려 통탄할 내용을 담고 있습니다. 베냐민 지파의 멸망은 하나님의 뜻이 아니고 이스라엘 총회의 목표도 아니기 때문입니다 .

베냐민 사람 600명을 남은 것은 하나님의 뜻을 눈치 챈 이스라엘 공동체가 화해의 장을 예비한 것이 됩니다(47절). 이 전쟁은 여호와 종교의 교육이 희미해지고 강력한 통치 체제를 갖추지 못한 사사시대를 끝내는 전환기적 사건입니다. 하나님의 통치인 신정 체제가 인간의 불순종 때문에 마감되고 질서유지가 장점인 왕정이 다가옵니다. 선한 왕정 시대인 다윗 왕국을 갈망하게 되는 것이 이 사건의 배경이 되는데 최선이 아닌 차선임을 깨달을 수 있습니다.

(시 145:1) "왕이신 나의 하나님이여 내가 주를 높이고 영원히 주의 이름을 송축하리이다"

♦ 사사기 21장 성경칼럼

6절 | 이스라엘 자손이 그들의 형제 베냐민을 위하여 뉘우쳐 이르되 오늘 이스라엘 중에 한 지파가 끊어졌도다

12절 | 그들이 야베스 길르앗 주민 중에서 젊은 처녀 사백 명을 얻었으니 이는 아직 남자와 동침한 일이 없어 남자를 알지 못하는 자라 그들을 실로 진영으로 데려오니 이 곳은 가나안 땅이더라

"일석삼조?"

일석이조는 '돌 한 개를 던져 새 두 마리를 잡는다'는 뜻으로 동시에 두 가지 이득을 보는 것을 말합니다. 일거양득이란 유사어가 있고 속담으로는 꿩 먹고 알 먹고, 도랑 치고 가재 잡기, 임도 보고 뽕도 따고, 누이 좋고 매부 좋고 등이 있습니다. 작은 힘을 썼는데 큰 이득을 보는 경제적 성취가 긍정적인 면이라면 부정적인 일석이조도 있습니다.

사사기 21장에는 한 가지 실행으로 일석삼조의 목적을 이루는 사건이 등장합니다. 문제는 이 일석삼조가 하나님의 뜻에 맞고 신앙적인 것이냐는 점검을 해야 한다는 것입니다. 20장에서 이스라엘 연합군과 베냐민 지파와의 동족상잔 전투는 엄청난 후유증을 가져 왔습니다. 하나님 언약의 핵심인 열두 지파의 보존이 깨지게 된 것입니다(출 24:4). 12지파의 존속이 깨진다는 것은 언약 백성으로서의 성립 요건이 결여된 것으로 간주됩니다. 베냐민 지파의 멸절은 이스라엘 공동체 전체의 사활에 관계된 심각한 문제였습니다.

베냐민 지파와의 내전이 이스라엘 존속에 대한 거국적 위기를 가져 온 것을 안 백성들은 뉘우치며 대성통곡합니다(2절). 어떠하든 베나민 지파의 600명 남은 사람들을 살려야 하는데 전쟁 시에 했던 베냐민 사람에게는 절대로 딸을 주지 않겠다(1절)는 맹세가 발목을 잡았습니다. 이방 여인을 아내로 줄 경우에는 율법에 의하여 베냐민 지파는 이방민족이 되어 버립니다. 이들이 함부로 맹세한 또 한 가지는 미스바 총회에 참석치 아니하는 자는 반드시 죽이겠다는 것입니다(5절). 맹세(서원)는 반드시 지켜야 하는 것과 딸을 주지 않겠다는 것과 전쟁에 비협조한 자를 죽이겠다는 맹세를 다 이루는 일석삼조의 해결 방법은 무엇일까요?

그 때 미스바 총회에 불참한 야베스 길르앗 사람들이 눈에 들어왔습니다. 이들의 쳐서 죽이는 것은 일석삼조의 효과를 가져 온다는 합리적 계산

사사기

이 나왔습니다. 자기들의 딸을 주지 않겠다는 것도 지키고 비 협조자를 척결하겠다는 맹세도 지키고 베냐민 지파에게 아내를 구해 줄 수 있는 묘안이 보인 것입니다. 그러나 길르앗 성읍은 처녀 600명을 다 구할 수 없었으므로 두 번째 방도를 강구합니다(12절). 베냐민 사람들로 하여금 실로의 축제에 춤추러 나온 처녀 200명을 납치하게 합니다(21절). 이는 자의로 자기 딸을 준 것이 아니므로 맹세를 파기할 때 오는 형벌(레 19:12)을 면할 수가 있는 것입니다(22절).

여기까지의 스토리를 보고 어떤 생각이 드십니까? 절대위기의 현안을 슬기롭게 해결했다고 보는 것은 매우 위험합니다. 성급한 맹세가 있었고 맹세를 지키기 위해 불의한 동족 살인과 납치가 일어났고 백성들은 침묵했고 선한 지도력은 없었습니다. 하나님의 합력하여 선을 이루는 원리(롬 8:28)로 베냐민 지파는 회복되었지만 사람의 합리적 이성에서 나온 계산은 얼마든지 불순종이 될 수 있음을 확인할 수 있습니다. 각각 자기 소견의 옳은 대로 행했다는 사사시대의 결론(26절)앞에 왕이신 하나님의 말씀에 순종하겠다는 결단을 해 봅니다.

룻기

♦ 룻기 1장 성경칼럼

1절 | 사사들이 치리하던 때에 그 땅에 흉년이 드니라 유다 베들레헴에 한 사람이 그의 아내와 두 아들을 데리고 모압 지방에 가서 거류하였는데

16절 | 룻이 이르되 내게 어머니를 떠나며 어머니를 따르지 말고 돌아가라 강권하지 마옵소서 어머니께서 가시는 곳에 나도 가고 어머니께서 머무시는 곳에서 나도 머물겠나이다 어머니의 백성이 나의 백성이 되고 어머니의 하나님이 나의 하나님이 되시리니

"안 낳았으면 어쩔 뻔 했어"

늦둥이로 낳은 아이가 너무 예뻐서 감탄하며 하는 말입니다. 성인의 언어로 바꾸면 내가 당신을 안 만났으면 어쩔 뻔 했을까 입니다. 성경 66권이 단 한 권도 귀하지 않은 책이 없지만 그중에 이 책이 없었으면 어쩔 뻔 했을까 하는 책을 생각해 보시기 바랍니다. 신약에서는 복음서와 로마서를 많이 선택하고 구약에서는 창세기가 랭킹 안에 들 것입니다.

룻기에 들어서며 이 주제를 꺼낸 것은 룻기의 가치가 아주 높다는 의미입니다. 그 이유는 룻기는 캄캄한 밤에 비추는 찬란한 별과 같기 때문입니다. 여기서 캄캄한 밤은 룻기가 고통과 절망의 시대인 사사시대를 배경으로 하고 있고(1절) 찬란한 별은 그 때에 하나님의 은혜를 받은 인물들을 가리킵니다. 나아가 이 인물들은 유력한 지도자들이 아닌 가장 낮은 신분과 최악의 환경에 처한 서민들이었습니다. 룻기의 구속사적 가치는 주인공인 모압 출신 이방 여인 룻이 메시야의 족보에 들어간 것입니다(마 1:5~6).

룻은 다윗의 증조모가 되고 이방인도 구원받아 하나님의 백성이 될 수 있다는 예시가 됩니다. 참고로 메시야의 족보에는 5명의 여인이 들어가는데 룻 외에 다말과 라합과 밧세바와 마리아이고 각각 심오한 영적 메시지가 있습니다. 이방 여인 룻이 개종하여 보아스를 만나 하나님의 백성이 된 것처럼 이방인인 우리도 예수님을 만나 구원의 자녀가 된 것입니다. 그러므로 룻기의 독특한 주인공인 보아스는 단순한 구약의 고엘(친족에 대한 구속의 의무를 지닌 자) 제도에 국한되지 않고 그리스도의 모형이 됩니다(3:6-13).

룻기 1장은 암울한 사사시대에 흉년까지 들어 살길을 찾아 모압으로 이주한 한 가정을 소개하며 시작됩니다(1-2절). 여기에서 인간적으로 불행의 끝판을 달리는 여인 나오미가 등장합니다. 남편이 죽었는데 모압 여인과 결혼한 두 아들도 죽습니다. 과부에 자식도 없고 늙었는데 가난하고 타국에 던져 있는 처량한 처지의 여자이었지만 정말 다행히도 여호와 신앙이 있었습니다. 좌절과 원망보다는 뉘우치며 신앙의 회복을 향하여 발을 내딛습니다. 하나님의 은혜로 고국의 기근이 해결되었다는 소식을 듣고 귀향을 위해 두 며느리에게 친정으로 돌아가라고 합니다(8절).

여기에서 룻의 놀라운 하나님에 대한 신앙 고백이 나오고 그 근원이 시어머니의 신앙에 영향을 받은 것임이 드러납니다(16절). 오르바 와는 달리 자기 고국에서의 평탄함(9절)을 거부한 선택은 시어머니에 대한 효심과 함께 신앙의 영역에서 이루어진 것입니다. 여호와의 이름을 부르며 맹세하는 모습으로 보아 신앙의 행위임이 분명합니다(17절). 나오미는 연약한 불신앙의 대가로 마라(쓴맛)의 과정을 겪었습니다(20절). 하지만 그녀는 그 과정 속에서 하나님께 더욱 가까이 가는 연단의 기회를 잡았습니다. 유대 사회에서 사람의 수에도 들지 못했던 여인들이 신앙 하나로 구속사에 역동적으로 쓰임 받는 광경이 펼쳐지고 있습니다.

♦ 룻기 2장 성경칼럼

5절 | 보아스가 베는 자들을 거느린 사환에게 이르되 이는 누구의 소녀냐 하니
20절 | 나오미가 자기 며느리에게 이르되 그가 여호와로부터 복 받기를 원하노라 그가 살아 있는 자와 죽은 자에게 은혜 베풀기를 그치지 아니하도다 하고 나오미가 또 그에게 이르되 그 사람은 우리와 가까우니 우리 기업을 무를 자 중의 하나이니라 하니라

"어디서 어떻게 만났니?"

사람은 누구나 만남의 축복을 소원 합니다. 잘못되고 화가 되는 만남이 너무 많기에 좋은 만남을 위해 지혜를 짜내고 기도도 합니다. 다 그런 것은 아니지만 사람을 처음 만날 때의 장소와 만난 상황은 만남의 결과로 이어 집니다. 범죄 집단이나 유흥 영역에서의 만남이 좋은 관계로 이어지기가 어려운 것은 당연 합니다. 성경에서 소명을 받은 인물들의 특징은 일상생활에서 성실히 일하는 가운데 하나님의 부르심이 주어진 것을 목격 합니다. 다윗은 목동의 일을 하는 가운데, 엘리사는 농사짓는 삶의 현장에서, 모세는 늘 오르내리던 시내 산자락에서 소명을 받았습니다. 게으르고 나태한 자를 사용하시는 것이 아니라 자기 삶에 성실한 자를 들어 쓰시는 하나님이십니다.

룻기 2장은 룻과 보아스의 첫 만남의 장면이 나오는데 우연히 만났다는 기사가 눈에 뜨입니다(3절). 룻은 시모를 공경하기 위한 이삭줍기로 들녘에 나갔고 보아스는 자기 밭에 온 약자를 돌아보기 위해 나왔습니다(3-4절). 룻과 보아스의 신분으로 볼 때 둘은 평범하게 만날 수 있는 관계가 아닙니다. 지금으로 보자면 보아스는 군수 정도의 유력자(1절)이고 룻은 외국에서 이주하여 먹고 살기 어려운 천한 여인입니다(6절). 이 신분과 재력의 차이에도 불구하고 둘 사이의 대화를 보면 깜짝 놀라지 않을 수가 없습니다.

보아스는 룻에 대한 아름다운 소문(11절)을 이미 들었고 최대한의 호의와 온정을 베풀고 인격적인 축복을 합니다. 다른 밭으로 가지 말고 소년들이 보호할 것이라고 하며 목이 마르거든 물을 마시라고 하고 이리 와서 떡을 먹으라고 합니다(8, 9, 14절). 보아스의 은혜를 대하는 룻의 모습은 겸손하고 품위 있는 감사이었는데 그 근원은 하나님을 신뢰하는 신앙성품에서 나온 것입니다.

우리는 여기서 신앙의 두 가지 축복을 정리할 필요가 있습니다. 첫 번째의 복은 현세적이고 물질적이고 누릴 수 있는 것입니다. 이것은 하나님 앞에서 선을 행하고 헌신하는 보응으로 주어지기에 순종하여 누려야 합니다(마 6:4, 6, 18, 마 10:41). 두 번째의 복은 선한 행위를 할 수 있는 선한 성품과 하나님과 교제하려는 열정 자체가 축복이라는 것입니다. 룻과 보아스의 만남이 우연이 아닌 하나님의 섭리와 축복임을 알 수 있는 구절이 20절입니다. 고부 갈등 없이 룻과 격의 없는 대화를 나눈 나오미는 보아스가 '기업 무를 자'라는 것을 알려 줍니다. 이스라엘의 고엘 제도에 의해 친족의 보호자가 되어 구속자(redeemer)가 될 수 있는 것이 기업 무를 자입니다(21-23절).

신분은 천지 차이처럼 벌어져 있지만 신앙 인격으로 교제하여 같은 반열(부부)로 자리매김 되어가는 이 장면에서 무엇이 연상되십니까? 죄인 된 나에게 찾아오신 참 구속자 되시는 예수님이 다가오는데 나를 어디까지 이끌어 가실지 기대가 됩니다.

(요일 3:2) "사랑하는 자들아 우리가 지금은 하나님의 자녀라 장래에 어떻게 될지는 아직 나타나지 아니하였으나 그가 나타나시면 우리가 그와 같을 줄을 아는 것은 그의 참모습 그대로 볼 것이기 때문이니"

♦ 룻기 3장 성경칼럼

6절 | 그가 타작마당으로 내려가서 시어머니의 명령대로 다 하니라
18절 | 이에 시어머니가 이르되 내 딸아 이 사건이 어떻게 될지 알기까지 앉아 있으라 그 사람이 오늘 이 일을 성취하기 전에는 쉬지 아니하리라 하니라

"순종에는 질이 있습니다"

기독교의 가장 중요한 덕목은 믿음입니다. 이 믿음의 속성은 순종이며 거의 동의어로 쓰고 있습니다.

(히 3:18~19) "또 하나님이 누구에게 맹세하사 그의 안식에 들어오지 못하리라 하셨느냐 곧 순종하지 아니하던 자들에게가 아니냐 이로 보건대 그들이 믿지 아니하므로 능히 들어가지 못한 것이라"

사울 왕도 신앙을 상실했을 때 하나님께 순종할 수 없었습니다(삼상 15:22). 하나님께 대한 신자의 순종은 절대적인 성격이지만 인간 간의 순종은 고려할 사항이 생깁니다. 종이 주인에게, 백성이 통치자에게 순종하는 것은 절대적인 측면을 가지고 있지만 불의할 경우에 항거하는 수순이 있습니다. 이 항거에 적극적인 것이 순교의 제물이 되는 것이지만 그 길을 갈 수 없는 신자는 기도로서 하나님께 의뢰하면 됩니다. 자녀가 부모에게 순종하는 것은 '주 안에서' 이루어지는 조건이 붙습니다(엡 6:1.) 예를 든다면 예수 믿지 말라는 부모의 명령을 무조건 순종하고 예수님을 안 믿다가 지옥에 갈 수는 없다는 것입니다.

이 순종의 속성과 가치를 극적으로 보여 주는 이야기가 룻기 3장에 펼쳐집니다. 신앙의 진리와 그 성품을 깊이 쌓은 세 명의 주인공들이 각기 영적 순종의 모습을 드러냅니다. 나오미는 룻의 영육의 축복을 위해 고엘 제도

를 통한 보아스와의 만남을 계획합니다. 그런데 그 내용이 지금 우리 시각으로 볼 때 부도덕한 상황으로 보입니다. 룻에게 단장을 하고 추수를 마친 기념의 연회 후에 잠든 보아스의 발아래에 가만히 누워 있으라고 합니다. 그렇게 하기만 하면 보아스가 해야 할 일을 가르쳐 줄 것이라는 말 외에는 다른 언급이 없습니다.

놀라운 것은 룻이 한 마디의 이의를 달지 않고 시모의 모든 말에 순종하는 모습입니다. 한밤중 히브리 외간 남자를 만나서 불행한 일을 당할 수도 있었는데도 불구하고 절대 순종을 한 것입니다. 잠이 깨어 여인과 만난 보아스는 고엘 제도에 의하여 자기에게 왔다는 룻에게 신사적 인품으로 대합니다(8-10절). 오히려 룻의 인애가 처음보다 나중이 더 좋다고 칭찬하고(10절) 현숙한 여인이라고 덧붙입니다(11절). 여기서 인애란 히브리어로 '헤세드'인데 조건 없이 베푸는 자비(헬라어로 아가페)이니 최고의 격려입니다. 룻에게 자기보다 더 가까운 기업 무를 자가 있음을 알리고 그 절차를 거쳐 최종 책임을 약속합니다(12-13절).

새벽에 남의 눈에 띄지 않게 떠나게 하며 나오미에게 줄 선물도 마련합니다(14-15절). 보아스의 이 신중한 자세는 혹시 있을지도 모르는 율법에 의한 시비에 걸릴 것에 대한 대처입니다. 룻이 전한 이야기를 듣고 나오미가 취한 조치는 신앙의 내공이 담겨 있습니다. 이제 인간이 해야 할 노력을 다했으니 보아스를 통해 하실 하나님의 손길을 기다리면 된다고 말합니다(18절). 하나님의 섭리에 대한 나오미와 룻의 열심은 선한 열매로 맺혀지고 우리의 선한 모델이 됩니다(마 25:19-30).

♦ 룻기 4장 성경칼럼

6절 | 그 기업 무를 자가 이르되 나는 내 기업에 손해가 있을까 하여 나를 위하여 무르지 못하노니 내가 무를 것을 네가 무르라 나는 무르지 못하겠노라 하는지라

13절 | 이에 보아스가 룻을 맞이하여 아내로 삼고 그에게 들어갔더니 여호와께서 그에게 임신하게 하시므로 그가 아들을 낳은지라

"지나고 나니 보이더라"

만약 인간이 미래의 일을 안다면 무슨 일이 일어날까요? 선한 일을 할 것 같지만 죄악 된 인간은 미래를 아는 그 장점을 악용한다는 것이 성경의 증언입니다. 미래를 알지 못하기에 인간은 겸손할 수 있고 현재의 삶에 충실할 수 있어 미래를 모르는 것은 하나님의 은혜입니다.

(전 7:14) "형통한 날에는 기뻐하고 곤고한 날에는 되돌아 보아라 이 두 가지를 하나님이 병행하게 하사 사람이 그의 장래 일을 능히 헤아려 알지 못하게 하셨느니라"

현재를 올바로 보고 선택할 수 있는 지혜는 하나님을 믿는 신앙에서만 나옵니다. 아주 작은 선택이라도 기독교 신앙에 근거한 것이었을 때 그 결과는 상상 못 할 신앙의 열매로 나타납니다. 그러나 이 길을 잘 가지 못하는 이유는 현재에는 안 보이고 지나간 후에만 보이기 때문입니다. 성경의 인물 중에 구속사에서 시조(조상)에 해당되는 사람들이 있는데 작은 선택이 그들의 평가를 낳는 근원이 됩니다.

인류의 조상인 아담은 전 인류의 타락을 남겼고 노아는 새 인류의 조상이 되었습니다. 믿음의 조상 아브라함의 처음 출발은 하나님의 소명에 따라 본토를 떠나는 순종으로 시작되었습니다(창 12:1-2). 이스라엘 국가의

시조는 야곱인데 4명의 여인으로부터 12아들을 낳았고 12지파를 이루어 합력하여 하나님의 뜻을 이룬 대표주자입니다. 구속사에서 구약의 대표 인물 2명을 꼽으라면 신약의 시작인 족보에 언급된 아브라함과 다윗입니다(마 1:1).

다윗은 하나님 나라의 그림자인 다윗 왕국의 시조입니다. 룻기의 마지막이 다윗의 태동을 보여 주는 것으로 끝나는 것(18-22절)은 이 이야기가 다윗 왕국, 즉 하나님 나라에 대한 섭리라는 메시지입니다. 룻은 시모를 모신 효심의 선택을 했고 그 이면에는 시모가 가진 신앙에 대한 사모함이 있었습니다. 나오미를 따르는 것은 작은 선택 같았지만 그 결과는 메시야 족보의 반열에 오르는 영광을 누리게 되었습니다. 룻기 4장에서 보아스와의 결혼으로 오벳을 낳고 기쁨에 넘쳐 있는 3명의 주인공들은 훗날의 증손자 다윗을 알지 못했을 것입니다. 하지만 그들의 신앙과 성품과 순종은 성경에 기록되어 영원히 기억되는 '거룩한 아름다움(Holy beauty)'이 되었습니다.

룻기에서 언급되어야 하는 반면교사의 두 인물이 있습니다. 첫째, 모압에 남겨진 맏며느리 오르바는 나오미를 따라 고생을 할 수 없다는 현실적 선택을 합니다(1:14). 둘째, 룻과 결혼할 수 있었는데 불발한 1순위 기업 무를 자입니다. 그는 공개 판결에서 손해가 없는 계대 결혼에는 찬성했으나 기업을 나누어야 하는 과정을 알고 손해 보기 싫어 물러납니다(1-9절). 룻기에 두 종류의 사람이 있듯이 우리의 신앙 여정에도 크고 작은 선택으로 두 갈래의 길이 나타납니다. 지나온 날들을 살피는 안목과 함께 신앙으로 현재를 선택할 수 있는 지혜를 간절히 구합니다. 미래의 어느 날, 지나온 신앙의 족적들을 바라보며 룻기의 세 주인공처럼 보람 있는 반열에 있으면 참 좋겠습니다.

부록

경건 생활과 영적 열매를 위한 도구(tool)

1. 목적

그리스도인으로서 경건생활에 몸부림친 분들이 많을 것입니다. 열정과 성실을 위한 도구로서 3가지를 만들었습니다. 제자훈련을 할 때 사용한 것입니다. 우등생은 20-30% 정도 되지만 성장과 성숙에 도움을 주는 것은 분명합니다. 사정에 맞게 편집해서 사용하셔도 좋습니다. 각 도구를 매월 한 장씩 사용하도록 되어 있어 실천에 미흡하더라도 새 달에 다시 도전할 수 있는 장점이 있습니다. 멘토와 멘티 관계를 맺거나 영적 교제 권을 형성해서 사용하면 더욱 효과를 볼 수 있습니다.

2. 사용법

① 개인 경건 Ten-step 점검표

학습과 성숙과 실천의 항목을 10가지 단계로 일기처럼 점검하는 것입니다. 다 채우기보다 매일 영적 감각을 위해 씨름한다고 생각하고 시작하면 됩니다. 매월 도전하면서 성숙의 사이클을 높여가면 좋겠습니다.

② 나의 기도세계

은혜의 방편인 기도를 온전하고 규칙적으로 할 수 있는 도구입니다. 기도의 대상과 기도의 내용을 확실히 하여 기도할 수 있습니다. 매일 체크하며 기도하고 1개월 단위로 새로운 전환이 가능합니다. 기도의 응답을 확인함으로 주님과의 깊은 영적 관계를 체험하게 됩니다.

③ 3015 구령운동

신앙생활의 면류관인 전도를 능력 있게 하는 도구입니다. 30은 1달을 의미하고 15는 전도의 실행을 말합니다. 한 달 동안 전도대상자 1명을 향하여 기도하고 전도하는 것입니다. 2명이면 2장을 사용하면 됩니다. 매월의 결과를 보고 다음 달로 연장해 나가면 됩니다.

3. 부언

도구를 만들기 어려운 분은 저자에게 e-메일을 보내 신청하시면 파일로 보내 드리겠습니다.

e-mail : kmj-0245@hanmail.net

202 년 월 성명 :

개인경건 Ten-Steps 점검표

이라 너희 안에서 착한 일을 시작하신 이가 그리스도 예수의 날까지 이루실 줄을 우리는 확신하노라" (빌 1:5-6)

Step 일자(요일)		학 습			실 천				성 숙		
		①성경읽기 (시간,내용)	②기도,찬양 (시간,장소)	③예배,모임	④교제 (양육,상담)	⑤복음전도	⑥봉사.헌신	⑦생업성실도 (최선,평범,미흡)	⑧희생,인내	⑨약속,신뢰	⑩비전,확인
1											
2											
3											
4											
5											
6											
7											
8											
9											
10											
11											
12											
13											
14											
15											
16											
17											
18											
19											
20											
21											
22											
23											
24											
25											
26											
27											
28											
29											
30											
31											

♦ 나의 비전 ♦

♦ 나의 기도 ♦

♦ 나의 태신자 ♦

♦ HELPER 평가 ♦

나의 기도세계

"우리 가운데서 역사하시는 능력대로 우리가 구하거나 생각하는 모든 것에
더 넘치도록 능히 하실 이에게 교회 안에서와 그리스도 예수 안에서
영광이 대대로 영원무궁하기를 원하노라 아멘" (엡 3:20-21)

구분	이름 or 내용	응답 내용
전도대상자		
연약한자		
사역자		
가족		
영적 목표		
육적 필요		
기타		

일	체크
1	
2	
3	
4	
5	
6	
7	
8	
9	
10	
11	
12	
13	
14	
15	
16	
17	
18	
19	
20	
21	
22	
23	
24	
25	
26	
27	
28	
29	
30	
31	

202 년 월 기도자:

3015 구령운동 (개인전도 카드)

♦ **전도자 :** 성명 ( ) 소속 ( )

♦ **태신자 :** 성명 ( ) 전화 ( )
주소 ( )

집중 기도 30번

회	월/일	기도 시간	확인
1			
2			
3			
4			
5			
6			
7			
8			
9			
10			
11			
12			
13			
14			
15			
16			
17			
18			
19			
20			
21			
22			
23			
24			
25			
26			
27			
28			
29			
30			

접촉 및 전도 15번

회	월/일	방법 (전화, 문자, 방문)	결과 (예배, 모임, 등록)
1			
2			
3			
4			
5			
6			
7			
8			
9			
10			
11			
12			
13			
14			
15			

"내가 천국 열쇠를 네게 주리니..."(마 16:19)

성경과 함께 읽는 성경1장 칼럼 1권 (창세기-룻기)

1판 1쇄 발행 2023년 12월 31일

지은이 김명제

편집 이새희
마케팅・지원 김혜지

펴낸곳 (주)하움출판사 **펴낸이** 문현광

이메일 haum1000@naver.com **홈페이지** haum.kr
블로그 blog.naver.com/haum1000 **인스타** @haum1007

ISBN 979-11-6440-485-8 (94230)

좋은 책을 만들겠습니다.
하움출판사는 독자 여러분의 의견에 항상 귀 기울이고 있습니다.
파본은 구입처에서 교환해 드립니다.